AN GHAEILGE SA DLÍ

An Ghaeilge sa Dlí

Dáithí Mac Cárthaigh BA, MA, LLB,
Abhcóide, Óstaí an Rí, Baile Átha Cliath

Séamas Ó Tuathail, Abhcóide Sinsir
Eagarthóir Comhairleach

An Chéad Eagrán 2020

ISBN 978-1-909907-84-3

Foilsíodh an leabhar seo le cabhair deontais i gcomhair tograí Gaeilge a d'íoc an tÚdarás um Ard-Oideachas trí Choláiste na hOllscoile, Corcaigh, le tacaíocht Choiste Léann na Gaeilge, Litríocht na Gaeilge agus na gCultúr Ceilteach, Acadamh Ríoga na hÉireann.

Clóchur agus dearadh: Caomhán Ó Scolaí
Clódóireacht: Clódóirí CL Print

Leabhar Breac, Indreabhán, Co. na Gaillimhe.
www.leabharbreac.com

i gcuimhne ar an Onórach Adrian Hardiman

Clár an Ábhair

Réamhrá

Measaim go bhfuil sé cuí agus an-tráthúil go bhfuil an saothar tábhachtach seo tiomnaithe don Onórach Adrian Hardiman, breitheamh léannta de chuid na Cúirte Uachtaraí a bhásaigh go tobann i Márta 2016. Cailleadh gan choinne é oíche sula raibh sé le léacht thábhachtach a thabhairt i nGaillimh ar an Ghaeilge i gcúrsaí dlí ag comhdháil de chuid Chumann Idirnáisiúnta na gCoimisinéirí Teanga, eagraíocht a raibh baint agam féin lena bunú trí bliana roimhe sin.

Bhí breithiúnais shuntasacha tugtha sna cúirteanna in imeacht na mblianta ag an Onórach Adrian Hardiman ar chásanna a bhain le cúrsaí Gaeilge agus cuimhneofar go speisialta ar an sciolladh teanga a thug sé don Stát ina bhreithiúnas in *Ó Beoláin v. Fahy* [2001] 2 I.R. 279. Is féidir a rá go cinnte gur chuir an cinneadh sa chás sin brú ar leith ar an Stát a spreag Acht na dTeangacha Oifigiúla cúpla bliain ina dhiaidh sin.

Don té a d'amharcadh go fuarchúiseach air mheasfaí nach raibh aon ghanntanas reachtaíochta againn le cosaint a thabhairt don Ghaeilge ó bunaíodh an Stát. Bronnadh stádas ar leith ar an teanga i mBunreacht Shaorstáit Éireann (1922) agus i mBunreacht na hÉireann (1937). Luaitear an Ghaeilge in iliomad achtanna — suas le 150 ar fad — cé gur tagairtí fánacha atá i gcuid acu. Tá tábhacht thar na bearta le cuid eile de na forálacha maidir le cúrsaí Gaeltachta, oideachais, craolacháin, pleanála agus eile.

Sa bhreis air sin, is liosta le háireamh iad na hionstraimí reachtúla atá againn a thugann cosaint don teanga ar bhealach amháin nó eile. Cuireann gach ordú, rialachán, riail, fodhlí, barántas, ceadúnas, deimhniú, ordachán, fógra, treoirlíne nó doiciméad eile dá samhail sin le stádas na Gaeilge. Sa mhullach orthu sin ar fad tá tuilleadh achtachán againn ón Aontas Eorpach a dhéanann daingniú breise ar dhualgais teanga an Stáit agus ar chearta teanga an phobail.

Ní le heaspa reachtaíochta teanga atá an deacracht is mó againn ach an teip thubaisteach a bhaineann leis an reachtaíocht sin a fheidhmiú. Tá muid thar cionn ag dréachtú agus ag achtú achtacháin teanga ach os a choinne sin, tá muid go dona ar fad ag cur na ndlíthe sin i bhfeidhm.

Tá suim ar leith agam féin sna rialacháin a rinneadh lena chinntiú go mbeadh fostaithe le Gaeilge ag obair sa státchóras sa Ghaeltacht agus ar fud na tíre. Dá mbeadh daoine le Gaeilge líofa ag soláthar seirbhísí trí Ghaeilge don phobal, chruthódh sin áit lárnach seachas áit imeallach don teanga i saol na tíre. Mheas mé riamh go raibh sé díchéillí ag an Stát dualgas a chur ar dhaltaí scoile na tíre seo staidéar a dhéanamh ar an nGaeilge go dtí leibhéal na hArdteistiméireachta ach gan foráil ar bith a dhéanamh ansin le go bhféadfaidís an teanga sin a úsáid leis an státchóras féin.

Ach tá léargas an-soiléir faoin dearcadh coitianta atá ag údaráis an Stáit i leith na Gaeilge sna rialacháin a rinneadh maidir le hearcaíocht foirne le Gaeilge in imeacht na mblianta. I gcás na Gaeltachta, shínigh Risteárd Ua Maolchatha, Aire Rialtais Áitiúil agus Sláinte na linne, Ionstraim Reachtúil Uimhir 33 de 1928, Ordú na nOifigí agus na bhFeadhmanaisí Áitiúla (Gaeltacht). Faoi na rialacháin sin tugadh tréimhse trí bliana d'fhostaithe nua a bheadh ag cur seirbhísí ar fáil do phobal na Gaeltachta chun dóthain Gaeilge a shealbhú ionas go bhféadfaidís seirbhís iomlán trí Ghaeilge a chur ar fáil sa teanga sin. Mura mbeadh caighdeán sásúil bainte amach acu laistigh den tréimhse trí bliana, bheidís le briseadh as a gcuid oibre.

Sa bhliain 1944, shínigh Seán Mac Entee, an té a raibh cúraimí na Roinne Rialtais Áitiúil agus Sláinte ansin air, ionstraim reachtúil eile, Uimhir 76/1944, a leathnaigh scóip na rialachán agus a chuir le líon na bpost sa Ghaeltacht a mbeadh dualgas teanga ag baint leo. Arís, mura mbeadh dóthain Gaeilge sealbhaithe ag na fostaithe tar éis trí bliana, bheidís le briseadh as a bpoist.

Ach gach uair go raibh an spriocdháta ag teannadh leo síníodh ionstraim reachtúil nua chun an dáta tosaithe a chur ar athló, ar feadh sé mhí nó bliain eile. Eisíodh ionstraimí reachtúla a chuir an spriocdháta ar athló ar a laghad 54 uair idir 1928 agus 1966, tráth gur cuireadh deireadh ar fad leis agus gur ceapadh plean nua ina áit.

Ar bhonn náisiúnta ó bunaíodh an Stát bhí sé de dhualgas ar státseirbhísigh Gaeilge agus Béarla a bheith acu. Tháinig athrú air sin sa bhliain 1974 nuair a chinn an Rialtas deireadh a chur leis an riail sin. Mar mhalairt ar an riachtanas Gaeilge socraíodh marcanna bónais a thabhairt do státseirbhísigh a raibh an dá theanga ar a dtoil acu i gcomórtais earcaíochta agus ardaithe céime. Bhí 10% breise i gceist ar dtús i 1975 agus laghdaíodh sin go 6% i 1990.

Cuireadh in iúl don phobal ag an am gur chéim mhór chun cinn don Ghaeilge ab ea an cinneadh sin deireadh a chur le Gaeilge éigeantach, go gcabhródh an gníomh seo le dea-mhéin bhreise don Ghaeilge agus go gcuideodh sé le leathnú na teanga laistigh agus lasmuigh den státseirbhís trí atmaisféar níos fabhraí a chothú di.

Ach tá dóthain fianaise i gcáipéisí sa Chartlann Náisiúnta go raibh stocaireacht leanúnach in aghaidh riachtanas na Gaeilge ó pháirtithe ar leith, ceardchumann áirithe de chuid na státseirbhíse, eagraíochtaí a bhí ag feidhmiú thar ceann mhuintir Thuaisceart Éireann, thar ceann chlanna na n-imirceach a bhí ag filleadh ar an tír seo, thar ceann daoine faoi mhíchumas nach raibh Gaeilge mar ábhar scoile acu agus an Ghluaiseacht Saoirse Teanga.

Cuireadh deireadh ar fad leis na marcanna bónais sa bhliain 2013 agus cuireadh córas tubaisteach eile ina n-áit a d'fhág nach raibh ach 29 as 19,795 post (0.15%) aitheanta mar chinn a raibh riachtanas Gaeilge ag baint leo de réir taighde a rinne an suíomh gréasáin Tuairisc.ie sa bhliain 2017.

Thug seacht n-aire Rialtais le fios don Dáil i dtrátha an ama chéanna nach raibh oiread agus post amháin ina gcuid ranna a dteastódh Gaeilge lena aghaidh.

I gcás na hearcaíochta, ní le heaspa rialacháin nó reachtaíochta a bhain na deacrachtaí ach le feidhmiú cuí agus cóir na dtreoracha reachtúla sin. Níor cuireadh i bhfeidhm mar is ceart riamh iad agus lagaíodh iad de réir a chéile go dtí gur cuma ann nó as iad. Dá gcuirfí gach foráil reachtúil faoin nGaeilge i bhfeidhm mar is ceart ón tús, ní bheimis san áit ina bhfuil muid inniu agus an teanga náisiúnta ar bhruach na haille.

Tugtar léargas an-mhaith sa leabhar seo ar stádas oifigiúil na Gaeilge faoin mBunreacht, faoin reachtaíocht agus de thoradh chinntí na gCúirteanna in imeacht na mblianta. Tá an cásdlí sin fíorthábhachtach sa mhéid is go gcruthaíonn sé fasaigh i dtaca le dualgais agus cearta teanga. Tugtar éachtaint ann freisin ar stádas na Gaeilge faoin Aontas Eorpach agus tuiscint ar an dlí teanga go hidirnáisiúnta fad is a bhaineann sé leis an bhFraincis i gCeanada. Tá tábhacht ar leith leis an eolas atá carntha sna haguisíní i ndeireadh an leabhair. Molaim saothar an údair Dáithí Mac Cárthaigh agus aithním ról an eagarthóra chomhairligh — mo sheanchara Séamas Ó Tuathail A.S. — a bhfuil lorg a láimhe ar an bhfoilseachán seo.

Guím go mbainfidh lucht a léite, go háirithe glúin nua d'aturnaetha agus d'abhcóidí ar cás leo an Ghaeilge, tairbhe agus fiúntas as an téacsleabhar seo.

Seán Ó Cuirreáin
Coimisinéir Teanga 2004-2014

Brollach

Tá obair éachtach ar siúl faoi láthair i gcomhar le Rialtas na hÉireann le deimhniú go mbeidh corpas reatha Dlí an Aontais Eorpaigh ar fáil as Gaeilge faoin mbliain 2022 agus le deimhniú go rithfear agus go bhfoilseofar gach dlí nua de chuid an Aontais Eorpaigh as Gaeilge ar chomhchéim leis an 23 teanga oifigiúil eile de chuid an AE ón dáta sin amach.

Is maith sin. Cuirtear teangacha chun báis trína ndúnadh amach ó ghnóthaí oifigiúla agus ard-réime. An teanga nach bhfoilsítear dlí na tíre is dúchas di inti, níl todhchaí chinnte i ndán di mar ní féidir í a úsáid ag an leibhéal oifigiúil. Múnlaíonn teangacha oifigiúla agus oibre go leor dár gcuid smaointeoireachta agus cainte dár ndeoin nó dár n-ainneoin agus is dlúthchuid de Dhlí na hÉireann é Dlí an Aontais Eorpaigh.

Tá íoróin nach beag ag baint leis an dul chun cinn seo, áfach. Feasta foilseofar na 'billí' nó na tograí reachtaíochta as Gaeilge do bhaill Pharlaimint na hEorpa agus rithfear as Gaeilge iad (mar aon le leaganacha sa 23 teanga eile). I dTeach Laighean, áfach, leantar den drochnós Billí a fhoilsiú agus a reachtú as Béarla amháin (seachas i gcás tograí chun an Bunreacht a leasú nó tograí a bhaineann leis an nGaeltacht) agus cuirtear amach tiontú oifigiúil Gaeilge orthu tamall ina dhiaidh sin, má chuirtear.

Is leagan oifigiúil comhionann den dlí Eorpach é an leagan Gaeilge. Bíonn sé ar fáil an nóiméad a thagann an dlí Eorpach sin i bhfeidhm. Go deimhin, ní thiocfadh dlí nua den AE i bhfeidhm gan an leagan Gaeilge de a bheith ar fáil. I gcás formhór reachtaíocht na hÉireann, áfach, .i. an méid a dhéantar sa tír seo, bíonn feitheamh fada leis an leagan tánaisteach Gaeilge, an tiontú oifigiúil, agus an dlí nua i bhfeidhm agus in airde réime as Béarla amháin.

Cháin an chéad phríomhbhreitheamh, Aodh Ó Cinnéide, an droch-chleachtas seo chomh fada siar le 1934[1], ach leantar de fós. Seo bearna gur féidir a dhúnadh agus Acht na dTeangacha Oifigiúla á leasú. Is gá go bhfoilseofaí as Gaeilge agus as Béarla araon gach Bille a thagann faoi bhráid Dháil Éireann agus an tSeanaid agus go rithfí go dátheangach iad de réir an chleachtais is fearr go hidirnáisiúnta.

Ní hamháin go mbeadh Achtanna an Oireachtais ar fáil ag an am céanna sa dá theanga oifigiúla don phobal a gcaithfidh géilleadh dóibh agus go mbeadh feidhm iomlán ag an dá leagan, ach bheadh deis cheart ag baill an Oireachtais na tograí a phlé as Gaeilge toisc go mbeadh téacs an Bhille sa dá theanga oifigiúla os a gcomhair amach.

Rachadh sé seo i bhfeidhm ar an aos polaitiúil, i ngan fhios dóibh, fiú,

---

[1] *Ó Foghludha v. McClean* [1934] I.R.469

agus chuirfí le normalú úsáid na Gaeilge. Ina theannta sin, géilltear dó go forleathan go gcuireann dréachtú dátheangach le caighdeán na nAchtanna mar go n-aithnítear níos túisce aon débhríocht a d'fhéadfaí a bheith sa téacs.

Faoin Acht Teanga mar atá anois, ní foláir do chomhlacht poiblí, an Stiúrthóir Ionchuiseamh Poiblí agus an Garda Síochána san áireamh, a gcuid imeachtaí cúirte a reáchtáil trí Ghaeilge más í sin an teanga a roghnaíonn an páirtí eile sa chúis *más cás sibhialta é*. Tá sé thar am an dualgas sin a leathnú go dtí imeachtaí coiriúla freisin agus gan cainteoirí Gaeilge a ionchúiseamh as Béarla de bhun próise éigeantaí más mian leo a gcás a bheith as Gaeilge.

Is mór is fiú tacú le héileamh Chomhchoiste an Oireachtais ar chúrsaí Gaeilge agus Gaeltachta go mbeadh 20% d'earcaigh nua na seirbhíse poiblí (breithiúna agus foireann chúirte san áireamh) inniúil ar a gcuid oibre a dhéanamh trí mheán na Gaeilge agus go mbeadh 20% den tseirbhís phoiblí inniúil amhlaidh sa Ghaeilge dá thoradh sin agus de thoradh pé bearta cuí eile is gá. Ní féidir le teanga a bheith ina teanga oifigiúil gan leordhóthain den tseirbhís phoiblí a bheith ag obair trína meán agus deis ag an bpobal an teanga sin a úsáid agus iad ag plé leo.

D'fhéadfaí dul i bhfad scéil ach fágfaidh mé faoin leabhar labhairt ar a shon féin. Tá mé go mór faoi chomaoin ag m'eagarthóir comhairleach, Séamas Ó Tuathail, abhcóide sinsir agus ceannródaí, a lean de mo spreagadh chun tabhairt faoin tionscnamh seo agus a stiúir an saothar ó thús deiridh. Tá mé buíoch de m'fhoilsitheoir Darach Ó Scolaí, saoi gan sárú, agus do Phroinsias Ó Maolchalainn BL a chur cóip den bhreithiúnas in *Bord Bainistíochta Scoil Lorcáin v. Ard-Rúnaí na Roinne Oideachais*, ar dheacair teacht air, ar fáil dom.

Tá mé thar a bheith buíoch de Vivian Uíbh Eathach, Príomhaistritheoir Thithe an Oireachtais a chuir i dtreo tiontuithe Gaeilge mé ar Achtanna ar dheacair teacht orthu. Gabhaim buíochas ó chroí le hÚna Ní Chatháin BL agus le Séamas Ó Scolaí as an téacs a léamh agus moltaí fiúntacha a dhéanamh.

Tá mé buíoch d'Acadamh Ríoga na hÉireann as foilsiú an leabhair seo a mhaoiniú agus as an bpiarmheasúnú ón Ollamh Conchúr Ó Giollagáin, Oilthigh na Gàidhealtachd agus nan Eilean in Albain, ón Dr Eimear de Brún, Déan na Scoile Dlí, Óstaí an Rí, Baile Átha Cliath, ón Dr Seán Ó Conaill, Scoil an Dlí, Coláiste na hOllscoile, Corcaigh, agus ón Dr Cathal Billings, Stiúrthóir Lárionad de Bhaldraithe do Léann na Gaeilge, an Coláiste Ollscoile, Baile Átha Cliath. Gabhaim buíochas leis an gcéad Choimisinéir Teanga, Seán Ó Cuirreáin, ball den Chomhairle Stáit, as an réamhrá a scríobh.

Gabhaim buíochas ó chroí le Róisín Lawless, grá mo chléibh, mo bhean chéile, máthair mo chlainne agus céile mo leapa, as a tacaíocht thuisceanach i gcaitheamh na mblianta.

Is orm féin amháin atá an locht as earráid ar bith sa saothar seo. Tá mo dhícheall déanta agam an dlí mar atá sé an 1 Meitheamh 2020 a leagan amach ach tá *caveat lector* i bhfeidhm anseo, mar a bhíonn i gcónaí le leabhair den chineál seo, agus ní ghlactar le haon dliteanas as aon earráid sa téacs.

Dáithí Mac Cárthaigh
1ú Meitheamh 2020

Clár na gCásanna Dlí

ÉIRE

Clár na Reachtaíochta

Rialacháin na nOifigeach Áitiúil (An Ghaeilge)(Leasú) 1951
(I.R. 225/1951) [17.15]
Rialacháin na nOifigeach Áitiúla (An Ghaeilge)(Leasú) 1952
(I.R. 51/1952) [17.15]
Rialacháin na nOifigeach Áitiúla (An Ghaeilge)(Leasú) 1953
(I.R. 53/1953) [17.15]
Rialacháin na nOifigeach Áitiúla (An Ghaeilge)(Leasú) 1954
(I.R. 20/1954) [17.15]
Rialacháin na nOifigeach Áitiúla (An Ghaeilge)(Leasú) 1955
(I.R. 18/1955) [17.15]
Rialacháin na nOifigeach Áitiúla (An Ghaeilge)(Leasú) 1956
(I.R. 7/1956) [17.15]
Rialacháin na nOifigeach Áitiúla (An Ghaeilge)(Leasú) 1957
(I.R. 13/1957) [17.15]
Rialacháin na nOifigeach Áitiúla (An Ghaeilge)(Leasú) 1958
(I.R. 33/1958) [17.15]
Rialacháin na nOifigeach Áitiúla (An Ghaeilge)(Leasú) 1959
(I.R. 15/1959) [17.15]
Rialacháin na nOifigeach Áitiúil (An Ghaeilge)(Leasú) 1960
(I.R. 22/1960) [17.15]
Rialacháin na nOifigeach Áitiúil (An Ghaeilge)(Leasú) 1961
(I.R. 16/1961) [17.15]
Rialacháin na nOifigeach Áitiúil (An Ghaeilge)(Leasú) 1962
(I.R. 16/1962) [17.15]
Rialacháin na nOifigeach Áitiúil (An Ghaeilge)(Leasú) 1963
(I.R. 15/1963) [17.15]
Rialacháin na nOifigeach Áitiúil (An Ghaeilge)(Leasú) 1964
(I.R. 16/1964) [17.15]
Rialacháin na nOifigeach Áitiúil (An Ghaeilge)(Leasú) 1965
(I.R. 21/1965) [17.15]
Rialacháin na nOifigeach Áitiúil (An Ghaeilge)(Leasú) 1966
(I.R. 21/1966) [17.15]
Rialacháin na nOifigí Áitiúla (An Ghaeilge) 1966 (I.R 221/1966) [17.15], [17.16]
mír 4 [17.17]
mír 5 [17.17]
European Communities (Animal Remedies) Regulations 2007
(I.R. 144/2007) [7.71]
European Communities (Animal Remedies) (No. 2) Regulations 2007
(I.R. 786/2007) [7.71]
European Union (Biocidal Products) Regulations 2013 (I.R. 427/2013) [7.64]
European Union (Biocidal Products)(Amendment) Regulations 2014
(I.R. 344/2014) [7.64]

Caibidil 1

An Fhealsúnacht

[1.01] Is ó bhunú Chonradh na Gaeilge sa bhliain 1893 agus ón bhféinmhuinín a spreag gluaiseacht Athbheochan na Gaeilge is ea a d'eascair bunú an Stáit, cuid mhaith. Is fíric stairiúil í go raibh móramh mhuintir na hÉireann ina gcainteoirí Gaeilge an bhliain ar cuireadh deireadh le Parlaimint na hÉireann i mBaile Átha Cliath agus a ndearnadh dlúthchuid den Ríocht Aontaithe den tír seo (1801).

[1.02] Deir Garret FitzGerald gur dócha go raibh móramh ag cainteoirí Gaeilge i measc leanaí na hÉireann an uair sin. 'Something approaching half — perhaps even half or more — of the children in Ireland at the start of the nineteenth century spoke Irish.'[2]

[1.03] Ó tharla go raibh athrú teanga ar bun cheana, ba lú an sciar de chainteoirí Gaeilge a gheofaí i measc na n-óg agus, dá bhrí sin, agus i gcomhthéacs an borradh mór a tháinig faoi dhaonra na tíre idir tús an 19ú hAois agus an Gorta Mór (1845-49), go háirithe i measc na mbocht, níl sé as an gceist go raibh an mhórchuid de mhuintir na hÉireann ina ngaeilgeoirí ar thairseach an Ghorta.

[1.04] Tá cúpla *caveat* i saothar FitzGerald féin. Admhaíonn sé go raibh a thaighde ag brath ar íosmhéideanna de chainteoirí Gaeilge, barúntacht[3] ar bharúntacht; ar na freagraí a thug na daoine a tháinig slán ón nGorta agus ón oll-imirce a lean é agus a bhí ina gcónaí sa tír le linn daonáireamh na bliana 1881 agus a raibh a gcuid Gaeilge as a n-óige fós acu;[4] agus, ar ndóigh, ar an eolas sin a bheith ag an té a líon isteach an fhoirm dhaonáirimh. Sa bhliain 1881, mar a deir FitzGerald, ba bheag meas a bhí ar an nGaeilge agus ba bheag deis foghlama a bhí ag an té nár thug leis as a óige í. Bhí sí dúnta amach as an gcóras oideachais agus riaracháin, agus bhí muintir na hÉireann tiomanta, an uair sin, í a thréigean agus iompú ar an mBéarla. Dá bhrí sin, an té ar dúradh ina thaobh i ndaonáireamh 1881 go raibh Gaeilge aige, is féidir glacadh leis

[2] FitzGerald, Garret (1984) *Estimates for Baronies of Minimum Level of Irish-Speaking Amongst Successive Decennial Cohorts: 1771-1781 to 1861-1871,* Royal Irish Academy, 117-155, lch 126.

[3] Is fo-roinn de chontae í barúntacht. Tá timpeall 10 mbarúntacht i ngach contae.

[4] Ní raibh an cheist faoi chumas sa Ghaeilge ach ina fo-nóta sna foirmeacha ar baineadh leas astu do dhaonáirimh 1851, 1861 agus 1871. FitzGerald (1984), lch 118.

go raibh — agus ón gcliabhán amach. Seo é an chúis gur le béim bhreise a deir FitzGerald go bhfuiltear ag plé le figiúirí íosta anseo.[5]

[**1.05**] Rud eile de, ní thugann FitzGerald an ráta eisimirce ó áiteanna áirithe seachas a chéile san áireamh[6] ná an ráta báis i rith an Drochshaoil:

> There remains the question of a possible differential mortality rate as between Irish-speakers and English-speakers. There is no direct evidence on this point. One can only comment that, within any given cohort, higher mortality rates tend to be found amongst those who are more deprived, living in less favourable social conditions, with poorer housing and diet. From what we know of the social conditions of different sections of the population, there is certainly no reason to believe that within any given area, such as a barony, the social conditions of the English-speaking population would have been less favourable than those of the Irish-speaking population. If anything the opposite is likely to have been the case, and a consequent higher mortality rate amongst Irish-speakers would have tended to reduce rather than increase the numbers of Irish-speakers relative to English-speakers especially in the higher age-groups. This lends weight to the suggestion that estimates for Irish-speaking in early youth derived by the methodology of this paper may be understated rather than overstated.[7]

[**1.06**] Ar ndóigh, fiú dá mba bheag an difríocht a dhéanfadh an t-eolas sin ó thaobh chéatadán na ngaeilgeoirí ar leibhéal na barúntachta de, is mór an difríocht a dhéanfadh sé ó thaobh chéatadáin na ngaeilgeoirí go náisiúnta i measc aoisghrúpaí áirithe ag am ar leith.

[**1.07**] Go hachomair, bhí Éire ina Gaeltacht, tríd is tríd, sa chéad leath den 19ú hAois[8] agus mhéadaigh líon na nGael an uair sin go dtí an líon ba mhó riamh .i. isteach is amach le ceithre mhilliún.

[**1.08**] Ba é meon lucht na hAthbheochana go raibh éagóir stairiúil déanta ar an nGaeilge agus ar an tír ag an titim thubaisteach i líon na gcainteoirí Gaeilge i rith an Ghorta agus ina dhiaidh agus go raibh gá le hidirghabháil ó na húdaráis chun an éagóir stairiúil seo a cheartú. Idirghabháil ón rialtas gallda in aghaidh na Gaeilge agus lucht a labhartha ba chúis leis an meath ar an gcéad dul síos.[9]

---

[5] FitzGerald (1984), lch 121.
[6] FitzGerald (1984), lch 122.
[7] FitzGerald (1984), lch 123.
[8] Wolf, NM (2014) *An Irish-Speaking Island: State, Religion, Community, and the Linguistic Landscape in Ireland, 1770-1870.*
[9] Féach: Emmons, David (2011) *Beyond the American Pale: The Irish in the West, 1845-1910,* lch 227: 'In 1831 the imperial government established the system of National Schools in Ireland. The Irish children who attended them began each school day by reciting the following ditty: 'I thank the goodness and the grace/That on my birth have smiled;/and made me in these Christian days/A happy English child.' Happy English children did not use the Irish language [they] were, in fact, taught that it was a barbaric remnant.'

Meon na hAthbheochana

[1.09] Léirítear meon Athbheochan na Gaeilge in óráid Dhubhglas de hÍde *The Necessity for De-Anglicising Ireland:*

> It has always been very curious to me how Irish sentiment sticks in this half-way house — how it continues to apparently hate the English, and at the same time continues to imitate them; how it continues to clamour for recognition as a distinct nationality, and at the same time throws away with both hands what would make it so.[10]

[1.10] Ní smaoineamh úrnua a bhí ansin ó thaobh na hÉireann agus na Gaeilge de, ar ndóigh, ach é ag baint macalla as an méid a bhí le rá ag Tomás Daibhéis, fear a bhí, is cosúil, ar bheagán Gaeilge, ag tús an 19ú hAois, tráth arbh fhiú Éire a thabhairt ar Éirinn:

> A people without a language of its own is only half a nation. A nation should guard its language more than its territories — 'tis a surer barrier, and more important frontier, than fortress or river ... To lose your native tongue, and learn that of an alien, is the worst badge of conquest — it is the chain on the soul.[11]

[1.11] Ar ndóigh, ní raibh an lá leis an leagan amach sin ach le leagan amach eile a nasc náisiúntacht na hÉireann leis an gcreideamh caitliceach seachas leis an gcultúr gaelach agus a d'fhéach le háit agus le hionad a bhaint amach don phobal sin mar chuid d'Impireacht Bhéarla na Breataine. Abhcóide mór ar an taobh seo den argóint ba ea Dónall Ó Conaill, cainteoir dúchais Gaeilge nach féidir an méid a rinne sé ar son chearta an duine a chur faoi scáil. Ó thaobh na Gaeilge de ba ea a theagasc:

> The people of Ireland are ready to become a portion of the empire, provided they be made so in reality and not in name alone; they are ready to become a kind of West Briton, if made so in benefits and justice; but if not, we are Irishmen again.[12]

[1.12] Pé scéal é, bhí teagasc de hÍde agus Chonradh na Gaeilge imithe i bhfeidhm chomh mór sin ar mheon an phobail faoi thús an 20ú hAois gur bhraith James Joyce féin teannas faoi úsáid an Bhéarla mar ghnáth-theanga ag Éireannach. In *Portrait of the Artist as a Young Man* meabhraíonn an príomhcharachtar, Stephen, agus é ag comhrá le sagart Sasanach:

> The language in which we are speaking is his before it is mine. How different are the words home, Christ, ale, master, on his lips and on mine! I cannot speak or write these words without unrest of spirit. His language, so familiar and so foreign, will always be for me an acquired speech. I have not made or accepted

---

[10] O'Rourke Murphy & MacKillop (1987) *Irish Literature: A Reader* 'Douglas Hyde', lch 138.

[11] Crowley, Tony (2001) *The Politics of Language in Ireland 1366-1922*: A Sourcebook, lch 161.

[12] Hall & Rose (2011) *At Home with the Empire: Metropolitan Culture and the Imperial World.* Kinealy, Christine 'At home with Empire: the example of Ireland', lch 93.

> its words. My voice holds them at bay. My soul frets in the shadow of his language.[13]

[1.13] Fiú an file Béarla ba mhó in Éirinn sa 20ú hAois, bhí sé sásta a admháil gur as an nGaeilge a tháinig an borradh faoi litríocht Bhéarla na hÉireann. Ina léacht Nobel an 15 Nollaig 1923 dúirt, W.B. Yeats:[14]

> I have in Galway a little old tower, and when I climb to the top of it I can see at no great distance a green field where stood once the thatched cottage of a famous country beauty, the mistress of a small local landed proprietor. I have spoken to old men and women who remembered her, though all are dead now, and they spoke of her as the old men upon the wall of Troy spoke of Helen; nor did man and woman differ in their praise. One old woman, of whose youth the neighbours cherished a scandalous tale, said of her, 'I tremble all over when I think of her'; and there was another old woman on the neighbouring mountain who said, 'The sun and the moon never shone on anybody so handsome, and her skin was so white that it looked blue, and she had two little blushes on her cheeks.' And there were men that told of the crowds that gathered to look at her upon a fair day, and of a man 'who got his death swimming a river', that he might look at her. It was a song written by the Gaelic poet Raftery [Raiftearaí] that brought her such great fame and the cottagers still sing it, though there are not so many to sing it as when I was young:
>
> O star of light and O sun in harvest,
> O amber hair, O my share of the world,
> It is Mary Hynes, the calm and easy woman,
> Has beauty in her body and in her mind.
>
> It seemed as if the ancient world lay all about us with its freedom of imagination, its delight in good stories, in man's force and woman's beauty, and that all we had to do was to make the town think as the country felt; yet we soon discovered that the town could only think town thought.

[1.14] Ar ndóigh, is minic a chloiseann an té a bhfuil Gaeilge aige an t-amhrán 'Máire Ní Eidhin' nó *Baile Uí Lia* á rá go fóill. Seo a leanas an bunleagan[15] den mhéid a thug Yeats uaidh, é breac le tagairtí clasaiceacha a bhíodh fite fuaite tráth leis an meon gaelach:

A réaltain an tsolais agus a ghrian an Fhómhair,
a chúileann ómra is a chuid den tsaol,
[...]
'S í Máire Ní Eidhin an stáidbhean bhéasach,
ba dheise méin agus b'áille gnaoi,
dhá chéad cléireach 's a gcur le chéile
agus trian a tréithe ní fhéadfadh scríobh.

---

[13] Joyce, *Portrait of the Artist as a Young Man* (1916), lch 221.
[14] https://www.nobelprize.org/prizes/literature/1923/yeats/lecture/
[15] de Híde, Dúghlas, *Amhráin agus Dánta Raiftearaí,* leagan athchóirithe le Nollaig Ó Muraíle (2018), lch 198.

Bhuail sí Deirdre le breáthacht is Véanus
's dá n-abrainn Héilean ler scriosadh an Traí,
ach is scoth ban Éireann as ucht an mhéid sin
an Pósae gléigeal 'tá i mBail' Uí Lia.

[1.15] Maidir le lucht bunaithe an Stáit is léir meon na hAthbheochana a bheith imithe i bhfeidhm ar chuid acu, ach go háirithe mar a léiríonn an sliocht seo thíos de chuid an údair Pádraic Ó Conaire. Bhí aithne mhaith agus dlúth-chairdeas idir Sean-Phádraic agus Mícheál Ó Coileáin agus iad beirt ar deoraíocht i Londain Shasana. D'fhill an Coileánach ar Éirinn i mí Eanáir 1916 agus casadh ar a chéile iad. Seo cur síos Uí Chonaire ar an gcastáil sin:

> Bíonn ceangal cairdis idir deoraithe ó Éirinn nach dtuigeann an té nach ndeachaigh thar sáile riamh. Casadh an Coileánach orm féin an chéad mhaidin, ar shroicint na tíre seo dó, tar éis a théarma deoraíochta a chaitheamh i Sasana. Tar éis caint agus athchairdeas a dhéanamh, chuir mé ceist air:
>
> 'An féidir é a dhéanamh?'
>
> 'Cinnte', ar seisean.
>
> Agus nuair a mhínigh mé dó cérbh é an rud ba mhó a bhí ón deoraí seo, chuir sé an cheist chéanna orm, agus fuair sé an freagra céanna. Saoirse pholaitíochta agus saoirse dár dteanga an dá rud a bhí i ceist againn.[16]

[1.16] Ní gá glacadh le focal Shean-Phádraic mar scéal ach oiread. Ina bheathaisnéis '*Michael Collins and the Making of a New Ireland*' deir an t-údar Piaras Béaslaí sa réamhrá:[17]

> That ideal, the ideal of Michael Collins, was, as his latest writings show as unequivocally as his earliest, a free, united, un-partitioned, Irish-speaking Ireland, proudly preserving its historic culture and its national integrity ... in short, an Ireland as Irish as Denmark is Danish.

[1.17] Nó ina chuid focal féin:

> The biggest task will be the restoration of the language. How can we express our most subtle thoughts and finest feelings in a foreign tongue? Irish will scarcely be our language in this generation, not even perhaps in the next. But until we have it again on our tongues and in our minds we are not free, and we will produce no immortal literature.
>
> Our music and our art and literature must be in the lives of the people themselves, not as in England, the luxury of the few.[18]

[1.18] Ní mór a admháil go raibh buíon an-mhór ina measc siúd a shantaigh saoirse pholaitíochta don tír gur chuma leo, ach oiread le Dónall caoin Ó Conaill binn, faoin nGaeilge agus faoin tsaoithiúlacht a bhaineann léi. Níl de Ghaeilge i bhForógra na Cásca ach trí fhocal: 'Poblacht na hEireann' .i. gan

---

[16] An tSiúr Eibhlín Ní Chonnaith (1995) *Pádraic Ó Conaire, Scéal a Bheatha*, Cló Iar-Chonnachta, lch 401.

[17] Béaslaí, Piaras (1926), lch xi.

[18] Collins, Michael (1922) *The Path to Freedom*, lch 58.

an síneadh fada. B'fhada an Ghaeilge ina hornáid agus ina caitheamh aimsire ag náisiúnaithe agus ag scarúnaithe seachas ina teanga oibre agus ina huirlis ar féidir obair a bhaint aisti chun féinmheas, féintuiscint agus misneach an phobail a mhúscailt agus leanann an nós mí-ámharach sin anuas go dtí an lá inniu féin.

[1.19] Sin ráite, is i nGaeilge ar fad, seachas aistriúcháin go Fraincis agus go Béarla de shleachta a bhí dírithe ar an bpobal idirnáisiúnta, a reáchtáladh gnó na Chéad Dála, an chéad lá di, searmanas a mhair dhá uair an chloig ar an 21 Eanáir 1919.

[1.20] Ní fearacht Forógra na Cásca, fréamhaítear náisiúntacht na hÉireann sa Ghaeilge i *Scéal ó Dháil Éireann chum Saor-Náisiún an Domhain* agus dearbhaítear:

> I gcúrsaibh náisiúntachta, tá deighilt ó bhonn idir Éire agus Sacsa i dtaoibh cineadh is teangan, béas is nós is seanchus. Náisiún de na náisiúnaibh is ársa 'san Eóraip uile is eadh Éire, agus na tréithe is dual di táid slán iomshlán aici fós i n-aindeoin an fhóiréigin Ghallda atá ag brughadh uirthe le seacht gcéad bliadhain. Níor scaoil sí riamh uaithe na buadha is dúthchas di, agus níor leig sí riamh do ré dul thairste gan an náisiúntacht is dual di féin ar leithligh do dhearbhadh go dána ó Ghabháltas Gall i leith go dtí an tráth is déadhnaighe dár ghlac sí claidheamh go cródha i mbliadhain a 1916.[19]

[1.21] Agus i mír 4 den Chlár Oibre Poblacánaighe[20] deirtear:

> Is é an príomhchúram a bheidh ar Riaghaltas an tSaorstáit [.i. 'na Poblachta' i gcaint an lae inniu] ná gleusa sholáthar chun leas corpordha, leas spioradálta agus leas inntleachta na leanbhaí do chur i n-áirithe dhóibh; feuchaint chuige ná béidh an t-ocras ná an fuacht ag goilleamhaint ar éin leanbh de cheal bídh, eudaigh ná dín tighe; acht go bhfaghaidh siad gach cóir agus gleus is gádh dhóibh chun teagaisc agus taithighe ceart do thabhairt dóibh i gcóir na hoibre a bheidh le deunamh aca mar chomhaltaí den tSaorstát Gaedhealach.[21]

[1.22] Is é '*proper education and training as Citizens of a Free and Gaelic Ireland*' a ghealltar don aos óg sa leagan Béarla. Ba léir, dá bhrí sin, an lámh in uachtar a bheith faighte ag meon na hAthbheochana an lá sin; ach an chéad lá eile den Dáil — agus ó shin i leith — tá sí ina tionól Béarla .i. ina parlaimint ghallda.

---

[19] https://www.oireachtas.ie/ga/debates/

[20] 'Democratic Programme' sa leagan Béarla. Is mór an t-ábhar suime na leaganacha a cuireadh ag obair an lá sin idir 'Saorstát Éireann' in ionad 'Poblacht' agus 'Pobalacht' ag freagairt do 'Commonwealth' sa leagan Béarla .i. bunbhrí an leagain Bhéarla sin, agus 'Poblachtánach' ag freagairt do 'Democratic'.

[21] https://www.oireachtas.ie/ga/debates/

Caibidil 2

Dlíthíocht roimh Bhunú an tSaorstáit

[2.01] Tá grinn-léiriú ar an easpa stádais a bhí ag an nGaeilge agus dlí Shasana i bhfeidhm ar Éirinn le fáil sa chúis *M'Bride v. M'Govern,*[22] cás a d'eascair as feachtas leanúnach Chonradh na Gaeilge chun an Ghaeilge a chur chun cinn sa saol poiblí.

[2.02] Chuir Príomh-Chonstábla an R.I.C. an dlí ar Niall Mac Giolla Bhríde as capall is cairt a bheith ar an mbóthar poiblí aige gan a ainm agus a sheoladh a bheith breactha ar an gcairt i litreacha soléite. Bhí a ainm, a shloinne agus a sheoladh breactha ar an gcairt aige, ceart go leor, ach iad i nGaeilge agus sa chló gaelach. Ghéill an Choróin go raibh na litreacha den mhéad ceart agus gur dócha go bhféadfadh an té a raibh Gaeilge aige iad a léamh.

[2.03] Ciontaíodh Mac Giolla Bhríde os comhair Chúirt Ghearr[23] Dhún Fionnachaidh ach cuireadh ceist ar an tsean-ardchúirt (Roinn Bhinse an Rí), mar chás ríofa nó cás sonraithe, cé acu an raibh na litreacha i gceist soléite de réir an *Summary Jurisdiction (Ireland) Act*, 1851.

[2.04] Is é Pádraig Mac Piarais BL, i dteannta P.S. Walsh BL, a sheas clú don Uasal Mac Giolla Bhríde san Ard-Chúirt. Ba é cás Mhic Giolla Bhríde go raibh a ainm agus a sheoladh péinteáilte mar is ceart ar a chairt i litreacha agus i gcarachtair a bhí inléite i nGaeilge, go raibh Gaeilge á labhairt sa cheantar i gceist ag trí cheathrú den daonra, agus go raibh líon suntasach de phobal an cheantair i dtaobh leis an nGaeilge amháin. Bhí léamh na Gaeilge forleathan sa cheantar agus d'fhéadfadh an té nach raibh léamh na Gaeilge aige a fháil amach ach ceist a chur cér leis an chairt. Ina theannta sin, ba bheag idir an cló gaelach agus an cló gallda.

[2.05] Ba é cás na Corónach gur ritheadh an tAcht as Béarla amháin i bParlaimint Bhéarla agus go raibh toimhde ann dá réir go raibh an intinn ann gur chóir go mbeadh an t-ainm agus an seoladh ar an gcairt as Béarla. Cuireadh béim ar an bhfíoras nach raibh aitheantas riamh ag an nGaeilge faoi Dhlí

---

[22] *M'Bride v. M'Govern* [1906] 2 I.R. 181. Tá léargas an-chruinn ar an gcás seo le fáil in Aguisín III le breithiúnas an Bhreithimh Hardiman sa chás *Ó Maicín v. Éire* [2014] 4 I.R. 477, aguisín atá fágtha ar lár ón tuairisc oifigiúil ach atá le fáil in Iarscríbhinn A leis an leabhar seo.

[23] Petty Sessions.

Shasana in Éirinn. Ba é aidhm an reachta go bhféadfadh an té a d'fhulaing gortú de dheasca cairt dá leithéid úinéir na cairte a aithint, rud nach bhféadfaí a dhéanamh dá mbeadh an cló gaelach in úsáid.

[2.06] Dúirt Mac Piarais mar fhreagra air sin gur bhain an reacht le tír dhátheangach agus nach raibh aon toimhde ann dá réir gur ghá don ainm ná don seoladh a bheith i mBéarla ná sa chló 'gallda'.

[2.07] Sheas an Chúirt le leagan amach na Corónach. Thug O'Brien L.C.J. príomhbhreithiúnas na Cúirte sna téarmaí seo a leanas:

> The characters were not the characters of the language which the Crown and Legislature recognise as the language of the United Kingdom for all legal and official and public purposes. Parliament conducts its debates in English, and legislates in English. The enacting body expresses itself, and the enactment which contains the relevant provision is expressed, in English. English is the language of the Crown; of, as I have said, the Legislature both in debate and enactment; of all the Government administrative and public departments; of the Courts, of the Supreme Court; of the Courts of Summary Jurisdiction, where the very offence under consideration is to be investigated; and, in the eye of the law, of the constabulary who, under the 14th section of the Act, are to take cognizance of the offence. I say, in the eye of the law, of the constabulary, because, whilst a knowledge of English is prescribed as a necessary condition for admission to the force, there is no provision as to a knowledge of Irish. It should be remembered, too, that the provision was made for the benefit of all the English-speaking subjects of the Crown, no matter whether Irishmen or Englishmen, no matter whether resident in Ireland or casual visitors who might be travelling in Ireland. And certainly Irish characters would afford no information whatever to a person who spoke English exclusively, so as to enable him to identify an offender who had been guilty of an offence on the public road.... It is, in my opinion, clear that the letters must be of the English type.[24]

[2.08] Dúirt an Breitheamh Gibson:

> Counsel have not cited, and I have failed to discover, any statute relating to this country in which Ireland is treated as bi-lingual and requiring special and distinctive treatment accordingly, or in which recognition was given to the fact that in certain parts of the island the inhabitants used the Irish tongue ... there is no trace in the Statute Book of the recognition of any language but English.[25]

[2.09] Ba léir, dá bhrí sin, gur beag slí a bhí ann don Ghaeilge sa spás poiblí in Éirinn, fiú i gceantar láidir Gaeltachta.

An Dara Cás ag an bPiarsach

[2.10] Síleadh ar feadh i bhfad gurb é cás Mhic Giolla Bhríde thuas, cás an trucailín dhoinn, a bhfuil amhrán cáiliúil spraíúil Gaeilge cumtha ina thaobh,

---

[24] *M'Bride v. M'Govern* [1906] 2 I.R. 181, lch 185.

[25] *M'Bride v. M'Govern* [1906] 2 I.R. 181, lch 189.

an t-aon chás ar láithrigh an Piarsach sa Chúirt ann. Tá cás eile ann áfach a bhfuil tuairisc air agus a tugadh chun solais athuair le blianta beaga anuas[26] .i. *Buckley v. Finnegan.*[27] B'ionann na fíorais sa chás sin agus cás Mhic Giolla Bhríde ach amháin gur sa chló rómhánach a bhí na litreacha sa dara cás. Ciontaíodh an Buachallach os comhair Chúirt Ghearr Chill Droichid agus sonraíodh an cheist dlí chun na hArd-Chúirte cé acu a bhí nó nach raibh na litreacha i gceist 'soléite' agus iad sa chló 'gallda'.

[**2.11**] Bhí beirt den triúr breithiúna a bhí i gcás Mhic Giolla Bhríde ar an gCúirt i gcás Uí Bhuachalla: O'Brien agus Andrews Brna agus is treise in éadan na Gaeilge is ea a chuaigh siad. Tugadh an breithiúnas in Mac Giolla Bhríde an 18 Bealtaine 1905. Cúisíodh Ua Buachalla as gan na litreacha ar an gcairt aige a bheith soléite an 23 Nollaig 1905. Má bhí dóchas ann go dtabharfadh an cló rómhánach slán é, níor mhair sé i bhfad. Dúirt an Tiarna O'Brien:

> It is admitted that this man has a name, Buckley, an English name, and that Maynooth is the name of a well-known town in Kildare, the spelling of which is expressed in English letters; and thus, having a residence and name well known, this is a distinct violation of the Act of Parlaiment to put his name in Irish ... I may add that this is not the case of a mere foreigner coming to this country. That case may have to be decided afterwards if it arises. This is the case of Daniel Buckley with a well known English name.[28]

[**2.12**] Dúirt an Breitheamh Andrews:

> I think that the principle of the decision which the Court has already given in the recent case of *M'Bride v. M'Govern* governs this case, though the two cases are not exactly identical. The Act of Parliament is an English Act; it is used in Courts where English is spoken, and its object is to give ordinary persons both in Ireland and the United Kingdom, and persons who come from other places, facilities for ... ascertaining who the owner is, so that, if they have a complaint, they may proceed against him, and it is not in compliance with the statute to have the name and address in Irish.[29]

[**2.13**] Is suimiúil gur láithrigh Tim Healy K.C. sa chás seo thar ceann an Uasail Ua Buachalla. Ba é Healy an chéad duine a d'fheidhmigh mar Ionadaí na Corónach faoi Bhunreacht an tSaorstáit. Ba é a chliant sa chás seo, Domhnall Ua Buachalla, a ghlac páirt in Éirí Amach na Cásca agus a toghadh ina theachta dála ina dhiaidh sin, an duine deiridh a raibh an post sin aige.

---

[26] Ó Tuathail, Séamas (2002) *Gaeilge agus Bunreacht*, lch 8.
[27] *Buckley v. Finnegan* (1906) I.L.T.R. 76.
[28] *Buckley v. Finnegan* (1906) I.L.T.R. 76, lch 77.
[29] *Buckley v. Finnegan* (1906) I.L.T.R. 76, lch 77.

Caibidil 3

An Ghaeilge faoi Bhunreacht an tSaorstáit

[**3.01**] Tá dhá fhoráil i mBunreacht Shaorstát Éireann a thagraíonn do chúrsaí teanga. D'fhoráiltí le hAirteagal 4 mar a leanas:

> **Airtiogal 4.**
> Sí an Ghaedhilg teanga Náisiúnta Shaorstáit Éireann, ach có-aithneofar an Béarla mar theanga oifigiúil. Ní choiscfidh éinní san Airtiogal so ar an Oireachtas forálacha speisialta do dhéanamh do cheanntair nó do líomatáistí ná fuil ach teanga amháin i ngnáth-úsáid ionta.

[**3.02**] Maidir leis an saghas dlí a shamhlaítear ag deireadh an Airteagail, ceapadh an fhoráil sin: 'to provide for the contingency of the entry of Northern Ireland into the Free State' dar le Kohn.[30] Tháinig Hardiman Brmh leis an leagan amach sin in *Ó Beoláin v. Fahy.*[31] Thug Kohn suntas ar leith don Airteagal seo:

> Its enunciation as the official language of the Free State marked the consummation of the process of national emancipation.[32]

[**3.03**] Is é Airteagal 42 an dara foráil ina luaitear cúrsaí teanga agus baineann sé le reachtaíocht a rith:

> **Airtiogal 42.**
> Chó luath agus féadfar tar éis d'aon dlí aontú an Rí d'fháil, cuirfidh an cléireach no pé oifigeach eile a cheapfaidh Dáil Éireann chuige sin dhá chóip chearta den dlí sin á dhéanamh, ceann aca i nGaedhilg agus an ceann eile i mBéarla (agus sighneoidh Ionadaí na Coróinneach ceann de sna cóipeanna san chun é do chur ar rolla cuimhnte in oifig an oifigigh sin den Chúirt Uachtarach ar a gcinnfidh Dáil Éireann), agus beidh na cóipeanna san mar fhínéacht chríochnuithe ar fhorálacha gach dlí dá sórt, agus i gcás coinbhlíocht idir an dá chóip a cuirfear i dtaisce mar sin, sé an ceann a bheidh sighnithe ag Ionadaí na Coróinneach a bhuaidhfidh.

[**3.04**] Maidir leis an gcleachtas, deir Kohn:[33]

> In practice all legislation has so far been introduced and passed in English only, and consequently only the English version has been submitted to and signed by

---

[30] Kohn, *The Constitution of the Irish Free State* (Londain 1932), lch 124.
[31] *Ó Beoláin v. Fahy* [2001] 2 I.R. 279, lch 315.
[32] Kohn, *The Constitution of the Irish Free State* (Londain 1932), lch 123.
[33] Kohn, *The Constitution of the Irish Free State* (Londain 1932), lgh 211-12.

> the Governor-General, the Irish version being subsequently prepared in the Clerk's Office and published simultaneously with the English original. It is clear from the phrasing of Art. 42, that the Bill becomes law only in the form, and this implies also in the language, in which it has been passed by Parliament, but not subsequently translated. It would hence not be permissible, if the Bill had been passed in one language, for a copy containing a subsequent translation into the other language to be signed as a true record of the Bill as passed by the Oireachtas. The procedure embodied in Art. 42 would in practice be applicable only if either the Bill had been introduced and formally passed in both languages or if, after having been passed in one, the translation of the other had received the formal assent of the two Houses.

[3.05] Is léir an teannas idir an ré nua don teanga a fógraíodh arís agus arís eile agus an cleachtas aonteangach ar rídheacair é a bhriseadh. Thuill an stádas leathoifigiúil seo don Ghaeilge i réimsí reachtacha cáineadh ó chéad Phríomhbhreitheamh an tSaorstáit, Aodh Ó Cinnéide[34] in *Ó Foghludha v. McClean*[35] le hais chleachtas Cheanada agus na hAfraice Theas de bhun alt 133 den British North America Act 1867 (Westminister) agus de bhun alt 137 den South Africa Act 1909 (Westminister) faoi seach .i. achtú comhuaineach sa dá theanga oifigiúla:[36]

> [O]f the mass of legislation enacted by the Oireachtas since it was established by the Constitution, there is not one Act but has been enacted in the English language and in that language only. It is not for me here and now to express any opinion as to whether each Act should not have been enacted at the same time in the Irish language (as seems to be suggested by Art. 42 of the Constitution). No doubt an Irish translation of each Act has been prepared subsequently and published officially but such translation has no effect as legislation, there being no power under the Constitution to delegate the legislative power of the Oireachtas to a staff of translators. I may add that legislation in two official languages concurrently is the settled practice elsewhere.

[3.06] Pléitear an próiseas reachtach agus cúrsaí teanga níos mine i gCaibidil 9.

---

[34] Aodh Ó Cinnéide, cainteoir aitheanta Gaeilge, ar tugadh 'Hugh Kennedy' air sa Bhéarla, a bhí mar chéad Ard-Aighne agus mar chéad Phríomhbhreitheamh na hÉireann.

[35] *Ó Foghludha v. McClean* [1934] I.R. 469.

[36] *Ó Foghludha v. McClean* [1934] I.R. 469, lgh 483-84.

Caibidil 4

Cásanna dlí i ndáil leis an nGaeilge faoi Bhunreacht an tSaorstáit

[4.01] Ba é *Rex (Ó Coileáin) v. Crotty*[37] an chéad chás sna huaschúirteanna a bhain le cúrsaí Gaeilge faoi Bhunreacht an tSaorstáit. Sa chás sin diúltaíodh cead sa Chúirt Dúiche don Uasal Ó Coileáin fianaise a thabhairt as Gaeilge agus finnéithe an Stáit a chroscheistiú as Gaeilge.

[4.02] Cúisíodh an tUasal Ó Coileáin i gContae Chorcaí de bhun na nAchtanna Airgeadais. Chuir sé in iúl roimh ré don aturnae i mbun an ionchúisimh agus don Chúirt gur theastaigh uaidh a chás a phlé as Gaeilge. Ag an éisteacht sa Chúirt Dúiche ní raibh Gaeilge ag éinne d'fhinnéithe an ionchúisimh. Ní raibh ateangaire sa Chúirt agus d'iarr an breitheamh dúiche ar an Uasal Ó Coileáin a chosaint a riaradh as Béarla. Sheas an tUasal Ó Coileáin lena cheart a thaobh féin den chás a reáchtáil as Gaeilge. Bhraith sé ar Airteagal 4 de Bhunreacht an tSaorstáit agus d'oscail sé an tAirteagal sin don Chúirt. Chuir an breitheamh brú air arís labhairt as Béarla. Dúirt an Coileánach gurbh ait nach raibh ateangaire sa Chúirt agus fógra coicíse ag an gCúirt go raibh sé chun a chosaint a riaradh as Gaeilge. Dúirt an breitheamh go raibh Gaeilge aige féin ach nár chuí dó feidhmiú mar ateangaire. Dúirt sé nach bhféadfadh an Coileánach a chosaint a riaradh mura labhródh sé Béarla toisc nach raibh Gaeilge ag an taobh eile.

[4.03] Nuair a thosaigh an Coileánach ag croscheistiú finné an ionchúisimh as Gaeilge dúirt an breitheamh arís eile leis labhairt as Béarla. Dhiúltaigh an tUasal Ó Coileáin agus dúirt sé nach ngéillfeadh sé dá bhfanfadh sé ansin go Lá an Luain mar go raibh a cheart le fáil sa Bhunreacht. Dúirt an breitheamh dúiche rud nár thuig an tUasal Ó Coileáin agus ghlaoigh sé ar aghaidh an chéad chás eile. Nuair a d'fhiafraigh an Coileánach den bhreitheamh mar gheall ar a chás féin, is é an freagra a fuair sé ná '*Fifty pounds*'.

[4.04] Lorg an tUasal Ó Coileáin ordú *certiorari*, chun ordú na Cúirte Dúiche a chur ar ceal, agus d'éirigh leis toisc gur chuir an breitheamh dúiche a chearta bunreachtúla ar leataobh, cé nach léir ó bhreithiúnas na hArd-Chúirte (Sullivan Uacht., O'Byrne Brmh ag aontú) cé acu ar Airteagal 4 den Bhunreacht

---

[37] *Rex (Ó Coileáin) v. Crotty* (1927) 61 I.L.T.R. 81.

nó ar phrionsabail an cheartais aiceanta a bhí an cinneadh sin bunaithe. Is fiú cuimhneamh, áfach, ar na céadta cainteoirí Gaeilge eile ó 1922 i leith arbh éigean dóibh dul le sruth an Bhéarla agus iad faoi bhrú éagórach córasach ó na Cúirteanna.

[4.05] Cás eile a léiríonn cur chuige *ad hoc* an chórais dlí i leith na Gaeilge ag tús an 20ú hAois is ea *The Attorney General v. Joyce and Walsh.*[38] Seo cás dúnmharaithe ó cheantar Gaeltachta. Cuireadh fear agus bean as Conamara ar a dtriail in éineacht as fear céile na mná sin a dhúnmharú. Cuireadh ar a dtriail i mBéarla i mBaile Átha Cliath iad agus níor caitheadh leo mar bheirt a raibh teanga náisiúnta na tíre á labhairt acu ach caitheadh leo mar a chaithfí le heachtrannaigh nach raibh teanga na Cúirte acu. Ciontaíodh iad beirt agus daoradh chun báis iad.

[4.06] Rinne siad beirt achomharc chuig an gCúirt Achomhairc Coiriúil ar an bhforas *inter alia* nár ghlac an luathscríbhneoir oifigiúil a bhí i láthair tuairisc den triail nó go raibh an tuairisc sin mantach, neamhiomlán agus fabhtach sa mhéid is gur thug an naonúr finnéithe thar ceann an ionchúisimh a gcuid fianaise ar fad as Gaeilge, mar a rinne an bheirt chúisithe, ach nár glacadh de thaifead na fianaise sin ach an t-aistriúchán Béarla den fhianaise a tugadh as Gaeilge. Tugadh dúshlán i ndáil le cruinneas an aistriúcháin go Béarla a cuireadh ar fáil don ghiúiré ar an bhfianaise a tugadh as Gaeilge.

[4.07] Thug Ó Cinnéide PBhrmh breithiúnas na Cúirte. Is cosúil gur tharla go raibh mearbhall ar na luathscríbhneoirí faoi nóta a ghlacadh den fhianaise agus nár tháinig sé chun solais nach raibh taifead i nGaeilge ar an bhfianaise a tugadh i nGaeilge go dtí gur iarradh an trascríbhinn don achomharc. Mar a deir Ó Cinnéide PBhrmh:[39]

> Two official stenographers were commissioned by the State to record the evidence. One of these stenographers was competent to report spoken Irish, and it was intended that he would report the testimony given in the Irish language. By some misunderstanding as to the duty which he was to perform, this gentleman did not in fact take down any of the evidence in the Irish language. Admittedly, however, the entire of the evidence given in the English language and the entire of the official interpreter's rendering in English of the evidence which was given in the Irish language was taken down by the other stenographer, or by both of the stenographers, and is before the Court in an official transcript certified by the signatures of both stenographers to be a correct report of the trial. It is not suggested that this report is incomplete in any respect in so far as it is a report in English.
>
> The fact that no report had been made of the evidence as given in Irish did

[38] *The Attorney General v. Joyce and Walsh* [1929] I.R. 526.
[39] *The Attorney General v. Joyce and Walsh* [1929] I.R. 526, lgh 530-31.

> not come to the knowledge of the defendants or of the Court until copies of the transcripts of the stenographer's report were bespoken for the purpose of this appeal. It was only upon this state of facts coming to the defendants' knowledge that the notices with which I am now dealing were served, seeking to base new grounds of appeal directly or indirectly upon the omission.

[4.08] Cuireadh an agóid faoi chaighdeán na hateangaireachta ar leataobh toisc nár ardaíodh an cheist le linn na trialach:[40]

> No objection was taken at the trial or subsequently by any person, on behalf either of the prosecution or of the prisoners, or of either of them, to any rendering by the official interpreter of the Irish evidence into the English language. Until the discovery of the stenographer's omission, the interpreter's rendering stood absolutely unchallenged and unimpeached in every respect. Moreover, in the notices now under consideration, while a general suggestion of inaccuracy is made, no single instance of alleged mistranslation, or inaccurate translation, or inadequate interpretation is stated or suggested. Further, the competence of the interpreter has never been questioned, either at the time when he was first produced, and sworn to act as interpreter, or at any time during the trial, or even now, in the course of the present application.
>
> [...]
>
> Accordingly, in so far as the present motion is concerned with any question as to accuracy of the English version of the Irish evidence, it is a pure afterthought and wholly unreal, factitious and untenable.[41]

[4.09] Thapaigh an Príomh-Bhreitheamh an deis le seasamh le ceart na bhfinnéithe agus na gcúisithe a gcuid fianaise a thabhairt as Gaeilge, áfach:[42]

> It would seem to me to be a requisite of natural justice, particularly in a criminal trial, that a witness should be allowed to give evidence in the language which is his or her vernacular language, whether that language be Irish or English, or any foreign language; and it would follow, if the language used should not be a language known to the members of the Court, that means of interpreting the language to the Court (Judge and jury), and also, in the case of evidence against a prisoner, that means of interpreting it to the prisoner, should be provided. The Irish language, however, is not merely the vernacular language of most, if not all, of the witnesses in question in the present case, but it holds a special position by virtue of the Constitution of the Saorstát, in which its status is recognised and established as the national language of the Saorstát, from which it follows that, whether it be the vernacular language of a particular citizen or not, if he is competent to use the language, he is entitled to do so. Therefore, it may be said that all those who gave their evidence in the Irish language in the present case had, as it were, a double right to do so: first, on general principles of natural justice as their vernacular language; and, secondly, as a matter of Constitutional right.

---

[40] *The Attorney General v. Joyce and Walsh* [1929] I.R. 526, lch 531.

[41] *The Attorney General v. Joyce and Walsh* [1929] I.R. 526, lch 533.

[42] *The Attorney General v. Joyce and Walsh* [1929] I.R. 526, lch 531.

[4.10] Ba léir gur chuma teanga na Cúirte agus na trialach a bheith ag daoine a thug a gcuid fianaise as Gaeilge,[43] bhí an ceart bunreachtúil acu a gcuid fianaise a thabhairt sa teanga náisiúnta.

[4.11] Ba léir freisin, áfach, bearna ollmhór maidir le slánú na gceart teanga seo os comhair cúirte .i. nach raibh breitheamh agus giúiré ar fáil a gcuirfí cás Gaeilge á thriail os a gcomhair gan ateangaireacht. Deir Ó Cinnéide PBhrmh:[44]

> We may infer, and take judicial notice of the fact, that many of the persons concerned in the administration of justice at present are not competent to conduct the business of the Courts in the Irish language — a state of affairs which is established, if proof were required, by the fact that the Oireachtas has found it necessary to enact a law imposing such competence as an obligation upon legal practitioners,[45] but affording an interval of time in which such competence may be acquired; from which it follows that, in the interval, adequate means must be provided for interpreting when necessary from the one language to the other in the Courts of Justice.

[4.12] Is léir gur shíl an Príomh-Bhreitheamh go leigheasfadh am agus dea-mhéin an fhadhb shealadach seo agus gur leor an ateangaireacht don tréimhse eatramhach.

[4.13] Maidir leis an dualgas taifead Gaeilge a sholáthar i ndáil le fianaise a tugadh as Gaeilge, dúirt Ó Cinnéide PBhrmh, cé gur leor a raibh os comhair na Cúirte an uair sin chun breithiúnas a thabhairt ar an iarratas ar chead achomharc a dhéanamh, gur gá a bheith cinnte feasta go nglacfaí taifead den fhianaise sa teanga oifigiúil inar tugadh í. Deir sé:[46]

> The Court is satisfied that this transcript of the note of the interpreter's rendering of the evidence is a completely accurate record and fully adequate for the purpose of disposing of the present applications for leave to appeal.
>
> Having said so much, however, it is necessary that I should say that it is the duty of the official stenographers to report every case fully and in every detail, and certainly, in a case where evidence is given in the Irish language, it is the duty of the stenographer employed for that purpose to record every word of the evidence so given in that language, and, if he fails to do so, it may have very grave consequences; as, for instance, in the present case, if there had been a genuine and a real question as to the accuracy of the interpreter's rendering of the Irish

---

[43] Tugann Ó Cinnéide PBhrmh le fios ag tús a bhreithiúnais (ag lch 530) go raibh Béarla ag an gcúisí Áine Bhreathnach toisc tamall de bhlianta a bheith caite aici sna Stáit Aontaithe agus go raibh dóthain Béarla ag an gcúisí Máirtín Seoighe go gceartódh sé ráiteas Béarla a cuireadh chuige, ar aistriúchán é ar ráiteas Gaeilge a rinne sé. Dar leis an bPríomh-Bhreitheamh freisin go raibh Béarla éigin ag roinnt den naonúr a thug fianaise as Gaeilge.

[44] *The Attorney General v. Joyce and Walsh* [1929] I.R. 526, lgh 531-32.

[45] An tAcht Lucht Cleachtuithe Dlí (Cáilíocht) 1929.

[46] *The Attorney General v. Joyce and Walsh* [1929] I.R. 526, lgh 533-34.

evidence, a question, that is to say, involving the accuracy of the evidence in the form in which it went to the jury, it would have been absolutely necessary for the Court to have had both the Irish and the English version of what the witnesses said upon the record before the Court and it might have involved the ordering of a new trial, if such record were not forthcoming — a very grave consequence indeed of the stenographer's failure. I therefore take this opportunity of impressing upon the stenographers the importance of an absolutely complete report of the trial and of every word spoken in the course of it. While saying that, I ought at the same time to say that, apart from the mistake that was made in the present case, the stenographer's reports which we have had before us since we first sat have been generally admirable; particularly the reports of Mr. Sheehan in the Central Criminal Court — often prepared in conditions of great difficulty.

It is fortunate that in the present cases no real question has been raised which involves our considering and comparing the Irish and the English versions of the evidence, and happily the mistake made by the particular stenographer has not had the serious consequences which in other circumstances might have ensued.

[4.14] Diúltaíodh don iarratas ar chead achomharc a dhéanamh ar na forais eile a cuireadh faoi bhráid na Cúirte freisin.

[4.15] Is é *Ó Foghludha v. McClean*[47] an tríú cás sna huaschúirteanna faoi réimeas an tSaorstáit a bhain le stádas bunreachtúil agus dlíthiúil na Gaeilge. Is é an ceann is mó cáil é chomh maith a bhaineann macalla as dlí-eolaíocht na hÉireann go dtí an lá inniu féin.

[4.16] Sa chás sin, sheirbheáil na gearánaithe, Iontaobhaithe Chonradh na Gaeilge toghairm achomhair as Gaeilge gan aistriúchán Béarla ina teannta ar an gcosantóir, tionónta dá gcuid, ag éileamh riaráistí cíosa.[48] Chuir Máistir na hArd-Chúirte an cás (le mionnscríbhinn fiacha as Gaeilge comhdaithe) ar aghaidh chun na hArd-Chúirte sa ghnáthchúrsa go dtabharfaí breithiúnas. Threoraigh an Ard-Chúirt (Hanna Brmh) go gcuirfí an tAire Dlí agus Cirt agus an tArd-Aighne ar fógra.

[4.17] D'fhoráiltí le hOrdú XXIX, r.3 de Rialacha na nUaschúirteanna, 1926, mar a leanas:

All summonses and notices to be served in any part of Saorstát Éireann, if in Irish, may be accompanied by a translation thereof in English, and, if not so accompanied, shall be translated into English by one of the interpreters attached to the Central Office and the party serving such summons or notice shall be

---

[47] *Ó Foghludha v. McClean* [1934] I.R. 469.

[48] Is é éileamh na nGearánuidhthe an suim de £19:15:0 d'fhagháil ó'n gCosantóir de bharr fuighligh cíosa aon mhiosa déag dlighte roimhré dárab críoch an 4 lá de mhí Márta 1932 de réir ráta £3. 5. 0 i n-aghaidh na míosa as bunurlár an tighe Uimhir 15, Cearnóg Párnail i gCathair Átha Cliath atá i seilbh an Cosantóra mar thionónta ó mhí go mí ós na Gearánuidhthibh fá Tairgsint dárab dáta an 28 lá de mhí Iúil 1930 la n-ar glachadh ag na Gearánuidhthibh [ag lgh 477-8 den bhreithiúnas].

bound to serve the English version along with the Irish original of the document in question.

[**4.18**] D'fhoráiltí le hOrdú XXIX, r.2 de Rialacha na nUaschúirteanna, 1926, mar a leanas:

> All summonses and notices to be served personally in the Gaedhealtacht, if in the English language, may be accompanied by a translation thereof in Irish, and, if not so accompanied, shall be translated into Irish by one of the interpreters attached to the Central Office, and the party serving such summons or notice shall be bound to serve the Irish version along with the English original of the document in question.

[**4.19**] Phléigh Sullivan, Uacht., Ordú XXIX, r.3 as féin agus dúirt nár fhorchuir sé aon ualach ar an dlíthí Gaeilge agus go raibh sé bunreachtúil dá réir. Dúirt sé agus é ag tagairt d'Airteagal 4 de Bhunreacht an tSaorstáit:[49]

> Art. 4 of the Constitution declares that the National language of the Irish Free State is the Irish language, but that the English language shall be equally recognised as an official language. This can only mean that both languages are official languages, and, as such, entitled to equal recognition. What does such equal recognition involve? To my mind no more than this — so far as the administration of Justice in the Courts is concerned — that every person shall be entitled at his option to use either language in transacting legal business, and that he shall not suffer any impediment or incur any liability or disability by reason of the language he uses.

[**4.20**] Lean sé air:

> The rule [riail 3] does not impose upon the parties affected by it any additional expense or burden, it facilitates the progress of litigation, and it does not place any obstacle in the way of those who desire to conduct their legal business in the Irish language.
>
> I am, therefore, of opinion that the rule is not inconsistent with the Constitution and is valid and operative.

[**4.21**] Phléigh Hanna Brmh Ordú XXIX, r.3 as féin freisin agus dhiúltaigh é a phlé i gcomhthéacs riail 2. Dúirt sé:[50]

> In the consideration of this question I confine myself to r.3 and to r.3 alone. I am not concerned with any other rule of the same Order.

[**4.22**] Agus arís níos déanaí:[51]

> I do not think that the determination of this net question is assisted by a discursive consideration of the other rules of the Order to which Mr Gavan Duffy's argument would invite us.

[**4.23**] Arís d'aontaigh sé leis an Uachtarán nár fhorchuir an oibleagáid chun

---

[49] *Ó Foghludha v. McClean* [1934] I.R. 469, lch 471.
[50] *Ó Foghludha v. McClean* [1934] I.R. 469, lch 471.
[51] *Ó Foghludha v. McClean* [1934] I.R. 469, lch 473.

an t-aistriúchán Béarla (a chuirfeadh Príomh-Oifig na hArd-Chúirte ar fáil gan chostas) a sheirbheáil i dteannta an bhunleagain Ghaeilge, aon ualach ar an dlíthí Gaeilge.

[4.24] Is é O'Byrne Brmh amháin san Ard-Chúirt a phléigh r.2 agus r.3 in éineacht. Rialaigh sé go raibh idirdhealú in éadan na Gaeilge i gceist san Ordú. Dúirt sé:[52]

> In the circumstances can it be said that Rule 3 is in accordance with what I hold to be the meaning and intent of Art. 4, that the Irish language and the English languages are to be equally recognised as official languages?
>
> It will be seen that there is no general provision, similar to Rule 3, providing that summonses and notices, if in English, are to be accompanied by a translation into Irish. In my opinion I am bound to have regard to this fact and to consider Rule 3 in the absence of such a provision.
>
> As the Rules stand and apart from the special provision regarding the Gaedhealtacht, all summonses and notices in the Irish language must be accompanied by an English translation. There is no such provision with reference to summons and notices in the English language. In my opinion this amounts to a discrimination in favour of the English language as against Irish and fails to comply with and carry into effect the provision of the Constitution that the two languages are to be equally recognised as official languages.
>
> I am, accordingly, of opinion that Rule 3 contravenes Art 4. of the Constitution and is, accordingly, of no effect.

[4.25] Rinne na gearánaithe achomharc chun na Cúirte Uachtaraí ag argóint, *inter alia,* gur idirdhealú i gcoinne na Gaeilge a bhí sa socrú faoi rialacha 2 agus 3 a chuir caiteachas ama agus moill ar an té a chuaigh chun dlí as Gaeilge seachas as Béarla agus go bhféadfadh an mhoill seo dochar a chúisiú dó dá réir.[53]

[4.26] D'fhreagair an tArd-Aighne gur socrú sealadach a bhí i gceist leis an dualgas faoin aistriúchán Gaeilge ar dhoiciméad Béarla a bheith teoranta don Ghaeltacht seachas an Saorstát ar fad.[54] Is é an gealltanas sin a shábháil riail 2.

[4.27] Dúirt Ó Cinnéide PBhrmh a thug breithiúnas na Cúirte Uachtaraí (Fitzgibbon agus Murnaghan Brna ag aontú) go raibh réimeas nua ar fad i bhfeidhm seachas an ceann a bhí i réim roimh bhunú an tSaorstáit. Deir sé:[55]

> We have had an interesting argument on this important question but the circumstances of to-day are happily in no way comparable to those of the time of *M'Bride v. M'Govern*,[56] cited by Mr. Gavan Duffy [thar ceann an ghearánaí], when Pádraig Mac Piarais made his valiant argument for which the case will

---

[52] *Ó Foghludha v. McClean* [1934] I.R. 469, lch 475.
[53] *Ó Foghludha v. McClean* [1934] I.R. 469, lch 476.
[54] *Ó Foghludha v. McClean* [1934] I.R. 469, lgh 476-77.
[55] *Ó Foghludha v. McClean* [1934] I.R. 469, lch 482.
[56] *M'Bride v. M'Govern* [1906] 2 I.R. 181. Féach míreanna [2.01]-[2.09].

always be memorable. Our Constitution makes a new beginning as regards the Irish language and we must apply our minds to the interpretation of the text of that instrument itself without the assistance of any decided cases.

[4.28] Lean sé agus thapaigh an deis chun forléiriú cuimsitheach a dhéanamh ar Airteagal 4 de Bhunreacht an tSaorstáit:[57]

> The Constitutions of the two Dominions in which the question of plurality of language arose, the Dominion of Canada and the Union of South Africa, made provision for equality for official purposes, in the case of Canada and its Province of Quebec, as between the English and French languages (British North America Act, 1867, sect. 133); in the case of South Africa, as between the English and Dutch languages (South Africa Act, 1909, sect. 137). These Constitutions were both Acts of the United Kingdom Parliament for countries then regarded as British colonies on which a new and greater political status was being conferred by Great Britain. In our case the position was different. Our Constitution was enacted by an Irish Constituent Assembly for a people conscious of an historical national identity preserved independently of any particular State organisation during its long struggle for at least a spiritual existence. One of the distinguishing marks of a nation, in the sense of a distinct people (though not a necessary or universal mark), is the possession of a common national language. This nation of ours possessed that distinguishing characteristic in the Irish language. It was the common speech of every Irishman down to comparatively recent times, when it yielded before immense pressure, compulsion in the schools, social, political and commercial forces. For some years before the Treaty of 1921, there was an active but a slow and difficult struggle to recover the lost ground. The language position at the date of the enactment of the Constitution is too fresh in our memories to need statement but the importance of it here is for the interpretation of Art. 4. The declaration by the Constitution that the National language of the Saorstát is the Irish language does not mean that the Irish language is, or was at that historical moment, universally spoken by the people of the Saorstát, which would be untrue in fact, but it did mean that it is the historic distinctive speech of the Irish people, that it is to rank as such in the nation, and, by implication, that the State is bound to do everything within its sphere of action (as for instance in State-provided education) to establish and maintain it in its status as the National language and to recognise it for all official purposes as the National language. There is no doubt in my mind but that the term 'National' in the Article is wider than, but includes, 'official,' in which respect only the English language is accorded constitutional equality. None of the organs of the State, legislative, executive or judicial, may derogate from the pre-eminent status of the Irish language as the National language of the State without offending against the constitutional provisions of Art. 4. If the Rule of Court in question so offends then it is in my opinion unconstitutional and invalid.

[4.29] Sular chuir sé an dlí-eolaíocht shoiléir seo i bhfeidhm ar na fíorais os comhair na Cúirte, dúirt sé gur ghá géilleadh do chúinsí áirithe i mblianta

---

[57] *Ó Foghludha v. McClean* [1934] I.R. 469, lgh 482-83.

tosaigh an Stáit, faoi mar a dúirt sé maidir leis an easnamh i ndáil le dlí-chleachtóirí roimhe sin sa chás *The Attorney General v. Joyce and Walsh*,[58] ach mar sin féin bhí teorainn le feidhmeanna sealadacha den chineál seo:[59]

> The state of facts, however, to which I have referred as existing at the date of the enactment of the Constitution must be realised for many purposes and, wherever necessary, taken into consideration, even temporarily, but always so as not to offend against the Constitution.

[4.30] Ceann de na cleachtais nach raibh ag teacht le hAirteagal 4 den Bhunreacht, dar leis *obiter dictum,* ab ea an cleachtas Achtanna an Oireachtais a achtú as Béarla amháin agus a tiontú go Gaeilge ar ball.[60]

[4.31] Ba léir gur tuigeadh don Phríomh-Bhreitheamh go raibh idirthréimhse i gceist maidir le cúrsaí teanga ach go gcaithfí dul chun cinn a dhéanamh seachas cúinsí teanga mar a bhí tráth bunaithe an tSaorstáit a úsáid mar leithscéal chun céim síos a thabhairt don Ghaeilge:[61]

> Again, while the policy of the Constitution as regards the National language is being actively implemented by the State in the education of the rising generations, the Oireachtas has at the same time recognised the facts as they were and must for a time continue to be, as regards adults and those beyond school age who have been deprived of the vernacular use of the National language.

Tagraíonn sé freisin don reachtaíocht a ritheadh le blianta beaga roimhe sin chun plé leis an idirthréimse seo 'the transition stage in the process of restoring the National language to actual general use':[62] an tAcht Lucht Cleachtuithe Dlí (Cáilíocht) 1929,[63] Acht Choláiste Phríomh-Scoile na Gaillimhe 1929,[64] Acht na dTithe (Gaeltacht) 1929,[65] agus an tAcht Oideachais Ghairme Beatha 1930,[66] agus chuir sé i gcuimhne nár bhain an tAcht Lucht Cleachtuithe Dlí le 'haon duine a bhí os cionn cúig mblian déag d'aois an 1adh lá de Dheire Fomhair, 1929'.[67]

[4.32] Maidir leis an gceist os comhair na Cúirte, leag sé síos na prionsabail bhunreachtúla mar seo a leanas:[68]

> The Rules of Court must take account of the facts of the community in which

---

[58] *The Attorney General v. Joyce and Walsh* [1929] I.R. 526.
[59] *Ó Foghludha v. McClean* [1934] I.R. 469, lch 483.
[60] *Ó Foghludha v. McClean* [1934] I.R. 469, lgh 483-84. Féach mír [3.05].
[61] *Ó Foghludha v. McClean* [1934] I.R. 469, lch 484.
[62] *Ó Foghludha v. McClean* [1934] I.R. 469, lch 484.
[63] Uimh. 16 de 1929.
[64] Uimh. 35 de 1929.
[65] Uimh. 41 de 1929.
[66] Uimh. 29 de 1930.
[67] An tAcht Lucht Cleachtuithe Dlí (Cáilíocht) 1929, alt 2.
[68] *Ó Foghludha v. McClean* [1934] I.R. 469, lgh 484-85.

> they operate so far as the doing of justice requires, but they may not be repugnant to the Constitution. In particular they may not in their operation derogate from the pre-eminent position given to the Irish language, not only as an official language, but as the National language. Nevertheless, if, while rendering full pride of status to the National language, it be found that injustice may thereby be done which can be avoided by provisions not repugnant to that constitutional status, it is the unescapable duty of those who make the Rules of Court to be sedulous to insert in them such provisions for the avoidance of injustice, and so that no one may use the language as an instrument of oppression.
>
> Now, Or. XXIX of the Rules of Court of 1926 contains provisions framed for the purpose of discharging the duty which I have just indicated. Let us see whether it conflicts with the Constitution or goes beyond the necessities of the case in performing the duty lying on the framers.

[4.33] Tar éis an riail a plé de bheagán, shoiléirigh sé nár bhain sé ach le toghairmeacha agus le fógraí agus leis an saghas sin pléadálacha amháin. Maidir le himpleachtaí praiticiúla na rialach, dúirt sé:[69]

> The Irish summons or notice (as the case may be) remains the only official document of record in the case. It must be received by the officers of Court as the original document, stamped and filed in Court as such, and is sufficient so far as language is concerned for all purposes. There is no sign of depreciation of the National language in such full, free and unpenalised recognition and acceptance of it in use.
>
> But the hard fact remains, and must of stern necessity remain at least for a generation, that of the adult population a number, decreasing as time goes on but even still perhaps a majority, not because of perversity nor of their own fault (because they did not prescribe the course of their own education), is unable to read or understand a summons or notice written only in the Irish language, or to glean from it that something is required on the part of the person served within a limited number of days at the risk of certain consequences in default. That hard fact imposed, and so long as it continues to be a fact will impose, on the rule-making authority a duty to make special provision to meet it so that justice may nevertheless be done.

[4.34] Tá sé suimiúil nár chuimhnigh sé ar an té a seirbheálfaí toghairm nó fógra air nach mbeadh Gaeilge ná Béarla aige nó a bheadh gan léamh nó dall. Dúirt sé:[70]

> Now, the provision made by our rule to avoid the very probable consequence of injustice is meagre but adequate. If the party serving the document does not wish to provide an English translation of his own along with the Irish original, and there is not the smallest pressure put on him to do so, the Court Office steps in and provides an official translation free of charge which the rule requires to be served along with the Irish original summons or notice. I can find nothing in

---

[69] *Ó Foghludha v. McClean* [1934] I.R. 469, lch 486.
[70] *Ó Foghludha v. McClean* [1934] I.R. 469, lgh 486-87.

> that requirement which derogates from the status of the National language or impedes or penalises its use.

[**4.35**] Go hachomair, rialaigh sé go raibh riail 3 (an dualgas aistriúchán Béarla a sheirbheáil i dteannta na buncháipéise Gaeilge) inghlactha mar gheall ar an bhfíric chrua nach raibh Gaeilge ag sciar maith de phobal an tSaorstáit agus toisc go raibh an Phríomh-Oifig ann chun an t-aistriúchán sin a chur ar fáil. Dúirt sé:[71]

> I am, therefore, of opinion that the ground upon which rule 3 of Order XXIX has been attacked, cannot be sustained.
>
> I wish to make it clear that I am not deciding whether similar objection might not be taken more sucessfully against Rule 2 of Order XXIX, having regard to the geographical limit on its operation. That rule may deserve re-consideration by the rule-making authority, and it is well to record here that the Attorney-General stated that provision would be made to cover an amendment deleting the limitation and making the rule apply throughout the Saorstát.

[**4.36**] Is é an gealltanas sin de chuid an Ard-Aighne thar ceann an Stáit (go mbeadh dualgas ann feasta aistriúchán Gaeilge a sheirbheáil i dteannta le toghairm Bhéarla nó le fógra Béarla, ní hamháin sa Ghaeltacht ach ar fud an Stáit) a thug slán an tOrdú sin de chuid Rialacha na nUaschúirteanna ina iomláine.

[**4.37**] Ina theannta sin, rialaigh an Chúirt Uachtarach nach bhféadfaí breithiúnas a lorg ag éirí as mainneachtain an pháirtí eile na Rialacha Cúirte a chomhlíonadh mura raibh an páirtí, a raibh an breithiúnas achomair á lorg aige amhlaidh, sásta na rialacha céanna a leanúint é féin.[72]

[**4.38**] In ainneoin an ghealltanais sin a thug an tArd-Aighne thar ceann an Stáit, lean na rialacha sin i ngach leagan de Rialacha na nUaschúirteanna ó shin. Foráiltear le hOrdú 120 de Rialacha reatha na nUaschúirteanna:

> 1. Beidh cibé líon ateangairí ann a iarrfaidh an Príomh-Bhreitheamh agus Uachtarán na hArd-Chúirte faoi seach, ó thráth go chéile, le foréileamh i scríbhinn arna dhíriú chuig an Aire Dlí agus Cirt, agus freastalóidh na hateangairí sin ar na Cúirteanna agus ar Oifigí na nUaschúirteanna agus beidh siad ar fáil chun freastal ar na Cúirteanna sin de réir mar is gá chun aon chúis nó ábhar a éisteacht.
> 2. Aon toghairm, achainí nó fógra a bheidh le seirbheáil go pearsanta sa Ghaeltacht, más i mBéarla di nó dó, féadfaidh tiontú Gaeilge ar an doiciméad sin a bheith ag gabháil leis, agus mura mbeidh an tiontú sin ag gabháil leis tiontóidh duine de na hateangairí go Gaeilge é, agus beidh de cheangal ar an bpáirtí a mbeidh an toghairm, an achainí nó an fógra sin á seirbheáil nó á sheirbheáil aige tiontú Gaeilge a sheachadadh i dteannta na cóipe Béarla den doiciméad a bheidh i gceist.

[71] *Ó Foghludha v. McClean* [1934] I.R. 469, lch 487.
[72] *Ó Foghludha v. McClean* [1934] I.R. 469, lch 487.

> 3. Aon toghairm, achainí nó fógra, más i nGaeilge di nó dó, féadfaidh tiontú Béarla ar an doiciméad sin a bheith ag gabháil leis, agus mura mbeidh an tiontú sin ag gabháil leis tiontóidh duine de na hateangairí go Béarla é, agus beidh de cheangal ar an bpáirtí a mbeidh an toghairm, an achainí nó an fógra sin á seirbheáil nó á sheirbheáil aige tiontú Béarla a sheachadadh i dteannta na cóipe Gaeilge den doiciméad a bheidh i gceist.
>
> 4. Déanfaidh duine de na hateangairí mionnscríbhinn i mBéarla arna comhdú ag aon pháirtí sa Phríomh-Oifig, ar aon pháirtí eile san imeacht céanna dá iarraidh sin, a thiontú go Gaeilge, agus, mar an gcéanna, déanfar aon mhionnscríbhinn i nGaeilge a thiontú go Béarla, ar an gcoinníoll go ndéanfaidh an páirtí a mbeidh an tiontú sin ag teastáil uaidh, nó a aturnae, dearbhú a chomhdú á dhearbhú nach dtuigeann an páirtí sin an teanga ina mbeidh an mhionnscríbhinn sin comhdaithe. Beidh an páirtí a mbeidh an tiontú sin uaidh i dteideal cóip fhianaithe amháin de a fháil saor in aisce.
>
> 5. San Ordú seo ciallóidh an abairt "an Ghaeltacht" an limistéar geografach ina mbeidh cibé ceantair d'Éirinn cuimsithe a dhearbhóidh an tOireachtas ó thráth go chéile.

[**4.39**] Pléadh bailíocht an Ordaithe seo i gcomhthéacs an ghealltanais nár comhlíonadh agus i gcomhthéacs an Bhunreachta nua sa chás *Mac Aodháin v. Coiste Rialacha na nUaschúirteanna.*[73] Rialaigh an Ard-Chúirt (Charleton Brmh) nár bhain Ordú 120 r.3 le cáipéisí atá le seirbheáil sa Ghaeltacht agus dá bhrí sin toisc go bhféadfaí pléadálacha Gaeilge a sheirbhéail sa Ghaeltacht gan aistriúchán Béarla ina dteannta agus go bhféadfaí pléadálacha Béarla a sheirbheáil sa Ghalltacht gan aistriúchán Gaeilge ina dteannta nach raibh leathcheal i gceist i gcás ceachtar teanga oifigiúil. Mar a deirtear go cumasach sa cheann-nóta den tuairisc oifigiúil:

> gur *lex generalis* é O. 120, r.3. nár mhaolaigh ón *lex specialis* in O. 120, r.2 agus dá réir sin ní gá aistriúchán Béarla a sheirbheáil sa Ghaeltacht ar phléadálacha i nGaeilge faoi mar nach gá aistriúchán Gaeilge a sheirbheáil taobh amuigh den Ghaeltacht ar phléadálacha i mBéarla. Dá bhrí sin, nach raibh leithcheal in aghaidh úsáid na teanga náisiúnta i gceist in O. 120, rr 2 agus 3.

Oidhreacht

[**4.40**] Is é an forléiriú cuimsitheach a rinne Ó Cinnéide PBhrmh ar Airteagal 4 de Bhunreacht an tSaorstáit[74] an oidhreacht is mó a fágadh ó thaobh dlí-eolaíocht na tréimhse roimh 1937 i dtaca le stádas bunreachtúil na Gaeilge.

[**4.41**] In *Ó Beoláin v. Fahy*[75] tar éis dó an sliocht in alt [4.28] thuas a leagan amach, ghlac Hardiman Brmh leis go raibh feidhm (i dtaca le hAirteagal 8 den Bhunreacht reatha) leis an méid a dúirt Ó Cinnéide PBrmh os cionn

[73] *Mac Aodháin v. Coiste Rialacha na nUaschúirteanna* [2010] 2 I.R. 667.
[74] *Ó Foghludha v. McClean* [1934] I.R. 469 ag 482-83. Féach mír [4.28].
[75] *Ó Beoláin v. Fahy* [2001] 2 I.R. 279.

seachtó bliain roimhe sin maidir le hAirteagal 4 de Bhunreacht an tSaorstáit:[76]

> Measaim go mbaineann tuiscint an Iar-Phríomh-Bhreithimh léannta ar an téarma 'náisiúnta' mar théarma atá níos leithne ná an téarma 'oifigiúil', ach a thugann an chiall sin san áireamh, chomh maith céanna le hAirteagal 8. Go deimhin, tá sé soiléir sa téacs forlámhach (Gaeilge) den Bhunreacht gur óna stádas mar theanga náisiúnta a eascraíonn stádas na Gaeilge mar an phríomhtheanga oifigiúil. Leanann an tuiscint seo ón bhfocal cúisíoch 'ós' sa téacs forlámhach.
>
> Creidim gur cuí d'fhorléiriú Airteagal 8 freisin an impleacht a chuireann an Príomh-Bhreitheamh Kennedy i dtéacs Bhunreacht 1922 go bhfuil oibleagáid cheangailteach ar an Stát i leith na teanga, sna téarmaí a leagann sé amach. Creidim go dtionscnaíonn Airteagal 8, taobh amuigh d'aon éifeacht eile is féidir a bheith aige, ordaitheach Bunreachtúil nach mór do na cúirteanna a mheá agus iad ag déileáil le cás den chineál seo.

[4.42] Maidir leis na rialacha cúirte féin, dúirt Ó Cinnéide PBhrmh:[77]

> I wish to add some observations on the Rules of Court of 1926. These Rules of Court, which were made immediately after the passing of the Court Officers Act, No. 27 of 1926, for which enactment the rule-making authority had to wait, comprise the rules which were necessary to adapt the previously existing practice, procedure and pleading to the carrying on of business in the new Courts established under the Constitution by the Courts of Justice Act, No. 10 of 1924, and by the new officers of Court in the new offices established by the Court Officers Act, No. 27 of 1926, and to give effect to such fundamental changes, as, for instance, that made by Article 2 of the Constitution. They were to be worked out in use in conjunction with the former Rules of Court (the Rules of the Supreme Court, 1905) in so far as no new rules were made, and in so far as the old rules were not inconsistent with the new or with the Acts. It is evident that these Rules of Court were made to enable the new Courts to begin their own lives as soon as possible and with as little disturbance as possible and to carry over the daily business from the old Courts to those newly established. They were essentially transitional rules. It is manifest that there must be a complete and self-contained code of Rules of Court covering the whole procedure and practice of the High Court and of the Supreme Court, made as soon as circumstances (including projected amending legislation dealing with these Courts) will allow ... At present, owing to the Rules of Court having been made only in English, anyone who wishes to use the Irish language in legal proceedings must make a vocabulary of his own for the technical terms used in English, a highly inconvenient state of affairs, as his choice of equivalents may not be recognised by his opponent or by the officers of the Court. He may even use more than one supposed equivalent for some well-known English technical term (it has been done in the present case) to the confusion of other parties. The solicitor for the plaintiffs in this case (Mr Seán Ó hUadhaigh) has in various cases made a quite considerable contribution towards a legal vocabulary in Irish but it is of course his own and

[76] *Ó Beoláin v. Fahy* [2001] 2 I.R. 279, lgh 316.
[77] *Ó Foghludha v. McClean* [1934] I.R. 469, lgh 488-89.

> has no sanction for general use. I offer these observations for the purpose of urging that, pending the making of our complete code of rules, the construction of a legal vocabulary in Irish should be taken in hands, and made ready for adoption in the new rules, being in the meantime available for tentative use and testing in practice. We are particularly rich in legal literature in the Irish language, and a committee of competent lawyers with the assistance of scholars should be able to produce a genuine Irish legal vocabulary without resorting to the tying of Gaelic tails to English heads.

[4.43] Arís, aithnítear an éigeandáil a bhain le haimsir bhunaithe an Stáit ach déantar soiléir go bhfuil éagóir agus leatrom ann in aghaidh na Gaeilge ar gá a leigheas láithreach. Is pointe é seo arbh éigean filleadh air, faraor, de réir mar a theip ar an Stát ina dhualgas rialacha cúirte a chur ar fáil as Gaeilge i gcaitheamh an 20ú hAois agus isteach sa mhílaois nua.[78]

---

[78] Féach míreanna [9.44]-[9.53].

Caibidil 5

Achtanna de chuid an tSaorstáit i ndáil le Stádas na Gaeilge

[5.01] Rith Oireachtas an tSaorstáit roinnt Achtanna a bhain le cúrsaí teanga. Tá cuid díobh fós i bhfeidhm agus, in ainneoin an nádúr coinníollach a bhaineann lena bhformhór, is fiú iad a scrúdú maidir leis an treo ghinearálta a bhain leis an bpolasaí oifigiúil.

Riaradh an Cheartais

[5.02] Ó thaobh na reachtaíochta príomha de, is é an tAcht Cúirteanna Breithiúnais 1924,[79] is túisce a thug aitheantas don Ghaeilge agus don Ghaeltacht agus tá na forálacha sin a bhaineann le hábhar fós i bhfeidhm.

> **Cuarda ina bhfuil ceanntair Ghaedhlacha**
> **44.** —Sa mhéid gur féidir é agus gach ní a bhaineann leis an scéal d'áireamh, beidh ag an mBreitheamh Cuarda, a ceapfar d'aon Chuaird [ina bhfuil dúiche][80] ina bhfuil an Ghaedhilg in úsáid ghenerálta, oiread eolais ar an nGaedhilg agus chuirfadh ar a chumas déanamh in éamais conganta o fhear teangan agus fianaise á tabhairt sa teangain sin.
> [...]
> **Dúithchí Cúirte ina bhfuil líomatáistí Gaedhlacha**
> **71.** —Sa mhéid gur féidir é agus gach ní a bhaineann leis an scéal d'áireamh, beidh ag an mBreitheamh den Chúirt Dúithche, a ceapfar do Dhúthaigh ina bhfuil líomatáiste ina bhfuil an Ghaedhilg in úsáid ghenerálta, oiread eolais ar an nGaedhilg agus chuirfadh ar a chumas déanamh in éamais conganta o fhear teangan agus fianaise á tabhairt sa teangain sin.

[5.03] Pléadh nádúr coinníollach an dualgais seo in *Ó Monacháin v. An Taoiseach*[81] i gcomhthéacs alt 71 thuas. Ciontaíodh an Monachánach as cionta faoi na hAchtanna Pleanála i gCúirt Dúiche an Bhun Bhig, Gaoth Dobhair, Co. Dhún na nGall, ceantar láidir Gaeltachta. Is i mBéarla a reáchtáladh na himeachtaí agus bhí ateangaire ag feidhmiú sa chúirt ag cur Béarla ar an méid a dúradh i nGaeilge.

---

[79] Uimh. 10 de 1924.
[80] Seo ceartú an údair chun go dtiocfaidh an leagan Gaeilge leis an leagan Béarla den Acht .i. an ceann a rith Tithe an Oireachtais agus a shínigh ionadaí na Corónach lena bhforáiltear 'any Circuit *which includes a district* where the Irish language is in general use'.
[81] *Ó Monacháin v. An Taoiseach* (1982) T.É.T.S. 1; (1986) I.L.R.M. 660.

[5.04] Lorg an Monachánach *certiorari*, chun an ciontú a chur ar ceal, ar an mbonn gur sáraíodh alt 71 den Acht Cúirteanna Breithiúnais 1924. Theip air. Rialaigh móramh na Cúirte Uachtaraí gur bhain an t-alt le cumas teanga seachas le húsáid teanga agus nár chosc sé leas a bhaint as ateangaireacht ó Ghaeilge go Béarla. Ar cheist na bhfíoras, ní raibh an móramh (Henchy agus Griffin Brna) sásta, de réir na fianaise, go raibh aon easpa Gaeilge ar an mBreitheamh Larkin agus rialaigh siad i gcoinne an ghearánaí ar an ábhar sin. Thug an Breitheamh Walsh breithiúnas easaontach láidir uaidh:[82]

> Is soiléir nach bhfuil aon dualgas iomlán leagtha síos san alt. Labhraíonn sé ar 'sa mhéid gur féidir é agus gach ní a bhaineann leis an scéal d'áireamh'. San am céanna is soiléir go bhfuil dualgas reachtúil ar an Rialtas faoi chuimsiú na gcinnteachtaí sin gan Breitheamh Dúiche a cheapadh do dhúiche faoi chuimsiú an ailt muna bhfuil [aige] 'oiread eolais ar an nGaedhlig agus chuirfadh ar a chumas déanamh in éamais conganta o fhear teangan agus fianaise á tabhairt sa teangain sin'.
>
> [...]
>
> Maidir le ceist an Breitheamh Larkin tá mé sásta ná raibh a dhóthain Gaeilge aige chun an t-alt a chomhlíonadh. Ní féidir locht dlíthiúil a chur ar an mbreitheamh faoi sin agus má tá locht á fháil leis an rud gur ceapadh é don dúiche sin ní air féin an locht as.
>
> Ach an raibh locht ann? Do sannaíodh an Breitheamh Larkin chuig an dúiche ina bhfuil an Bun Beag ar an 29ú Meán Fómhair 1961. San chosaint deireann an Rialtas nuair a bhí an Breitheamh Larkin ceaptha mar bhreitheamh don liomatáiste ina bhfuil an Bun Beag gur thug an Rialtas 'an aird ba chóir ar an méid arbh fhéidir a dhéanamh agus ar gach ní a bhain leis an scéal faoi bhrí alt 71.' Níor tugadh aon fhianaise chun é sin a dheimhniú ach má glactar leis ní bhaineann sé ach leis an dáta ar ar ceapadh an Breitheamh Larkin don dúiche. Do bhí go leor ama chun an ní a réitiú roimh an 11ú Bealtaine 1976 — bhí cúig bliana déag ann chun duine oiriúnach a fháil. Níl aon fhianaise ann chun a thaispeáint nárbh fhéidir breitheamh oiriúnach a cheapadh don dúiche i gceist.
>
> Dá bhrí sin tá mé sásta gur theip ar an Rialtas agus ar an Aire Dlí agus Cirt a ndualgais reachtúla faoi alt 71 den Acht a chomhlíonadh ar an 11ú la de Bhealtaine 1976 [an lá a raibh an tUasal Ó Monacháin os comhair na Cúirte Dúiche].

[5.05] Os a choinne sin, sna cásanna ina raibh fianaise dhíreach nach raibh an caighdeán reachtúil Gaeilge ag an mbreitheamh a bhí sannta don Dúiche Gaeltachta, ní raibh aon fhadhb cásanna dlí a agairt. Sa chás *Mac Aodháin v. Éire,*[83] rialaigh Clarke Brmh (mar a bhí an uair sin ann) go raibh alt 71 den Acht Cúirteanna Breithiúnais 1924 inbhreithnithe .i. go bhféadfaí cás a bhunú

---

[82] *Ó Monacháin v. An Taoiseach* (1982) T.É.T.S. 1, lgh 12-13. Tá cor bainte as an dlí-eolaíocht sa cheantar seo ag *Ó Cadhla v. An tAire Dlí agus Cirt* [2019] IEHC 503. Féach míreanna [10.19], [10.53]-[10.54].

[83] *Mac Aodháin v. Éire* [2010] IEHC 335.

ar a shárú sin.[84] Agus cás *prima facie* déanta amach go raibh sárú i gceist, is faoin Stát a bheadh sé a chruthú nárbh fhéidir, agus gach ní a bhaineann leis an scéal a áireamh, teacht ar dhuine ceartcháilithe leis an leibhéal cumais reachtúil sa Ghaeilge le go sannfaí é don Dúiche nó don Chuaird i gceist.

[5.06] Sa chás céanna, ach i mbreithiúnas a bhain le foriarratas an iarratasóra chun follasú cáipéisí a fháil ón Stát maidir le 'cáipéis ar bith a thug na freagróirí Stáit san áireamh agus forálacha alt 71 den Acht Cúirteanna Breithiúnais 1924 á meas ag na freagróirí Stáit i gcomhthéacs an Breitheamh léannta [dúiche] a cheapadh ina Bhreitheamh Dúiche do Dhúiche 1' (*Mac Aodháin v Éire*[85]), rialaigh Clarke Brmh (mar a bhí an uair sin ann) gur chuí follasú den saghas sin a dhéanamh:[86]

> Mar sin féin is ceist mheasctha dlí agus fíorais í an cheist maidir le cibé ar chomhlíon an Rialtas a chuid dualgas faoi alt 71 nó nár chomhlíon. Is iad na fíorais a d'fhéadfadh a bheith ábharthach ná na hiarrachtaí a rinne an Rialtas le teacht ar iarrthóir oiriúnach a mbeadh an leibhéal reachtúil Gaeilge aige nó aici.

[5.07] Is é a dúirt sé sa chás sin freisin:[87]

> Dealraítear domsa ag leanúint ón tairiscint sin agus ó chinneadh na Cúirte Uachtaraí in *Ó Monacháin v. An Taoiseach* (1982) T.É.T.S. 1, a bhfuil tagairt déanta agam dó cheana féin, go bhfuil sé ar a laghad ar bith oscailte do na cúirteanna athbhreithniú a dhéanamh ar chinneadh an Rialtais maidir le breitheamh dúiche a ainmniú chuig dúiche áirithe, sa chás go bhfuil an dúiche atá i gceist ceangailte ag forálacha alt 71 den Acht Cúirteanna Breithiúnais 1924.

Feidhmeannaigh Shíochána

[5.08] Tá foráil eile san Acht Cúirteanna Breithiúnais 1924 a bhaineann le feidhmeannaigh shíochána a cheapadh do chontaetha ina bhfuil ceantar Gaeltachta, foráil atá i bhfeidhm i gcónaí:

> **88.** —(2) Sa mhéid gur féidir é, agus gach ní a bhaineann leis an scéal d'áireamh, beidh ag gach éinne a ceapfar chun bheith ina Fheadhmannach Síochána, i gcontae ina bhfuil líomatáiste ina bhfuil an Ghaedhilg in úsáid ghenerálta, a dhóthain eolais ar an nGaedhilg chun gnó a oifige do dhéanamh sa teangain sin.

[5.09] Is suimiúil nach mbaintear leas as an téarma 'Gaeltacht' san Acht seo, in ainneoin an focal a bheith sa chaint ag an am, ach an téarma 'líomatáiste ina bhfuil an Ghaedhilg in úsáid ghenerálta' téarma a d'fhéadfadh a bheith níos leithne.

---

[84] Socraíodh an cás sular tugadh breithiúnas críochnúil ar cé acu a bhí nó nach raibh sárú déanta.
[85] *Mac Aodháin v. Éire* [2012] 1 I.R. 417, lch 420.
[86] *Mac Aodháin v. Éire* [2012] 1 I.R. 417, lch 424.
[87] *Mac Aodháin v. Éire* [2012] 1 I.R. 417, lch 423.

An Garda Síochána

[5.10] Ritheadh Acht eile i réimse seo an Dlí agus an Chirt an bhliain sin a raibh foráil ann maidir leis an nGaeilge: Acht an Gharda Síochana 1924.[88] D'fhoráiltí le halt 6(2) mar seo a leanas:

> **An Gárda Síochána do roinnt ar fuaid Shaorstáit Eireann**
>
> 6. —(2) Na hoifigigh agus na fir a stáisiúnfar i gceanntar ina mbeidh líomatáiste ina bhfuil an Ghaedhilg i ngnáth-úsáid beidh acu, chó fada agus is féidir é, an oiread san eolais ar an nGaedhilg is a chuirfidh ar a gcumas í d'úsáid go saoráideach mar shlí chonbharsáide i gcó-líona a ndualgaisí.

[5.11] Aisghairmeadh an t-alt seo de bhun Acht an Gharda Síochána 2005, agus cuireadh alt 33(2) den Acht sin ina áit lena bhforáiltear mar seo a leanas:

> 33. —(2) Cinnteoidh Coimisinéir an Gharda, chomh fada agus atá praiticiúil, go mbeidh comhaltaí an Gharda Síochána atá lonnaithe i gCeantar ina bhfuil ceantar Gaeltachta, sách inniúil sa Ghaeilge chun gur féidir leo í a úsáid go saoráideach chun a ndualgais a chomhlíonadh.

[5.12] Chinn Coimisinéir na dTeangacha Oifigiúla an 28 Nollaig 2011, de thoradh imscrúdaithe de bhun alt 23 d'Acht na dTeangacha Oifigiúla 2003, go raibh sárú déanta ar an bhforáil seo ag Coimisinéir an Gharda Síochána i gcás Stáisiún na nGardaí i nGaoth Dobhair i nGaeltacht Dhún na nGall.[89]

An Córas Iompair

[5.13] Is é Acht na mBóthar Iarainn 1924,[90] an tríú hAcht ón mbliain sin a raibh baint aige le cúrsaí teanga. Is éasca é sin a thuiscint i gcomhthéacs tógáil náisiúin an uair sin. D'fhoráiltí le halt 68 den Acht sin mar seo a leanas:

> **Na teangthacha ina mbeidh fógraí puiblí agus ticéidí.**
>
> 68. — Chó luath agus is féidir é cuirfidh an chuideachta chónasctha fógraí agus comharthaí i nGaedhilg agus i mBéarla in ionad na bhfógraí agus na gcomharthaí puiblí go léir (ar a n-áirítear ainmneacha stáisiún) atá i mBéarla amháin anois, agus, laistigh de bhliain ón 1adh Eanair, 1925, leagfid fé bhráid an Aire scéim chun a gcárta-thicéidí paisnéara i gcóir turus laistigh den tSaorstát do chlóbhuala i nGaedhilg agus i mBéarla agus, maran dó leis an Aire go mbeadh an riail-ioncum i gcuntúirt agus nár bhfólair rátaí agus táillí do mhéadú de dheascaibh glaca leis an scéim, ordóidh sé don chuideachtain chó-nasctha an scéim sin do chur i ngníomh: Ach féadfar na stuic de thicéidí atá ann fé láthair d'úsáid go dtí go mbeid ídithe.

[5.14] Foráiltear don rud céanna le halt 57 den Acht reatha: An tAcht Iompair 1950[91] mar seo a leanas:

---

[88] Uimh. 25 de 1924.
[89] https://www.coimisineir.ie/userfiles/files/An_Garda__Siochana_Gaeilge.pdf
[90] Uimh. 29 de 1924.
[91] Uimh. 12 de 1950. Féach alt sna téarmaí céanna san Acht Iompair 1944 (Uimh. 21 de 1944) .i. alt 60.

An teanga ina mbeidh fógraí poiblí agus ticéidí

57.—(1) Ní foláir na buan-fhógraí agus na buan-chomharthaí poiblí uile (lena n-áirítear ainmneacha stáisiún) a bheas á gcothabháil ag an mBord a bheith i nGaeilge ach is cead iad a bheith i nGaeilge agus i mBéarla.

(2) Ní foláir na cárta-thicéidí paisnéara uile a eiseos an Bord i gcóir turasanna laistigh den Stát a bheith clóbhuailte i nGaeilge ach is cead iad a bheith clóbhuailte i nGaeilge agus i mBéarla.

[5.15] De bhun atheagrú Chóras Iompair Éireann, tá an dualgas sin anois ar Iarnród Éireann, ar Bhus Éireann agus ar Bhus Átha Cliath.[92] Tá an dualgas atá ar gach comhlacht poiblí, chomh fada agus a bhaineann sé le comharthaíocht, leagtha amach go mion anois in I.R. 391/2008.[93] Leagtar síos sna Rialacháin sin treoracha dochta maidir le hord, méid, feiceálacht, inléiteacht agus eile an téacs i nGaeilge agus i mBéarla ar chomharthaíocht dhátheangach. Tá díolúintí ann maidir le lógónna, le gnó taobh amuigh den Stát, le Bord na hUltaise agus le comharthaí áirithe sábháltachta agus séadchomharthaí. Ní bhaineann na rialacháin le comharthaí tráchta; déanann an tAire Iompair rialacháin ina dtaobh sin.[94]

[5.16] Ní foláir an t-eolas céanna a bheith sa dá leagan: Gaeilge agus Béarla, agus an leagan Gaeilge a bheith ar dtús. Ní foláir an leagan Gaeilge a bheith chomh feiceálach, sofheicthe agus inléite leis an téacs Béarla, mar shampla, gan na litreacha ann a bheith níos lú ná na litreacha sa téacs Béarla ná a bheith sa chló iodáileach agus gan giorrúchán a bheith i leagan amháin nach bhfuil sa cheann eile.

Gairm an Dlí

[5.17] Acht an-láidir a thuill cáineadh go leor i gcaitheamh na mblianta ag éirí as an teip é a chur i bhfeidhm, nó ina dhiaidh sin as an iarracht chun é a chur i bhfeidhm, ba ea an tAcht Lucht Cleachtuithe Dlí (Cáilíocht) 1929.[95]

[5.18] Bunaíodh leis an Acht córas faoina gcaitheadh an Príomh-Bhreitheamh a chinntiú go raibh eolas leordhóthanach ar an nGaeilge ag ábhair abhcóidí sula nglaofaí chun an Bharra iad agus cuireadh dualgas comhionann ar an Dlí-Chumann maidir le haturnaetha faoi oiliúint.

---

[92] An tAcht Iompair (Córas Iompair Éireann a Atheagrú) 1986, alt 8(7): 'Más rud é, de bhua an Achta seo, gur feidhm de chuid cuideachta aon fheidhm de chuid an Bhoird, beidh, maidir leis an bhfeidhm sin agus faoi réir fhorálacha an Achta seo, baint leis an gcuideachta ag gach foráil d'aon achtachán a bhaineann leis an mBord amhail mar a bheidh baint aici leis an mBord.'

[93] Arna déanamh faoi alt 9 d'Acht na dTeangacha Oifigiúla 2003. Féach míreanna [13.11]-[13.18].

[94] An tAcht um Thrácht ar Bhóithre 1961, alt 95 arna leasú ag halt 37(a)(i) den Acht um Thrácht ar Bhóithre 1994 a mhéid is a bhaineann sé le hábhar anseo.

[95] Uimh. 16 de 1929.

[5.19] De bhun alt 1 'cialluíonn "leor-eolas ar an nGaedhilg" an méid sin oilteachta i labhairt agus i scríobhadh na Gaedhilge agus is leor chun a chur ar chumas cleachtóra dhlí treoracha do ghlaca, comhairle do thabhairt do chliaintí, fínnéthe do cheistniú agus imeachta sa Ghaedhilg do thuigsint go héifeachtúil' agus bhain an caighdeán reachtúil sin leis an dá ghairm. Leagtar amach in alt 2 nár bhain an tAcht ach 'le haon duine a bhí os cionn cúig mblian déag d'aois an 1adh lá de Dheire Fomhair, 1929'.

[5.20] Maidir leis na habhcóidí, leagadh an dualgas chun an tAcht a chur i bhfeidhm ar an bPríomh-Bhreitheamh sna téarmaí seo a leanas in alt 3:

Cáilíocht i gcóir céime abhcóide dlí

3. — Ní cheadóidh an Prímh-Bhreitheamh d'aon duine cleachta mar abhcóid dlí i gCúirteanna Shaorstáit Eireann maran rud é sara gceadófar don duine sin amhlaidh go mbeidh an Prímh-Bhreitheamh sásta, ó pé fianaise a ordóidh an Prímh-Bhreitheamh, go bhfuil leor-eolas ag an duine sin ar an nGaedhilg: Ach, san am chéanna, aon bhall go mbeidh trí bliana cleachta ag aon Bharra eile aige agus dá dtug na *Benchers of the Honourable Society of King's Inns*, Baile Atha Cliath, céim mar abhcóid dlí do réir chóshocruithe tré n-ar féidir a cheadú do bhaill de Bharra Shaorstáit Eireann a ngairm do chleachta ag an mBarra eile sin, ní dhéanfidh éinní atá san alt so an Prímh-Bhreitheamh do chosc ar a cheadú do bhall den tsórt san a ghairm do chleachta mar abhcóid dlí i gCúirteanna Shaorstáit Éireann.

[5.21] Baineann an iaróg sin le socruithe sean-bhunaithe ar fud Shaoil an Dlí Choitinn go n-aithneodh barraí éagsúla cáilíochtaí a chéile, nós a leanann go dtí an lá inniu féin. Ó thaobh na n-aturnaetha de, tugadh san áireamh córas printíseachta na gairme agus an dá chúrsa acadúla a bhíonn mar chuid de: ceann ag tús na príntíseachta agus ceann i dtreo an deiridh. D'fhoráiltí le halt 4(2) mar seo a leanas:

4. —(2) D'ainneoin éinní atá san *Solicitors (Ireland) Act*, 1898, ní bheidh aon duine ionchurtha fé nasc dintiúirí príntíseachta chun fónamh mar phríntíseach d'atúrnae mara mbeidh deimhniú fachta aige ó Chólucht Ionchorparuithe na Dlí á rá gur eirigh leis i gcéad-scrúdú sa Ghaedhilg, agus ní ceadófar d'aon duine bheith ina atúrnae mara mbeidh deimhniú fachta aige ó Chólucht Ionchorparuithe na Dlí á rá gur eirigh leis i ndara scrúdú sa Ghaedhilg laistigh de bhliain roimh chríochnú téarma a phríntíseachta no laistigh de bhliain roimh é do cheadú amhlaidh.

[5.22] Tugadh ról agus feidhm don Roinn Oideachais in alt 4(1) maidir leis an gcaighdeán a leagan amach más go hindíreach féin é agus fágtar an cúram faoi 'scrúdóirí a bheidh ceaduithe de thuras na huaire ag an Aire Oideachais na scrúduithe sin in abhar teangan na Gaedhilge do stiúra, agus fós go n-ordófar agus go stiúrófar gach dara scrúdú sa Ghaedhilg i slí go gcuirfar in áirithe go mbeidh leor-eolas ar an nGaedhilg ag daoine go n-eireoidh leo sa scrúdú san.'[96]

[5.23] Ó thús ama thuill an tAcht seo cáineadh mar gheall ar an éiginnteacht a bhain leis an gcaighdeán a éilíodh agus an chaoi ar scrúdaíodh an cumas i gceist. Moladh leasuithe. Ina réamhrá don eagrán dátheangach *Tuairiscí Éireann — Tuairiscí Speisialta*[97] scríobh an Breitheamh Ruairí Ó hAnluain, a bhí ar scor an uair sin ón Ard-Chúirt, mar seo a leanas i dtaobh a thábhachtaí is a bhí sé caighdeán ard Gaeilge a bheith ag cleachtóir dlí agus ag breithiúna chun dlíthíocht as Gaeilge a éascú:

> Chuige sin, ní leor ar dhóigh ar bith an cháilíocht sa Ghaeilge a éilítear faoi láthair ó na mic léinn a bhíonn ag freastal ar na cúrsaí a bhíonn á reáchtáil ag an dá bhrainse de ghairm bheatha an dlí. Níl bun ná barr le bheith ag súil go mbeadh an t-eolas doimhin sin ar an teanga ag gach mac léinn a théann le dlí; éacht mór a bheadh ann i láthair na huaire dá mbainfeadh cúig nó deich faoin gcéad de na mic léinn cáilíocht amach den chineál a luaitear thuas.

[5.24] Mhol sé deireadh a chur leis an gcóras a bhí an uair sin ann agus:

> go gcuirfí ar bun ina áit cúrsa agus cáilíocht sa Ghaeilge a bheadh an-doimhin agus an-dian sa teanga scríofa agus sa teanga labhartha.
>
> Ní chuirfí iallach ar éinne bheith páirteach sa chúrsa sin nó an cháilíocht a bhaint amach ach ag an am céanna ba chóir go gcuirfí polasaí oifigiúil i bhfeidhm maidir le breithiúna a cheapadh do na cúirteanna éagsúla chun féachaint chuige go mbeadh i gcónaí i measc na mbreithiúna ins na ranna éagsúla de na cúirteanna breithiúna éigin a bhí cáilithe faoin gcúrsa agus faoin scrúdú a luaitear thuas nó go raibh cáilíocht sa Ghaeilge acu ar comhchéim leis an gcaighdeán a bhainfí amach ar an dóigh sin.

[5.25] Aisghairmeadh Acht 1929 agus cuireadh Acht na nDlí-Chleachtóirí (An Ghaeilge) 2008[98] ina áit, gníomh a tháinig leis an gcéad chuid de mholadh Uí Anluain Brmh, cé nach léir an dara cuid a bheith curtha ag obair ó thaobh leordhóthain breithiúna le Gaeilge a cheapadh ar na cúirteanna éagsúla.

[5.26] De bhun Acht 2008, caithfidh Óstaí an Rí — mar ionad oiliúna na n-abhcóidí — agus an Dlí-Chumann — mar ionad oiliúna na n-aturnaetha — féachaint chuige go réasúnach go mbeidh líon dóthanach d'abhcóidí agus d'aturnaetha inniúil sa Ghaeilge.[99]

[5.27] Chuige sin, reáchtálann siad araon cúrsa sna téarmaí dlí as Gaeilge nach foláir do gach mac léinn dá gcuid freastal air agus reáchtálann siad ard-chúrsaí roghnacha sa dlí-chleachtadh trí Ghaeilge do na mic léinn, agus do chleachtóirí dlí, ar spéis leo a leithéid, agus cuirtear ainmneacha agus sonraí

---

[96] Féach freisin alt 40(3) agus alt 88 den Acht Aturnaethe, 1954 (Uimhir 36 de 1954) agus alt 51 den Acht Aturnaetha (Leasú) 1994 (Uimh. 27 de 1994).

[97] (1999) T.É.T.S., lch xi-xii.

[98] Uimh. 12 de 2008.

[99] Alt 1(2) maidir le hÓstaí an Rí agus alt 2(b) maidir leis an Dlí-Chumann.

na n-abhcóidí agus na n-aturnaetha a n-éiríonn leo sna scrúduithe forordaithe ar chlár Gaeilge gach eagraíochta díobh faoi seach. Tá na cláir seo le fáil ar shuíomhanna idirlín Óstaí an Rí agus an Dlí-Chumainn. Ina theannta sin, reáchtálann Óstaí an Rí ard-dioplóma páirtaimseartha bliana sa Dlí-Chleachtadh trí Ghaeilge, cúrsa a bhfuil caighdeán an-ard i gceist leis.

Acht Choláiste Phríomh-Scoile na Gaillimhe 1929[100]

[5.28] Sa bhliain 1929 bhí Coláiste na hOllscoile, Gaillimh, i gcruachás airgeadais agus i mbaol a dhúnta. Tháinig an Rialtas i gcabhair air agus mhéadaigh an deontas a bhí ag dul dó ar an gcoinníoll go gcuirfí le múineadh trí Ghaeilge ann. Méadaíodh an deontas de bhun alt 2(1) ó £12,000 go £28,000 ón 1 Aibreán 1930 agus feasta as airgead arna sholáthar ag an Oireachtas. Anuas air sin, cuireadh cabhair bhreise ar fáil i bhfoirm dheontais de bhun alt 2(2) chun cur leis an teagasc trí Ghaeilge sa choláiste.

[5.29] An praghas a bhí le híoc as an gcabhair bhreise seo ná an 'Oibliogáid cainteoirí Gaedhilge do cheapa' de bhun alt 3 lena bhforáiltí:

> 3. — Beidh sé de dhualgas ar Sheanad Phríomh-Scoil Náisiúnta na hÉireann, ar Chólucht Rialúcháin an Choláiste, no ar Uachtarán an Choláiste (do réir mar bheidh), le linn duine do cheapa chun aon oifige no puist sa Choláiste, duine do cheapa chun na hoifige no an phuist sin a bheidh inniúil ar dhualgaisí an chéanna do chólíona tríd an nGaedhilg: ach duine a bheidh inniúil amhlaidh agus, fós, a bheidh oiriúnach ar gach slí eile do bheith le fáil imeasc na ndaoine bheidh ina n-iarrthóirí no is féidir d'fháil ar aon tslí eile don oifig no don phost san.

[5.30] Is cur chuige íosta a fuarthas i reachtanna na hOllscoile féin.[101] Ar an mórgóir is ag deireadh an phróisis earcaíochta a tháinig ceist na Gaeilge chun cinn seachas beartas daingean láidir nach gceapfaí duine gan Ghaeilge ach go heisceachtúil agus/nó go sealadach.

[5.31] Ar deireadh aisghairmíodh alt 3 agus an oibleagáid dá réir, cainteoirí Gaeilge a cheapadh, le hAcht an Choláiste Ollscoile, Gaillimh (Leasú) 2006.[102] In ionad dualgas soiléir daingean cainteoirí Gaeilge a cheapadh nuair ab fhéidir é, forchuirtear dualgas níos boige chun oideachas a sholáthar trí mheán na Gaeilge. Foráiltear anois le halt 3, mar atá leasaithe, mar seo a leanas:

> 3. — (1) Déanfaidh údarás ceannais an Choláiste[103] a chinntiú go mbeidh

---

[100] Uimh. 35 de 1929 (Acht chun Soláthar do dhéanamh chun an Deontas Bliantúil is iníoctha le Coláiste na Príomh-Scoile, Gaillimh, do mhéadú agus chun a chur in áirithe go mbeidh na daoine a ceapfar chun Oifigí agus Postanna sa Choláiste sin inniúil ar a nDualgaisí do chólíona tríd an nGaedhilg).

[101] STATUTE XXIII.

[102] Uimh. 1 de 2006.

[103] De réir Acht na nOllscoileanna 1997, alt 3(1).

> oideachas a sholáthar trí mheán na Gaeilge i measc na bpríomhaidhmeanna le haghaidh oibriú agus fhorbairt an Choláiste ar príomhaidhmeanna iad a bheidh leagtha amach i ngach plean forbartha straitéisí[104] a ullmhófar tar éis thosach feidhme an ailt seo.

[5.32] Ní gan chonspóid a tharla an cúlú seo agus dhúisigh an baol go gceapfaí uachtarán gan Ghaeilge ar an gColáiste an Teachta Dála do Ghaillimh Thiar agus Iar-Aire Gaeltachta, Éamon Ó Cuív TD, chun bille a mholadh sa Dáil chun a chinntiú nach gceapfaí uachtarán ar Ollscoil na hÉireann Gaillimh nach mbeadh Gaeilge aige nó aici.[105]

Acht na dTithe (Gaeltacht) 1929

[5.33] Is é an tríú hAcht a bhain le Gaeilge a ritheadh sa bhliain 1929 ná Acht na dTithe (Gaeltacht)[106] a cheadaigh córas deontais, mar a deir teideal an Achta féin, 'chun tógáil agus feabhsú tithe comhnaithe sa Ghaeltacht do chur in usacht agus chun cóiríocht a bheidh ag gabháil leis na tithe comhnaithe sin d'éanlaithe clóis agus do mhuca do sholáthar agus chun na gcrícheanna san a údarú go dtabharfaí deontaisí agus iasachtaí do dhaoine sa Ghaeltacht mar chabhair chun tithe comhnaithe dhóibh féin agus an chóiríocht san roimhráite a bheidh ag gabháil leo san do thógáil no d'fheabhsú iad féin'.

[5.34] Ní suntasach faoin Acht féin is ea fairsinge na Gaeltachta faoi mar a leagtar síos í in alt 2 den Acht agus sa Sceideal agus go gcuimsítear codanna fairsinge de Chontae an Chláir, codanna de Chontae Chorcaí chomh fada soir le hEochaill, go leor den Eachréidh in Oirthear na Gaillimhe, go leor de Chontae Mhaigh Eo gan trácht ar chodanna den Chabhán, de Chontae Liatroma, de Chontae Luimnigh, de Chontae Lú, de Chontae Ros Comáin, de Chontae Shligigh agus de Dheisceart Thiobraid Árann ar dheacair pobal labhartha Gaeilge a shamhlú leo an uair sin.

[5.35] Ní miste súil a chaitheamh ar a bhfuil le rá ag údair an Staidéir Chuimsithigh ar Úsáid na Gaeilge sa Ghaeltacht[107] i dtaobh na limistéir seo a leagan amach:

> Bunaithe ar an eolas a bhailigh siad agus ar an anailís a rinne siad, mhol an Coimisiún [Gaeltachta] go mbreathnófaí ar aon cheantar ina raibh 80% nó níos mó den phobal ábalta an Ghaeilge a labhairt mar cheantar Fíor-Ghaeltachta agus gur chóir breathnú ar aon cheantar ina raibh idir 25%–79% den phobal ábalta Gaeilge a labhairt mar cheantar Breac-Ghaeltachta. Ba é cumas an phobail Gaeilge a labhairt a bhí á mheas ag an gCoimisiún seachas an leibhéal úsáide a

---

[104] De réir Acht na nOllscoileanna 1997, alt 34.
[105] Bille an Choláiste Ollscoile, Gaillimh (Leasú) 2017.
[106] Uimh. 41 de 1929.
[107] Ó Giollagáin agus Mac Donncha (2007) OÉ Gaillimh & OÉ Má Nuad, lgh 3-4.

bhí á bhaint ag an bpobal as an teanga (Ó Riagáin 1997).[108] Is iad na toghranna ceantair a d'úsáid an Coimisiún mar aonaid thíreolaíocha chun na limistéir a d'aithin siad mar cheantair Fhíor-Ghaeltachta agus Bhreac-Ghaeltachta a shainiú. De réir a n-eolais, thuairiscigh siad go raibh limistéir Fhíor-Ghaeltachta, ina raibh daonra iomlán de 164,774 (agus 146,821 acu sin ábalta an Ghaeilge a labhairt), le fáil i gcontaetha Dhún na nGall, Mhaigh Eo, na Gaillimhe, an Chláir, Chiarraí, Chorcaí agus Phort Láirge. Bhí limistéir Bhreac-Ghaeltachta, ina raibh daonra iomlán de 294,890 (agus 110,585 acu sin ábalta an Ghaeilge a labhairt), le fáil freisin sna contaetha sin, mar aon le contaetha Shligigh agus Thiobraid Árann. Bunaithe ar eolas faoi chúrsaí teanga ó Dhaonáireamh na bliana 1926, a cuireadh ar fáil tar éis don Choimisiún a dTuarascáil a fhoilsiú, tá amhras caite ar na figiúirí seo ag Ó Riagáin (1997: 51) a deir:

> 'the Fíor-Ghaeltacht as defined by the Commission is larger, and the Breac-Ghaeltacht is smaller, than the findings of the 1926 Census would appear to justify.'

Cé gur glacadh le sainmhíniú an Choimisiúin ar limistéir na Gaeltachta chun críche Ordú na nOifigí agus na bhFeidhmeannas Áitiúil (Gaeltacht), 1928,[109] rinneadh sainiú nua ar an nGaeltacht in Acht na dTithe (Gaeltacht), 1929. Ní dhearnadh aon idirdhealú san Acht seo idir Fíor-Ghaeltacht agus Breac-Ghaeltacht. Bunaithe ar na sonraí a bhí ar fáil ó Dhaonáireamh 1926, áiríodh aon toghroinn ina raibh íosmhéid 25% den phobal ina gcainteoirí Gaeilge mar cheantar Gaeltachta chun críche an Achta, .i. an t-íosmhéid a bhí molta ag an gCoimisiún mar chritéar aitheantais do limistéir Bhreac-Ghaeltachta (Ó Riagáin 1997). Mar thoradh air sin, cuireadh toghranna breise sna contaetha thuas leis na cinn a bhí molta ag an gCoimisiún agus cuireadh san áireamh roinnt bheag toghrann sna contaetha seo a leanas: An Cabhán, Liatroim, Luimneach, An Lú agus Ros Comáin. Is é seo an sainiú reachtúil is fairsinge a rinneadh ar an nGaeltacht (féach Léarscáil 1.1).

[5.36] Dá bhrí sin, cé gur minic a deirtear go raibh an Ghaeltacht ag síneadh chomh fada soir leis an tSionainn aimsir bhunaithe an tSaorstáit, ba chirte a rá go raibh scéim deontais ag síneadh a fhad sin soir beag beann ar labhairt na Gaeilge.

[5.37] In ainneoin gur leasaíodh an tAcht i gcaitheamh na mblianta chun cur le luach na ndeontas,[110] níor leasaíodh fairsinge na Gaeltachta oifigiúla seo ó thaobh scéim na ndeontas tithíochta de go dtí gur ritheadh Acht na dTithe (Gaeltacht)(Leasú) 1967[111] lena bhforáiltear[112] go mbeadh an limistéir feidhme

---

108 Ó Riagáin, P. (1997), *Language Policy and Social Reproduction: Ireland 1893-1993* (Oxford: Clarendon Press).

109 Féach míreanna [17.10]-[17.18].

110 Acht na dTithe (Gaeltacht) (Leasú) 1949; Acht na dTithe (Gaeltacht) (Leasú) 1953; Acht na dTithe (Gaeltacht) (Leasú) 1959; Acht na dTithe (Gaeltacht) (Leasú) 1964.

111 Uimh. 16 de 1967.

112 Acht na dTithe (Gaeltacht)(Leasú) 1967, alt 2.

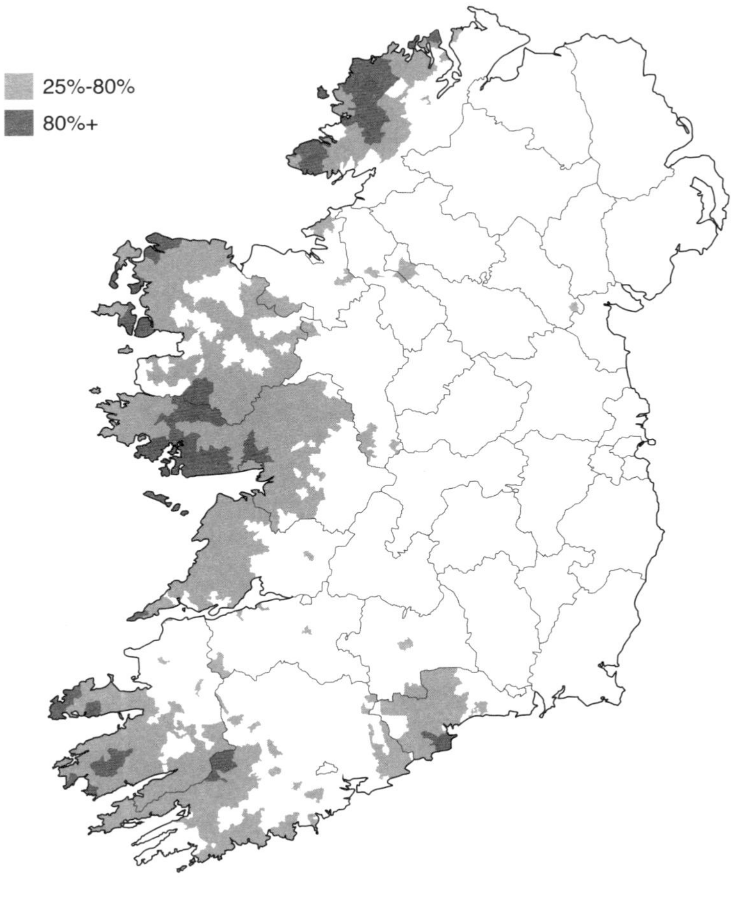

Léarscáil 1.1: Toghranna ar Chainteoirí Gaeilge níos mó ná 25% dá nDaonra de réir Chritéir agus Dhaonáireamh 1926.[113]

ag teacht leis an limistéir Gaeltachta a mbeadh 'cinnte de thuras na huaire le hordú faoi alt 2 den Acht Airí agus Rúnaithe (Leasú), 1956 gur limistéir Ghaeltachta iad'. Is é sin le rá nach mbeadh ach Gaeltacht Oifigiúil amháin ann feasta arna leagan amach le hionstraim reachtúil.

[113] NIRSA a réitigh. Ceadúnas Uimhir MP 8252 © Suirbhéireacht Ordanáis Éireann agus Rialtas na hÉireann An Phríomh-Oifig Staidrimh – faisnéis SAPS an Daonáirimh. Féach Ó Giollagáin agus Mac Donncha (2007) OÉ Gaillimh & OÉ Má Nuad, lch 4.

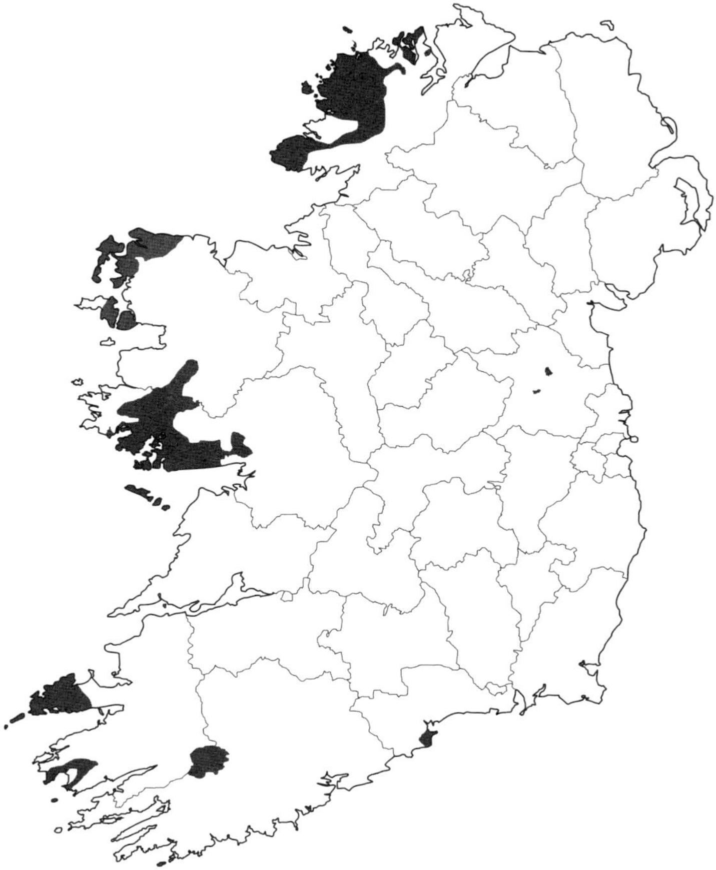

Léarscáil 2: An Ghaeltacht Oifigiúil 2020

An Ghaeltacht Oifigiúil Reatha

[5.38] Maidir le sainmhínithe éagsúla ar an nGaeltacht, deir Ó Giollagáin agus Mac Donncha sa *Staidéar Cuimsitheach Teangeolaíoch ar Úsáid na Gaeilge sa Ghaeltacht*:[114]

> Idir 1929 agus 1956 níorbh é an sainiú céanna ar an nGaeltacht a úsáideadh i reachtaíocht agus i scéimeanna éagsúla an Stáit.... Mar shampla, glacadh le moltaí

[114] Ó Giollagáin agus Mac Donncha (2007), OÉ Gaillimh & OÉ Má Nuad, lgh 4-5.

Choimisiún na Gaeltachta chun críche Rialacháin na nOifigeach Áitiúil (An Ghaeilge) arís i 1944;[115] níor cuireadh ach 122 toghroinn san áireamh i gcontaetha Dhún na nGall, Chiarraí, na Gaillimhe agus Mhaigh Eo chun críche Acht na mBéilí Scoile (Gaeltacht), 1930.[116] Níor tugadh aitheantas reachtúil don dá choilíneacht Ghaeltachta a bunaíodh i gCo. na Mí i 1935 agus i 1936, .i. Ráth Chairn agus Baile Ghib, faoi seach, go dtí 1967.

[5.39] Leasaíodh an scéim arís le hAcht na dTithe (Gaeltacht)(Leasú) 1979[117] le luach na ndeontas a mhéadú agus le tógáil seallaí saoire agus brúnna a thabhairt san áireamh (mar a tharla in Acht 1964 ach do cheantar níos fairsinge) mar aon le deontais mhéadaithe maidir le hobair ar oileáin amach ón gcósta. Ar ndóigh, níos luaithe an bhliain sin ritheadh an tAcht a bhunaigh Údarás na Gaeltachta agus an réimeas nua a lean é.[118]

[5.40] Is é Acht na dTithe (Gaeltacht)(Leasú), 2001[119] an reacht deiridh sa cheantar seo. Leantar leis an scéim deontais don limistéar Gaeltachta agus leagtar síos coinníoll teanga go soiléir sa reachtaíocht phríomhúil.

[5.41] Leasaítear alt 3 (deontais i gcomhair tithe cónaithe) den Phríomh-Acht (.i. Acht 1929)[120] chun an chumhacht a thabhairt d'Aire na Gaeltachta deontas tógála a thabhairt do dhuine nach áititheoir tí chónaithe sa Ghaeltacht é má shásaíonn sé an tAire gurb í an Ghaeilge a ghnáth-theanga agus sa chás go mbíonn teaghlach ina chónaí sa teach i gceist gurb í an Ghaeilge a bheidh mar ghnáth-theanga acu sin freisin. Ina theannta sin, ceadaítear don Aire deontas a cheadú maidir le ceann tuí a chóiriú i gcás áititheora nó úinéara a bhfuil cónaí air sa Ghaeltacht ach an Ghaeilge a bheith mar ghnáth-teanga an tí atá le hathchóiriú.

[5.42] Maidir le scéimeanna i ndáil le tithe cónaithe, foráiltear le halt 9 go bhféadfaidh Aire na Gaeltachta, le toiliú an Aire Airgeadais, scéimeanna a dhéanamh chun deontais nó cúnamh airgeadais eile a sholáthar in aghaidh an chostais a ghabhann le teach cónaithe sa Ghaeltacht a thógáil nó a fheabhsú, i gcás gur deimhin leis an Aire nach rachadh áitiú an tí chónaithe sin chun aimhleas úsáid na Gaeilge sa limistéar Gaeltachta sin.

[5.43] De bhun alt 9(b) féadfaidh Aire na Gaeltachta, le toiliú an Aire Airgeadais, rialacháin a dhéanamh faoi scéimeanna deontais i ndáil le tithe cónaithe, rialacháin a bhaineann le húsáid na Gaeilge ag áititheoirí nó

---

[115] Féach míreanna [17.10]-[17.18].
[116] Féach míreanna [5.52]-[5.53].
[117] Uimh. 29 de 1979.
[118] An tAcht um Údarás na Gaeltachta 1979 (Uimh. 5 de 1979). Féach míreanna [15.04]-[15.10].
[119] Uimh. 10 de 2001.
[120] Acht na dTithe (Gaeltacht)(Leasú) 2001, alt 4.

áititheoirí beartaithe an tí chónaithe san áireamh. Tá foráil san Acht maidir le deontas a íocadh amach trí chalaois nó trí mhífhaisnéis a aisghabháil.[121]

[5.44] Cuireadh deireadh le scéim na ndeontas tithíochta de bhun Achtanna na dTithe (Gaeltacht) trína gcur ar fionraí le héifeacht ón 7 Aibreán 2009.[122]

Reachtaíocht eile

[5.45] Acht eile a ritheadh le linn ré an tSaorstáit agus a bhain le cúrsaí Gaeilge is ea Acht Árachais 1936.[123] Baineann alt 108, atá fós i bhfeidhm, le 'polasaithe do thabhairt amach i nGaedhilg' agus níor mhiste é a leagan amach anseo ina iomláine:

> **108.** — Pé uair a déanfar fuirm thairisgeana i gcóir polasaí árachais do líonadh i nGaedhilg amháin, ansan, gach polasaí árachais do bhéarfar amach do réir no de dhruim na tairisgeana san agus aon scríbhinn eile do bhéarfar amach maidir leis an bpolasaí sin ag an gcuideachtain árachais no ag an sinneagóid chun a ndearnadh an tairisgint sin, déanfaidh an chuideachta árachais no an tsinneagóid sin (pe'ca aca é) iad do thabhairt amach i nGaedhilg má éilíonn an tairgtheoir san ortha.

[5.46] Ní cosúil go bhfuil na cuideachtaí árachais á chomhlíonadh seo, é sin, b'fhéidir, nó nach bhfuil daoine nó comhlachtaí eile, na heagrais Ghaeilge san áireamh, ag líonadh amach i nGaeilge amháin na foirmeacha Béarla a chuirtear faoina mbráid agus ag éileamh an pholasaí as Gaeilge ina dhiaidh sin.

Cúrsaí Oideachais sa Saorstát

[5.47] Bhí an Ghaeilge ina hábhar riachtanach do mháithreánach Ollscoil na hÉireann ó bunaíodh í de bhun an *Irish Universities Act 1908* .i. roimh bhunú an tSaorstáit. Is beartas é seo a leanann sa lá atá inniu ann.[124]

[5.48] I mí Aibreáin 1922 shocraigh an Rialtas Sealadach go mbeadh an Ghaeilge á húsáid mar mheán teagaisc i ranganna na naíonán. Ó 1926 i leith is ea a cuireadh an polasaí éigeantach, teagasc iomlán trí Ghaeilge i bhfeidhm sna ranganna naíonán: 'all instruction in the first two years of primary schools should be through Irish'. [125]

[5.49] Sa bhliain 1960, le hImlitir 11/60 cuireadh in iúl do scoileanna nár ghá a thuilleadh na naíonáin a mhúineadh go hiomlán trí Ghaeilge agus go bhféadfaí an bhéim air seo a athrú go múineadh na Gaeilge mar ábhar dá

---

[121] Acht na dTithe (Gaeltacht)(Leasú) 2001, alt 10.

[122] Ceist Dála Uimh: 1200/13 (freagra scríofa 2 Bealtaine 2013 chuig Piaras Ó Dochartaigh TD).

[123] Uimh. 45 de 1936.

[124] Rialacha Máithreánaigh OÉ. Féach mír [16.16] *et seq.*

[125] Ó Riain, Seán (1994), *Pleanáil Teanga in Éirinn 1919-1985*, Baile Átha Cliath, lch 47.

gceapfadh na múinteoirí go ndéanfadh na daltaí dul chun cinn níos fearr ó thaobh na Gaeilge de i gcoitinne.

[5.50] Ina theannta sin, b'éigean pas a fháil sa Ghaeilge chun pas a fháil san Ardteist idir 1934 agus 1973.

[5.51] Is deacair tairbhe an bheartais seo a mheas in éagmais aon iarracht fónta an Ghaeilge a úsáid mar phríomhtheanga oifigiúil i dTithe an Oireachtais, sna Cúirteanna nó sa tseirbhís phoiblí seachas í a bheith ina constaic don té nach raibh sí aige agus ina hornáid don té a bhain amach an caighdeán forordaithe.

Cúrsaí Oideachais Ghaeltachta

[5.52] Ritheadh dhá Acht a bhain le cúrsaí oideachais sa Ghaeltacht sa bhliain 1930. D'fhoráiltí le hAcht na mBéilí Scoile (Gaeltacht) 1930[126] go bhféadfaidh an tAire Rialtais Áitiúil agus Sláinte Poiblí na boird sláinte a bhfuil na limistéir Ghaeltachta i gceist iontu a mhaoiniú chun béilí a sholáthar do leanaí a bheadh ag freastal ar scoileanna náisiúnta sna ceantair sin.

[5.53] Tá sé suimiúil go bhfuil limistéar níos lú i gceist leis an nGaeltacht faoin Acht seo .i. nach gcuimsítear leis ach codanna de chontaetha Chorcaí, Dhún na nGall, na Gaillimhe, Chiarraí agus Mhaigh Eo.[127] Aisghairmeadh an tAcht seo leis an Acht Leasa Shóisialaigh (Comhdhlúthú) 1981.[128]

[5.54] D'fhoráiltí le halt 103 den Acht Oideachais Ghairme Beatha 1930[129] do chumhachtaí ginearálta don Aire Oideachais maidir le hoideachas leanúnach agus gairmoideachas sa Ghaeltacht. Tugadh an t-údarás don Aire Oideachais ordú a thabhairt do choiste gairmoideachais a raibh ceantar Gaeltachta faoina chúram socrú ar leith a dhéanamh i gcomhair gairmoideachais nó oideachais leanúnaigh sa cheantar Gaeltachta sin dá mba é tuairim an Aire é gur ghá socrú ar leith den chineál sin a dhéanamh.[130] D'fhéadadh an tAire Oideachais le toiliú an Aire Airgeadais deontas ar leith a cheadú chuige sin sa chás go ndéanfadh sé ordú dá leithéid.[131] Ó thaobh an limistéir de, d'fhoráiltí le fo-alt (4) go bhféadfadh 'an tAire [Oideachais], le hordú ar n-a dhéanamh fén bhfo-alt so, a dhearbhú go mbeidh aon chuid no coda áirithe de Shaorstát Éireann a luadhfar san ordú san ina cuid den Ghaeltacht ... chun crícheanna an ailt seo agus chúcha san amháin....'

---

[126] Uimh. 23 de 1930.
[127] Acht na mBéilí Scoile (Gaeltacht), 1930, alt 2 agus An Sceideal.
[128] Uimh. 1 de 1981.
[129] Uimh. 29 de 1930.
[130] Acht Oideachais Ghairme Beatha 1930, alt 103(1).
[131] Acht Oideachais Ghairme Beatha 1930, alt 103(2).

[5.55] Ba ghá ordú ar bith a dhéanfadh an tAire Oideachais faoi fhairsinge na Gaeltachta chun críche an ailt seo a leagan faoi bhráid dhá Theach an Oireachtais agus cead ag ceachtar teach acu an t-ordú a chealú le vóta taobh istigh de 21 lá ón lá a gcuirfí faoina mbráid é.[132] Rinneadh orduithe den chineál sin a chuimsigh limistéir níos fairsinge ná pobal labhartha na Gaeilge[133] agus rinneadh cúpla ordú maidir le limistéir ar leith.[134]

[5.56] Aisghairmeadh an tAcht seo ina iomláine mar aon leis na horduithe a leag amach na limistéir Ghaeltachta ar leith seo agus na horduithe ar leith maidir leis na limistéir sin leis an Acht um Boird Oideachais agus Oiliúna 2013.[135]

[5.57] Foráil eile a bhain le cúrsa na Gaeilge ab ea Acht Choláiste Phríomh-Scoile Bhaile Átha Cliath 1934[136] Acht fíor-ghearr chun socruithe a dhéanamh chun deontais bhreise a thabhairt do Choláiste na hOllscoile, Baile Átha Cliath chun críocha Roinn Teanga agus Litríochta na Nua-Ghaeilge.

An Státseirbhís faoin Saorstát

[5.58] Ón mbliain 1925, bhí an Ghaeilge mar ábhar riachtanach sna comórtais oscailte le haghaidh poist sna gráid ghinearálta den Státseirbhís. Idir 1927 agus 1931 ceapadh triail iontrála i labhairt agus i scríobh na Gaeilge agus ceapadh triail phromhaidh i labhairt na teanga, a bheadh le déanamh roimh dheireadh an dara bliain den tréimhse phromhaidh.

[5.59] In 1937 tionscnaíodh trialacha chun deimhniú go raibh inniúlacht sa Ghaeilge ag oifigigh a raibh cúig bliana caite acu sa Státseirbhís agus a

---

[132] Acht Oideachais Ghairme Beatha 1930, alt 103(5).

[133] I.R. 85/1933 .i. codanna de Chontae an Chláir (cuid d'Inis san áireamh), de Chontae Chorcaí (cuid de Chóbh san áireamh), de Chontae Dhún na nGall (cuid de Bhun Crannacha san áireamh), de Chontae na Gaillimhe (cuid de Bhéal Átha na Slua sa áireamh), de Chontae Chiarraí (cuid de Chill Airne san áireamh), de Chontae Mhaigh Eo (cuid de Bhéal Átha na Muice san áireamh) agus de Chontae Phortláirge (cuid den Trá Mhór san áireamh).

[134] R.O.R. Uimh. 252 de 1934: Ordú um Choiste Oideachais Ghairme Beatha Chontae Dhún na nGall (Socrú Speisialta)(Gaeltacht) 1934; R.O.R. Uimh. 253 de 1934: Ordú um Choiste Oideachais Ghairme Beatha Chontae an Chláir (Socrú Speisialta)(Gaeltacht) 1934; R.O.R. Uimh. 320 de 1934: Ordú um Choiste Oideachais Ghairme Beatha Chontae Mhuigheó (Socrú Speisialta)(Gaeltacht) 1934; R.O.R. Uimh. 675 de 1935: Ordú um Choiste Oideachais Ghairme Beatha Chontae na Gaillimhe (Socrú Speisialta)(Gaeltacht) 1935; R.O.R. Uimh. 250 de 1937: Ordú um Choiste Oideachais Ghairme Beatha Bhaile na Gaillimhe (Socrú Speisialta)(Gaeltacht) 1937; R.O.R. Uimh. 173 de 1938: Órdughadh um Choisde Oideachais Ghairme Beatha Chonndae Chorcaighe (Socrughadh Speisialta) (Gaedhealtacht) 1938; I.R. Uimh. 372 de 1953: Ordú Choiste Gairm-Oideachais Chontae Chiarraí (Foráil Speisialta)(Gaeltacht) 1953.

[135] Uimh. 11 de 2013.

[136] Uimh. 27 de 1934.

chinnteodh go raibh siad in ann a gcuid dualgas oifigiúil a chomhlíonadh i nGaeilge. In 1945 cuireadh tús le triail Ghaeilge i gcomhair ardú céime sa Státseirbhís do na hoifigigh sin.

[**5.60**] Sna gráid ghairmiúla agus teicniúla sa Státseirbhís ó 1935 amach, cé nach raibh an Ghaeilge éigeantach ach amháin nuair ba ghá í chun dualgais an phoist a chomhlíonadh, tugadh tosaíocht don té a bhí cáilithe agus a raibh 'eolas inniúil' ar an nGaeilge aige/aici. Freisin tugadh marcanna breise don iarrthóir cáilithe a raibh 'eolas maith' aige ar an nGaeilge agus na hiarrthóirí á gcur in ord feabhais.[137]

[**5.61**] Níorbh ionann eolas ar an nGaeilge, áfach, agus í a chur ag obair agus is ar an eolas seachas ar an úsáid a cuireadh an bhéim, rud a chruthaigh searbhas agus dearcadh diúltach.[138]

[**5.62**] An 21 Samhain, 1975, d'eisigh Aire na Seirbhíse Poiblí Imlitir 43/1975 lena bhforáladh go gcuirfí deireadh le héigeantas na Gaeilge le post ar bith a fháil sa Státseirbhís seachas na poist a raibh an Ghaeilge riachtanach chun na dualgais a bhain leo a chomhlíonadh[139] agus go gcuirfí deireadh leis na scrúduithe promhaidh sa Ghaeilge.[140]

[**5.63**] Pléitear an t-ábhar seo tuilleadh i gCaibidil 17.

[137] Ó Riain, Seán (1994) *Pleanáil Teanga in Éirinn 1919-1985*, Baile Átha Cliath, lch 33.
[138] Ó Riain, Seán (1994) *Pleanáil Teanga in Éirinn 1919-1985*, Baile Átha Cliath, Caibidil 3. Féach mír [17.18].
[139] Imlitir 43/1975, mír 1(a).
[140] Imlitir 43/1975, mír 1(c).

Caibidil 6

An Réimeas faoin mBunreacht reatha

[6.01] Foráiltear le hAirteagal 8 de Bhunreacht na hÉireann, atá i ngníomh ón 29 Nollaig 1937, mar seo a leanas:

1. Ós í an Ghaeilge an teanga náisiúnta is í an phríomhtheanga oifigiúil í.
2. Glactar leis an Sacs-Bhéarla mar theanga oifigiúil eile.
3. Ach féadfar socrú a dhéanamh le dlí d'fhonn ceachtar den dá teanga sin a bheith ina haonteanga le haghaidh aon ghnó nó gnóthaí oifigiúla ar fud an Stáit ar fad nó in aon chuid de.

[6.02] Tá ardú céime don Ghaeilge le sonrú anseo. Mar a dúirt Hardiman Brmh in *Ó Beoláin v. Fahy:*[141]

> Aontaím le breithiúnas Uí Anluain Brmh in *Ó Murchú v. Cláraitheoir na gCuideachtaí* (1988) T.É.T.S. 42 nuair a dúirt sé ag lch 45:
>
> > 'Táim den bharúil go bhfuil forálacha Airteagal 8 de Bhunreacht na hÉireann níos treise maidir leis an aitheantas a tugtar don Ghaeilge mar phríomhtheanga oifigiúil an Stáit, ná mar a bhí Airteagal 4 de Bhunreacht an tSaorstáit.'

[6.03] Ina theannta sin, áfach, is mó an poll is féidir a chur sa taoschnó go mbeadh an Ghaeilge nó an Béarla 'ina haonteanga le haghaidh aon ghnó nó gnóthaí oifigiúla'. Faoi Airteagal 4 de Bhunreacht an tSaorstáit, ní cheadófaí a leithéid ach 'do cheanntair nó do líomatáistí ná fuil ach teanga amháin i ngnáth-úsáid ionta'; faoi Airteagal 8.3 'féadfar socrú a dhéanamh le dlí' chuige sin 'ar fud an Stáit ar fad nó in aon chuid de'.

[6.04] Mar a dúirt Ó hAnluain Brmh in *Mac Fhearraigh v. Mac Gamhnia:*[142]

> Tabharfar faoi deara go mbronntar ardú céime ar an nGaeilge i mBunreacht na hÉireann, thar mar a bhí aici sa chéad Bhunreacht, nó luaitear don chéad uair í mar 'phríomhtheanga oifigiúil'. Ag an am céanna is leithne an rogha a tugtar don Oireachtas tús caidhne a thabhairt do theanga amháin thar an teanga eile de réir dlí sa mhéid a bhaineann le cúrsaí oifigiúla i gcearn ar bith den tír. Go dtí go mbaineann an tOireachtas feidhm as an gcumhacht sin a bhronntar air faoi fhorálacha an Bhunreachta ní foláir glacadh leis i gcónaí gurb í an Ghaeilge an phríomhtheanga oifigiúil agus go bhfuil sé de phribhléid ag an saoránach éileamh go mbainfí feidhm aisti nuair a bhíonn gnóthaí oifigiúla le riaradh sa Stát.

---

[141] *Ó Beoláin v. Fahy* [2001] 2 I.R. 279, lgh 316-17.
[142] *An Stát (Mac Fhearraigh) v. Mac Gamhnia* (1983) T.É.T.S. 29, lch 34.

[**6.05**] Pléifear go mion an dlí-eolaíocht a d'eascair as Airteagal 8 agus na forálacha eile a bhaineann le stádas bunreachtúil na dteangacha oifigiúla thíos, ach tá cor bainte — agus á bhaint — as stádas na Gaeilge i láthair na huaire ag an leibhéal ósnáisiúnta agus ósbhunreachtúil nach mór díriú ar dtús air.

Caibidil 7

An tAontas Eorpach

[7.01] Is ballstát den Aontas Eorpach[143] í Éire ón mbliain 1973 i leith. Ní fearacht gach stát eile a ghlac ballraíocht i gComhphobail Eacnamaíochta na hEorpa (mar a bhí an uair sin ann)[144] níor thapaigh Éire an deis go mbeadh gach teanga oifigiúil dá cuid ina teanga oifigiúil den Aontas dá réir. Glacadh le stádas a tháinig leis an tuiscint ar an nGaeilge mar shiombal agus mar ornáid seachas mar ghléas oibre: rinneadh 'teanga chonartha' di. Ullmhaíodh leagan Gaeilge de Chonarthaí reatha an Aontais agus ó 1973 i leith ullmhaíodh leagan Gaeilge de gach conradh nua de chuid an Aontais, ach níor cuireadh leaganacha Gaeilge ar fáil de Threoracha, de Rialacháin, ná de Chinntí an Aontais ná de bhreithiúnais na Cúirte Breithiúnais.

[7.02] Ba rud nua é seo i ndlí-eolaíocht an Aontais: teanga a bheith leath-oifigiúil. Maíodh in Éirinn go raibh an Ghaeilge ina teanga oifigiúil de chuid an Aontais gan a bheith ina teanga oibre ach níor mhíniú sásúil ar an scéal é sin.

[7.03] Ó tharla gach leagan oifigiúil de na Conarthaí a bheith ar chomhchéim lena chéile, áfach, bhí, agus tá, an leagan Gaeilge de na Conarthaí ar aon stádas leis na leaganacha Béarla, Fraincise, Gearmáinise, Iodáilise, Ísiltírise agus Danmhairgise ón 1 Eanáir 1973 agus ba mhór an ní é sin ann féin.

[7.04] Ina theannta sin, faoi Rialacha na Cúirte Breithiúnais bhí cead ón 1 Eanáir 1973 an Ghaeilge a úsáid os comhair na Cúirte sin,[145] a bhuíochas do Chearbhall Ó Dálaigh Brmh arbh é an chéad bhreitheamh Éireannach ar an gCúirt é, ach níor fostaíodh dlí-theangeolaithe chun pléadálacha, breithiúnais nó cinntí na Cúirte a chur ar fáil as Gaeilge mar a bhí i gceist leis na teangacha a bhí lán-oifigiúil. Ní fhéadfaí, ach oiread, eolas ar an nGaeilge a chur san áireamh agus inniúlacht i dteangacha oifigiúla an AE ag teastáil chun post a fháil le ceann d'Institiúidí an Aontais.

---

143 Comhphobail Eacnamaíochta na hEorpa mar a bhí an uair sin ann.

144 Is ar mhaithe le simplíocht agus le héascaíocht a bhaintear leas as an teideal 'An tAontas Eorpach' tríd síos anseo seachas 'Comhphobail Eacnamaíochta na hEorpa' nó 'An Comhphobal Eorpach'.

145 Rialacha Nós Imeachta na Cúirte Breithiúnais. Féach míreanna [7.40]-[7.41].

[7.05] Chun é a chur ar shlí an-simplí, is éard atá i ndlíthe an Aontais Eorpaigh ná dlíthe náisiúnta a achtaítear go daonlathach trí chomhoibriú ag leibhéal ósnáisiúnta. Faoin ngnáthnós reachtach,[146] molann an Coimisiún Eorpach togra reachtach agus glacann Parlaimint na hEorpa é thar cheann phobail na hEorpa agus glacann an Chomhairle ('Comhairle na nAirí') é thar ceann rialtais na mBallstát. Mura bhfaigheann an moladh tacaíocht na Parlaiminte agus na Comhairle ar aon, ní dhéantar dlí de.

[7.06] Tá ceannas ag dlíthe an AE ar dhlíthe agus ar bhunreachtaí na mBallstát sa mhéid is nach féidir braith ar aon ní sa dlí náisiúnta intíre nó i mbunreacht ballstáit chun Dlí an AE a chur ó mhaith.[147] Ó thaobh na hÉireann de, foráiltear in Airteagal 29.4.6° de Bhunreacht na hÉireann mar seo a leanas:

> Ní dhéanann aon fhoráil atá sa Bhunreacht seo dlíthe a d'achtaigh, gníomhartha a rinne nó bearta a ghlac an Stát roimh theacht i bhfeidhm do Chonradh Liospóin, ar theacht i bhfeidhm dó nó tar éis teacht i bhfeidhm dó, de bhíthin riachtanais na n-oibleagáidí mar chomhalta den Aontas Eorpach dá dtagraítear i bhfo-alt 5° den alt seo nó den Chomhphobal Eorpach um Fhuinneamh Adamhach, a chur ó bhail dlí ná cosc a chur le dlíthe a d'achtaigh, gníomhartha a rinne nó bearta a ghlac—
>
> i an tAontas Eorpach sin nó an Comhphobal Eorpach um Fhuinneamh Adamhach nó institiúidí den chéanna,
>
> ii na Comhphobail Eorpacha nó an tAontas Eorpach a bheidh ar marthain díreach roimh theacht i bhfeidhm do Chonradh Liospóin, nó institiúidí den chéanna, nó
>
> iii comhlachtaí atá inniúil faoi na conarthaí dá dtagraítear san alt seo, ó fheidhm dlí a bheith acu sa Stát.

[7.07] Ar ndóigh, murach a leithéid de shocrú, níorbh fhiú tráithnín Dlí an AE mar níorbh ionann a chur i bhfeidhm ó áit go chéile agus níorbh fhada go gcuirfí ar neamhní an tionscnamh ar fad. É sin ráite, tá eisceachtaí sna conarthaí maidir le hábhair atá an-íogair[148] agus is gá vóta d'aon ghuth ag an gComhairle maidir le hábhair íogaire eile cosúil le cúrsaí cánach, nó ballstát nua a scaoileadh isteach, nó go deimhin maidir le teangacha oifigiúla an Aontais.

---

[146] Airteagail 289 agus 294 den Chonradh ar Fheidhmiú an Aontais Eorpaigh (CFAE).

[147] *Costa v. ENEL* (Cás 6/64)

[148] Níl ceannas ag Dlí an Aontais Eorpaigh ar Airteagail áirithe 'sóisialta' i mBunreacht na hÉireann de bhun Prótacal Uimh. 38 de Chonradh Liospóin 'Maidir leis an imní atá ar Mhuintir na hÉireann faoi Chonradh Liospóin'. Cf. Teideal 1, Airteagal 1: 'Ní dhéanann aon ní i gConradh Liospóin lena dtugtar stádas dlíthiúil do Chairt um Chearta Bunúsacha an Aontais Eorpaigh, ná aon ní i bhforálacha an Chonartha sin i réimse na Saoirse, na Slándála agus an Cheartais, difear ar aon dóigh do raon feidhme ná d'infheidhmeacht chaomhnú an chirt chun na beatha in Airteagal 40.3.1, 40.3.2 agus 40.3.3, do raon feidhme ná d'infheidhmeacht chaomhnú an teaghlaigh in Airteagal 41 ná do raon feidhme ná d'infheidhmeacht chaomhnú na gceart i leith oideachais in Airteagail 42 agus 44.2.4 agus 44.2.5 a thugtar le Bunreacht na hÉireann.'

[7.08] Rinneadh teanga oifigiúil den Ghaeilge an 1 Eanáir 2007 de bhun Rialachán Comhairle 920/2005 tar éis ollfheachtais de chuid phobal na Gaeilge. Cuireadh maolú sealadach i bhfeidhm i gcás na Gaeilge, áfach, faoi mar a tharla i gcás na Máltaise.[149] Teorannaíodh an dualgas chun dlíthe an AE agus breithiúnais na Cúirte Breithiúnais a dhréachtú agus a fhoilsiú as Gaeilge go dtí rialacháin a dhéanfaí de bhun comhchinntí den Chomhairle agus den Pharlaimint .i. an 'gnáthnós reachtach' i dtéarmaí an lae inniu.

[7.09] Cuireadh an maolú seo i bhfeidhm, mar a cuireadh a leithéid i bhfeidhm don Mháltais roimhe sin, toisc easnamh a bheith ann maidir le daoine a bheadh oilte agus toilteannach dul ag obair mar shaineolaithe teanga le hinstitiúidí an Aontais Eorpaigh.[150] Rinne Comhairle an Aontais Eorpaigh maolú na Gaeilge a athbhreithniú an 3 Nollaig 2015 agus cuirfear deireadh leis de réir a chéile faoin 1 Eanáir 2022,[151] tráth a mbeidh an Ghaeilge lán chomh hoifigiúil le teanga oifigiúil ar bith eile de chuid an Aontais.

[7.10] N'fheadar éinne fós conas a rachaidh sé seo i bhfeidhm ar chúrsaí na Gaeilge in Éirinn, ach is léir gur buntáiste mór don teanga é a bheith san áireamh i réimeas ilteangach a bhfuil 24 teanga i gceist ann idir theangacha forleathana idirnáisiúnta ar nós na Fraincise, na Gearmáinise agus an Bhéarla, agus teangacha neamhfhorleathana náisiúnta ar nós na Máltaise agus na Gaeilge. Cíortar anseo thíos nádúr an Aontais Eorpaigh agus ina dhiaidh sin a réimeas teanga, go háirithe maidir le cúrsaí Gaeilge.

Córas Dlí an Aontais Eorpaigh

[7.11] Síolraíonn an tAontas Eorpach ón gConradh ag bunú an Chomhphobail Eorpaigh do Ghual agus Cruach (CEGC) a shínigh sé thír (an Bheilg, an Fhrainc, an Ghearmáin Thiar, an Iodáil, an Ísiltír agus Lucsamburg) i bPáras in 1951. Tá fás agus forbairt tagtha air ó shin agus is aontas idir 27 tír Eorpach (na Ballstáit) atá ann anois. Tá 24 teanga oifigiúil ag an Aontas Eorpach.

[7.12] Is náisiúin cheannasacha neamhspleácha iad Ballstáit an AE. Comhthiomsaíonn siad a gceannasacht trí chuid dá gcumhachtaí cinnteoireachta a tharmligean do chomh-institiúidí atá bunaithe chun cinntí a dhéanamh go daonlathach ag leibhéal Eorpach ar mhaithe lena leas coiteann.

[7.13] Tá cumhachtaí agus freagrachtaí na n-institiúidí seo faoi réir na gConarthaí ar a mbunaítear gach gníomh den AE. Fairis sin, leagtar síos leo na cleachtais agus na nósanna imeachta nach mór d'institiúidí an AE a leanúint.

---

[149] Rialachán Comhairle 930/2004 agus Rialachán Comhairle 1738/2006.

[150] Rialachán Comhairle 920/2005.

[151] Rialachán Comhairle 920/2005, Rialachán Comhairle 1257/2010 agus Rialachán Comhairle 2264/2015. Féach mír [7.46].

Glacann ceann stáit gach Ballstáit den AE na Conarthaí, agus daingníonn na parlaimintí iad. In Éirinn is gá reifreann a ghairm chun conradh Eorpach a dhaingniú. Is iad príomhinstitiúidí an AE ná Parlaimint na hEorpa, Comhairle an Aontais Eorpaigh ('an Chomhairle'/'Comhairle na nAirí'), An Coimisiún Eorpach ('an Coimisiún'), Cúirt Bhreithiúnais an Aontais Eorpaigh, Cúirt na n-Iniúchóirí, An Banc Ceannais Eorpach, agus An Chomhairle Eorpach.

Parlaimint na hEorpa

[7.14] Déanann an Pharlaimint dlíthe an AE a rith i gcomhpháirt leis an gComhairle ('Comhairle na nAirí') i gcuid mhaith réimsí beartais. Tá feidhm mhaoirseachta aici ar institiúidí eile an AE chomh maith, ach go háirithe ar an gCoimisiún agus cead aici an Coimisiún a bhriseadh as oifig.[152] Déanann an Pharlaimint buiséad agus caiteachas an AE a fhormheas i gcomhpháirt leis an gComhairle. Tá trí ionad oibre ag Parlaimint na hEorpa: An Bhruiséil (sa Bheilg), Lucsamburg agus Strasbourg (sa Fhrainc).

[7.15] Is iad saoránaigh an Aontais Eorpaigh a thoghann Parlaimint na hEorpa chun a leas a chosaint agus a chur chun cinn. Bunaíodh í sna 1950í mar thionól comhairleach de bhun na gconarthaí bunaidh, agus ba iad parlaimintí na mBallstát a d'ainmnigh na feisirí an uair sin. Ó 1979 i leith is iad na saoránaigh atá á n-ionadú aici a thoghann na feisirí le vóta díreach.

[7.16] Reáchtáiltear toghchán gach cúig bliana agus tá ceart ag gach saoránach de chuid an AE vóta a chaitheamh, agus a bheith ina iarrthóir i dtoghchán cibé áit san AE a bhfuil cónaí air. Tá 705 ball ag an bParlaimint as gach ceann de bhallstáit an AE. Tá níos mó feisirí in aghaidh an vótóra ag na tiortha beaga. Tá íosmhéid de sheisear feisirí in aghaidh an Bhallstáit agus uasmhéid de 96. Suíonn na feisirí de réir na ngrúpaí polaitíochta tras-Eorpacha seachas lena gcomhthírigh.

Comhairle an Aontais Eorpaigh

[7.17] Ar nós na Parlaiminte, bunaíodh an Chomhairle de bhun na gconarthaí tionscanta sna 1950í. Is í an Chomhairle, i gcomhpháirt leis an bParlaimint, a ritheann formhór de reachtaíocht an AE. Bíonn níos mó smachta ag an gComhairle maidir le ceisteanna idir-rialtasacha ar nós gnóthaí eachtracha agus geilleagracha.

[7.18] Cuireann an Chomhairle comhaontuithe idirnáisiúnta idir an AE agus tíortha eile nó eagraíochtaí idirnáisiúnta i gcrích. Tá údarás aici ar bhuiséad agus ar chaiteachas an AE i gcomhpháirt leis an bParlaimint. Tá ról ag an

[152] Airteagal 17(8) den Chonradh ar an Aontas Eorpach (CAE); Airteagal 234 den Chonradh ar Fheidhmiú an Aontais Eorpaigh (CFAE) (le móramh dhá thrian).

gComhairle maidir leis an gComhbheartas Eachtrach agus Slándála (CBES) a fhorbairt agus comhordú a dhéanamh ar chomhoibriú idir cúirteanna náisiúnta agus fórsaí póilíneachta na mBallstát.

[7.19] Príomhchomhlacht cinnteoireachta an AE is ea an Chomhairle. Institiúid ionadaíochta na mBallstát is ea í, agus bíonn aire amháin ó gach rialtas náisiúnta san AE ag a cuid cruinnithe.

[7.20] Braitheann cé acu airí a bhíonn i láthair ar an ábhar a bhíonn á phlé. Mar shampla, sa chás go mbíonn an Chomhairle i mbun cainteanna faoi ábhair thimpeallachta, is iad na hairí comhshaoil ó gach tír san AE a bhíonn i láthair agus tugtar 'An Chomhairle Chomhshaoil' uirthi.

[7.21] Tá deich gcumraíocht éagsúla sa Chomhairle: Gnóthaí Ginearálta; Caidreamh Eachtrach; Gnóthaí Geilleagracha agus Airgeadais; Gnóthaí Ceartais agus Baile; Gnóthaí Fostaíochta, Beartais Shóisialta agus Gnóthaí Tomhaltóirí; Iomaíocht; Iompar, Teileachumarsáid agus Fuinneamh; Talmhaíocht agus Iascach; An Comhshaol; Oideachas, Óige, Cultúir agus Spórt.

[7.22] Údaraítear gach aire chun comhaontuithe ceangailteacha a ghlacadh ar son a rialtais féin. Baineann an Chomhairle leas as trí phróis éagsúla vótála:

1. Vótáil d'aon ghuth: De réir na próise seo, ní ghlactar le haon chinneadh mura gcaitheann gach Ballstát vóta ar a shon. Baintear leas as an bpróis seo chun cinntí a dhéanamh maidir le hábhair a mbaineann íogaireacht ar leith leo, cosúil leis an gcomhbheartas eachtrach agus slándála, le cánachas, le beartais inimirce agus tearmainn, agus le teangacha oifigiúla.
2. Tromlach cáilithe. De réir na próise seo, ní ghlactar le haon chinneadh mura gcaitheann 55% de na Ballstáit vóta ina fhabhar ar comhionann iad agus 65% de dhaonra iomlán an Aontais. Gníomhaíonn an Chomhairle trí thromlach cáilithe ar fhormhór na gceisteanna. Nuair a vótálann an Chomhairle ar thogra nach dtagann ón gCoimisiún nó ón Ard-Ionadaí don Chomhbheartas Eachtrach agus Slándála, is gá vóta ar son an togra ó 72% de na Ballstáit a ionadaíonn 65% den daonra.
3. Tromlach simplí: Baintear leas as an bpróis seo chun rialacha maidir le nósanna imeachta na Comhairle féin a ghlacadh nó chun iarraidh ar an gCoimisiún dul i mbun taighde nó togra a mholadh.

[7.23] Tá gach aire sa Chomhairle freagrach dá pharlaimint féin. Áirithíonn sé seo dlisteanacht dhaonlathach chinntí na Comhairle.

[7.24] Rothlaíonn Uachtaránacht na Comhairle gach sé mhí. Bíonn deis ag gach tír san AE dá réir a bheith i bhfeighil ar chlár na Comhairle agus bíonn ionadaí na tíre sin ina chathaoirleach ar na cumraíochtaí ar fad ar feadh na tréimhse sé mhí sin seachas ar an gcumraíocht um Ghnóthaí Ginearálta agus

Caidreamh Eachtrach a mbíonn an tArd-Ionadaí don Chomhbheartas Eachtrach agus Slándála ina chathaoirleach uirthi.

An Coimisiún Eorpach

[7.25] Tá an Coimisiún, a bunaíodh sna '50í ar nós na Parlaiminte agus na Comhairle, lonnaithe sa Bhruiséil den chuid is mó, ach tá oifigí aige i Lucsamburg chomh maith. Déanann an Coimisiún reachtaíocht a mholadh don Pharlaimint agus don Chomhairle. Foras feidhmiúcháin an AE is ea é, a bhainistíonn agus a chuireann i bhfeidhm beartais agus buiséad an AE. Cuireann sé Dlí an AE i bhfeidhm i gcomhpháirt leis an gCúirt Bhreithiúnais. Bíonn gach coimisinéir freagrach as réimse ar leith ar nós talmhaíocht, trádáil, iompar, srl.

[7.26] Tá an Coimisiún neamhspleách ar na rialtais náisiúnta. Is é leas an AE mar aonad a chur chun cinn agus a chumhdach is príomhthosaíocht dó. Go neamhfhoirmiúil, tugtar 'coimisinéirí' ar bhaill an Choimisiúin. Bíonn taithí pholaitiúil óna dtíortha dúchais acu agus bhíodh cuid acu ina n-airí rialtais, ach, mar bhaill den Choimisiún, feidhmíonn siad ar son leas an Aontais mar aonad agus go neamhspleách ar na rialtais náisiúnta. Ceaptar Coimisiún nua gach cúig bliana, laistigh de shé mhí ó thoghchán Pharlaimint na hEorpa, coimisinéir amháin thar ceann gach Ballstáit.

[7.27] Molann an Chomhairle Eorpach (ceannairí rialtais na mBallstát), 'ag féachaint do na toghcháin do Pharlaimint na hEorpa' agus trí thromlach cáilithe,[153] iarrthóir d'Uachtaránacht an Choimisiúin do Pharlaimint na hEorpa.[154]

[7.28] Toghtar an t-iarrthóir ag an bParlaimint le vóta thromlach na gcomhaltaí. Mura sroicheann sé an tromlach is gá, molfaidh an Chomhairle Eorpach iarrthóir nua don Pharlaimint. D'fhéadfadh an próiseas seo dul anonn agus anall go deo agus, mar sin, cuirtear brú ar an gComhairle Eorpach toradh na dtoghchán do Pharlaimint na hEorpa a chur san áireamh agus iarrthóir á mholadh aici.

[7.29] Ceaptar an tArd-Ionadaí don Chomhbheartas Eachtrach agus Slándála ag an gComhairle Eorpach, ag gníomhú di trí thromlach cáilithe le comhaontú ó Uachtarán an Choimisiúin.[155] Maidir leis na coimisinéirí eile, molann na Ballstáit iad agus glacann an Chomhairle agus an tUachtarán toghaí le liosta agus caithfidh Parlaimint na hEorpa glacadh leis an gCoimisiún nua mar

---

[153] Féach mír [7.22].

[154] Airteagal 17(7) den Chonradh ar an Aontas Eorpach.

[155] Airteagal 18(1) den Chonradh ar an Aontas Eorpach agus féadfar é a bhriseadh as an ról sin tríd an bpróiseas céanna. Freisin, caithfidh coimisinéir éirí as ar iarratas Uachtarán an Choimisiúin (CAE, Airteagal 17(6)).

aonad sula gceapfaidh an Chomhairle Eorpach iad go foirmiúil trí thromlach cáilithe.[156]

[7.30] Is féidir leis an gCúirt Bhreithiúnais, ar iarratas ón gComhairle nó ón gCoimisiún, a rialú go bhfuil comhalta áirithe le scor go héigeantach[157] as mí-iompar tromaí nó neamh-inniúlacht agus féadfaidh an Pharlaimint an Coimisiún mar aonad a bhriseadh as oifig le rún mímhuiníne le tromlach dhá thrian.[158]

[7.31] Baineann cinnteoireacht ar leibhéal an Aontais Eorpaigh go príomhúil leis an bParlaimint, leis an gComhairle agus leis an gCoimisiún.

Rialacháin, Treoracha agus Cinntí[159]

[7.32] Is iad na Rialacháin agus na Treoracha na gnéithe is tábhachtaí de Dhlí an AE.

1. Tagann Rialachán i bhfeidhm i ngach Ballstáit ag an am céanna mar chuid de dhlí an bhallstáit sin.
2. Tá Treoracha ina gceangal ar gach Ballstát chuig a ndírítear iad maidir leis an toradh atá le gnóthú ach fágtar faoi na húdaráis náisiúnta an fhoirm chuí agus na modhanna cuí a roghnú.
3. Tá Cinntí ina gceangal go huile agus go hiomlán orthu siúd a ndírítear chucu iad. De ghnáth is freagra ar cheist ar leith i gcás ar leith iad.

[7.33] Leagtar síos an cur chuige maidir le cinnteoireacht san AE sna Conarthaí. Bunaítear gach togra maidir le Dlí an AE ar Airteagal sonrach de chonradh, ar a dtugtar 'bonn dlíthiúil' an togra. Baineann formhór dhlíthe an AE le caighdeáin choiteanna a leagan síos ar fud an Aontais maidir le hearraí, le seirbhísí, le cearta oibrithe agus le cosaint comhshaoil chun ligean don Aontas feidhmiú mar mhargadh aonair. Má tá cinneadh maidir le beartas nó polasaí le déanamh, ní mór don Chomhairle nó don Chomhairle agus don Pharlaimint an dlí a chuimsíonn é a ghlacadh. Mura bhfuil i gceist ach feidhm theicniúil a thabhairt maidir le beartas ar glacadh leis cheana, féadfaidh an Coimisiún é a ghlacadh (CFAE, Airteagal 290).

An Chúirt Bhreithiúnais

[7.34] Bunaíodh an Chúirt Bhreithiúnais de bhun an Chonartha CEGC in 1952. I Lucsamburg atá sí lonnaithe. Tá an Chúirt freagrach as forléiriú agus

[156] Airteagal 17(7) den Chonradh ar an Aontas Eorpach.
[157] Airteagal 247 den Chonradh ar Fheidhmiú an Aontais Eorpaigh; Airteagal 234 den Chonradh ar Fheidhmiú an Aontais Eorpaigh.
[158] Airteagal 17(8) den Chonradh ar an Aontas Eorpach; Airteagal 234 den Chonradh ar Fheidhmiú an Aontais Eorpaigh.
[159] Airteagal 288 den Chonradh ar Fheidhmiú an Aontais Eorpaigh.

cur i bhfeidhm Dhlí an AE ar bhealach comhionann sna Ballstáit ar fad. Áirithíonn sí nach dtugann na cúirteanna náisiúnta rialuithe éagsúla ar an gceist chéanna. Áirithíonn an Chúirt freisin go gcloíonn na Ballstáit agus Institiúidí an AE leis an dlí. Tá sé de chumhacht ag an gCúirt aighnis dlí idir Bhallstáit an AE, Institiúidí an AE, agus gnóthais agus aonáin eile a réiteach.

[7.35] Bunaíodh an Chúirt Ghinearálta i 1988 chun ualach oibre na Cúirte Breithiúnais a laghdú. Tá an Chúirt Ghinreálta freagrach as rialú a thabhairt i gcineálacha áirithe cásanna. Pléann sí ach go háirithe cásanna a thugann daoine príobháideacha, cuideachtaí agus eagraíochtaí, agus cásanna a bhaineann le Dlí na hIomaíochta, Cúnamh Stáit, Trádáil, Talmhaíocht agus Trádmharcanna.

[7.36] Tá breitheamh amháin in aghaidh an Bhallstáit ar an gCúirt Breithiúnais. Ar mhaithe le héifeachtacht, is annamh a shuíonn an Chúirt iomlán le chéile. Suíonn sí de ghnáth mar mhór-dhlísheomra ar a mbíonn 15 breitheamh nó dlí-sheomra ar a mbíonn cúigear nó triúr breithiúna. Tá beirt bhreithiúna in aghaidh gach Ballstáit ar an gCúirt Ghinearálta agus suíonn siad mar phainéil ar a mbíonn triúr nó cúigear breithiúna.

[7.37] Tá aon duine dhéag d'abhcóidí ginearálta ag an gCúirt Bhreithiúnais a thugann cabhair agus treoir don Chúirt trí 'thuairimí réasúnaithe' i gcásanna faoi bhráid na Cúirte Breithiúnais a chur i láthair. Comhlíonann siad an ról seo go poiblí agus go neamhchlaon. Níl abhcóidí ginearálta ag an gCúirt Ghinearálta.

[7.38] Is iad na cineálacha cásanna is coitianta a chuirtear faoi bhráid na Cúirte Breithiúnais ná: iarratais ó chúirteanna náisiúnta na mBallstát chun réamhrialú nó soiléiriú a fháil ar cheist a bhaineann le Dlí an AE; caingne mar gheall ar mhainneachtain oibleagáidí a chomhlíonadh; caingne mar gheall ar neamhniú; caingne mar gheall ar mhainneachtain gníomhú; agus caingne le haghaidh damáistí. Feidhmíonn sí freisin mar chúirt achomhairc ón gCúirt Ghinearálta ar phointí dlí amháin.

[7.39] Idir na blianta 2005 agus 2016 bhíodh binse ar leith taobh istigh den Chúirt: an Binse um Sheirbhís Shibhialta an Aontais Eorpaigh a phléadh le díospóidí idir comhlachtaí an AE agus a mbaill foirne. Roimhe sin ba í an Chúirt Ghinearálta (nó 'an Chúirt Chéadchéime' mar a thugtaí uirthi an uair sin) a phléadh leis an obair sin agus tá an cúram sin ar ais anois ar an gCúirt Ghinearálta.

Cúrsaí Teanga sa Chúirt Bhreithiúnais

[7.40] Foráiltear le Caibidil 8 de Rialacha na Cúirte Breithiúnais do chúrsaí teanga. Is ionainn teangacha oifigiúla an Aontais agus na teangacha is féidir a úsáid sa Chúirt[160] agus eisítear foilseacháin na Cúirte sna teangacha sin go léir.[161] I gcás caingne dírí, is é t-iarratasóir a roghnaíonn teanga an cháis de ghnáth. Más Ballstát é an cosantóir, is í teanga oifigiúil an stáit sin a úsáidtear sa chás agus má tá níos mó ná teanga oifigiúil amháin ag an stát sin, féadfaidh an t-iarratasóir an ceann is fearr leis féin a roghnú. Má iarrann na páirtithe é, féadfar a údarú go n-úsáidfí ceann eile de na teangacha oifigiúla mar theanga an cháis nó cuid de. Mura n-iarann ach páirtí amháin n-úsáidfí teanga oifigiúil eile,[162] is gá an páirtí eile agus an tAbhcóide Ginearálta a chlos ar dtús. In achomhairc ón gCúirte Ginearálta is í teanga na breithe sa Chúirt Ginearálta teanga an achomhairc sa Chúirt Bhreithiúnais. In imeachtaí réamhrialaithe[163] is í teanga na cúise sa chúirt náisiúnta an teanga a úsáidtear sa chás. Ar iarratas ó pháirtí sna príomh-imeachtaí (.i. na himeachtaí os comhair na cúirte náisiúnta) tar éis an páirtí freasúra sna príomh-imeachtaí agus an tAbhcóide Ginearálta a chlos, féadfar a údarú go n-úsáidfí teanga oifigiúil eile sa nós imeachta ó bhéal.[164]

[7.41] Is í teanga an cháis a úsáidtear sna pléadálacha i scríbhinn agus ó bhéal ó na páirtithe agus i miontuairiscí agus i mbreithiúnais na Cúirte. Ní foláir aistriúchán i dteanga an cháis a bheith ag gabháil le haon doiciméad a thabharfar ar aird agus a bheidh i dteanga eile. I gcás doiciméad an-fhada, féadfar aistriúchán ar shleachta astu a chur ar fáil. D'ainneoin sin, beidh Ballstát i dteideal a theanga oifigiúil féin a úsáid agus é ag glacadh páirte in imeachtaí réamhrialaithe seachas mar pháirtí sna príomh-imeachtaí, nuair a bheidh sé ag idir-agairt i gcás a bheidh ar feitheamh os comhair na Cúirte nó ag glacadh páirt in aon tarchur maidir le teip Ballstát eile oibleagáid faoi na Conarthaí a chomhlíonadh[165] agus cuirfear aistriúchán ar fáil i dteanga an cháis. Féadfar a údarú do stát, seachas Ballstát den AE, teanga oifigiúil eile seachas teanga an cháis, a úsáid agus é ag glacadh páirt in imeachtaí réamhrialaithe nó nuair a bheidh sé ag idir-agairt i gcás os comhair na Cúirte agus cuirfear aistriúchán ar fáil i dteanga an cháis. Má dhearbhaíonn finné nó saineolaí nach féidir leis é féin a chur in iúl i gceart i gceann de na

---

[160] Béarla, Bulgáiris, Cróitis, Danmhairgis, Eastóinis, Fionlainnis, Fraincis, Gaeilge, Gearmáinis, Gréigis, Iodáilis, Ísiltíris, Laitvis, Liotuáinis, Máltais, Polainnis, Portaingéilis, Rómáinis, Seicis, Slóivéinis, Slóvaicis, Spáinnis, Sualainnis agus Ungáiris (Airteagal 36). Tá rialacha ar an dul céanna ag an gCúirt Ghinearálta maidir le cúrsaí teanga.

[161] Rialacha na Cúirte Breithiúnais, Airteagal 40.

[162] Ní ceadmhach d'Institiúid de chuid an AE iarratas mar sin a dhéanamh.

[163] Nuair a chuireann cúirt náisiúnta ceist faoi Dhlí an AE ar an gCúirt Bhreithiúnais.

[164] Rialacha na Cúirte Breithiúnais, Airteagal 37.

[165] De bhun Airteagal 259 CFAE.

teangacha oifigiúla, féadfaidh an Chúirt a údarú dó a chuid fianaise a thabhairt i dteanga eile agus cuirfear aistriúchán ar fáil i dteanga an cháis. Féadfaidh gach Breitheamh a rogha teanga oifigiúil a labhairt sna himeachtaí ó bhéal agus is féidir leis na hAbhcóidí Ginearálta a rogha teanga oifigiúil a úsáid le linn dóibh a dtuairimí a thabhairt agus cuirfear aistriúchán ar fáil i dteanga an cháis.[166]

Cúirt na nIniúchóirí

[7.42] In 1975 a bunaíodh Cúirt Iniúchóirí na hEorpa. I Lucsamburg atá sí lonnaithe. In ainneoin an teideal atá uirthi, ní cúirt í ach gníomhaireacht iniúchóirí arb é a phríomhchuspóir feidhmiú ceart buiséadach an Aontais .i. a chinntiú go bhfuil ioncam agus caiteachas an AE dlíthiúil agus ceart agus go bhfuil bainistiú airgeadais an AE éifeachtach agus oscailte. Déanann sí é seo trí cháipéisí de chuid duine ar bith nó de chuid eagrais ar bith a láimhsíonn ioncam nó caiteachas an AE a imscrúdú. Tá Cúirt na n-Iniúchóirí go hiomlán neamhspleách ar institiúidí eile an AE cé go mbíonn sí ag obair go dlúth leo.

An Banc Ceannais Eorpach

[7.43] Is í príomhaidhm an BCE ná cobhsaíocht praghsanna a chinntiú. Gan dochar don chuspóir sin, tacaíonn sé leis na beartais eacnamaíocha ghinearálta san AE d'fhonn rannchuidiú le gnóthú chuspóirí an AE. Socraíonn sé beartas airgeadaíoch limistéar an euro agus suíonn gobharnóirí bhainc cheannais limistéar an euro ar Chomhairle Rialaithe an BCE.

An Chomhairle Eorpach

[7.44] Ní hionann 'An Chomhairle Eorpach' agus 'An Chomhairle'. Tá an Chomhairle Eorpach comhdhéanta de cheannairí rialtais na mBallstát, mar aon le hUachtarán na Comhairle Eorpaí agus Uachtarán an Choimisiúin. Tagann an Chomhairle Eorpach le chéile ar a laghad faoi dhó gach sé mhí. Toghann an Chomhairle Eorpach a hUachtarán féin nach ceannaire rialtais reatha é, le tromlach cáilithe, ar feadh téarma dhá bhliain go leith, é in-athnuaite aon uair amháin. Freastalaíonn an tArd-Ionadaí don Chomhbheartas Eachtrach agus Slándála ar na cruinnithe seo freisin. Níl cumhachtaí reachtacha ag an gComhairle Eorpach ach tugann sí treoir ghinearálta don Aontas agus pléann sí le haon ghéarchéim a thagann chun cinn.

[166] Rialacha na Cúirte Breithiúnais, Airteagal 38. Tá seirbhís aistriúcháin le foireann saineolaithe atá oilte sa dlí ag an gCúirt (Airteagal 42).

Réimeas Teanga an Aontais Eorpaigh

[7.45] Foráiltear le Rialachán Comhairle 1/1958, an chéad dlí a ghlac an tAontas riamh, mar seo a leanas sa leagan leasaithe:[167]

Airteagal 1

Is iad Béarla, Bulgáiris, Cróitis, Danmhairgis, Eastóinis, Fionlainnis, Fraincis, Gaeilge, Gearmáinis, Gréigis, Iodáilis, Ísiltíris, Laitvis, Liotuáinis, Máltais, Portaingéilis, Polainnis, Rómáinis, Seicis, Slóivéinis, Slóvacais, Spáinnis, Sualannais agus Ungáiris teangacha oifigiúla agus oibre institiúidí an Aontais.

Airteagal 2

Féadfaidh doiciméid a sheolann Ballstát nó pearsa faoi réir dlínse Bhallstáit chuig institiúidí an Chomhphobail a dhréachtú in aon cheann de na teangacha oifigiúla is rogha leis an seoltóir. Déanfar an freagra a dhréachtú sa teanga chéanna.

Airteagal 3

Déanfar doiciméid a sheolann institiúid den Chomhphobal chuig Ballstát nó chuig pearsa faoi réir dlínse Bhallstáit a dhréachtú i dteanga an Stáit sin.

Airteagal 4

Déanfar rialacháin agus doiciméid eile a bhfuil feidhm ghinearálta leo a dhréachtú sa 24 teanga oifigiúil.

Airteagal 5

Déanfar Iris Oifigiúil na gComhphobal Eorpach a fhoilsiú sa 24 teanga oifigiúil.

Airteagal 6

Féadfaidh Institiúidí an Chomhphobail a leagan amach ina gcuid rialacha nósanna imeachta cé acu de na teangacha atá le húsáid i gcásanna ar leith.

Airteagal 7

Déanfar na teangacha a úsáidfear in imeachtaí na Cúirte Breithiúnais a leagan síos ina rialacha nósanna imeachta.

Airteagal 8

Má bhíonn níos mó ná teanga oifigiúil amháin ag Ballstát, rialóidh rialacha ginearálta dlí an Stáit sin, ar iarratas an Stáit sin, an teanga a úsáidfear.

[7.46] Rinneadh teanga oifigiúil den Ghaeilge an 1 Eanair 2007.[168] Cuireadh maolú sealadach i bhfeidhm a theorannaigh an dualgas dlíthe (lena n-áirítear breithiúnais de chuid na Cúirte Breithiúnais) a dhréachtú agus a fhoilsiú as Gaeilge go dtí rialacháin a rinneadh de bhun chomhchinnteoireacht na Comhairle agus na Parlaiminte (an 'gnáthnós' reachtach i gcaint an lae inniu). Rinne an Chomhairle maolú na Gaeilge a athbhreithniú an 3 Nollaig 2015 agus cuirfear deireadh leis de réir a chéile idir seo agus an 1 Eanáir 2022 mar a leagtar amach sa tábla thíos:[169]

---

[167] Is leis an údar an t-aistriúchán.

[168] Rialachán Comhairle 920/2005.

Dlíthe	Dátaí
Treoracha arna nglacadh ag Parlaimint na hEorpa agus ag an gComhairle	An 1 Eanáir 2017 nó roimhe
Cinntí arna nglacadh ag Parlaimint na hEorpa agus ag an gComhairle	An 1 Eanáir 2018 nó roimhe
Treoracha arna nglacadh ag an gComhairle arna ndíriú chuig gach Ballstát	An 1 Eanáir 2020 nó roimhe
Rialacháin arna nglacadh ag an gComhairle	An 1 Eanáir 2020 nó roimhe
Cinntí arna nglacadh ag an gComhairle nach sonraítear iontu cé chuige a ndírítear iad	An 1 Eanáir 2020 nó roimhe
Rialacháin arna nglacadh ag an gCoimisiún	An 1 Eanáir 2021 nó roimhe
Treoracha arna nglacadh ag an gCoimisiún arna ndíriú chuig gach Ballstát	An 1 Eanáir 2021 nó roimhe
Cinntí arna nglacadh ag an gCoimisiún nach sonraítear iontu cé chuige a ndírítear iad	An 1 Eanáir 2021 nó roimhe
Gach dlí eile, breithiúnais agus cinntí de chuid na Cúirte Breithiúnais san áireamh	An 1 Eanáir 2022 nó roimhe

An Iarmhairt mura mbíonn dlí de chuid an AE ar fáil sna teangacha oifigiúla go léir

[7.47] Is údarás é *Opel Austria GmbH v. An Coimisiún*[170] don tairiscint nach dtagann rialachán i bhfeidhm go dtí go bhfoilsítear é sna teangacha oifigiúla go léir. Rialaigh an Chúirt Chéadchéime mar seo a leanas:

> the Official Journal of 31 December 1993 was not made available to the public at the head office of the Publications Office in all the official languages of the Community until 4.45 pm on 11 January 1994.... It follows that the actual date of publication of the issue of the Official Journal in question in the present case is 11 January 1994 and that the Regulation did not enter into force until that date.

[7.48] Sa chás *Skoma-Lux sro v. Celní ředitelství Olomouc*[171] rialaigh an Chúirt Bhreithiúnais nach bhféadfaí dlí de chuid an AE nach raibh foilsithe i dteanga oifigiúil Bhallstáit ar leith a chur i bhfeidhm i gcoinne saoránaigh den Bhallstát sin in ainneoin go bhféadfadh sé/sí eolas a chur ar an dlí sin ar shlí eile (m.sh. trína léamh i dteanga oifigiúil eile). Deirtear sa cheann-nóta:

> 1. Article 58 of the Act concerning the conditions of accession to the European Union of the Czech Republic [and 9 other States] and the adjustments to the

[169] Rialachán Comhairle 2264/2015.
[170] *Opel Austria GmbH v. An Coimisiún* (Cás T-115/94); [1997] ECR II 39 ag mír 127.
[171] *Skoma-Lux sro v. Celní ředitelství Olomouc* (C-161/06).

Treaties on which the European Union is founded precludes the obligations contained in Community legislation which has not been published in *The Official Journal of the European Union* in the language of a new Member State, where that language is an official language of the Union, from being imposed on individuals in that State, even though those persons could have learned of that legislation by other means.

[...]

The approach which allows an act which has not been properly published to be enforceable in the name of the principle of effectiveness would be *contra legem* and result in individuals in the Member State concerned bearing the adverse effects of a failure by the Community administration to comply with its obligation to make available to those individuals, on the date of accession, the entire *acquis communautaire* in all the official languages of the Union.

[7.49] Nuair a thagann ballstát nua isteach san Aontas aistrítear dlíthe reatha an Aontais, an '*acquis communautaire*', isteach i dteanga oifigiúil nó i dteangacha oifigiúla an bhallstáit nua sa chás gur teanga oifigiúil nua nó teangacha oifigiúla nua de chuid an AE atá i gceist. In *Skoma-Lux*[172] ní raibh iomlán an *acquis* aistrithe go Seicis. Tá an *acquis* á aistriú go Gaeilge faoi láthair.

Dlí an AE agus Riachtanas Teanga

[7.50] De bhun Rialacháin 1/1958 den Aontas Eorpach, Airteagal 6, '[f]éadfaidh Institiúidí an Chomhphobail a leagan amach ina gcuid rialacha nósanna imeachta cé acu de na teangacha atá le húsáid i gcásanna ar leith.'

[7.51] Mar shampla, faoi Rialachán Comhairle (CE) 40/1994 ceadaítear trádmharcanna a chlárú in aon teanga oifigiúil de chuid an Aontais ach is iad teangacha oibre na hoifige i gceist .i. an Oifig um Chomhchuibhiú sa Mhargadh Inmheánach (Trádmharcanna agus Dearaí) ná Béarla, Fraincis, Gearmáinis, Iodáilis agus Spáinnis.

[7.52] Ó thaobh na fostaíochta de, sa chás *Groener v. An tAire Oideachais*[173] thug Groener, bean ón Ísiltír, agóid i gcoinne dhiúltú an Aire Oideachais í a cheapadh mar léachtóir buan sa phéintéireacht i gcoláiste gairmoideachais ar an mbonn gur theip uirthi sa scrúdú Gaeilge. Dúirt sí go raibh an riachtanas go bpasálfaí scrúdú sa teanga i gcoinne fhorálacha Dhlí an Aontais Eorpaigh i dtaca le saorghluaiseacht oibrithe. Cuireadh an cás faoi bhráid na Cúirte Breithiúnais de bhun Airteagal 177 de Chonradh na Róimhe[174] ag lorg freagra ar an gceist seo a leanas mar réamhrialú ar phointe dlí:

[I]s regard to be had to a policy of the Irish State that persons holding the post

---

[172] *Skoma-Lux sro v Celní ředitelství Olomouc* (C-161/06).

[173] *Groener v. An tAire Oideachais* (C-379/87) [1989] ECR 3967.

[174] Airteagal 267 den Chonradh ar Fheidhmiú an Aontais Eorpaigh (CFAE) anois.

should have a competent knowledge of the Irish language, where such knowledge is not required to discharge the duties attached to the post?

[7.53] Ba í breith na Cúirte Breithiúnais:

> A permanent full-time post of lecturer in public vocational education institutions is a post of such a nature as to justify the requirement of linguistic knowledge ... provided that the linguistic requirement in question is imposed as part of a policy for the promotion of the national language which is, at the same time, the first official language and provided that that requirement is applied in a proportionate and non-discriminatory manner.

Seirbhís Shibhialta an Aontais

[7.54] Maidir le post a fháil leis an Aontas, teastaíonn eolas ar dhá theanga oifigiúla ar a laghad. Foráiltear le hAirteagal 28 de Rialacháin Foirne Oifigigh na gComhphobal Eorpach mar a leanas:

> An official may be appointed only on condition that—
>
> (f) he produces evidence of a thorough knowledge of one of the languages of the Communities and of a satisfactory knowledge of another language of the Communities to the extent necessary for the performance of his duties.

[7.55] Ina theannta sin, is gá eolas sásúil ar thrí theanga oifigiúla den AE ar a laghad a léiriú chun ardú céime a fháil.[175]

Rochtain ar an Aontas

[7.56] Tá cead scríobh chuig institiúid de chuid an Aontais sa teanga oifigiúil is rogha leat agus freagra a fháil sa teanga oifigiúil chéanna de bhun na gConarthaí. Foráiltear le hAirteagail 20 agus 24 den Chonradh ar Fheidhmiú an Aontais Eorpaigh mar seo a leanas:

> **Airteagal 20**
>
> 2. Beidh ag saoránaigh an Aontais na cearta dá bhforáiltear sna Conarthaí, agus beidh siad faoi réir na ndualgas dá bhforáiltear iontu. Beidh acu, *inter alia*:
>
> (d) an ceart chun achainí a dhéanamh chuig Parlaimint na hEorpa, dul ar iontaoibh an Ombudsman Eorpaigh, agus dul i dteagmháil le hinstitiúidí agus comhlachtaí comhairleacha an Aontais in aon cheann de theangacha na gConarthaí agus freagra a fháil sa teanga chéanna.
>
> **Airteagal 24**
>
> Féadfaidh gach saoránach den Aontas scríobh chuig aon cheann de na hinstitiúidí, de na comhlachtaí, de na hoifigí nó de na gníomhaireachtaí dá dtagraítear san Airteagal seo nó in Airteagal 13 den Chonradh ar an Aontas Eorpach i gceann de na teangacha atá luaite in Airteagal 55(1) den Chonradh sin agus freagra a fháil uaidh nó uaithi sa teanga chéanna.

[7.57] Foráiltear le hAirteagal 3 den Chonradh ar an Aontas Eorpach go

[175] Rialachán 31 (CEE), 11 (CFAE), Airteagal 45(2).

> [n-u]rramóidh sé saibhreas a éagsúlachta cultúrtha agus teanga, agus áiritheoidh sé go ndéanfar oidhreacht chultúrtha na hEorpa a chaomhnú agus a fheabhsú.

[7.58] Treisítear é seo i gCairt um Chearta Bunúsacha an Aontais Eorpaigh:

> **Airteagal 21**
> **Neamh-idirdhealú**
> 1. Toirmiscfear aon idirdhealú atá bunaithe ar aon fhoras amhail gnéas, cine, dath, tionscnamh eitneach nó sóisialta, airíonna géiniteacha, teanga, reiligiún nó creideamh, tuairim pholaitiúil nó eile, ballraíocht i mionlach náisiúnta, maoin, breith, míchumas, aois nó treoshuíomh gnéasach.
>
> **Airteagal 22**
> **Éagsúlacht chultúrtha, reiligiúnach agus teanga**
> Déanfaidh an tAontas an éagsúlacht chultúrtha, reiligiúnach agus teanga a urramú.

Forálacha Teanga de chuid Reachtaíocht an AE

[7.59] Is iomaí foráil teanga i nDlí an Aontais Eorpaigh.[176] Baineann teannas leis an ábhar seo áfach mar is féidir le dhá aidhm bhunúsacha de chuid an Aontais teacht salach ar a chéile .i. 'éagsúlacht chultúrtha ... agus teanga a urramú'[177] ar lámh amháin agus saorghluaiseacht earraí agus seirbhísí agus comhdhlúthú an Mhargaidh Aonair ar an lámh eile. Is léir an choimhlint seo ach súil a chaitheamh ar an reachtaíocht de chuid an AE maidir le lipéadú.

Lipéadú

[7.60] Is iomaí foirmle focal a úsáidtear agus riachtanais teanga á leagan síos ag an Aontas Eorpach. An leagan is buntáistiúla ó thaobh na Gaeilge de, mar theanga mhionlaithe, is ea an leagan atá le fáil i Rialachán (AE) Uimh. 168/2013 ó Pharlaimint na hEorpa agus ón gComhairle den 15 Eanáir 2013 maidir le ceadú agus le faireachas margaidh ar fheithiclí dhá nó trí roth agus cuadrothair. Foráiltear in Airteagal 55(3) mar seo a leanas:

> Déanfar an fhaisnéis dá dtagraítear i mír 2 a sholáthar i dteanga oifigiúil nó i dteangacha oifigiúla an Bhallstáit ina bhfuil an fheithicil le cur ar an margadh, le clárú nó le cur i seirbhís. Soláthrófar í, tar éis don údarás ceadaithe glacadh léi, i lámhleabhar an úinéara.

[7.61] Tá an leagan seo breá láidir agus soiléir agus forchuirtear dualgas soiléir i leith teangacha oifigiúla na tíre i gceist: 'i dteanga oifigiúil nó i dteangacha oifigiúla an Bhallstáit' .i. Gaeilge agus Béarla i gcás na tíre seo. Tá an leagan céanna le fáil sa Treoir maidir le táirgí tobaic i ndáil leis na fógraí rabhaidh ar an bpacáistiú.[178] Foráiltear le hAirteagal 8(1) mar seo a leanas:

---

[176] Van der Jeught, Stefaan, *EU Language Law* (2015) European Law Publishing.
[177] Cairt um Chearta Bunúsacha an Aontais Eorpaigh, Airteagal 22.
[178] Treoir 2014/40/AE a tháinig in ionad Treoir 2001/37/CE a rialáladh an rud céanna, cf Airteagal 5.

> Each unit packet of a tobacco product and any outside packaging shall carry the health warnings provided for in this Chapter in the official language or languages of the Member State where the product is placed on the market.

[7.62] Freagraítear san Ionstraim Reachtúil Éireannach a thrasuíonn an Treoir sin .i. I.R. 271/2016, don dualgas sin i mír 10:

> 10.(2) Each unit packet of a tobacco product and any outside packaging shall carry the health warnings provided for in this Part in the Irish language and in the English language.

[7.63] Faightear leaganacha nach bhfuil chomh láidir céanna. Mar shampla i Rialachán (AE) Uimh. 528/2012 ó Pharlaimint na hEorpa agus ón gComhairle an 22 Bealtaine 2012 maidir le táirgí bithicídeacha a chur ar fáil ar an margadh agus a úsáid, foráiltear le hAirteagal 27(1) mar seo a leanas:

> Féadfar táirge bithicídeach atá údaraithe i gcomhréir le hAirteagal 26 a chur ar fáil ar an margadh i ngach Ballstát gan gá le haitheantas frithpháirteach. Cuirfidh sealbhóir an údaraithe fógra chuig gach Ballstát tráth nach déanaí ná 30 lá, áfach, sula gcuirfidh sé an táirge bithicídeach ar an margadh laistigh de chríoch an Bhallstáit sin agus úsáidfidh sé teanga oifigiúil nó teangacha oifigiúla an Bhallstáit sin ar lipéad an táirge *mura bhforálfaidh an Ballstát sin a mhalairt*.
>
> [aibhsiú curtha leis]

[7.64] Ní luaitear cúrsaí teanga beag ná mór sa reachtaíocht trasuite intíre Éireannach: I.R Uimh. 427/2013 agus I.R. Uimh. 344/2014, áfach. Dá bhrí sin, ní foláir nó go seasann an dualgas go mbeadh an lipéad dátheangach Gaeilge/Béarla in éagmais a mhalairt a bheith foráilte ag an Stát.

[7.65] Tá sampla níos scaoilte fós le fáil i dTreoir 95/16/CE 'Treoir na nArdaitheoirí'. Tugann an fhoclaíocht a rogha don bhallstát. Foráiltear le hIarscríbhinn I, mar atá leasaithe, mar seo a leanas:

> 6. INSTRUCTIONS FOR USE
>
> 6.1. The safety components referred to in Annex IV must be accompanied by an instruction manual drawn up in an official language of the Member State of the lift installer or another Community language acceptable to him.'

Nó in Iarscríbhinn VI den Treoir chéanna:

> 7. The final inspection certificate, dossiers and correspondence relating to the acceptance procedures shall be drawn up in one of the official languages of the Member State where the notified body is established or in a language acceptable to it.

[7.66] Tá samplaí eile ann ina bhfuil an riachtanas teanga beag beann ar theangacha oifigiúla an Bhallstáit ar fad ar fad ach a dhíríonn ar shothuigeacht na teanga a chuirfear ag obair 'i dteanga ar furasta do cheannaitheoirí í a thuiscint'.[179]

---

[179] Rialachán (CE) Uimh. 1334/2008, Airteagal 14 maidir le blastáin agus comhábhair

[7.67] Foráiltear le Treoir 79/112/CEE maidir le lipéadú bia mar seo a leanas: 'The member states shall, however, ensure that the sale of foodstuffs within their own territories is prohibited if the particulars provided ... do not appear in a language easily understood by purchasers'[180] agus foráiltear le Treoir 90/496/CEE maidir le lipéadú cothaithe mar seo a leanas: 'Member States shall ensure that the information covered by this Directive appears in a language easily understood by purchasers.'[181]

[7.68] Rinneadh cur síos úsáideach ina thaobh seo chomh fada siar leis an 10 Samhain 1993 i gcáipéis de chuid an Choimisiúin Eorpaigh dar teideal '*Concerning Language Use in the Information of Consumers in the Community*'.[182] Ní miste a bhfuil i mír 23 di a leagan amach anseo ina iomláine:

> It is clear that the nature of the transposition will differ depending on whether Community law lays down precise language requirements (national or official language, etc.) or has left a margin for manoeuvre (a language easily understood) or has merely given the Member States the option of stipulating language requirements, if they consider it useful.

[7.69] Deirtear i mír 17 den cháipéis chéanna: 'In practice, it cannot be denied that information is transmitted more precisely when it is provided to the consumer in his own language or languages.' Agus i mír 28: 'In all the Member States, people seem to concur on one point concerning language requirements: the information must be transmitted to the consumer in his own language, because this is the one he best understands'.

[7.70] Ag deireadh na cáipéise ag mír 34 *et seq*. leagtar amach treoirlínte molta mar '*new and balanced approach to the treatment of language questions at Community level*' agus molann i mír 38 fáisnéis ilteangach:

> Theme 1: Encourage multilingual information
> Multilingual information seems to be the best way to ensure the good working of the internal market. It guarantees both better information of consumers and enhances business opportunities for marketing products and services.

[7.71] Chinn an Ard-Chúirt (Ní Raifeartaigh Brmh) sa chás *Mac Fhlannchadha v. An tAire Talmhaíochta*[183] gur theip ar an Stát Treoir 2001/82/CE den Aontas Eorpach, a baineann le táirgí leighis d'ainmhithe, a thrasuí isteach i gceart i nDlí na hÉireann ó thaobh cúrsa teanga de. Foráiltear leis an Treoir gur gá d'fhaisnéis áirithe ar an bpacáistiú a bheith i dteangacha oifigiúla an bhallstáit a bhfuil an táirge ar an margadh ann .i. Gaeilge *agus* Béarla i gcás na hÉireann,

---

áirithe bia.

[180] Treoir 79/112/CEE, Airteagal 14.

[181] Treoir 90/496/CEE, Airteagal 7(2).

[182] http://eur-lex.europa.eu/LexUriServ/LexUriServ.do?uri=COM:1993:0456:FIN:EN:PDF.

[183] Ard-Chúirt, Ní Raifeartaigh Brmh, neamhthuairiscithe, 26 Iúil 2019.

ach ceadaíodh de bhun na rialachán traschurtha[184] a rinne an tAire Talmhaíochta go bhféadfadh an t-eolas a bheith as Béarla amháin.

Dlí an AE agus Cúrsaí Oideachais

[7.72] Déantar cur síos ar an ról atá ag an Aontas Eorpach san oideachas agus san oiliúint ar shuíomh idirlín Chomhairle an Aontais Eorpaigh[185] sna téarmaí seo a leanas:

> Tá gach tír ar leith freagrach as a córas oideachais agus oiliúna féin. Mar sin féin, tá ról nach beag ag an Aontas maidir le tacú leis na tíortha éagsúla sin. Molann sé do na Ballstáit oibriú i gcomhar agus dea-chleachtais a roinnt lena chéile, agus treisíonn sé leis an obair agus leis na hathchóirithe atá ar bun ar an leibhéal náisiúnta.

[7.73] Ag an gcruinniú den Chomhairle Eorpach in Barcelona i Márta 2002[186] iarradh go ngníomhófaí chun máistreacht ar bhunscileanna a fheabhsú, go háirithe trí dhá theanga iasachta, ar a laghad, a mhúineadh ó aois linbh agus iarradh chomh maith go mbunófaí táscaire inniúlachta teanga. Ó shin i leith, tá an Coimisiún ag tacú le hiarrachtaí beartais foghlama teanga agus táscairí toraidh a fhorbairt.

[7.74] Is léir an ceangal idir an polasaí ilteangachais seo maidir le cúrsaí oideachais agus polasaí earcaíochta Institiúidí an Aontais féin. Tá foráil ar leith maidir le cúrsaí oideachais a gcuirfidh lucht labhartha na Gaeilge suim inti. Foráiltear le Treoir 77/486/CEE 'Oideachas leanaí a mbaineann cúlra imirceach leo', mar seo a leanas:

> WHEREAS ... host Member States should also take, in conjunction with the Member States of origin, appropriate measures to promote the teaching of the mother tongue and of the culture of the country of origin of the abovementioned children [children for whom school attendance is compulsory under the laws of the host State, who are dependants of any worker who is a national of another Member State, where such children are resident in the territory of the Member State in which that national carries on or has carried on an activity as an employed person],[187] with a view principally to facilitating their possible reintegration into the Member State of origin, Member States shall, in accordance with their national circumstances and legal systems, and in cooperation with States of origin, take appropriate measures to promote, in coordination with normal education, teaching of the mother tongue and culture of the country of origin for [those children].[188]

---

[184] I.R. 144/2007 & I.R. 786/2007.

[185] https://www.consilium.europa.eu/ga/policies/education-economic-growth/.

[186] http://ec.europa.eu/invest-in-research/pdf/download_en/barcelona_european_council.pdf.

[187] Treoir 77/486/CEE, Airteagal 1.

[188] Treoir 77/486/CEE, Airteagal 2.

[7.75] Is féidir dá bhrí sin, an gaeloideachas a chur ar bun agus a chur in oiriúint i mBallstáit eile chun freastal ar chlann na nGael thar sáile le cead agus tacaíocht ó rialtas an bhallstáit óstaigh agus ó Rialtas na hÉireann i gcás daoine a bhfuil sé i gceist acu filleadh ar Éirinn.

Caibidil 8

Dlí Náisiúnta na hÉireann: Téacs Bhunreacht na hÉireann

[8.01] Foráiltear le hAirteagal 25.5.4° de Bhunreacht na hÉireann mar seo a leanas:

> i gcás gan na téacsanna d'aon chóip áirithe den Bhunreacht seo a bheidh curtha isteach ina hiris faoin alt seo a bheith de réir a chéile, is ag an téacs Gaeilge a bheidh an forlámhas.

[8.02] Ba mhór idir é seo agus Bunreacht Shaorstát Éireann a achtaíodh as Béarla amháin agus ar glacadh le leagan Gaeilge de dá éis.[189]

[8.03] Ba é an teagasc traidisiúnta a bhí sa dlí-eolaíocht ná gur aistriúchán ón mbunleagan Gaeilge bhí sa leagan Béarla de Bhunreacht na hÉireann 1937,[190] agus aistriúchán lochtach ar uairibh.[191] Os a choinne sin, faraor, d'fhás míthuiscint go raibh éagóir stairiúil i gceist anseo agus nach raibh sa leagan Gaeilge ach aistriúchán ar bhuntéacs Béarla, mar a mhaígh McCarthy Brmh,[192] mar shampla, ach ní mar sin a bhí.

[8.04] Tá an Saol Fódlach buíoch don Dr Micheál Ó Cearúil as a chuid taighde faoi éabhlóid an dá théacs de Bhunreacht na hÉireann ina leabhar ceannródaíoch *Bunreacht na hÉireann — Two Texts or Two Constitutions*[193] a thug an próiseas stairiúil chun solais. Léiríonn sé an tslí ar dréachtaíodh an dá théacs bhunaidh, mar a leasaíodh iad, agus mar a d'fhás siad dá réir i dteannta a chéile ar feadh an phróisis.

[8.05] Pé scéal é, is é an leagan críochnaithe dátheangach an leagan ar ghlac an reachtóir cuí leis .i. Muintir na hÉireann agus Airteagal 25.5.4° ina chuid ghléshoiléir de. Is é an sampla is minice a thugtar den dá théacs den Bhunreacht

---

[189] Ó Cearúil, Micheál (2002) *Bunreacht na hÉireann — Two Texts or Two Constitutions* Baile Átha Cliath, lch 8.

[190] O'Higgins PBhrmh in *The People (Attorney General) v. Conmey* [1975] I.R. 341, lch 353.

[191] Kenny Brmh in *Central Dublin Development Association Ltd v. Attorney General* (1975) 109 I.L.T.R. 69.

[192] *Attorney General v. X & Ors* [1992] 1 I.R. 1 ag 78. Baineann sé seo macalla as caint Liam Mhic Cosgair ag caint sa Dáil dó sa díospóireacht ar an Dréacht-Bhunreacht an 14 Meitheamh 1937.

[193] Institiúid na hÉireann, Baile Átha Cliath, 2002.

gan a bheith de réir a chéile ná Airteagal 12.4.1° lena bhforáiltear sa dá theanga oifigiúla mar a leanas:

> Gach saoránach ag a bhfuil cúig bliana tríochad slán, is intofa chun oifig an Uachtaráin é.
> Every citizen who has reached his thirty-fifth year of age is eligible for election to the office of President.

[8.06] Faoin leagan Gaeilge ní foláir a bheith 35 bliain d'aois le dul san iomaíocht i dtoghchán d'oifig Uachtarán na hÉireann. Faoin leagan Béarla is leor a bheith 34 bliain d'aois .i. sa chúigiú bliain is tríocha de do shaol. Cuimhnítear go mbíonn naíon nua-bheirthe sa chéad bhliain dá shaol ón lá a bheirtear é go dtí a chéad bhreithlá. Is deacair a shamhlú go bhféadfaí an choimhlint seo a réiteach ach trí ghlacadh le forlámhas an leagain Ghaeilge de bhun Airteagal 25.5.4°.

Cur chuige Cheanada agus téacs dátheangach á fhorléiriú

[8.07] I gCeanada féachtar leis an mbrí choiteann a bhaint as an dá leagan más féidir é.[194] Rinne Cúirt Achomhairc British Columbia cur síos an-áisiúil ar an riail seo sa chás *R. v. O'Donnell*:[195]

> The words in both versions, of necessity, must be construed with the same meaning. So, if one version is clear and unambiguous and the other version has the same meaning as well as others, it follows that, when construing, the common meaning must be accepted.

[8.08] Gan dul i bhfadscéal, de ghnáth deimhníonn an bhrí choiteann an ghnáthbhrí[196] nó an bhrí theicniúil[197] sa dá leagan agus réitíonn sí débhríocht.[198] Sampla den tslí go bhféadfadh a leithéid de chur chuige débhríocht i gcás reachtaíocht na hÉireann a réiteach is ea alt 9(f) den Acht Oideachais 1998 lena bhforáiltear sa leagan mar a ritheadh é:

> **9.** —A recognised school shall provide education to students which is appropriate to their abilities and needs and, without prejudice to the generality of the foregoing, it shall use its available resources to—
> (f) promote the development of the Irish language and traditions, Irish literature, the arts and other cultural matters

Agus sa tiontú oifigiúil:

> **9.** —Cuirfidh scoil aitheanta oideachas ar fáil do mhic léinn ar oideachas é is cuí dá gcumais agus dá riachtanais agus, gan dochar do ghinearáltacht an mhéid

---

[194] 'Shared Meaning Rule'. Tá cur síos níos iomláine air le fáil ag 'Interpretation of Bilingual Laws', Mac Cárthaigh, Dáithí, *Judicial Studies Institute Journal (No. 2)*, 2007.
[195] *R. v. O'Donnell* [1979] 1 W.W.R. 385 (B.C.C.A.), lch 389.
[196] *R. v. Barnier* [1980] 1 S.C.R. 1124.
[197] *Deltonic Trading Corp. v. Deputy M.N.R. (Customs & Excise)*(1990) 133 N.R. 7 (F.C.A.).
[198] *Tupper v. R.* [1967] S.C.R. 589.

sin roimhe seo, úsáidfidh sí na hacmhainní a bheidh ar fáil di—

(f) chun forbairt na Gaeilge agus thraidisiúin na hÉireann, litríocht na hÉireann, na healaíona agus nithe cultúrtha eile, a chur chun cinn

[8.09] Tá débhríocht áirithe sa leagan Béarla: '*Irish literature*' nach léir uaidh ná ón gcomhthéacs cé acu an litríocht na Gaeilge amháin atá i gceist nó an gcuimsítear litríocht i dteangacha eile.

[8.10] Réitíonn an leagan Gaeilge an débhríocht leis an leagan '*litríocht na hÉireann*' agus sin í an bhrí choiteann sa chás seo. Fágfaimid ar leataobh gur scríobhadh cuid mhaith de litríocht na hÉireann agus de litríocht na Gaeilge araon thar lear.

[8.11] Seo a leanas dhá shampla den débhríocht atá le fáil i mBunreacht na hÉireann gurbh fhearr le Cúirt dul leis an gcomhbhrí seachas géilleadh d'fhorlámhas an téacs Ghaeilge.

[8.12] Foráiltear le hAirteagal 12.4.4° mar seo a leanas:

> Tig le haon duine atá nó a bhí ina Uachtarán é féin d'ainmniú d'oifig an Uachtaráin.
> Former or retiring Presidents may become candidates on their own nomination.

[8.13] Ag léamh an leagan Gaeilge as féin ní shílfeá go mbeadh gá ar bith le toghchán. Is cosúil uaidh gur ainmniúchán don oifig seachas ainmniúchán le bheith mar iarrthóir atá i gceist. Réitíonn an leagan Béarla agus an bhrí choiteann an ghéarchéim, áfach. Sin an bhrí cheart, ar ndóigh, mar faoin leagan Gaeilge as féin d'fhéadfadh níos mó ná duine amháin é féin a ainmniú don oifig, cás ar gá toghchán lena réiteach. Sin brí chuspóiriúil an fho-ailt. Mar an dúirt an Taoiseach de Valera sa Dáil an 2 Aibreán 1941 agus plé á dhéanamh ar an Dara Leasú ar an mBunreacht:

> [I]t is a great advantage to have a fundamental law in two languages. Ambiguities are found in practically every language. You will have those ambiguities no matter how you may try to provide against them ... Where there is an apparent slight ambiguity in one text, when you turn to the other text you find that it is completely removed: that it quite clearly has one meaning and not another.

[8.14] Sampla eile is ea Airteagal 28.9.1°:

> Tig leis an Taoiseach éirí as oifig uair ar bith trína chur sin in iúl don Uachtarán.
> The Taoiseach may resign from office at any time by placing his resignation in the hands of the President.

[8.15] Sa chás seo cuimsíonn an leagan Béarla an bhrí choiteann. Sin ráite níl na téacsanna 'de réir a chéile' agus 'is ag an téacs Gaeilge a bheidh an forlámhas' de réir Airteagal 25.5.4°.

[8.16] Ar an ábhar sin, fiú i gCeanada, áit a bhfuil comhsheasamh ag an dá théacs den dlí, is féidir leis an mbrí choiteann an toradh mícheart a chur ar fáil agus sna cúinsí sin is gá féachaint le cuspóir na forála a aithint[199] agus ar stair an reachta nó an leasaithe[200] fiú amháin leis an riail dlí ar mhian leis an reachtas a dhéanamh a aimsiú.

[199] *Food Machinery Corp. v. Canada (Registration of Trade Marks)*[1946] 2 D.L.R. 258 (Ex. Ct.).
[200] *Klippert v. R.* [1967] S.C.R. 822.

Caibidil 9

An Reachtaíocht as Gaeilge: Uirlis nó Ornáid?

[9.01] Rialaíonn Airteagal 25 de Bhunreacht na hÉireann '*Dlíthe a Shíniú agus a Fhógairt*'

Airteagal 25.

1. Chomh luath agus a ritear Bille, seachas Bille a luaitear a bheith ina Bhille a bhfuil togra ann chun an Bunreacht seo a leasú, nó a mheastar é a bheith rite ag dhá Theach an Oireachtais, ní foláir don Taoiseach an Bille sin a thairiscint don Uachtarán chun a lámh a chur leis agus chun é a fhógairt ina dhlí de réir forálacha an Airteagail seo.
2. 1° Taobh amuigh de chás dá socraítear a mhalairt leis an mBunreacht seo, gach Bille a thairgtear don Uachtarán mar sin chun a lámh a chur leis agus chun é a fhógairt ina dlí, ní foláir dó a lámh a chur leis lá nach luaithe ná an cúigiú lá agus nach déanaí ná an seachtú lá tar éis an lae a thairgtear an Bille dó.
   2° Ar achainí an Rialtais, le comhthoil Sheanad Éireann roimh ré, tig leis an Uachtarán a lámh a chur le haon Bhille is siocair don achainí sin níos luaithe ná an cúigiú lá tar éis an dáta réamhráite.
3. Gach Bille a ndearnadh an tréimhse chun a bhreithnithe ag Seanad Éireann a ghiorrú faoi Airteagal 24 den Bhunreacht seo, ní foláir don Uachtarán a lámh a chur leis an lá a thairgtear an Bille sin dó chun é a shíniú agus chun é a fhógairt ina dhlí.
4. 1° Déanann dlí de gach Bille an lá a chuireann an tUachtarán a lámh leis faoin mBunreacht seo agus is dlí é an lá sin agus ón lá sin amach agus, mura léir a mhalairt d'intinn ina thaobh, is é an lá sin a thagann sé i ngníomh.
   2° Gach Bille a gcuireann an tUachtarán a lámh leis faoin mBunreacht seo ní foláir dó é a fhógairt ina dhlí le fógra san Iris Oifigiúil, faoi ordú uaidh, á rá go bhfuil an Bille ina dhlí.
   3° Is é téacs de Bhille a gcuirfidh an tUachtarán a lámh leis ná an téacs a ritheadh nó a mheastar a ritheadh ag dhá Theach an Oireachtais agus, má ritear Bille nó má mheastar é a bheith rite amhlaidh sa dá theanga oifigiúla, cuirfidh an tUachtarán a lámh le téacs Gaeilge agus le téacs Sacs-Bhéarla an Bhille.
   4° I gcás an tUachtarán do chur a láimhe le téacs Bille i dteanga de na teangacha oifigiúla agus sa teanga sin amháin, ní foláir tiontú oifigiúil a chur amach sa teanga oifigiúil eile.
   5° Chomh luath agus is féidir é tar éis Bille a shíniú agus é a fhógairt ina dhlí, ní foláir an téacs den dlí sin lena mbeidh lámh an Uachtaráin nó, i

gcás lámh an Uachtaráin a bheith le téacs Gaeilge agus le téacs Sacs-Bhearla an dlí sin, an dá théacs sínithe sin a chur isteach ina iris nó ina n-iris in oifig Iriseoir na Cúirte Uachtaraí, agus is fianaise dhochloíte ar fhorálacha an dlí sin an téacs a chuirfear isteach ina iris, nó an dá théacs a chuirfear isteach ina n-iris, amhlaidh.

6° I gcás téacs Gaeilge agus téacs Sacs-Bhéarla de dhlí a chur isteach ina n-iris faoin alt seo agus gan an dá théacs sin a bheith de réir a chéile, is ag an téacs Gaeilge a bheidh an forlámhas.

[9.02] Is léir ón gceannteideal den Airteagal '*Dlíthe a Shíniú agus a Fhógairt*' idirdhealú a bheith idir dlí a 'shíniú' agus é a 'fhógairt'. Tá an t-idirdhealú céanna in Airteagal 13.3.1°-2°:

1° Gach Bille a ritear nó a mheastar a ritheadh ag dhá Theach an Oireachtais ní foláir lámh an Uachtarán a bheith leis chun é a achtú ina dhlí.

2° Gach dlí dá ndéanfaidh an tOireachtas ní foláir don Uachtarán é a fhógairt.

[9.03] Is próiseas sainordaitheach bunreachtúil é seo mar is léir ón gcéad alt: 'Chomh luath agus a ritear Bille [sa ghnáthchiall] *ní foláir* don Taoiseach an Bille sin a thairiscint don Uachtarán chun a lámh a chur leis agus chun é a fhógairt ina dhlí *de réir forálacha an Airteagail seo.*'

[9.04] Tá dlúthchónascadh déanta idir síniú agus fógairt mar go ndéantar an dá bheart sin 'de réir forálacha' Airteagal 25. Dá réir sin, dá ndéanfaí an Bille a fhógairt gan é a bheith sínithe, mar shampla, b'fhurasta a rá nár comhlíonadh forálacha Airteagal 25. Arís ar ais, dá ndéanfaí Bille a shíniú gan é a fhógairt, ba mhar a chéile é: bheadh forálacha Airteagal 25 gan chomhlíonadh.

[9.05] Leagtar amach ceithre chéim shainordaitheacha ag baint leas as an ordaitheach 'ní foláir' sa phróiseas seo agus ritheann siad as a chéile agus braitheann siad ar a chéile:

(a) *ní foláir* don Uachtarán a lámh a chur leis an mBille; ansin
(b) *ní foláir* don Uachtarán Bille a gcuireann sé a lámh leis a fhógairt ina dhlí le fógra san Iris Oifigiúil (Airteagal 25.4.2°); ansin
(c) *ní foláir* tiontú oifigiúil a chur amach sa teanga oifigiúil eile i gcás an tUachtarán do chur a láimhe le téacs Bille i dteanga amháin de na teangacha oifigiúla (Airteagal 25.4.4°); ansin
(d) *Ní foláir* an téacs nó na téacsanna den dlí sin lena mbeidh lámh an Uachtaráin a chur isteach ina iris nó ina n-iris in oifig Iriseoir na Cúirte Uachtaraí chomh luath agus is féidir tar éis an Bille a shíniú agus a fhógairt (Airteagal 25.4.5°).

[9.06] Is féidir é seo a chur i gcomparáid le hAirteagal 42 de Bhunreacht an tSaorstáit lena bhforáiltí:

Airtiogal 42.
Chó luath agus féadfar tar éis d'aon dlí aontú an Rí d'fháil, cuirfidh an cléireach no pé oifigeach eile a cheapfaidh Dáil Éireann chuige sin dhá chóip chearta den dlí sin á dhéanamh, ceann aca i nGaedhilg agus an ceann eile i mBéarla (agus sighneoidh Ionadaí na Coróinneach ceann de sna cóipeanna san chun é do chur ar rolla cuimhnte in oifig an oifigigh sin den Chúirt Uachtarach ar a gcinnfidh Dáil Éireann), agus beidh na cóipeanna san mar fhínéacht chríochnuithe ar fhorálacha gach dlí dá sórt, agus i gcás coinbhlíocht idir an dá chóip a cuirfear i dtaisce mar sin, sé an ceann a bheidh sighnithe ag Ionadaí na Coróinneach a bhuaidhfidh.

[9.07] Tá cúlú áirithe i gceist anseo ó thaobh an dátheangachais de. Faoi Bhunreacht an tSaorstáit ba ghá an dá leagan den Bhille a chur chuig Páirc an Fhionnuisce. Faoin mBunreacht reatha ní gá ach an Bille mar a rith an tOireachtas é a sheoladh ann agus eisítear an tiontú oifigiúil ar ball murar ritheadh an Bille go dátheangach.

[9.08] Cháin Aodh Ó Cinnéide PBhrmh an leagan amach seo in *Ó Foghludha v. McClean*[201] le hais chleachtais Cheanada agus na hAfraice Theas de bhun alt 133 den British North America Act 1867 (Westminister) agus de bhun alt 137 den South Africa Act 1909 (Westminister) faoi sheach .i. achtú comhuaineach sa dá theanga oifigiúla agus dúirt sé go raibh a leithéid intuigthe ó Airteagal 42 de Bhunreacht an tSaorstáit.

[9.09] Pléadh ról na Gaeilge sa phróiseas reachtach de bhun Airteagal 25 sa chás *Ó Beoláin v. Fahy.*[202] Cúisíodh an t-iarratasóir sa Chúirt Dúiche as tiomáint ar deoch agus ba mhian leis a chás a phlé as Gaeilge. Ar an ábhar sin, d'iarr an t-iarratasóir tiontuithe oifigiúla Gaeilge ar na hAchtanna um Thrácht ar Bhóithre 1994 agus 1995 agus ar na Rialacha Cúirte Dúiche 1997. Cuireadh an cás siar ó thráth go chéile agus d'iarr an t-iarratasóir go ndeonódh an chúirt ordú ag cur iallach ar údaráis an Stáit na tiontuithe réamhráite a chur ar fáil dó. Dhiúltaigh an chúirt don iarratas.

[9.10] Dhiúltaigh an Ard-Chúirt (Laffoy Brmh) tar éis di an cás a éisteacht, na horduithe toirmisc agus dearbhaithe a bhíothas a lorg a dheonú. Rinne an t-iarratasóir achomharc chun na Cúirte Uachtaraí.

[9.11] Chinn an Chúirt Uachtarach[203] go raibh dualgas bunreachtúil ar an Stát tiontú oifigiúil ar Achtanna an Oireachtais a chur ar fáil don phobal sa phríomhtheanga oifigiúil nuair a chuir an tUachtarán a lámh le téacs Bille sa dara teanga oifigiúil agus deonaíodh dearbhú dá réir. Rinneadh amhlaidh in ainneoin go raibh tiontuithe oifigiúla Gaeilge curtha ar fáil ar na hAchtanna

---

[201] *Ó Foghludha v. McClean* [1934] I.R. 469, lgh 483-84. Féach mír [3.05]
[202] *Ó Beoláin v. Fahy* [2001] 2 I.R. 279.
[203] *Ó Beoláin v. Fahy* [2001] 2 I.R. 279.

a theastaigh faoin am ar bhain an cás na hUaschúirteanna amach.

[9.12] Thuill neamart an Stáit i leith an dualgais bhunreachtúil seo dian-cháineadh ó mhóramh na Cúirte maidir leis an ordaitheach bunreachtúil de bhun Airteagal 25.4.4° agus i ndáil leis an nGaeilge trí chéile. Dúirt McGuinness Brmh:[204]

> Deirimse go bhfuil an Stát thar tréimhse fhada ama ag sárú an dualgais bhunreachtúil seo go scannalach neamhnáireach agus go mba cheart don Chúirt seo aird a dhíriú go poiblí ar nádúr sainordaitheach an dualgais atá leagtha síos in Airteagal 25.4.4°.

[9.13] Agus Hardiman Brmh:[205]

> Ba ghníomh gan tairbhe de ghnáth ag cúirt é ciall fhollasach Airteagail den Bhunreacht a dhearbhú [Airteagal 25.4.4°]. Ach sílim gur chóir don chúirt seo é sin a dhéanamh anseo mar gheall ar an teip nach féidir a shéanadh maidir leis an bhforáil bhunreachtúil shainordaitheach seo a chomhlíonadh, agus le súil trína dhearbhú go nglacfar go dáiríre leis an dualgas seo faoi dheireadh. Mura dtarlaíonn sé seo, b'fhéidir go mbeidh ar iarratasóir éigin ar deireadh faoiseamh sainordaithe a lorg sa scéal. Ba chóir go bhféadfaí glacadh leis ar ndóigh, nach ligfidh an Stát, an ceathrú freagróir, dá leithéid de chás a theacht chun cinn trí neamart leanúnach.

[9.14] Lean an neamart, áfach, in ainneoin go ndearnadh códú ar an dualgas bunreachtúil in alt 7 d'Acht na dTeangacha Oifigiúla 2003, atá leasaithe ó shin,[206] mar a leanas:

> A luaithe is féidir tar éis aon Acht den Oireachtas a achtú, déanfar an téacs den chéanna a chló agus a fhoilsiú go comhuaineach i ngach ceann de na teangacha oifigiúla.

[9.15] Mar shampla den neamart sin, ba nós é forálacha a shá isteach in Achtanna áirithe a rá nár bhain alt 7 d'Acht na dTeangacha Oifigiúla leo, m.sh.: alt 230 den Acht fán nGníomhaireacht Náisiúnta um Bainistíocht Sócmhainní 2009;[207] alt 70 den Acht um Fhorais Chreidmheasa (Cobhsúchán) 2010;[208] alt 24 den Acht um Leasa Shóisialaigh agus Pinsean 2011;[209] agus fiú an tAcht Airí agus Rúnaithe (Leasú) 2011,[210] alt 5.

[9.16] In *Ó Murchú v. An Taoiseach*.[211] cás ina raibh an t-iarratasóir, aturnae iomráiteach i mBaile Átha Cliath, ag iarraidh *inter alia* tiontuithe oifigiúla

---

204 *Ó Beoláin v. Fahy* [2001] 2 I.R. 279, lch 294.
205 *Ó Beoláin v. Fahy* [2001] 2 I.R. 279, lch 331.
206 Féach mír [9.18].
207 Uimh. 34 de 2009.
208 Uimh. 36 de 2010.
209 Uimh. 9 de 2011.
210 Uimh. 10 de 2011.
211 *Ó Murchú v. An Taoiseach* [2010] 4 I.R 484, lch 506, Macken Brmh a thug breithiúnas na Cúirte.

Gaeilge ar Achtanna an Oireachtais, shocraigh an Chúirt Uachtarach d'aon ghuth:

> go dtugann breithiúnais McGuinness agus Hardiman Brna sa chás *Ó Beoláin v. Fahy* [2001] 2 I.R. 279, tacaíocht iomlán do na conclúidí nach bhfuil na freagróirí i dteideal aistriúcháin ar Achtanna an Oireachtais a choinneáil siar ar feadh tréimhsí ama atá míréasúnta, agus/nó a théann caol díreach i gcoinne stádas na Gaeilge mar an phríomhtheanga oifigiúil de bhun Airteagal 8 den Bhunreacht. Is léir ón dá bhreithiúnas go gcaithfear an dualgas maidir le leaganacha Gaeilge a chur ar fáil d'Achtanna an Oireachtais a chomhlíonadh laistigh de thréimhse ama réasúnta, nó chomh luath agus is féidir é sin a dhéanamh.

[9.17] Shocraigh an Chúirt Uachtarach freisin gur chomhlíon alt 7 d'Acht na dTeangacha Oifigiúla 2003, mar a bhí sé an uair sin,[212] an dualgas bunreachtúil a bhaineann le haistriúchán in Airteagal 25.4.4° den Bhunreacht go dóthanach agus go hiomchuí.[213] Dúirt an Chúirt Uachtarach freisin gur lean alt 7, mar a bhí sé an uair sin, go dlúth cinneadh Hardiman Brmh in *Ó Beoláin v. Fahy*[214] go gcaithfí na haistriúcháin a chur ar fáil '*chomh luath agus is féidir*'.

[9.18] Tá alt 7 leasaithe ó shin ag alt 62 den Acht um an Dlí Sibhialta (Forálacha Ilghnéitheacha) 2011,[215] leasú a thugann cead Achtanna a fhoilsiú go haonteangach ar an idirlíon:

> **7.**— (1) A luaithe is féidir tar éis aon Acht den Oireachtas a achtú, déanfar an téacs den chéanna a chló agus a fhoilsiú go comhuaineach i ngach ceann de na teangacha oifigiúla.
>
> (2) Ní oibreoidh fo-alt (1) chun toirmeasc a chur ar Acht den Oireachtas a fhoilsiú ar an idirlíon in aon teanga oifigiúil amháin sula ndéanfar é a chló agus a fhoilsiú de réir an fho-ailt sin.

[9.19] Níl an t-alt leasaithe seo míbhunreachtúil agus ní cheadaíonn sé cleachtas míbhunreachtúil. Go deimhin éilíonn alt 7(1) cleachtas bunreachtúil mar atá leagtha amach ag an gCúirt Uachtarach in *Ó Beoláin* agus in *Ó Murchú* ar aon. Bhraith an Chúirt Uachtarach in *Ó Murchú* ar na breithiúnais a tugadh sa Chúirt sin roimhe sin in *Ó Beoláin*, dúirt Macken Brmh thar ceann na Cúirte Uachtaraí:[216]

> Sa mhéid go mbaineann sé le breithiúnas McGuinness Brmh, a bhí i bhfábhar an achomharcóra [in *Ó Beoláin*]. Dúirt sí, sa chuid ábhartha dá breithiúnas, an méid seo a leanas ar lch 293:
>
> > 'Mar a chuir abhcóidí ar an dá thaobh ar shúile na cúirte seo, ní leagann Airteagal 25.4.4° aon fhráma ama síos maidir le soláthar aistriúcháin ar gach bille/Achta. Ach is cosúil ón Airteagal ar fad gur nós imeachta sách scioptha

[212] Féach mír [9.14].

[213] *Ó Murchú v. An Taoiseach* [2010] 4 I.R 484, lch 506.

[214] *Ó Beoláin v. Fahy* [2001] 2 I.R. 279.

[215] Uimh. 23 de 2011.

[216] *Ó Murchú v. An Taoiseach* [2010] 4 I.R 484, lgh 503-06.

a bhí i gceist. In aon áit a bhfuil teorainneacha ama i gceist is teorainneacha gearra iad. Tá an modh oibre réamh-1980 trína gcuirtí aistriúcháin ar fáil nach mór go comhuaineach le hachtú an reachta, níos cosúla go mór le tiúin ghinearálta an Airteagail ná an bealach atá ann anois nach gcuirtear aistriúchán ar fáil ach amháin nuair atá gá speisialta nó práinneach leis, chomh fada agus is féidir leis an gcúirt a dheimhniú. Ba mhó a bheadh cuma na macántachta ar argóint na bhfreagróirí gur cheart tréimhse réasúnach ama a thabhairt don aistriúchán murach an fhíric gur ar éigin atá aon aistriúchán oifigiúil curtha ar fáil le fiche bliain. Ní féidir 'tréimhse réasúnach' a thabhairt air sin. Go deimhin féin ní dócha go gcuirfí aistriúchán go deo ar na reachtanna atá i gceist sa chás seo — reachtanna atá á n-úsáid go laethúil ins an Chúirt Dúiche — murach iarrachtaí an iarratasóra agus a chomhairleoirí dlí.'

Chinn McGuinness Brmh freisin mar seo a leanas ag lch 294:

> 'Deirimse go bhfuil an Stát thar tréimhse fada ama ag sárú an dualgais bhunreachtúil seo go scannalach neamhnáireach agus go mba cheart don Chúirt seo aird a dhíriú go poiblí ar nádúr sainordaitheach an dualgais atá leagtha síos in Airteagal 25.4.4°. Deonaím an faoiseamh a d'iarr an t-iarratasóir in alt (e) den fhógra foriarratais. Agus mé ag tabhairt an fhaoisimh dhearbhaithe seo, táim ag glacadh leis go gcuirfidh an Stát chuige leis an bhfaillí láithreach a leigheas taobh istigh de achar gearr.'

Ghlac Hardiman Brmh dearcadh difriúil ina bhreithiúnas [in *Ó Beoláin]*, agus eisean i bhfabhar an achomharcóra freisin. Agus súil á choinneáil aige ar fhorbairt na bhforálacha maidir leis an nGaeilge i mBunreacht Saorstát Éireann, agus cinntí Kennedy PBrmh glactha aige in *Ó Foghlúdha v. McClean* [1934] I.R. 469, rinne sé tagairt ansin do bhreithiúnas O'Hanlon Brmh in *Ó Murchú v. Cláraitheoir na gCuideachtaí* (1988) T.É.T.S. 42 a chuir béim ar an tábhacht a bhí le forálacha Airteagal 8 den Bhunreacht ó thaobh aitheantas a thabhairt don Ghaeilge ar bhonn níos láidre ná mar a thugtar in airteagal 4 den Bhunreacht roimhe sin. Dúirt Hardiman Brmh an méid seo a leanas ag lch 317:

> 'Is í mo thuairimse nach féidir an Ghaeilge arb í an teanga náisiúnta í agus, san am céanna arb í príomhtheanga oifigiúil an Stáit í, a eisiamh (ar a laghad in éagmais dlí den chineál a shamhlaítear le hAirteagal 8.3) ó aon chuid de dhioscúrsa poiblí an náisiúin nó ó aon ghnó oifigiúil de chuid an Stáit nó de chuid aon cheann dá bhaill. Ná ní féidir caitheamh léi sna comhthéacsanna seo ar shlí ar bith nach bhfuil chomh fabhrach leis an tslí a gcaitear leis an dara teanga oifigiúil. Ná ní féidir iad siúd atá inniúil agus ar mian leo í a úsáid chun iad féin a chur in iúl nó chun cumarsáide, a chosc nó a fhágáil faoi mhíbhuntáiste agus iad á dhéanamh sin in aon chomhthéacs náisiúnta nó oifigiúil.'

Ag cur an chinnidh sin i bhfeidhm, tháinig sé ar an gconclúid nach bhféadfaí an t-achomharcóir sa chás sin a chur faoi mhíbhuntáiste i gcomhthéacs cúisimh choiriúil a chosaint in imeachtaí na Cúirte Dúiche, agus go raibh dualgas ann an dá Acht a lorgaíodh agus Rialacha infheidhmithe na Cúirte Dúiche a chur ar fáil don pháirtí sin, i nGaeilge.

Maidir leis an tsaincheist shonrach a bhaineann leis an gceanglas bunreachtúil leagan Gaeilge a chur ar fáil de bhille arna thíolacadh don Uachtarán agus arna shíniú aici, níor mheas sé go raibh an argóint dhúbailte a cuireadh i láthair thar ceann an Stáit inmholta. Bhain an chéad argóint le heaspa aon dualgas teamparálta shonrach a bheith sa Bhunreacht agus bhain an dara ceann leis an dualgas a bhí ag luí, ní leis na freagróirí ach le Tithe an Oireachtais. Ní gá dom an dara hábhar sin a bhreithniú i gcomhthéacs an achomhairc seo. Mar sin féin, maidir leis an gceist a bhaineann le cathain a thagann an dualgas chun cinn maidir le haistriúchán a chur ar fáil, deir Hardiman Brmh ar lch 324:

> 'De réir na hargóna seo, b'fhéidir go n-imeodh na blianta, agus an reachtaíocht atá i gceist á húsáid go laethúil gan aon aistriúchán a bheith ar fáil, gan an Stát a bheith ag teip ina oibleagáid chomh fada is a bheadh sé i gceist dáiríre ag na húdaráis an t-aistriúchán a chur ar fáil ar dháta éigin sa todhchaí. Caithfidh go bhfuil sé soiléir nach réitíonn an argóint seo ar bhealach ar bith le stádas bunreachtúil na teanga náisiúnta ná leis an bpolasaí atá ann le fada maidir leis an dátheangachas i ngnó na gcúirteanna, a cuireadh in iúl arís i bhfoirm reachtúil chomh déanach le 1998. I mo thuairimse, caithfidh go bhfuil sé le tuiscint ó théarmaí Airteagal 25.4.4° go bhfuil ar an laghad an riachtanas ann an t-aistriúchán oifigiúil a sholáthar chomh luath agus is féidir agus is soiléir go bhfuil ábhar maith argóna ann (nach ndearnadh sa chás seo) go gcaithfidh sé a bheith ar fáil sula dtugtar faoin Acht a chur i bhfeidhm ar dhuine atá inniúil agus ar mian leis a ghnóthaí oifigiúla a dhéanamh trí Ghaeilge.'

Agus ar lch 325:

> '... Ina theannta sin, is é an t-aon chúis a d'fhéadfaí a cheapadh leis an riachtanas atá ann aistriúchán oifigiúil a eisiúint ná go bhféadfadh na daoine sin arbh é a mian dleathach é a ngnó dlíthiúil a dhéanamh sa cheann sin de na teangacha oifigiúla nárbh í an teanga í ina ritheadh an bille. Ó tá siad i dteideal é sin a dhéanamh is léir go bhfuil sé míréasúnach, sa ghnáthchiall agus sa chiall dhlíthiúil atá leis an téarma sin, an t-aistriúchán sin a choinneáil uathu ar feadh tréimhse ar bith ama, agus cinnte ar feadh na mblianta agus fiú ar feadh deich nó scór de bhlianta nó breis mar a tharla, faraor, i gcás reachtanna iomadúla.'

Measaim go dtugann breithiúnais McGuinness agus Hardiman Brna i gcás *Ó Beoláin v. Fahy* [2001] 2 I.R. 279, tacaíocht iomlán do na conclúidí nach bhfuil na freagróirí i dteideal aistriúcháin ar Achtanna an Oireachtais a choinneáil siar ar feadh tréimhsí ama atá míréasúnta, agus/nó a théann caol díreach i gcoinne stádas na Gaeilge mar an phríomhtheanga oifigiúil de bhun Airteagal 8 den Bhunreacht. Is léir ón dá bhreithiúnas go gcaithfear an dualgas maidir le leaganacha Gaeilge a chur ar fáil d'Achtanna an Oireachtais a chomhlíonadh laistigh de thréimhse ama réasúnta, nó chomh luath agus is féidir é sin a dhéanamh.

[9.20] Ar deireadh, deir Macken Brmh in *Ó Murchú v. An Taoiseach:*[217]

[217] *Ó Murchú v. An Taoiseach* [2010] 4 I.R 484, lch 506.

I gcás *Ó Beoláin v. Fahy*[218] is léir nár cheap ceachtar de na mórbhreithiúnais gur comhlíonadh an dualgas bunreachtúil a thagann chun cinn ó Airteagal 25.4.4° ar feadh tréimhse fada ama. Tá sé áisiúil arís ar ais forálacha an Acht de 2003 [.i. Acht na dTeangacha Oifigiúla] a lua, agus alt 7 a fhorálann '*a luaithe is féidir* tar éis aon Acht den Oireachtas a achtú, déanfar an téacs den chéanna a chló agus a fhoilsiú go comhuaineach i ngach ceann de na teangacha oifigiúla' (béim curtha leis). Is léir, dar liom go leanann an fhoráil seo go dlúth cinneadh Hardiman Brmh in *Ó Beoláin v. Fahy* go gcaithfear na haistriúcháin a chur ar fáil 'chomh luath agus is féidir'.

Codarsnacht le Réimeas Teanga an Aontais Eorpaigh

[9.21] Is léir teannas a bheith ann go láidir idir cleachtas Pharlaimint na hEorpa agus cleachtas na parlaiminte ag baile ó thaobh theanga na reachtaíochta de. Cuirtear tograí reachtacha faoi bhráid Pharlaimint na hEorpa go hilteangach, an Ghaeilge san áireamh. Ina theannta sin, cuirtear tograí reachtacha an Aontais chuig parlaimintí na mBallstát lena mbreathnú. Cuirtear tograí reachtacha an AE faoi bhráid Thithe an Oireachtais i nGaeilge agus i mBéarla (faoi réir an mhaolaithe). Cuirtear tograí reachtacha Rialtas na hÉireann faoi bhráid Thithe an Oireachtais i mBéarla amháin go heisiach nach mór. Is go haonteangach i mBéarla a fheidhmíonn an próiseas reachtach in Éirinn tríd is tríd. Toisc go bhfuil an próiseas reachtach ilteangach san Aontas Eorpach, tá comhsheasamh ag an 24 leagan sna teangacha éagsúla, an Ghaeilge san áireamh.[219] In Éirinn is Acht údarásach Béarla a bhíonn againn le tiontú oifigiúil tánaisteach Gaeilge den chuid is mó.

[9.22] Is ar éigean is féidir leis an leagan amach seo seasamh. Ar ndóigh, níl cosc ar bith in aon áit sa Bhunreacht ar Achtanna a rith go dátheangach agus tarlaíonn sé sin i gcónaí nuair a bhíonn Bille a mholann leasú ar an mBunreacht i gceist (ó tharla gur cáipéis dhátheangach é an Bunreacht a bhfuil forlámhas ag an leagan Gaeilge de) agus go rímhinic nuair is reachtaíocht a bhaineann le cúrsaí Gaeilge nó Gaeltachta atá i gceist.

[9.23] Sin ráite, ní aidiacht in aisce é an focal 'oifigiúil' a ghabhann leis an ainmfhocal 'tiontú': léiríonn sé idir stádas agus tábhacht an tiontaithe i gceist. Freagraíonn sé don ord a leagtar síos in Airteagal 8.1-2. Ní bhaineann Airteagal 8.3 le hábhar anseo mar gur ar leibhéal Billí agus Achtanna a fheidhmíonn Airteagal 25.4.4°. Ní gnó oifigiúil ar fud an Stáit atá i gceist ach reachtaíocht a shocraíonn cad is gnó oifigiúil Stáit ann.

[9.24] Ní leagan gan údarás gan tábhacht an téacs nach bhfuil lámh an Uachtaráin leis. Is fíor go bhfuil forlámhas ag an leagan ar chuir an tUachtarán

---

218 *Ó Beoláin v. Fahy* [2001] 2 I.R. 279.
219 *Bouchereau v. R.* (C-30/77)

a lámh leis i gcás an dá leagan gan a bheith de réir a chéile, ach ní chosctar leas a bhaint as an leagan eile chun doiléire sa leagan forlámhach a shoiléiriú. Ní hionann forlámhas a bheith ag téacs amháin i gcás coimhlinte agus an téacs eile a bheith gan údarás: tá an dá leagan den Acht údarásach agus feidhmiúil. Mar a dúirt Hardiman Brmh in *Ó Beoláin v. Fahy:*[220]

> is é an t-aon chúis a d'fhéadfaí a cheapadh leis an riachtanas atá ann aistriúchán oifigiúil a eisiúint ná go bhféadfadh na daoine sin arbh é a mian dleathach é a ngnó dlíthiúil a dhéanamh sa cheann sin de na teangacha oifigúla nárbh í an teanga í ina ritheadh an bille.

[**9.25**] In *Gael Linn Teo. v. An Coimisinéir Luachála*[221] scrúdaigh Keane Brmh, (mar a bhí an uair sin ann), a thug breithiúnas na Cúirte, an dá théacs den Acht Luachála 1988, idir an téacs a ritheadh ag dhá Theach an Oireachtais agus an tiontú oifigiúil:

> Cibé torthaí a d'fhéadfaí bheith sa dlí maidir leis an stádas atá ag an nGaeilge de bharr an Bhunreachta, ní féidir leis é sin a úsáid chun a rá go raibh mian ag an Oireachtas nach bhfuil léirithe ag na focail sna leaganacha Béarla agus Gaeilge den reacht atá faoi chaibidil.

[**9.26**] Mar a dúirt Budd Brmh in *O'Donovan v. Attorney-General*[222] agus é ag trácht ar dhá théacs an Bhunreachta:

> Both texts of the Constitution are authoritative ... It would seem to follow as a matter of common-sense that one should not approach the elucidation of the meaning of either text with a view to seeking a conflict, but rather with a view to seeing if they can properly be reconciled.

Cur chuige Cheanada

[**9.27**] Foráiltear le halt 133 den *British North America Act, 1867*[223] mar seo a leanas:

> The Acts of the Parliament of Canada and of the Legislature of Québec shall be printed and published in both [English and French].

[**9.28**] In *A.G. Québec v. Blaikie* phléigh Cúirt Uachtarach Cheanada an dualgas seo chun dlíthe a chur amach as Béarla agus as Fraincis araon. Ar dtús pléadh réim an dualgais. Chinn an Chúirt gur chuimsigh sé *achtú dátheangach*:

> It was urged before this Court that there was no requirement of enactment in both languages, as contrasted with printing and publishing. However, if full weight is given to every word of s.133 it becomes apparent that this is requirement is implicit. What is required to be printed and published in both languages is

---

[220] *Ó Beoláin v. Fahy* [2001] 2 I.R. 279, lch 324.
[221] *Gael Linn Teo. v. An Coimisinéir Luachála* [1999] 3 I.R. 286, lch 294.
[222] *O'Donovan v. Attorney-General* [1961] I.R. 114, lch 131.
[223] Ris a ráitear an *Constitution Act* (U.K. 30 & 31 Vict., c.3).

> described as 'Acts' and texts do not become 'Acts' without enactment.'[224]

Cé nach luaitear in alt 133 thuas ach Achtanna, ghlac an Chúirt leis gur gá ionstraimí reachtúla a chur amach go dátheangach chomh maith. Dúirt an Chúirt:[225]

> Dealing now with the question whether 'regulations' issued under the authority of Acts of the legislature of Québec are 'Acts' within the purview of s. 133, it is apparent that it would truncate the requirement of s. 133 if account were not taken of the growth of delegated legislation. This is a case where the greater must include the lesser.

[9.29] Sheas an Chúirt uasal sin leis an mbreithiúnas sin in *Re Manitoba Language Rights.*[226] Ar ndóigh, tá alt 7(1) de Acht na dTeangacha Oifigiúla 2003 againne fíorchosúil le halt 133 Cheanada:

> A luaithe is féidir tar éis aon Acht den Oireachtas a achtú, déanfar an téacs den chéanna a chló agus a fhoilsiú go comhuaineach i ngach ceann de na teangacha oifigiúla.
>
> As soon as may be after the enactment of any Act of the Oireachtas, the text thereof shall be printed and published in each of the official languages simultaneously.

Dá bhrí sin, tá ábhar argóna ann ar a laghad go n-éilíonn alt 7(1) thuas achtú dátheangach agus go gcuimsíonn sé ionstraimí reachtúla de bhun na dlí-eolaíochta in *Blaikie*. Bheadh sé seo níos mó i dtiúin le stádas na Gaeilge mar theanga náisiúnta agus príomhtheanga oifigiúil ná an cleachtas reatha.

Iarmhairt teipe Acht a chur amach go dátheangach

[9.30] Bhain *Re Manitoba Language Rights*[227] lena dtarlaíonn mura gcuirtear an dá leagan den reachtaíocht ar fáil. Sa chás sin, rialaigh Cúirt Uachtarach Cheanada go raibh an reachtaíocht aonteangach (idir achtanna, ionstraimí reachtúla agus fo-dhlíthe) neamhbhailí toisc gur sáraíodh an dualgas sainordaitheach reachtaíocht a chur ar fáil sa dá theanga oifigiúla. Foráiltear le halt 23 den Manitoba Act, 1870 (Westminister) mar seo a leanas:

> The Acts of the Legislature shall be printed and published in both [English and French].

[9.31] Nuair a tháinig Cúige Manitoba isteach i gcomhnaidhm Cheanada sa bhliain 1870 bhí móramh ag frainciseoirí na dúiche ar na béarlóirí. Sa bhliain 1890 agus móramh bainte amach ag lucht labhartha an Bhéarla in Manitoba,

---

[224] *A.G. Québec v. Blaikie* [1979] 2 S.C.R. 1016, lch 1022.
[225] *A.G. Québec v. Blaikie* [1979] 2 S.C.R. 1016, lch 1027.
[226] *Re Manitoba Language Rights* [1985] 1 S.C.R. 721.
[227] *Re Manitoba Language Rights* [1985] 1 S.C.R. 721.

d'achtaigh reachtas an chúige Official Language Act (Manitoba) 1890.[228] D'fhoráiltí leis an Acht sin nár ghá achtanna Reachtas Mhanitoba a chló agus a fhoilsiú ach i mBéarla amháin.

[9.32] D'ainneoin nach raibh an *vires* ag reachtas cúigeach acht de chuid Westminister a aisghairm, thosaigh Manitoba ag achtú, ag cló agus ag foilsiú achtanna cúigeacha as Béarla amháin.

[9.33] Tugadh dúshlán Acht 1890 faoi thrí i gcúirteanna Chúige Mhanitoba ach níor tugadh aon aird ar na breithiúnais sna cásanna sin go raibh Acht 1890 míbhunreachtúil. Ar deireadh sa chás *Attorney General of Manitoba v. Forest*[229] rialaigh Cúirt Uachtarach Cheanada go raibh Acht 1890 neamhbhailí. Níor thug an Chúirt Uachtarach aon bhreith in *Forest* i dtaobh bhailíocht na nAchtanna aonteangacha, áfach.

[9.34] D'fhonn an doiléire seo a leigheas, chuir Ionadaí na Coróinach na ceisteanna seo a leanas faoi bhráid na Cúirte Uachtaraí sa chás *Renvoi: Droits Linguistiques Au Manitoba.*[230] Leagtar amach na ceisteanna agus na freagraí araon sa cheann-nóta mar seo a leanas:

> **Question 1** — Are the requirements of s. 133 of the Constitution Act, 1867 and of s. 23 of the Manitoba Act, 1870 respecting the use of both the English and French languages in
>
> (a) the records and Journals of the Houses of the Parliament of Canada and of the Legislature of Québec and Manitoba, and
>
> (b) the Acts of the Parliament of Canada and of the Legislature of Québec and Manitoba mandatory?
>
> **Answer** — Yes.
>
> **Question 2** — Are those statutes and regulations of the Province of Manitoba that were not printed and published in both the English and French languages invalid by reason of s. 23 of the Manitoba Act, 1870?
>
> **Answer** — Yes, but, for the reasons given by the Court, the invalid current Acts of the Legislature will be deemed temporarily valid for the minimum period of time necessary for their translation, re-enactment, printing and publication.
>
> **Question 3** — If the answer to question 2 is affirmative, do those enactments that were not printed and published in English and French have any legal force and effect, and if so, to what extent and under what conditions?
>
> **Answer** — The Acts of the Legislature that were not enacted, printed and published in English and French have no legal force and effect because they are invalid, but, for the reasons given by the Court, the current Acts of the Legislature will be deemed to have temporary force and effect for the minimum period of time necessary for their translation, re-enactment, printing and publication.

---

[228] An Act to Provide that the English Language shall be the Official Language of the Province of Manitoba, 1890 (Man.), c. 14.

[229] *Attorney General of Manitoba v. Forest* [1979] 2 S.C.R. 1032.

[230] *Re Manitoba Language Rights* [1985] 1 S.C.R. 721.

[9.35] Is iad na fáthanna a thug an Chúirt, go hachomair, ná go raibh dualgas ar an gCúirt gan follús dlíthiúil a chruthú in Manitoba toisc an phrionsabail bhunreachtúil maidir le 'Ceannas an Dlí'.[231] Maidir le scóip an dualgais chun dlíthe a aistriú, dúirt Cúirt Uachtarach Cheanada;[232]

> The words 'Acts of the legislature' in s. 23 of the Manitoba Act, 1870 encompass all statutes, regulations, and delegated legislation of the Manitoba Legislature, enacted since 1890.[233]

[9.36] Cuireadh an cás siar ar feadh 120 lá chun deis a thabhairt d'Ard-Aighne Mhanitoba agus d'Ard-Aighne Cheanada dul i gcomhairle agus aighneachtaí a chur faoi bhráid na Cúirte maidir leis an tréimhse eatramhach íosta a theastódh go n-aistreofaí, go n-athrithfí, go gclófaí agus go bhfoilseofaí riaráistí 94 bliain de reachtaíocht.

[9.37] D'ainneoin na tréimhse eatramhaí íosta seo b'éigean dlíthe Mhanitoba a achtú, a chló agus a fhoilsiú go dátheangach as sin amach le bheith bailí nó bheidís 'invalid and of no force or effect *ab initio*'.[234]

[9.38] Tá macalla le baint as dlí-eolaíocht an Aontais Eorpaigh anseo. In *Opel Austria GmbH v. An Coimisiún*[235] rialaigh an Chúirt Chéad-Chéime nach dtagann dlí i bhfeidhm go dtí go bhfoilsítear é sna teangacha oifigiúla go léir. Níor éilíodh ath-achtú sa chás sin áfach mar cuireadh an dlí amach sna leaganacha go léir taobh istigh de chúpla lá ón gcéad fhoilsiú.

[9.39] In *Skoma-Lux sro v Celní ředitelství Olomouc*[236] rialaigh an Chúirt Bhreithiúnais nach bhféadfaí dlí de chuid an AE nach raibh foilsithe i dteanga oifigiúil Bhallstáit ar leith a chur i bhfeidhm i gcoinne saoránaigh den Bhallstát sin in ainneoin go bhféadfadh sé/sí eolas a chur ar an dlí sin ar shlí eile (m.sh. trína léamh i dteanga oifigiúil eile).

[9.40] Baineann sé seo macalla as ráiteas Hardiman Brmh in *Ó Beoláin v. Fahy:*[237]

> is soiléir go bhfuil ábhar maith argóna ann (nach ndearnadh sa chás seo) go gcaithfidh [an leagan Gaeilge] a bheith ar fáil sula dtugtar faoin Acht a chur i bhfeidhm ar dhuine atá inniúil agus ar mian leis a ghnóthaí oifigiúla a dhéanamh trí Ghaeilge.

[9.41] Maidir le hAcht Éireannach a dhamnú ar fad toisc nár comhlíonadh Airteagal 25.4.4° nó cuid ar bith den Airteagal sin mar ba chóir, in *Ó Murchú*

---

[231] *Re Manitoba Language Rights* [1985] 1 S.C.R. 721, lgh 723-25.
[232] *Re Manitoba Language Rights* [1985] 1 S.C.R. 721, lch 723.
[233] Féach *A.G. Québec v. Blaikie* [1979] 2 S.C.R. 1016; Féach mír [9.28].
[234] *Re Manitoba Language Rights* [1985] 1 S.C.R. 721, lch 725.
[235] *Opel Austria GmbH v. An Coimisiún* (T-115/94); [1997] ECR II 39. Féach mír [7.47].
[236] *Skoma-Lux sro v Celní ředitelství Olomouc* (Cás C-161/06). Féach mír [7.48].
[237] *Ó Beoláin v. Fahy* [2001] 2 I.R. 279, lch 324.

v. An Taoiseach[238] bhéimnigh an Chúirt Uachtarach Airteagal 25.4.1° lena bhforáiltear:

> Déanann dlí de gach Bille an lá a chuireann an tUachtarán a lámh leis faoin mBunreacht seo agus is dlí é an lá sin agus ón lá sin amach agus, mura léir a mhalairt d'intinn ina thaobh, is é an lá sin a thagann sé i ngníomh.

[**9.42**] Leanann an Chúirt uirthi ag briseadh an cheangail idir comhlíonadh Airteagal 25 ina iomláine agus bailíocht Achta dá éis. Is mar dhualgas bunreachtúil a thuigtear an dualgas tiontú oifigiúil ar Acht a chur amach seachas mar choinníoll a théann go dlisteanacht an Achta sin:[239]

> Mar sin, cé go dtráchtann Airteagal 25.4.4° ar leagan a bheith ar fáil sa teanga oifigiúil eile sa chás nach gcuirtear 'bille' de láimh ach i leagan amháin, dealraíonn sé domsa gurb é léirmhíniú ceart an Airteagail seo ná gurb é an rud a chuirfear ar fáil ná tiontú oifigiúil bille chomh luath is a chuirtear lámh leis, is é sin, Acht Oireachtais.

Tá léamh eile ar Airteagal 25.4.4° nár cuireadh chun cinn sa Chúirt. Foráiltear leis don 'tiontú oifigiúil a chur amach sa teanga oifigiúil eile' má ritear Bille go haonteangach. Dar le hAirteagal 8.3 is é an Sacs-Bhéarla an 'teanga oifigiúil eile'. An amhlaidh go samhlaíonn agus go gceadaíonn Airteagal 25 Bille a achtú sa phríomhtheanga oifigiúil nó go dátheangach agus é sin amháin. Is cinnte go mbeadh sé i dtiúin le stádas na Gaeilge mar theanga náisiúnta agus príomhtheanga oifigiúil. Freisin thabharfadh sé brí d'Airteagal 25.4.6° a thugann forlámhas don leagan Gaeilge d'Acht a ritear agus a shínítear go dátheangach agus a bhaineann macalla as Airteagal 25.5.4° a bhronann forlámhas ar an leagan Gaeilge den Bhunreacht.

[**9.43**] Ar ndóigh, réiteodh leasú simplí ar Acht na dTeangacha Oifigiúla, cosúil leis an bhfoclaíocht seo a leanas, na fadhbanna seo ó thaobh na Gaeilge de:

> Achtófar, clófar agus foilseofar gach Bille agus gach Acht den Oireachtas go comhuaineach i ngach ceann de na teangacha oifigiúla.

Rialacha Cúirte agus ionstraimí reachtúla eile

[**9.44**] Dúisíodh ceist na Rialacha Cúirte os comhair na gCúirteanna i gcéaduair in *Ó Foghludha v. McClean*[240] nuair a thrácht Ó Cinnéide PBhrmh ar an ngá a bhí le sraith iomlán nua de rialacha cúirte i nGaeilge agus i mBéarla araon.

[**9.45**] Phléigh an cás *Delap v. An tAire Dlí agus Cirt*[241] go sonrach le Rialacha na nUaschúirteanna. Ba mhian leis an Uasal Delap, aturnae, leagan oifigiúil

[238] *Ó Murchú v. An Taoiseach* [2010] 4 I.R 484, lch 497.
[239] *Ó Murchú v. An Taoiseach* [2010] 4 I.R 484, lch 497.
[240] *Ó Foghludha v. McClean* [1934] I.R. 469, lgh 488-89. Féach mír [4.42].
[241] *Delap v. An tAire Dlí agus Cirt* (1990) T.É.T.S. 46.

Gaeilge de Rialacha na nUaschúirteanna 1986, a bheith aige. Lorg sé *mandamus* le tabhairt ar an Aire Dlí agus Cirt an leagan oifigiúil Gaeilge sin a chur ar fáil dó mar aon le dearbhuithe ón gCúirt maidir le dualgas bunreachtúil an Aire ina thaobh. Mar a tharla, cuireadh in iúl don Chúirt go raibh aistriúchán á ullmhú.[242] Deonaíodh dearbhú maidir leis an oibleagáid bhunreachtúil atá ar an Stát leagan Gaeilge de na rialacha ábhartha a sholáthar.

[9.46] Mhínigh an Ard-Chúirt (Ó hAnluain Brmh) go raibh an ceart ag saoránach faoin mBunreacht a thaobh féin de chás ar bith a phlé i nGaeilge ach, i gcomparáid leo siúd atá sásta a gcás a phlé i mBéarla, go bhfuil a leithéid de shaoránach faoi mhíbhuntáiste mura bhfuil na rialacha cúirte cuí ar fáil i nGaeilge:[243]

> Tá sé de cheart aige fén mBunreacht a thaobh féin des na himeachta a riaradh go hiomlán as Gaeilge, más mian leis rogha do dhéanamh den phríomh-theanga oifigiúil. Táim den bharúil go bhfuil constaic mhór san mbealach roimhe más mian leis an Ghaeilge d'úsáid agus má tharlaíonn ag an am gcéanna nach bhfuil aon leagan oifigiúil ar fáil den dlí a gheibhtear ins na Rialacha maidir le riaradh na n-imeachtaí, nó des na foirmeacha a ghabhann leo, agus nach bhfuil cothrom na Féinne le fáil aige sa chás san i gcomparáid leis an aicme den phobal a bhíonn lán-tsásta an leagan Béarla d'úsáid i gcónaí.

[9.47] In *Ó Beoláin v. Fahy*[244] is iad na Rialacha Cúirte Dúiche a bhíothas á lorg. Is cúisí de bhun ionchúisimh choiriúil sa Chúirt Dúiche a bhí san iarratasóir. Dheonaigh an Chúirt Uachtarach dearbhú go raibh dualgas bunreachtúil ar an Aire Dlí agus Cirt agus ar an Stát tiontú oifigiúil Gaeilge ar Rialacha na Cúirte Dúiche 1997 a chur ar fáil don phobal chun go bhféadfadh an t-iarratasóir a thaobh féin de na himeachtaí a riaradh go hiomlán as Gaeilge gan chonstaic gan mhíbhuntáiste. Ag deonú an fhaoisimh di, dúirt McGuinness Brmh, a bhí ina huachtarán ar an gCúirt, tar éis di glacadh leis an sliocht thuas de chuid an Bhreithimh Ó hAnluain:[245]

> Dúirt Laffoy Brmh [san Ard-Chúirt] ar lch 6 freisin gur thagair Ó hAnluain Brmh arís do na prionsabail a bhí i gceist i gcúis *Delap* i mbreithiúnas eile *Ní Cheallaigh v. An tAire Comhshaoil* (1980-1998) T.É.T.S. 52 mar seo a leanas:
>
> > 'Cinnte, bhí gnó oifigiúil de chuid an Stáit i gceist, ach ina theannta sin is éard bhí i gceist ná an ceart atá ag gach saoránach fén mBunreacht rochtain a bheith aige ar na cúirteanna d'fhonn a chearta a dhearbhú agus a chosaint. Ar an ábhar sin, bhíos den bharúil go mbeadh sárú dá dhéanamh ar an gceart san muna gcuirfí Rialacha na nUas-Chúirteanna ar fáil sa dá theanga oifigiúla.'

---

[242] Cuireadh tiontú oifigiúil iomlán ar Rialacha na nUaschúirteanna 1986 (IR 15/1986), ar deireadh, sa bhliain 2017.
[243] *Delap v. An tAire Dlí agus Cirt* (1990) T.É.T.S. 46, lch 51.
[244] *Ó Beoláin v. Fahy* [2001] 2 I.R. 279.
[245] *Ó Beoláin v. Fahy* [2001] 2 I.R. 279, lch 286.

D'aontaigh an Breitheamh léannta Ard-Chúirte [Laffoy Brmh] le hÓ hAnluain Brmh ins an dá chás thuasluaite. Phléigh sí leis an ábhar go bunúsach mar cheist ionannais, mar a dhein Ó hAnluain Brmh i gcúis *Delap*. Dúirt sí ag lch 7:

> 'Is í mo thuairim go bhfuil dualgas ar an Stát de réir forléirithe chruinn ar Airteagal 34.3.1° ag imoibrú le hAirteagal 40.3.1° i gcomhthéacs Airteagal 8, tiontú oifigiúil ar Rialacha na Cúirte Dúiche, 1997, a chur ar fáil laistigh de thréimhse réasúnach tar éis don tríú freagróir [an tAire Dlí agus Cirt] glacadh leo sa leagan Béarla, agus, go bhfuil ceart comhchaoibhneasach neamháirithe pearsanta ag an saoránach faoi Airteagal 40.3.1° go gcomhlíonfaí an dualgas sin.'

[9.48] Ina a cuid tátal in *Ó Beoláin v. Fahy*[246] dúirt McGuinness Brmh:

> Is ionann na cúinsí a bhain le soláthar aistriúchán Gaeilge de Rialacha na nUaschúirteanna 1986 agus le soláthar aistriúchán Gaeilge de Rialacha na Cúirte Dúiche 1997 ins an chás seo. Is ceist í seo faoi cheart dul chun cúirte daoine a labhraíonn ceachtar den dá theanga oifigiúla atá ainmnithe in Airteagal 8 den Bhunreacht.

agus dheonaigh an dearbhú:

> go bhfuil dualgas bunreachtúil ar [an Aire Dlí agus Cirt agus ar an Stát] tiontú oifigiúil ar Ionstraim Reachtúil Uimh. 93 de 1997 [Na Rialacha Cúirte Dúiche] a chur ar fáil sa phríomh-teanga oifigiúil don pobal fré chéile, ar a n-áirítear an tIarratasóir.

[9.49] Dúirt Hardiman Brmh sa chás céanna (*Ó Beoláin)*:[247]

> [N]íl aon amhras orm ach gur dearbh-riachtanas é leagan Gaeilge de rialacha gach cúirte, le bheith chomh héifeachtach ag dul chun dlí i nGaeilge agus a bheifí i mBéarla. Ba í an mhórfhaillí ba mheasa ag dlíodóir ar bith, dul chun cúirte gan eolas cuimsitheach ar na rialacha. Má tá níos mó ná caint dhíomhaoin le bheith sa cheart cothrom ar dhul chun dlí i nGaeilge agus i mBéarla, mar ghearánaí nó mar chosantóir, ní mór an t-ábhar seo a chur ar fáil.

[9.50] Cháin móramh na Cúirte moill an Aire agus an Stáit maidir le leagan oifigiúil Gaeilge nó tiontú oifigiúil Gaeilge ar na rialacha cúirte a sholáthar. Deir McGuinness Brmh:[248]

> Maidir le Rialacha na Cúirte Dúiche, ní raibh sé iomlán soiléir ar admhaigh na freagróirí i ndáiríre é a bheith de dualgas cinnte ar an Stát aistriúchán ar na rialacha a sholáthar. Ach ó tharla gur rialaigh an breitheamh Ard-Chúirte léannta go raibh a leithéid de dualgas ann agus nár chuir na freagróirí achomharc ina aghaidh sin, is é mo bharúil go bhfuil ar an gCúirt seo glacadh leis go n-aontaíonn na freagróirí leis go bhfuil sé de oibleagáid ar an Stát aistriúchán a sholáthar. Ach ba shoiléir nach raibh aon iarracht á dhéanamh an t-aistriúchán seo a chur ar fáil mar ghnó práinneach, nó é a chur ar fáil in am do thriail an Iarratasóra. Is

---

[246] *Ó Beoláin v. Fahy* [2001] 2 I.R. 279, lch 294-95.
[247] *Ó Beoláin v. Fahy* [2001] 2 I.R. 279, lch 321.
[248] *Ó Beoláin v. Fahy* [2001] 2 I.R. 279, lch 291.

léir go soiléir leagan amach na bhfreagróirí ar an 'tréimhse réasúnta' ar thagair Laffoy Brmh dó a bheith soshínte.

[9.51] Dúirt Hardiman Brmh:[249]

> Is fiú cuimhneamh gur cuireadh aistriúchán Gaeilge ar fáil den leagan roimhe seo de Rialacha na Cúirte Dúiche a rinneadh i 1948. Is cosúil i dtaca leis seo, mar a tharla i gcás na reachtanna, go bhfuil gannchion tromchúiseach i soláthar ábhar dlíthiúil i nGaeilge ón mbliain 1980 nó mar sin. Ní féidir a rá ach gur teip é seo an t-ordaitheach bunreachtúil in Airteagal 8 a chomhlíonadh, teip nach leithscéal d'aon sórt ina leith é an ganntanas foirne is cosúil atá ar Oifig an Phríomh-Aistritheora i dTithe an Oireachtais.
>
> Taobh amuigh den ordaitheach bunreachtúil ar tagraíodh dó, agus den ghá atá ann caitheamh le daoine ar mian leo an Ghaeilge a úsáid don ghnó oifigiúil ar chomhchéim leo siúd a úsáideann an Béarla, níl cúrsaí mar atá siad faoi láthair ag teacht le polasaí an Stáit mar atá leagtha síos go dlíthiúil le mórán blianta.

[9.52] In *Ó Murchú v. An Taoiseach*[250] dheonaigh an Chúirt Uachtarach dearbhú don iarratasóir go raibh dualgas bunreachtúil ann na Rialacha Cúirte, ar a n-áirítear gach leasú, foirm agus innéacs a ghabhann leo, a chur ar fáil i nGaeilge, a luaithe agus ab fhéidir tar éis dóibh a bheith foilsithe i mBéarla. Maidir le tábhacht phraiticiúil na Rialacha dúirt an Chúirt:[251]

> Ní féidir a rá nach gcuimsíonn easpa a leithéid de Rialacha, a gcuid leasuithe, foirmeacha agus innéacsanna, cibé de chuid na nUas-Chúirteanna, na Cúirte Cuarda nó na Cúirte Dúiche, bac ar aturnae, cosúil leis an iarratasóir, cliantacht shuntasach a bheith aige ar mian leo tabhairt faoina gcuid gnóthaí dlí i nGaeilge, agus nach bhfuil éifeacht thromchúiseach ag an easpa sin ar rochtain cheart ar chúirt agus/nó ar chomhairlí a thabhairt ag éirí as, nó i dtaca le, hábhair arna gclúdach ag Rialacha na Cúirte. Ní hamháin go síneann siad seo chuig cúrsaí coiriúla agus iarratais shibhialta, ach freisin baineann siad le saincheisteanna a d'fhéadfadh sé nach bhfuil siad chomh soiléir sin ar an gcéad amharc, rudaí cosúil le cúrsaí probháide nó rudaí a bhaineann le coimircíocht, nó cúrsaí eile a d'fhéadfadh sé nach bhfuil siad chomh soiléir in imeachtaí arna rialú ag Rialacha na Cúirte.

[9.53] Maidir le cúrsaí moille, dúirt an Chúirt:[252]

> Cuimsíonn na samplaí seo raon beag de na foirmeacha a theastaíonn chun imeachtaí cúirte a chomhlíonadh arna rialú ag Rialacha na Cúirte, foirmeacha a d'fhéadfadh, murach comhlíonadh den sórt sin, iarmhairtí tromchúiseacha suntasacha a bheith ag a n-easpa do chliaint aturnae a bhfuil baint aige nó aici le cúrsaí den sórt sin, nó don aturnae é nó í féin, cosúil leis an iarratasóir. Caithfear soláthar Rialacha den sórt sin a chinntiú laistigh de thréimhse ama réasúnach, agus más féidir é chomh luath agus is féidir tar éis iad a fhoilsiú i mBéarla, d'fhonn

[249] *Ó Beoláin v. Fahy* [2001] 2 I.R. 279, lch 322.
[250] *Ó Murchú v. An Taoiseach* [2010] 4 I.R. 484.
[251] *Ó Murchú v. An Taoiseach* [2010] 4 I.R. 484, lch 517.
[252] *Ó Murchú v. An Taoiseach* [2010] 4 I.R. 484 ag 518-19.

freagairt don dualgas maidir lena chinntiú go gcomhlíontar na Rialacha maidir le rochtain ar chúirt nó le himeachtaí arna rialú ag Rialacha na Cúirte.

[...]

Ciallaíonn sé sin go gcaithfidh na freagróirí gach céim is gá a dhéanamh láithreach chun gach aistriúchán is gá a sholáthar chun an riachtanas sin a chomhlíonadh. Ar an mbonn go bhfaighidh na freagróirí réiteach ar an seasamh maidir le Rialacha na Cúirte, laistigh de thréimhse ama réasúnach ón mbreithiúnas seo, ní dóigh liom go bhfuil gá aon ordú a dhéanamh thar an dearbhú a leanann go bhfuil dualgas bunreachtúil ann Rialacha na Cúirte, ar a n-áirítear gach leasú, foirm agus innéacs a ghabhann leo, a chur ar fáil i nGaeilge don iarratasóir, ina cháil mar dlíodóir,[253] a luaithe agus is féidir tar éis dóibh a bheith foilsithe i mBéarla.

Ionstraimí reachtúla nach Rialacha Cúirte iad

[9.54] Is mór idir dlí-eolaíocht na hÉireann agus dlí-eolaíocht Cheanada anseo. Ní chuimsíonn an dualgas bunreachtúil leagan Gaeilge de gach Acht a chur ar fáil an dualgas chun leagan Gaeilge de gach ionstraim reachtúil a sholáthar.[254] In *Ó Murchú v. An Taoiseach*[255] bhí tiontuithe oifigiúla Gaeilge ar na hionstraimí reachtúla uile arna ndéanamh faoi údarás an Stáit á lorg chomh maith le hAchtanna an Oireachtais agus na Rialacha Cúirte.

[9.55] Dhiúltaigh an Chúirt Uachtarach plé leis na hionstraimí reachtúla ar an mbonn céanna leis na hAchtanna. Dúirt an Chúirt:[256]

> Níl aon rud sa Bhunreacht féin ach an oiread a thacódh le conclúid go bhféadfaí, fiú amháin má tá ionstraimí reachtúla agus Achtanna an Oireachtais fite fuaite ina chéile, ionstraim reachtúil, a bhfuil sainmhíniú agus stádas áirithe aici mar fho-reachtaíocht, a fhorléiriú go deo amhail is dá mba Acht Oireachtais í, chun críche Airteagal 25.4.4° nó amhail is dá mbeadh sí cosúil ar aon bhealach le hAcht Oireachtais ionas go gceadófaí iad a bhreithniú laistigh de raon aon dualgas bunreachtúil a éiríonn ón Airteagal sin. Dréachtaíodh Airteagal 25 chun déileáil le comhthéacs áirithe. Seo é an scéim nó an próiseas trína ndéantar billí, arna rith ag dhá Theach an Oireachtais, a thíolacadh le cur de lámh ag an Uachtarán, na teorainneacha ama atá i gceist leis sin, agus an mheicníocht trína bhfógraítear ina ndlí Achtanna an Oireachtais. Ní haon iontas é mar sin, nach gcuirtear reachtaíocht tharmligthe i bhfoirm ionstraimí reachtúla san áireamh laistigh dá scóip.

[9.56] Fágtar an doras ar leathadh, áfach, maidir le hionstraimí reachtúla a dteastódh leagan Gaeilge díobh i gcomhair cásanna cúirte faoi leith. Dúirt an Chúirt:[257]

---

[253] Ní raibh an tUasal Ó Murchú ina dhlíthí i gcás os comhair cúirte eile. Níorbh é sin bunús a éilimh.

[254] Féach míreanna [9.27]-[9.29].

[255] *Ó Murchú v. An Taoiseach* [2010] 4 I.R. 484.

[256] *Ó Murchú v. An Taoiseach* [2010] 4 I.R. 484, lch 510.

[257] *Ó Murchú v. An Taoiseach* [2010] 4 I.R. 484, lgh 511 agus 515.

Cé go bhfuil sé soiléir nach bhfuil aon dualgas den sórt sin ann maidir le haistriúchán comhuaineach ar ionstraimí reachtúla, agus gur léir ar an gcaoi chéanna ón gcásdlí, ar a n-áirítear *Ó Beoláin v. Fahy* [2001] 2 I.R. 279 agus *Delap v. An tAire Dlí agus Cirt* (1990) T.É 46, go bhféadfadh dualgas a bheith ann i gcás áirithe chun ionstraimí reachtúla sonracha a chur ar fáil d'fhonn rochtain cheart ar an gcúirt a éascú dóibhsean ar mian leo déileáil le himeachtaí i nGaeilge — cé nár cuireadh argóint ar bith den sórt sin maidir le hionstraimí reachtúla i láthair san achomharc seo — ní fhaighim aon dualgas bunreachtúil ginearálta gach aon ionstraim reachtúil a rinneadh de bhun Acht den Oireachtas a aistriú agus a chur ar fáil don phobal iomlán, ar a n-áirítear an t-iarratasóir.

[...]

Táim tar éis a chinneadh, mar sin féin, go bhféadfadh, maidir le hionstraimí reachtúla, duine a bheith i dteideal a éileamh toisc nach bhfuil ionstraim reachtúil áirithe nó fiú amháin níos mó ná ceann amháin ar fáil i nGaeilge, go gcuimseodh sé sin, i gcás áirithe, cosc nó bac ar dhuine den sórt sin iarracht a dhéanamh a cheart maidir leis an bpríomhtheanga oifigiúil a úsáid in imeachtaí cúirte a chosaint, nó ar a laghad maidir lena t(h)aobh féin d'imeachtaí cúirte.

An dualgas á tharmligean

[9.57] Foráiltear le halt 4(2A)-(2E)[258] den Acht um Choimisiún Thithe an Oireachtais 2003, mar atá leasaithe,[259] mar seo a leanas:

(2A) Is feidhm de chuid an Choimisiúin freisin seirbhísí aistriúcháin a sholáthar

---

[258] Foráiltear le fo-ailt (2F)-(2H) mar seo a leanas agus cuimsítear iontu dualgais an Choimisiúin i ndáil le Caighdeán Oifigiúil na Gaeilge:

(2F) Is feidhm de chuid an Choimisiúin an Caighdeán Oifigiúil a athbhreithniú ó am go ham de réir mar is cuí leis, ach uair amháin gach 10 mbliana ar a laghad, agus é a athleasú agus a fhoilsiú ar cibé modh is cuí leis i ndiaidh gach athbhreithnithe den sórt sin.

(2G) D'fhonn athbhreithniú ar an gCaighdeán Oifigiúil a sheoladh faoi fho-alt (2F), rachaidh an Coimisiún i gcomhairle—

(a) leis na hAirí seo a leanas den Rialtas, eadhon—

(i) an tAire Ealaíon, Oidhreachta agus Gaeltachta,

(ii) an tAire Oideachais agus Scileanna, agus

(iii) an tAire Dlí agus Cirt agus Comhionannais,

(b) le cibé daoine ag a bhfuil spéis sa Chaighdeán Oifigiúil agus is cuí leis an gCoimisiún, agus

(c) le daoine den phobal i gcoitinne,

agus beidh aird ag an gCoimisiún ar aon aighneachtaí a dhéanfar chuige agus a thig as an gcomhchomhairliúchán sin.

(2H) Déanfar na tagairtí i bhfo-ailt (2F) agus (2G) don Chaighdeán Oifigiúil a fhorléiriú mar thagairtí don Chaighdeán Oifigiúil mar a athleasaíodh agus mar a foilsíodh go deireanach roimhe seo é.

[259] (2A) arna chur isteach ag alt 3(2) den Acht um Choimisiún Thithe an Oireachtais (Leasú) 2006; (2B)-(2H) arna gcur isteach alt 3 den Acht um Choimisiún Thithe an Oireachtais (Leasú) 2013 agus (2F) arna leasú ag alt 3(b) den Acht um Choimisiún Thithe an Oireachtais (Leasú) 2018.

ó theanga oifigiúil amháin go dtí an teanga oifigiúil eile i leith Achtanna an Oireachtais.

(2B) Is feidhm de chuid an Choimisiúin, aon uair a iarrfaidh Aire den Rialtas air déanamh amhlaidh, seirbhísí aistriúcháin a sholáthar ó theanga oifigiúil amháin go dtí an teanga oifigiúil eile i leith na nithe seo a leanas—
(a) ionstraimí reachtúla arna ndéanamh ag an Aire sin den Rialtas,
(b) ionstraimí reachtúla arna ndéanamh ag duine eile agus a gceanglaítear, de bhun na cumhachta reachtúla faoina ndéantar na hionstraimí sin, go rachfar i gcomhairle leis an Aire sin den Rialtas nó go dtabharfaidh sé nó sí a thoiliú nó a toiliú nó a cheadú nó a ceadú, cibé slí ar a dtuairiscítear é, i ndáil lena ndéanamh, agus
(c) ionstraimí reachtúla arna ndéanamh ag duine eile—
(i) a gcomhlíonann an tAire sin den Rialtas aon fheidhm ina leith de bhun reachta nó ar shlí eile, nó
(ii) dá ndéanann an tAire sin den Rialtas aon airgead a airleacan, as airgead a sholáthraíonn an tOireachtas, chun críocha chomhlíonadh fheidhmeanna an duine ag an duine sin.

(2C) Féadfaidh an Coimisiún, faoi réir cibé téarmaí agus coinníollacha is cuí leis, socrú a dhéanamh maidir le daoine seachas comhaltaí d'fhoireann an Choimisiúin do chuidiú leis i gcomhlíonadh a fheidhmeanna faoi fho-ailt (2A) agus (2B).

(2D) Ní choiscfear le haon ní i bhfo-alt (2B) ar Aire den Rialtas ná ar aon duine eile dá dtagraítear san fho-alt sin socrú a dhéanamh maidir le duine seachas an Coimisiún d'aistriú ionstraim reachtúil lena mbaineann an fo-alt sin ó theanga oifigiúil amháin go dtí an teanga oifigiúil eile.

(2E) D'ainneoin alt 5, féadfaidh an Coimisiún táille de cibé méid a chinnfidh an Coimisiún a ghearradh ar Aire den Rialtas, dá soláthraíonn sé seirbhís faoi fho-alt (2B), as an tseirbhís sin.

[9.58] Is ar an Stát, áfach, a luíonn an dualgas bunreachtúil i ndeireadh an lae. Is ar Chléireach na Dála, de bhun bhuanorduithe na Dála, a bhíodh an dualgas an tiontú oifigiúil ar Acht a chur ar fáil. Dhiúltaigh McGuinness Brmh in *Ó Beoláin v. Fahy*[260] gur scaoil sé sin an Stát saor óna dhualgas bunreachtúil:

> Ins na h-imeachtaí seo, tá sé soiléir nach bhfuil an Stát sásta na hacmhainní a sholáthar lena dhualgas soiléir bunreachtúil a chomhlíonadh. Deir an t-abhcóide thar ceann na bhfreagróirí nach ar a chliaint seisean ach ar Chléireach Dháil Éireann a thiteann an dualgas aistriúcháin na reachtanna a sholáthar. Ní ar an mBunreacht ná ar aon údarás reachtúil a bhunaíonn sé an t-éileamh seo, ach ar Bhuanorduithe Dháil Éireann. Ní léir gur cuireadh an argóint seo os comhair na hArd-Chúirte. I mo thuairimse, tá Buanorduithe na Dála ar cheann de roinnt slite chun na h-aistriúcháin riachtanacha a sholáthar. Má chuirtear na h-acmhainní atá riachtanach ar fáil, sin slí amháin; bheadh moladh an Aire Dlí, Cirt, Comhionannais agus Athchóirithe Dlí ina chomhfhreagras ins an chás seo go

[260] *Ó Beoláin v. Fahy* [2001] 2 I.R. 279, lch 294.

mbeadh freagracht ar gach roinn stáit maidir le haistriúchán reachtaíochta a tionscnaíodh sa roinn sin chomh sásúil céanna. Ach is ar an Stát féin, an ceathrú freagróir ins na himeachtaí seo, atá an dualgas bunreachtúil.

[9.59] Deir Hardiman Brmh sa chás céanna:[261]

> Ní fheictear dom go scaoileann sé an Stát, ná aon cheann dá bhaill, ó Airteagal 25.4.4° a chomhlíonadh, gur leagadh an dualgas seo ar an gCléireach trí bhuanorduithe a cinneadh sa Teach ... Ní ghlacaim leis go bhfuil sé mar éifeacht ag dualgas a leagan ar oifigeach de chuid an Tí trí bhuanorduithe na Dála, dualgas nach leagann an Bunreacht air, go gceadaíonn sé don Stát féin gan oibleagáid fhollasach a chomhlíonadh. Tá cumhachtaí agus díolúintí imleora ag an Dáil agus ag a baill, agus tá siad i dteideal iad a bheith acu, chun a bhfeidhmeanna atá lárnach don chineál rialtais a éilíonn an Bunreacht a chomhlíonadh. Ach ní fheictear domsa gur féidir le rialacha agus le buanorduithe ceachtar de na Tithe cealú a dhéanamh ar dhliteanas an Stáit i bpróis dhlíthiúil a d'agair saoránach ar ar bhronn imeachtaí *locus standi* chun gearán a dhéanamh faoi shárú oibleagáide bunreachtúla. Dá gcreidfí a mhalairt, b'ionann é agus a chreidiúint gur choisc an Bunreacht féin leigheas ar shárú a théarmaí féin.

[9.60] Agus míníonn Hardiman Brmh gur sárú ar Airteagal 8 an teip seo freisin[262]:

> Ní féidir a rá ach gur teip é seo an t-ordaitheach bunreachtúil in Airteagal 8 a chomhlíonadh, teip nach leithscéal d'aon sórt ina leith é an ganntanas foirne is cosúil atá ar Oifig an Phríomh-Aistritheora i dTithe an Oireachtais.

[9.61] In *Ó Gribín v. An Chomhairle Mhúinteoireachta*[263] rialaigh an Ard-Chúirt (Murphy Brmh) gur sháraigh moill ceithre bliana i dtaca le tiontú Gaeilge ar an Acht um Chomhairle Mhúinteoireachta 2001 a chur amach Airteagal 25.4.4° de Bhunreacht na hÉireann agus alt 7 d'Acht na dTeangacha Oifigiúla 2003. Rialaigh an Chúirt freisin gurbh ionann faillí an Stáit anseo i ndáil le tiontú Gaeilge den Acht a chur ar fáil agus fíor-éagóir shubstaintiúil a chruthaigh cúinsí nithiúla pearsanta as a n-aithneofaí éagóir a fulaingíodh, rud a bhronn *locus standi* ar an Uasal Ó Gribín an chaingean a agairt. Is é a dúirt an Chúirt:[264]

> [T]á an Stát ag sárú a chuid dualgas bunreachtúil agus gan dabht is é seo 'a real and substantial injustice'.
>
> Mar a dúirt Henchy Brmh in *Cahill v. Sutton* [1980] I.R. 269 sa Chúirt Uachtarach ar lch 283 maidir le himeachtaí a bhaineann le forálacha reachtúla áirithe a bheith dearbhaithe míbhunreachtúil:
>
>> 'Without concrete personal circumstances pointing to a wrong suffered or threatened, a case tends to lack the force and urgency of reality.'
>
> Ceapann an Chúirt go bhfuil 'concrete personal circumstances pointing to a

[261] *Ó Beoláin v. Fahy* [2001] 2 I.R. 279, lgh 326-27.
[262] Ó Beoláin v. Fahy [2001] 2 I.R. 279, lch 322.
[263] *Ó Gribín v. An Chomhairle Mhúinteoireachta* [2008] 3 I.R. 266.
[264] *Ó Gribín v. An Chomhairle Mhúinteoireachta* [2008] 3 I.R. 266, lch 275.

wrong suffered' cruthaithe ag an iarratasóir maidir le sárú an Stáit tiontú Gaeilge d'Acht na Comhairle Múinteoireachta 2001 a chur ar fáil mar atá á iarraidh faoi Airteagal 25.4.4° de Bhunreacht na hÉireann agus sárú dá chuid dualgas faoi Airteagal 8 maidir le stádas na chéad teanga oifigiúla.

[9.62] In *An Stiúrthóir Ionchúiseamh Poiblí v. Billings*[265] rialaigh an Chúirt Achomhairc nach raibh aon dualgas ar an Stát tiontú oifigiúil ar Achtanna Westminister a sholáthar mar gur thit siad taobh amuigh den dualgas bunreachtúil de bhun Airteagal 25.4.4°. Nótáil an Chúirt an nós foclaíocht Béarla a chur ag obair mar leasuithe ar Achtanna Westminister fiú sa leagan oifigiúil Gaeilge den Acht den Oireachtas a leasaíonn iad. Ní miste a rá go leasaíonn an tAcht um Choláiste na Tríonóide, Baile Átha Cliath (Cairteacha agus Litreacha Paitinne a Leasú) 2000[266] Cairt Fhorlíontach 1637 an Choláiste trí *inter alia* téacs nua sa Laidin nua a chur in ionad buntéacs sa Laidin.

[265] *An Stiúrthóir Ionchúiseamh Poiblí v. Billings* [2019] IECA 149.
[266] Uimh. 1 (Príobháideach) de 2000.

Caibidil 10

Na Cúirteanna

[10.01] Ach oiread leis an Reachtaíocht, tá na Cúirteanna ag croí an Stáit agus is ag leibhéal na n-orgán stáit seo (an Pharlaimint agus na Cúirteanna) is léir beartas teanga stáit ar bith. Leagadh síos roinnt prionsabal i dtaca le húsáid na dteangacha oifigiúla sna Cúirteanna faoi réimeas an tSaorstáit agus lean, agus leanann, siad sin isteach faoi réimeas Bhunreacht na hÉireann.

[10.02] Is iad na prionsabail sin: go bhfuil ceart bunreachtúil ag dlíthí an Ghaeilge a úsáid sa Chúirt[267] agus ag finné[268] agus nach mbraitheann a leithéid de cheart ar aineolas ar an mBéarla.[269] Sa chás go nglactar nóta luathscríbhinne den fhianaise, ba cheart é a bheith sa teanga oifigiúil ina dtugtar an fhianaise sin gan dochar don cheart nóta a ghlacadh den fhianaise aistrithe.[270] Seasadh leis an bprionsabal go bhfuil dlíthí nach dtuigeann teanga na Cúirte i dteideal ateangaireachta.[271]

Cáipéisí Cúirte

[10.03] Is é *Attorney General v. Coyne and Wallace*[272] an chéad chás a phléigh le brí Airteagal 8 den Bhunreacht agus pléann sé le bailíocht cháipéisí atá i gceann amháin de na teangacha oifigiúla agus sa teanga sin amháin. Níor phléigh an cás sin le ceart an tsaoránaigh go gcuirfí ar fáil dó leagan de cháipéis oifigiúil sa teanga oifigiúil is rogha leis dá n-iarrfadh sé a leithéid.

---

[267] *Rex (Ó Coileáin) v. Crotty* (1927) 61 I.L.T.R. 81. Féach míreanna [4.01]-[4.04].

[268] *The Attorney General v. Joyce and Walsh* [1929] I.R. 526. Féach míreanna [4.05]-[4.14].

[269] *The Attorney General v. Joyce and Walsh* [1929] I.R. 526.

[270] *The Attorney General v. Joyce and Walsh* [1929] I.R. 526. Sa chás *Mac Cárthaigh v. Aire Dlí agus Cirt* [2002] 4 I.R. 8, lch 11 chinn Finnegan Uacht. nár leor luathscríbhinn d'aistriúchán Béarla dár dúradh i nGaeilge agus go sáródh a leithéid de shocrú Airteagal 8 de Bhunreacht na hÉireann. Sa chás *An Stiúrthóir Ionchúiseamh Poiblí v. Billings* [2019] IECA 149, rialaigh an Chúirt Achomhairc nár sáraíodh cearta an chúisí sa chás nach raibh luathscríbhinn 'thar oíche' ar fail i nGaeilge dó ar chaint a rinneadh as Gaeilge ar an ábhar nach raibh aon cheart aige chun luathscríbhinn 'thar oíche' a fháil beag ná mór in aon teanga.

[271] *The State (Buchan) v. Coyne* 70 I.L.T.R. 185 (1936). Cás inar cuireadh ciontú sa Chúirt Dúiche ar ceal toisc gur ceilleadh ateangaireacht go Béarla don chúisí in ionchúiseamh a reáchtáladh trí Ghaeilge.

[272] *Attorney General v. Coyne and Wallace* (1967) 101 I.L.T.R. 17.

[**10.04**] Sa chás sin cúisíodh beirt chainteoirí Béarla as breac-Ghaeltacht Mhaigh Eo as cionta tráchta sa Chúirt Dúiche i gCathair na Mart. Toghairmeadh an bheirt le cáipéisíocht Bhéarla agus i mBéarla a fiosraíodh an cás agus a cuireadh agallamh ar an mbeirt. Is i mBéarla chomh maith a bhí an dá thoghairm finné a seirbheáladh sa chás agus na dearbhuithe seirbheála a ghaibh leo. Riaradh na himeachtaí os comhair na Cúirte Dúiche i mBéarla agus is sa teanga sin a bhí na nótaí a breacadh ina dtaobh i leabhar miontuairiscí an bhreithimh dúiche.

[**10.05**] An t-aon úsáid a baineadh as an teanga náisiúnta ná chun fógraí faoi alt 55 den Acht um Thrácht ar Bhóithre 1933, fógraí a bhí i nGaeilge amháin, a sheirbheáil chun cur in iúl go rabhthas chun ionchúiseamh a dhéanamh. Ba riachtanas dlíthiúil é seirbheáil na bhfógraí sin.

[**10.06**] Nuair a tháinig na cúiseanna os comhair na Cúirte Dúiche, d'éiligh na cúisithe trína gcuid aturnaetha nach ndearnadh de réir alt 55 toisc nár thuig siad an teanga ina raibh na fógraí réamhráite.

[**10.07**] Níor lorg na cúisithe leagan nó tiontú scríofa i mBéarla de na fógraí sin riamh mar áis chun a dtaobh féin den chás a riaradh. Dá bhrí sin, níor pléadh sa chás, beag ná mór, cé acu a bhí nó nach raibh an tUasal Coyne nó an tUasal Wallace i dteideal leaganacha Béarla de na fógraí réamhráite. Níor pléadh ach *bailíocht* na bhfógraí Gaeilge faoi Airteagal 8.

[**10.08**] Ghlac an breitheamh dúiche leis an aighneacht agus scrios sé amach na hionchúisimh. Dúirt sé nár leor an míniú ó bhéal i mBéarla a thug an Garda ar na fógraí agus iad á seirbheáil. Ba rabhadh ó bhéal é sin, dar leis, agus theastaigh, agus an scéal amhlaidh, fógra i scríbhinn. Tháinig an cás os comhair na hArd-Chúirte mar chás sonraithe agus sheas Davitt, Uachtarán na Cúirte sin, le cinneadh an bhreithimh dúiche.

[**10.09**] Mheáigh an Chúirt Uachtarach mar achomharc ón Ard-Chúirt ceist na teanga i dtéarmaí an cheartais aiceanta amháin. Ó tharla nár éilíodh riamh leagan Béarla de na fógraí i gceist, níor pléadh an rabhthas i dteideal a leithéid. Níor pléadh ach an raibh an fógra i gceist bailí agus oibritheach faoi réir Airteagal 8 den Bhunreacht agus an scéal amhlaidh.

[**10.10**] Phléigh Ó Dálaigh PBhrmh an fhéidearthacht go seirbheálfaí a leithéid de dhoiciméad ar shíniseoir aonteangach, nó ar dhuine gan léamh. Phléigh Kingsmill Moore Brmh an fhéidearthacht go seirbheálfaí é ar fhrainciseoir aonteangach nó ar dhuine gan léamh nó ar dhuine dall díreach sular fhorléirigh sé Airteagal 8.3 sna téarmaí seo a leanas .i. nach gá do dhoiciméad oifigiúil a bheith dátheangach le bheith oibritheach faoi réir Airteagal 8:[273]

[273] *Attorney General v. Coyne and Wallace* (1967) 101 I.L.T.R. 17, lch 25.

> I was at first inclined to the view that [Article] 8.3 meant that an official document to be operative must be both in Irish and English, unless provision has been made by law sanctioning the use of only one of the languages. It was argued for the Attorney General that the true meaning of the Article was that either languages (sic) might be used unless provision had been made by law that one language only was to be used for some one or more official purposes. On consideration I consider this construction to be correct.

[10.11] Maidir leis an bhforléiriú sin dúirt Hardiman Brmh in *Ó Beoláin v. Fahy,*[274] cás ina raibh tiontuithe oifigiúla ar Achtanna den Oireachtas agus ar Rialacha Cúirte á lorg ag an iarratasóir ar chúisí os comhair na Cúirte Dúiche freisin é:

> Feictear dom gurb í éifeacht an chinnidh seo ná go mbronnann sé ar dhuine, cibé acu an oifigeach é nó nach ea, an ceart rogha a dhéanamh cé acu de na teangacha oifigiúla a úsáidfidh sé d'aon bheart oifigiúil ar leith. ... Ó tharla téarmaí Airteagal 8, agus an polasaí oifigiúil dátheangachais a bhfuil an Stát geallta dó, caithfidh an Stát úsáid ceachtar den dá theanga a éascú gan idirdhealú.

[10.12] Agus freisin:[275]

> Ag cuimhneamh ar stádas na Gaeilge feictear domsa go bhfuil siad siúd ar mian leo í a úsáid i dteideal iomlán é sin a dhéanamh agus i dteideal gach áis atá riachtanach chun é a dhéanamh ar a laghad sa mhéid is atá áiseanna dá leithéid ar fáil dóibh siúd a úsáideann an dara teanga oifigiúil.

[10.13] Tá an té a lorgaíonn leagan oifigiúil sa teanga oifigiúil is rogha leis d'fhoirm reachtúil i dteideal é a fháil ar bhonn '*Cothrom na Féinne*'[276] agus folaíonn an ceart chun ionchúiseamh a dhéanamh sa teanga oifigiúil is rogha leis an ionchúisitheoir an ceart gan ráitis finné a aistriú go teanga an chúisí, sa Chúirt Dúiche pé scéal é.[277] Tá cúisí ar díotáil[278] i dteideal leagan Gaeilge den leabhar fianaise, áfach,[279] rud a chuimsíonn ráitis finné.

[10.14] Cás eile a bhain le húsáid na Gaeilge sa Chúirt ab ea *Ó Monacháin v. An Taoiseach.*[280] Foráiltear le halt 71 den Acht Cúirteanna Breithiúnais 1924 mar a leanas:[281]

> **71.**— Sa mhéid gur féidir é agus gach ní a bhaineann leis an scéal d'áireamh, beidh ag an mBreitheamh den Chúirt Dúithche, a ceapfar do Dhúthaigh ina bhfuil líomatáiste ina bhfuil an Ghaedhilg in úsáid ghenerálta, oiread

---

[274] *Ó Beoláin v. Fahy* [2001] 2 I.R. 279, lch 321.
[275] *Ó Beoláin v. Fahy* [2001] 2 I.R. 279, lch 320.
[276] *Ó Murchú v. Cláraitheoir na gCuideachtaí* (1988) T.É.T.S. 42. Féach mír [11.01].
[277] *Ó Conaire v. Mac Gruairc* [2010] 3 I.R. 11. Féach mír [10.20].
[278] Nuair a bhíonn an triail choiriúil chéadchéime i gcúirt seachas sa Chúirt Dúiche.
[279] *Ó Maicín v. Éire* [2014] 4 I.R. 477, lgh 556 agus 568. Féach míreanna [10.45] *et seq.*
[280] *Ó Monacháin v. An Taoiseach* (1982) T.É.T.S. 1; (1986) I.L.R.M. 660. Féach míreanna [5.03]-[5.07].
[281] Féach mír [5.02].

> eolais ar an nGaedhilg agus chuirfadh ar a chumas déanamh in éamais conganta o fhear teangan agus fianaise á tabhairt sa teangain sin.

[10.15] Ciontaíodh an Monachánach as cionta faoi na hAchtanna Pleanála i gCúirt Dúiche an Bhun Bhig, Gaoth Dobhair, Co. Dhún na nGall, ceantar láidir Gaeltachta. Is i mBéarla a reáchtáladh na himeachtaí agus bhí ateangaire ag feidhmiú sa Chúirt ag cur Béarla ar an méid a dúradh i nGaeilge.

[10.16] Lorg an Monachánach *certiorari*, chun an ciontú a chur ar ceal, ar an mbonn gur sáraíodh alt 71 den Acht Cúirteanna Breithiúnais 1924.[282] Theip air. Rialaigh móramh na Cúirte Uachtaraí gur bhain an t-alt le cumas teanga seachas le húsáid teanga agus nár chosc sé leas a bhaint as ateangaireacht ó Ghaeilge go Béarla. Ar ceist na bhfíoras, ní raibh an móramh (Henchy agus Griffin Brna) sásta ar an bhfianaise go raibh aon easpa Gaeilge ar an mBreitheamh Larkin agus rialaigh siad i gcoinne an ghearánaí ar an ábhar sin.

[10.17] Tagann sé seo salach ar an tátal a bhain Walsh Brmh, a bhí sa mionlach, as an bhfianaise. Ghlac sé leis nach raibh an caighdeán reachtúil Gaeilge ag an mBreitheamh Larkin agus gur shárú é sin ar alt 71. In ainneoin gur dualgas coinníollach atá san alt, bhí cúig bliana déag ag an Stát, dar leis, breitheamh le Gaeilge a shannadh agus theip air an dualgas reachtúil sin a chomhlíonadh agus níor chuir an Stát aon fhianaise os comhair na Cúirte chun a thaispeáint nárbh fhéidir breitheamh oiriúnach a cheapadh don dúiche i gceist.[283]

[10.18] Is údarás é cás Uí Mhonacháin don tairiscint go bhfuil ceart bunreachtúil ag gach páirtí a thaobh féin den chaingean a bhrú ar an gCúirt i nGaeilge nó i mBéarla nó fianaise a thabhairt i nGaeilge nó i mBéarla ach nach féidir tabhairt ar aon pháirtí nó finné eile teanga oifigiúil ar leith a roghnú nó a úsáid (in éagmais foráil reachtúil chuige sin). Dúirt Griffin Brmh:[284]

> Bhí an ceart ag an ngearánaí a chuid fianaise a thabhairt as Gaeilge, ach ní raibh cead ná ceart aige a éileamh go bpléifí nó go gcuirfí an cás go léir sa Ghaeilge, nuair ba mhian leis an aturnae [thar ceann na comhairle contae] an cás a phlé mBéarla agus nuair nach raibh an Ghaeilge ag finné amháin acu.

Anois, ar ndóigh, de bhun alt 8 d'Acht na dTeangacha Oifigiúla 2003[285] ní foláir do chomhlacht poiblí, ar páirtí in imeachtaí sibhialta é, an teanga oifigiúil a bheas roghnaithe ag an bpáirtí eile a úsáid sna himeachtaí.

[10.19] In *Ó Cadhla v. An tAire Dlí agus Cirt*[286] cheistigh an Ard-Chúirt (Ní

---

[282] Rialaigh Clarke Brmh (mar a bhí an uair sin ann) go raibh alt 71 inbhreithnithe .i. go bhféadfaí cás a bhunú ar a shárú sin in *Mac Aodháin v. Éire* [2010] IEHC 335.

[283] Féach míreanna [5.04]-[5.07].

[284] *Ó Monacháin v. An Taoiseach* (1982) T.É.T.S. 1, lch 19.

[285] Féach mír [10.28].

[286] *Ó Cadhla v. An tAire Dlí agus Cirt* [2019] IEHC 503 ag mír 73. Féach míreanna [10.53]-[10.54].

Raifeartaigh Brmh) cur chuige na Cúirte Uachtaraí in *Ó Monacháin*[287] sa mhéid is nár fhreagair an Chúirt Uachtarach an cheist a bhain le hábhar .i. ar sáraíodh alt 71 d'Acht 1924 ach ina ionad sin gur chaith siad le cás an iarratasóra amhlaidh is gur iarratas a bhí ann ar thriail trí Ghaeilge go huile agus go hiomlán gan cead a bheith ag aon duine sa chúirt aon teanga eile a úsáid, rud nach raibh i gceist beag ná mór.

[10.20] Phléigh an Ard-Chúirt (Ó Néill Brmh) in *Ó Conaire v. Mac Gruairc*[288] an ceart bunreachtúil chun ionchúiseamh a dhéanamh sa teanga oifigiúil is rogha leis an ionchúisitheoir:

> An t-idirdhealú a eascraíonn anseo, is cosúil, ná idir ábhar doiciméadach, ann féin a bhfuil fórsa agus éifeacht dlí ar nós ionstraim reachtúil aige, m.sh. rialacha cúirte agus ábhar doiciméadach, ábhar go mba chóir breathnú air mar ghinte ag taobh amháin nó an taobh eile don dlíthíocht agus maidir leis sin a bhfuil gach taobh nó go deimhin gach duine a ghineann an ábhar doiciméadach i dteideal rogha a dhéanamh cibé cén ceann den dá theanga oifigiúla atá le húsáid ann. Mar sin, cé go gcaithfidh na rialacha cúirte a fhoilsiú sa dá theanga oifigiúla, dealraíonn sé gur féidir le cáipéisí atá ginte ag aon taobh le dul chun cinn a dhéanamh i gcás a bheith i rogha teanga an duine ar leis an cháipéis. Tugann an toradh réasúnach ar an sintéis seo le tuiscint, mar shampla, go luíonn rogha cén teanga a úsáidtear i dtoghairm, cibé toghairm thionscnaimh nó toghairm fhinné, nó fógra go bhfuiltear chun dul ar aghaidh mar a bhí i cás *Coyne*[289] leis an nGarda a dhéanann an t-iarratas d'eisiúnt dá leithéid. Mar an gcéanna, le bileoga cúisimh bheadh an garda ábhartha i dteideal rogha na teanga a dhéanamh.
>
> Leanann sé de riachtanas ar an anailís seo go mbeadh sé ina ábhar do na húdaráis ionchúisimh go hiomlán cinneadh cén teanga oifigiúil ina mbeadh ráitis na bhfinné, ag fágáil ar leataobh ar ndóigh aon chúrsaí cearta aiceanta. Ní gá a rá, sa chéad ásc, go bhfuil an duine ag tabhairt an ráitis i dteideal an teanga a roghnú ina ndéanann sé nó sí an ráiteas. Toisc go n-eascraíonn siad ón ionchúiseamh agus gur [cuid de ch]ás an ionchúisimh iad, atá i dteideal roghnú cén teanga oifigiúil atá le húsáid iontu mar an údarás poiblí atá ag foilsiú nó ag nochtú na gcáipéisí seo agus go bhfuil gach taobh i dteideal an teanga a roghnú ina gcuirfidh siad a gcás i láthair, agus mar gheall nach bhfuil aon taobh i dteideal a rogha teanga a fhorchur ar an taobh eile, leanann sé de riachtanas, i mo bhreithiúnas, ar na húdaráis atá pléite thuas nach bhfuil ceart ag an iarratasóir sa chás seo faoi Airteagal 8, mar atá léirmhínithe in *Attorney General v. Coyne and Wallace*[290] agus in Ó Beoláin[291] freisin, na haistriúcháin de na ráitis finné faoi chaibidil sa chás seo a bheith tugtha dó.
>
> Ar an mbealach seo tá cóir chothrom idir an dá theanga bainte amach. Freisin,

---

[287] *Ó Monacháin v. An Taoiseach* (1982) T.É.T.S. 1; (1986) I.L.R.M. 660. Féach míreanna [5.03]-[5.07].
[288] *Ó Conaire v. Mac Gruairc* [2010] 3 I.R. 11, lgh 28-29.
[289] *Attorney General v. Coyne and Wallace* (1967) 101 I.L.T.R. 17.
[290] *Attorney General v. Coyne and Wallace* (1967) 101 I.L.T.R. 17.
[291] *Ó Beoláin v. Fahy* [2001] 2 I.R. 279.

> i gcomhthéacs cóir cothrom, caithfear a choimeád i gcuimhne gurb éard atá á lorg anseo ná aistriúcháin ar ráitis finné déanta i mBéarla. Gan amhras ag an triail tabharfaidh na finnéithe i gceist a bhfianaise i mBéarla mar atá siad i dteideal a dhéanamh. Tá sé roinnt saorga nó neamhréalaíoch aon mhíchothromaíocht idir an dá theanga a mhaíomh sna himthoscaí seo.

[10.21] Baineann an breithiúnas sin macalla as breithiúnas na hArd-Chúirte (Ó hAnluain Brmh) sa chás *An Stát (Mac Fhearraigh) v. Neilan.*[292] Sa chás sin toghairmeadh an tUasal Mac Fhearraigh a raibh cónaí air i nGaeltacht Dhún na nGall le freastal ar an gCúirt Dúiche chun freagairt don ionchúiseamh go raibh gléas teilifíse aige gan an ceadúnas cuí. Ba i mBéarla amháin a bhí an toghairm réamhráite agus scríobh an tUasal Mac Fhearraigh chuig na húdaráis ionchúisimh ag iarraidh go seirbheálfaí leagan Gaeilge air. In ainneoin gur cuireadh siar an éisteacht sa Chúirt Dúiche agus gur seirbheáladh an dara toghairm air, is i mBéarla amháin a bhí an dara toghairm freisin. Scríobh an tUasal Mac Fhearraigh arís ag lorg leagan Gaeilge den toghairm. Níor géilleadh don iarratas agus níor fhreastail an tUasal Mac Fhearraigh ar an gCúirt. Ciontaíodh é agus é as láthair agus gearradh fineáil air.

[10.22] Lorg an tUasal Mac Fhearraigh ordú *certiorari* san Ard-Chúirt a chuirfeadh a chiontú ar ceal ar an ábhar nach raibh sé bailí toghairm as Béarla amháin a sheirbheáil air agus leagan Gaeilge iarrtha aige. Diúltaíodh an t-iarratas ag céim an cheada ar an ábhar nach raibh aon fhoráil sna Rialacha Cúirte Dúiche maidir le cúrsaí teanga agus go raibh cead dá réir ag na húdaráis ionchúisimh ceachtar teanga a úsáid áit ar bith sa tír agus toghairm á heisiúint. Ní thagraítear do chás ar bith sa bhreithiúnas mar fhasach. Sheas an Chúirt Uachtarach leis an gcinneadh le breithiúnas *ex tempore.*

[10.23] In ainneoin an dá chinneadh thuas, a bhain le hionchúisimh achomair sa Chúirt Dúiche, dúirt MacMenamin Brmh sa Chúirt Uachtarach in *Ó Maicín v. Éire*[293] go raibh an cúisí i dteideal an leabhar fianaise a fháil as Gaeilge sa chás sin, cás a raibh ionchúiseamh ar díotáil sa Chúirt Chuarda i gceist.

[10.24] Leagadh amach cearta an tsaoránaigh ceachtar teanga oifigiúil a úsáid os comhair cúirte (nó os comhair binse bhreithiúnaigh) in *An Stát (Mac Fhearraigh) v. Mac Gamhnia.*[294] Sa chás sin d'fhéach an Binse Achomhairc Fostaíochta le tabhairt ar an iarratasóir Béarla a úsáid nuair ba léir dóibh cumas sa teanga sin a bheith aige. Dúirt an Ard-Chúirt (Ó hAnluain Brmh):

> 1. Nuair a bhíonn cúis le plé os comhair na gcúirteanna, nó os comhair aon bhinse go bhfuil cumhacht aige do réir dlí, orduithe a dhéanamh a théann i bhfeidhm ar chearta phearsanta nó ar chearta maoine na bpáirtithe a thagann os

---

[292] *An Stát (Mac Fhearraigh) v. Neilan* (1984) T.É.T.S. 38.

[293] *Ó Maicín v. Éire* [2014] 4 I.R. 477 ag 556 agus 568. Féach míreanna [10.45] *et seq.*

[294] *An Stát (Mac Fhearraigh) v. Mac Gamhnia* (1983) T.É.T.S. 29, lch 36.

a chomhair, tá sé de cheart ag gach páirtí a thagann os comhair na cúirte nó os comhair an bhinse, a thaobh féin den chás a phlé as Gaeilge, más mian leis, agus fianaise trí Ghaeilge a chur i láthair na cúirte nó an bhinse. Má tharlaíonn nach mbíonn eolas sách maith ag an bpáirtí eile an méid sin a thuiscint, dlitear ateangaire a cheapadh d'fhonn aistriúchán a dhéanamh ar an mhéid a deirtear, nó a scríobhtar as Gaeilge.

2. Níl feidhm ag an gcúirt, nó ag an mbínse fiafraí an bhfuil eolas ar an mBéarla ag an té gur mian leis úsáid a bhaint as an nGaeilge — tá ceart aige faoin mBunreacht rogha a dhéanamh den phríomh-theanga oifigiúil más áil leis ... Fágann san go bhfuil an ceart céanna ag an té a bhfuil an Béarla go líofa aige, agus atá ag an té a rugadh agus a tógadh sa Ghaeltacht agus nach bhfuil eolas ar bith aige, nó nach bhfuil ach eolas neamh-chruinn aige, ar an mBéarla. Go minic, tharlódh go gcuirfí moill ar imeachtaí na cúirte nó an bhinse má éilítear go ndéanfaí an chúis nó cuid di a phlé trí mheán na Gaeilge, agus chuirfeadh seo le costas na n-imeachtaí más gá ateangaire a cheapadh, ach ní foláir cur suas leis na fadhbanna sin d'fhonn beart a dhéanamh de réir an Bhunreachta.

3. Aon uair gur mian le páirtí ar bith a thaobh féin den scéal a bhrú ar an gcúirt nó ar an mbinse, pé acu trí aighneacht, trí fianaise a thabhairt, trí finnéithe a cheistiú nó a chros-cheistiú, táim den bharúil go bhfuil sé de cheart aige faoin mBunreacht an t-iomlán a dhéanamh trí mheán na Gaeilge, más toil leis.

[10.25] Ghlac an Chúirt Uachtarach leis an mbreithiúnas sin in *Ó Beoláin v. Fahy*.[295]

[10.26] In *Delap v. An tAire Dlí agus Cirt*[296] ba mhian leis an iarratasóir aistriúchán oifigiúil de Rialacha na nUaschúirteanna 1986 a bheith ar fáil dó. Mhínigh an Ard-Chúirt (Ó hAnluain Brmh) go raibh an ceart ag an saoránach faoin mBunreacht a thaobh féin de chás ar bith a phlé i nGaeilge agus go bhfuil a leithéid de shaoránach faoi mhíbhuntáiste mura bhfuil na rialacha cúirte cuí ar fáil i nGaeilge agus dheonaigh sé dearbhú don Uasal Delap go raibh dualgas bunreachtúil ar an Aire Dlí agus Cirt leagan oifigiúil Gaeilge de na rialacha Cúirte a chur ar fáil.

[10.27] Ghlac an Chúirt Uachtarach leis an mbreithiúnas sin in *Ó Beoláin v. Fahy*.[297]

[10.28] Rinneadh formhór na gcearta seo a chódú in alt 8 d'Acht na dTeangacha Oifigiúla 2003 lena bhforáiltear mar seo a leanas:

8.—(1) Féadfaidh duine ceachtar de na teangacha oifigiúla a úsáid in aon chúirt nó in aon phléadáil in aon chúirt nó in aon doiciméad a eiseofar ó aon chúirt.

(2) Tá dualgas ar gach cúirt, in aon imeachtaí os a comhair, a chinntiú go bhféadfaidh aon duine a bheidh ag láithriú inti nó a bheidh ag tabhairt

[295] *Ó Beoláin v. Fahy* [2001] 2 I.R. 279.
[296] *Delap v. An tAire Dlí agus Cirt* (1990) T.É.T.S. 46. Féach míreanna [9.45]-[9.46]
[297] *Ó Beoláin v. Fahy* [2001] 2 I.R. 279.

fianaise os a comhair éisteacht a fháil sa teanga oifigiúil is rogha leis nó léi, agus nach mbeidh an duine, trí éisteacht a fháil amhlaidh, faoi mhíbhuntáiste toisc nach bhfaigheann sé nó sí éisteacht sa teanga oifigiúil eile.

(3) D'fhonn a chinntiú nach mbeidh aon duine faoi mhíbhuntáiste mar a dúradh, féadfaidh an chúirt a chur faoi deara cibé saoráidí is dóigh léi is cuí a chur ar fáil chun ateangaireacht chomhuaineach nó chomhleanúnach ó theanga oifigiúil amháin go dtí an teanga oifigiúil eile a dhéanamh ar imeachtaí.

(4) I gcás inar páirtí in imeachtaí sibhialta os comhair cúirte an Stát nó comhlacht poiblí—

(a) déanfaidh an Stát, nó an comhlacht poiblí, an teanga oifigiúil a bheidh roghnaithe ag an bpáirtí eile a úsáid sna himeachtaí, agus

(b) más rud é gur páirtí sna himeachtaí beirt duine nó níos mó (seachas an Stát nó comhlacht poiblí) agus nach ndéanfaidh siad an teanga oifigiúil a bheidh le húsáid sna himeachtaí a roghnú nó a chomhaontú, déanfaidh an Stát nó, de réir mar is cuí, an comhlacht poiblí, cibé teanga oifigiúil is dealraitheach dó a bheith réasúnach, ag féachaint do na himthosca, a úsáid sna himeachtaí.

(5) D'ainneoin aon fhorála eile den alt seo, ní chuirfear iallach ar dhuine fianaise a thabhairt i dteanga oifigiúil ar leith in aon imeachtaí.

(6) Nuair a bheidh teanga oifigiúil ar leith á roghnú ag duine lena húsáid in aon imeachtaí os comhair cúirte, ní chuirfidh an chúirt nó comhlacht poiblí aon cheataí nó caiteachas breise air nó uirthi thar mar a thabhófaí dá roghnódh sé nó sí an teanga oifigiúil eile a úsáid.

[**10.29**] Ar na heasnaimh atá ar an alt seo, tá:

(a) gan trácht *sainráite* a bheith ann ar bhreitheamh nó breithiúna a bheith i mbun na Cúirte a thuigeann na teangacha oifigiúla a chuirtear ag obair sa chúis faoi mar atá sainráite sa reachtaíocht maidir le cúirteanna feidearálacha Cheanada;[298]

(b) gan trácht a bheith ar bhreithiúnas a thabhairt sa teanga oifigiúil nó sna teangacha oifigiúla a chuirtear ag obair sa chúis. Foráiltear do bhreithiúnais sa dá theanga oifigiúla sa reachtaíocht maidir le cúirteanna feidearálacha Cheanada;[299]

(c) gan trácht sainráite a bheith ann ar chúrsaí coiriúla agus ceart reachtúil a chruthú go n-ionchúiseofaí cúisí sa teanga oifigiúil is rogha leis os comhair breithimh agus giúiré a thuigeann an teanga sin faoi mar a tharlaíonn i gcúirteanna feidearálacha Cheanada.[300]

---

[298] Official Languages Act (R.S.C., 1985, c. 31 (4th Supp.)) Part III — Administration of Justice, alt 16 (seachas nuair is í Cúirt Uachtarach Cheanada atá i gceist). Féach míreanna [10.53]-[10.54].

[299] Official Languages Act (R.S.C., 1985, c. 31 (4th Supp.)) Part III — Administration of Justice, alt 20.

[300] Cód Coiriúil Cheanada, alt 530 'Language of accused'.

[10.30] Léiríodh solúbthacht áirithe maidir le cáipéisí oifigiúla a mbraitear orthu mar fhianaise ó thaobh cúrsaí teanga de. In *An Stiúrthóir Ionchúiseamh Poiblí v. Mihai Avadenei*[301] rialaigh an Chúirt Uachtarach go raibh ráiteas a tháinig ó ghléas anála a bhí in ainm is a bheith dátheangach faoin ionstraim reachtúil a cheap é inghlactha mar fhianaise faoin méid a bhí ar a aghaidh in ainneoin gur ráiteas aonteangach Béarla é.

[10.31] I dtátal a breithiúnais, a thug sí thar ceann na Cúirte Uachtaraí, dúirt O'Malley Brmh:[302]

> The first question to be determined in this case is whether the form of statement relied upon by the prosecution in this case complied with the statute and regulations. My view on that question is the same as that of each of the judges in the District Court, High Court and Court of Appeal — a straightforward literal reading of the regulations indicates that the form should have contained the Irish language version.
>
> The second question is whether, notwithstanding that defect, the Court can apply s. 12 of the Interpretation Act 2005. Again, I agree with the analysis of the Court of Appeal. The 'substance' of the prescribed form is the information intended to be proved in evidence by means of the statutory status accorded to the form, and all of the required information is present in this case. The content is in no way misleading, confusing or unfair. No right of the appellant is violated by its admission. Accordingly, whether the matter is looked at solely through the prism of the authorities on this type of prosecution or in the light of the general principles of the criminal law, I can see no reason why the form should not be admitted into evidence.

[10.32] Sin ráite, dúirt sí nár bhain an breithiúnas le cearta teanga cainteoirí Gaeilge. Ní cainteoir Gaeilge a bhí san Uasal Avadenei:[303]

> It should be made clear from the outset that the question does not relate to any asserted constitutional entitlement to an Irish language version of the statement, or to any argument of that nature.

[10.33] Is scáthán é ar an mbreithiúnas in *A.G. v. Coyne agus Wallace*[304] sa mhéid is gur bhain sé le hinfheidhmeacht cháipéise aonteangaí nuair nár iarradh leagan sa teanga oifigiúil eile.

[10.34] Lean an Ard-Chúirt (Clarke Brmh) teagasc na Cúirte in *Avadenei*[305] sa chás *Ó Cuinn v. An Taoiseach*[306] in ainneoin gur cainteoir laethúil Gaeilge a bhí san iarratasóir sa chás sin. Tá macalla le baint as breithiúnas na hArd-

---

[301] *DPP v. Mihai Avadenei* [2017] IESC 77.
[302] *DPP v. Mihai Avadenei* [2017] IESC 77 ag míreanna 94-95.
[303] *DPP v. Mihai Avadenei* [2017] IESC 77 ag mír 3.
[304] *A.G. v. Coyne agus Wallace* (1967) 101 I.L.T.R. 17.
[305] *DPP v. Mihai Avadenei* [2017] IESC 77.
[306] *Ó Cuinn v. An Taoiseach* [2018] IEHC 816.

Chúirte (Charleton Brmh) sa chás *Ó Gríofáin v. Éire*[307] gur leor an leagan Béarla den ráiteas.

Giúiré dátheangach

[10.35] Pléadh ceart an chúisí chun giúiré a thuigfeadh an teanga oifigiúil a roghnaigh sé in dhá chúis: *Ruairí Mac Cárthaigh v. Éire*[308] agus *Peadar Ó Maicín v. Éire.*[309]

[10.36] In *Mac Cárthaigh* cúisíodh an t-iarratasóir agus cuireadh trí chion choiriúla ina leith, ina measc go ndearna sé meascán seacláidí agus milseán a raibh luach iomlán £11,252.50 orthu a ghoid agus/nó a ghlacadh laistigh de Dhúiche Chathrach Átha Cliath. Socraíodh go gcuirfí an t-iarratasóir ar a thriail ar na cúisimh i gceist os comhair Breitheamh den Chúirt Chuarda agus giúiré. Ba mhian leis an iarratasóir go bpléifí a thaobh féin de na himeachtaí coiriúla trí Ghaeilge agus gur i nGaeilge a thabharfadh sé féin pé fianaise a bheadh le tabhairt aige agus gurb as Gaeilge a dhéanfaí pé aighneacht a dhéanfaí thar a cheann ag aon dlíodóir dá chuid. Is i mBéarla a bhí an t-ionchúiseamh ar bun. Cuireadh an triail ar atráth le deis a thabhairt don iarratasóir athbhreithniú breithiúnach a lorg san Ard-Chúirt ag éileamh giúiré go mbeadh ar a chumas Gaeilge a thuiscint gan chabhair ateangaire.

[10.37] Rialaigh an Ard-Chúirt (Ó hAnluain Brmh) ag diúltiú don iarratas, nach raibh aon sárú á dhéanamh ar chearta an chúisí faoin mBunreacht nuair nach ngéillfí don iarratas giúiré a chur ar fáil a mbeadh ar a chumas fianaise a thabharfaí nó ráitis eile a dhéanfaí as Gaeilge a thuiscint gan chabhair ó ateangaire. Is é a dúirt sé:[310]

> Tá na ceantair tíre ina bhfuil an Ghaeilge mar ghnáth-theanga ag muintir na háite suite in sna contaetha in Iarthar na hÉireann — taobh amuigh de chorr-áit i gCo. Phort Láirge agus i gCo. na Mí. Sa daonáireamh i mbliain 1986, luadh gur 58,451 líon na ndaoine sa Ghaeltacht an t-am sin go raibh labhairt na Gaeilge acu, is é sin 74% den phobal ar fad ós cionn trí bliana d'aois sa limistéar sin.
>
> Maidir leis an Stát ar fad, idir Ghaeltacht agus Ghalltacht (agus Cathair Átha Cliath a chur san áireamh, ar ndóigh) dúirt 29.4% den phobal ós cionn trí bliana d'aois, (nó dúrthas ar mhaithe leo), go raibh siad ábalta an Ghaeilge a labhairt, ach bhí an figiúr faoi bhun 25% i dToghlach Cathrach Átha Cliath. Níl tuairisc ar bith ar cé chomh líofa is a bhí éinne a d'fhreagair an cheist maidir le heolas a bheith aige nó aici ar labhairt na Gaeilge, agus tá a fhios ag an saol go bhfuil a lán den phobal nár mhaith leo admháil go raibh an Ghaeilge caillte ar fad acu, toisc gur mian leo bheith dílis don teanga agus do chúis na teanga.

---

[307] *Ó Gríofáin v. Éire* [2009] IEHC 188.

[308] *Mac Cárthaigh v. Éire* [1999] 1 I.R. 186; (1998) T.É.T.S. 57.

[309] *Ó Maicín v. Éire* [2014] 4 I.R. 583.

[310] *Mac Cárthaigh v. Éire* [1999] 1 I.R. 186, lgh 192-193.

Fágann sé sin, dá mbeifí ag tabhairt faoi rolla giúiré a chur le chéile agus gan éinne ar an rolla ach daoine go raibh eolas maith acu ar an dteanga labhartha, go gcaithfí 75% ar a laghad de phobal Chathair Átha Cliath d'fhágáil ar leataobh ó thús, agus táim den bharúil go mbeadh an figiúr níos cóngaraí do 90% nó ós a chionn nuair a bheifí ag plé le daoine a bheadh ag dul i ngleic le ceisteanna casta sa dlí coiriúil a phlé is a thuiscint.

[...]

Ba chóir go bhféadfaí a rá i dtaobh giúiré ar bith i ngach cás coiriúil go seasann siad do gach aicme den phobal sa cheantar ina bhfuil an chúis le héisteacht. Faoi mar a dúirt an Chúirt Uachtarach in sna Stáit Aontaithe sa chás thuasluaite, *Taylor v. Louisiana* (1975) 419 U.S. 522 ar leath. 530:

> 'Restricting jury service to only special groups or excluding identifiable segments playing major roles in the community cannot be squared with the constitutional concept of jury trial.'

Is é sin a tharlódh, do réir mo bharúil, dá ngéillfí do éileamh an iarratasóra sa chás seo.

[10.38] Thagair Ó hAnluain Brmh chomh maith don dlí-eolaíocht Éireannach faoin riachtanas de bhun Airteagal 38.5 den Bhunreacht go mbeadh giúiré ionadaíoch ar an dúiche arb as iad: *de Búrca v. Attorney General*[311] agus *The State (Byrne) v. Frawley*.[312] Ar ndóigh, sa dá chás sin ba leis an gcúisí an ceart go mbeadh an giúiré ionadaíoch agus ba ar mhaithe leis an gcúisí a bhí an ceart sin ann. Rinne an t-iarratasóir achomharc chuig an gCúirt Uachtarach.

[10.39] Ba é breith na Cúirte Uachtaraí (Hamilton PBhrmh, O' Flatherty, Murphy, Lynch agus Barron Brna; 15 Iúil 1998) ag díbhe an achomhairc agus ag dearbhú bhreithiúnas na hArd-Chúirte, dá mbeadh ar gach ball den ghiúiré bheith in ann cúrsaí dlí a thuiscint as Gaeilge gan chabhair ateangaire, go gcuirfí formhór de mhuintir na hÉireann go leataobh rud a sháródh Airteagal 38.5 den Bhunreacht. Tá sé suimiúil, áfach gur ghlac an Chúirt le fírinne an tsleachta seo a leanas faoi mhíshásúlacht na hateangaireacha sa chúirt sna téarmaí seo a leanas:[313]

> Cinnte tá deacrachtaí ag baint le ateangaireacht — deacrachtaí a luaigh Michael Shulman sa *Vanderbilt Law Review* (1993) vol. 46, p. 175 ag 177 mar seo:
>
> > 'When a defendant testifies in a criminal case, his testimony is critically important to the jury's determination of his guilt or innocence. The first noticeable difficulty in the present system of court interpretation is that non-English speaking defendants are not judged on their own words. The words attributed to the defendant are those of the interpreter. No matter how accurate the interpretation is, the words are not the defendant's, nor is the

---

[311] *de Búrca v. Attorney General* [1976] I.R. 38.

[312] *The State (Byrne) v. Frawley* [1978] I.R. 326. Lean an cás sin *Taylor v. Louisiana* (1975) 419 U.S. 522.

[313] *Mac Cárthaigh v. Éire* [1999] 1 I.R. 186, lch 198.

style, the syntax, or the emotion. Furthermore, some words are culturally specific and, therefore, are incapable of being translated. Perfect interpretations do not exist, as no interpretation will convey precisely the same meaning as the original testimony. While juries should not attribute to the defendant the exact wording of the interpretation and the emotion expressed by the interpreter, they typically do just that[314] ... Given that juries often determine the defendant's guilt or innocence based on small nuances of language or slight variations in emotion, how can it be fair for the defendant to be judged on the words chosen and the emotion expressed by the interpreter?'

Tá sé sin fíor go leor, ach caithfear a rá, in Éirinn faoi láthair, nach bhfuil réiteach níos fearr ann. Dá mbeadh ar gach ball den ghiúiré bheith in ann cúrsaí dlí a thuiscint as Gaeilge gan cabhair ateangaire, chuirfí formhór de mhuintir na hÉireann ar leataobh. Dhéanfadh sé sin sárú ar Airteagal 38.5 den Bhunreacht, mar a mhínigh an Chúirt Uachtarach é i gcás de *Búrca v. Attorney General* [1976] I.R. 38 agus *The State (Byrne) v. Frawley* [1978] I.R. 326.

Ar an ábhar sin, diúltaíonn an Chúirt don achomharc seo.

Comparáid le Ceanada

[10.40] Tagraíodh do chás Ceanadach amháin san Ard-Chúirt in *Mac Cárthaigh:*[315] *Mercure v. Attorney General Saskatchewan,*[316] cás inar rialaigh an Chúirt Uachtarach thall nárbh ionann an ceart teanga a labhairt sa Chúirt agus an ceart go dtuigfí tú sa teanga sin gan ateangaireacht: 'an accused is constitutionally entitled to speak French before the courts in Saskatchewan, but has no right to be understood in that language.' Bhain an leagan amach Kafkach sin, a shíolraigh ón gcás *Société des Acadiens v. Association of Parents,*[317] le dlí-eolaíocht a cuireadh ar leataobh go gairid tar éis don Chúirt Uachtarach in Éirinn diúltú d'achomharc *Mhic Cárthaigh* an 15 Iúil 1998.

[10.41] Faoin dlí-eolaíocht nua agus reatha i gCeanada, tá giúiré a thuigfeadh Fraincis bunreachtúil, fiú in áiteanna ar mionlach fíorbheag iad lucht labhartha na Fraincise.

[10.42] Sa chás *R. v. Beaulac,*[318] ar tugadh an breithiúnas ann an 20 Bealtaine 1999, dheimhnigh Cúirt Uachtarach Cheanada nádúr cuspóiriúil cearta teanga. Sa chás sin cúisíodh M. Beaulac i ndúnmharú den chéad ghrád in British Columbia, áit ar mionlach ar lú a líon ná 2% iad na frainciseoirí. Mí-

[314] Fágadh ar lár an abairt seo a leanas: 'In addition, American juries often are biased against non-English speaking defendants; therefore, these defendants are disadvantaged from the outset of the case.'
[315] *Mac Cárthaigh v. Éire* [1999] 1 I.R. 186; (1998) T.É.T.S. 57.
[316] *Mercure v. Attorney General Saskatchewan* [1988] S.C.R. 234, lch 237.
[317] *Société des Acadiens v. Association of Parents* [1986] 1 S.C.R. 549.
[318] *R. v. Beaulac* [1999] 1 S.C.R. 768.

thriail a bhí sa chéad triail. Ciontaíodh é tar éis an dara triail, chuir an Chúirt Achomhairc an ciontú sin ar ceal agus ordaíodh triail nua.

[10.43] Rinne an cúisí iarratas ar éisteacht os comhair breitheamh agus giúiré a raibh dhá theanga oifigiúla Cheanada acu de bhun alt 530 den Chód Coiriúil. Séanadh é seo air agus ciontaíodh é tar éis triail i mBéarla. Dhíbh an Chúirt Achomhairc an t-achomharc agus sheas leis an gcúirt thíos maidir leis an mbreitheamh agus leis an ngiúiré dátheangach a shéanadh ar an gcúisí agus rinne sé achomharc chuig an gCúirt Uachtarach mar gheall ar cheist na teanga. Scríobh an Chúirt Uachtarach sa cheann-nóta:

> Language rights must in all cases be interpreted purposively, in a manner consistent with the preservation and development of official language communities in Canada. To the extent that *Société des Acadiens*[319] stands for a restrictive interpretation of language rights, it is to be rejected. The fear that a liberal interpretation of language rights will make provinces less willing to become involved in the geographical extension of those rights is inconsistent with the requirement that language rights be interpreted as a fundamental tool for the preservation and protection of official language communities where they do apply. Language rights are a particular kind of right, distinct from the principles of fundamental justice. They have a different purpose and a different origin. When s. 530 of the Criminal Code was promulgated in British Columbia in 1990, the scope of the language rights of the accused was not meant to be determined restrictively. The amendments were remedial and meant to form part of the unfinished edifice of fundamental language rights.
>
> Section 530(1) of the Code creates an absolute right of the accused to equal access to designated courts in the official language that he considers to be his own, providing the application is timely. The courts called upon to deal with criminal matters are therefore required to be institutionally bilingual in order to provide for the equal use of the two official languages of Canada. This is a substantive right and not a procedural one that can be interfered with.
>
> [...]
>
> The 'language of the accused' is very personal in nature; it is an important part of his cultural identity. Under s. 530 of the Code, an accused must be afforded the right to make a choice between the two official languages based on his subjective ties with the language itself and to freely assert which official language is his own language. An accused's own language ... is either official language to which that person has a sufficient connection. It does not have to be the dominant language. If the accused has sufficient knowledge of an official language to instruct counsel, he will be able to assert that that language is his language, regardless of his ability to speak the other official language. The Crown may challenge the assertion made, but it will have the onus of showing that the assertion is unfounded. The court, in such a case, will not inquire into specific criteria to determine a dominant cultural identity, nor into the personal language

[319] *Société des Acadiens v. Association of Parents* [1986] 1 S.C.R. 549.

> preferences of the accused. It will only satisfy itself that the accused is able to instruct counsel and follow the proceedings in the chosen language.
> [...]
> Lastly, since language rights are distinct from trial fairness, trial fairness is not to be considered and is certainly not a threshold that, if satisfied, can be used to deny the accused his language rights under s. 530.
> [...]
> The Court of Appeal's decision upholding the dismissal of the s. 530(4) application is based exclusively on the ability of the accused to speak English. The accused's ability to express himself in English is irrelevant because the choice of language is not meant to support the legal right to a fair trial, but to assist the accused in gaining equal access to a public service that is responsive to his linguistic and cultural identity.

Agus ag mír 22 den bhreithiúnas:

> Equality does not have a lesser meaning in matters of language. With regard to existing rights, equality must be given true meaning. This Court has recognized that substantive equality is the correct norm to apply.

[10.44] Baineann sé seo macalla as an méid a dúirt Hardiman Brmh in *Ó Beoláin v. Fahy*[320] maidir le hiarrachtaí abhcóidí an Stáit cearta teanga an iarratasóra a chaolú agus a chealú trína chur i gcomórtas le cearta eile:

> Is é an pointe is bunúsaí dá dtarraingíonn an t-abhcóide thar ceann na bhfreagróirí chuige féin go síodúil ná seo: cé acu is tábhachtaí: ceart an phobail go gcuirfí an dlí i bhfeidhm nó ceart an tsaoránaigh Gaeilge a úsáid? Aighníonn sé gur 'gá ceann acu géilleadh don cheart eile'.
>
> Creidim go láidir nach bhfuil a leithéid de ghá ann go ngéillfeadh ceann de na cearta seo don cheart eile. I Stát inarb í an Ghaeilge an teanga náisiúnta agus an chéad teanga oifigiúil, agus atá geallta do pholasaí dátheangachais faoi shainordú reachtúil, is gá na dlíthe a eisiúint, agus nuair atá sin riachtanach, iad a fheidhmiú i ngach ceann de na teangacha oifigiúla. I gcás mar é seo faoi láthair, áit nach bhfuil aon cheist faoi chumas agus faoi mhian *bona fide* an tsaoránaigh an teanga náisiúnta a úsáid feictear dom gur ní aisteach thar na bearta é iarracht a dhéanamh codarsnacht a chruthú idir a cheart é sin a dhéanamh agus ceart an phobail go bhfeidhmeofaí an dlí. Thairis sin, níl aon deacracht dhosháraithe ann an dlí a fheidhmiú trí mheán na teanga náisiúnta agus na príomhtheanga oifigiúla agus cibé deacracht ab fhéidir a bheith ann i dtaca leis seo is de bharr neamairt an Stáit é thar thréimhse scór bliain is breis i leith na teanga náisiúnta. Má tharlaíonn sé go dtugtar aghaidh ar na deacrachtaí i mbealach fánach nó *ad hoc*, tá sin amhlaidh mar gheall nach raibh an Stát toilteanach aghaidh a thabhairt orthu ar bhealach níos comhleanúnaí.
>
> Leagann an Stát nua-aimseartha iliomad dualgas trom ar shaoránaigh i dtaca le gnéithe éagsúla den saol ó ghéilliúlacht i gcúrsaí cánach go dlí pleanála. Dualgais thuirsiúla a ghlacann am agus atá costasach a chomhlíonadh cuid mhór

---

[320] *Ó Beoláin v. Fahy* [2001] 2 I.R. 279, lgh 330-31.

de na dualgais seo ach is cuí é a bheith riachtanach iad a chomhlíonadh. Mar an gcéanna caithfidh an Stát féin a dhualgais a chomhlíonadh, go háirithe iad siúd atá cumhdaithe sa Bhunreacht agus ná cloistear an Stát ag gearán ach chomh beag leis an saoránach aonair gur dualgais thuirsiúla, throma iad sin. Go háirithe, ná cloistear an Stát ag gearán gur de bharr nár chomhlíon sé a dhualgais le scór bliain anuas is breis, atá deacracht níos mó aige na dualgais sin a chomhlíonadh anois.

[10.45] Bhí deis ag an gCúirt Uachtarach athscagadh a dhéanamh ar an gceist seo sa chás *Ó Maicín v. Éire.*[321] Sa chás seo rialaigh an Chúirt Uachtarach le móramh 4:1 i gcoinne giúiré dátheangach a bhí á lorg ag cúisí Gaeltachta. Ba chainteoir dúchais Gaeilge an cúisí agus é curtha ina leith gur ionsaigh sé fear, cainteoir dúchais Gaeilge eile, i dteach i nGaeltacht Chonamara. Is é a dúirt Clarke Brmh (O'Donnell Brmh ag aontú leis) ar son an mhóraimh:[322]

> [T]áim sásta go bhfuil ceart bunreachtúil ag an Uasal Ó Maicín chun a ghnó oifigiúil a stiúradh go hiomlán i nGaeilge. Mar sin féin, níl an ceart sin absalóideach agus d'fhéadfadh go mbeidh air géilleadh do bhreithnithe, i roinnt cásanna, a thagann as [an] líon suntasach daoine (fiú i gceantair Ghaeltachta) nach mbeadh cumas dóthanach acu sa Ghaeilge, don ghá le haird a thabhairt ar chearta daoine eile chun Béarla a úsáid mar theanga oifigiúil agus don riachtanas bunreachtúil iomaíoch go mbeadh giúiréithe fíor-ionadaíoch i gcónaí.
>
> I ndálaí reatha, agus fiú sna ceantair Ghaeltachta, ní fheictear domsa gur cruthaíodh go mbeifí ábalta giúiré ag a mbeadh cumas dóthanach sa Ghaeilge a rollú chun triail choiriúil thábhachtach a stiúradh gan cúnamh aistritheora gan, ag an am céanna, líon an-suntasach daoine, a bheadh cáilithe ar chuma eile, a eisiamh ón teidlíocht i leith suí ar an ngiúiré lena mbainfeadh. Fad is go leanfaidh na dálaí sin ar aghaidh, dá thoradh na cearta a thabhairt don Uasal Ó Maicín dá n-áitíonn sé, dhéanfaí líon suntasach daoine a eisiamh go neamhcheadmhach ó thaobh an Bhunreachta de ón bpainéal giúiré ó riachtanas ionas go mbeadh giúiré a rollfaí mar sin ina shárú ar an gceanglas bunreachtúil um ionadaíocht. Dá n-athrófaí na dálaí bunaidh ansin, dar ndóigh, d'fhéadfadh go n-athrófaí an chothromaíocht idir cearta teanga an Uasail Ó Maicín agus an ceanglas bunreachtúil sin fosta. Mar sin féin, níl mé sásta, i láthair na huaire, go bhfuil an tUasal Ó Maicín i dteideal an cineál giúiré atá á lorg aige.

[10.46] Is é a dúirt Hardiman Brmh, a bhí mar uachtarán na Cúirte, agus é ag easaontú:[323]

> Tá go leor fianaise *gan bhréagnú* [sa chás seo], dá mbeadh ceantar giúiré cuimsithe de limistéir Ghaeltachta Iarthar na Gaillimhe ann, go mbeadh céatadán an-ard den phainéal giúiré a thabharfaí ó na limistéir sin ábalta an Ghaeilge a labhairt agus ábalta imeachtaí dlíthiúla sa teanga sin a thuiscint. Sholáthródh ceantar dá leithéid, de réir na fianaise gan bhréagnú, trasghearradh réasúnta den phobal lena

---

321 *Ó Maicín v. Éire* [2014] 4 I.R. 477.
322 *Ó Maicín v. Éire* [2014] 4 I.R. 477, lgh 552-53.
323 *Ó Maicín v. Éire* [2014] 4 I.R. 477, lch 528.

n-áirítear iad siúd atá bainteach i gceirdeanna gairmiúla agus oilte eile, oifigigh, daoine gnó, daoine féinfhostaithe, mic léinn agus daoine dífhostaithe, mar aon le feirmeoirí agus oibrithe talmhaíochta eile.

[Aibhsiú sa bhunleagan ag Hardiman Brmh]

[10.47] Tar éis dó glacadh leis mar fhíric go mbíonn an té an ndéantar aistriúchán ar a chuid fianaise don ghiúiré faoi mhíbhuntáiste,[324] d'aontaigh Hardiman Brmh lena bhfuil in alt Michael B Shulman 'No Hablo Ingles: Court Interpretation as a Major Obstacle to Fairness for non-English Speaking Defendants'[325] agus is é a dúirt sé:[326]

Bhain an t-alt sin le daoine a labhair teangacha eachtrannacha. Caithfidh sé go deimhin go mbaineann a léargais *a fortiori* le cosantóir ar mian leis teanga Náisiúnta agus príomhtheanga an Stáit féin a úsáid.

Tá cinneadh breithiúnach ann maidir leis sin, *R. v. Pooran* (2011) A.B.P.C. 77. Tá an tagairt ó bhreithiúnas Brown Brmh i gCúirt Chúigeach Alberta. Bhí cás os comhair an Bhreithimh Brown ina raibh na hiarrthóirí cúisithe as cionta faoin Traffic Safety Act of Alberta agus bhí siad ag iarraidh go stiúrfaí a dtriail sa Fhraincis. Áiríodh leis sin ionchúisitheoir le Fraincis, breitheamh le Fraincis agus an teidlíocht cumarsáid a dhéanamh sa chúirt go hiomlán sa Fhraincis. Dúirt an t-ionchúisitheoir gur leor ateangaire chun ceart a sheasamh do chearta teanga na gcosantóirí.

Breith Brown Brmh:

'If litigants are entitled to use either English or French in oral representations before the courts, yet are not entitled to be understood except through an interpreter, their language rights are *hollow* indeed. *Such a narrow interpretation of the right to use either English or French is illogical, akin to the sound of one hand clapping, and has been emphatically overruled by [R. v. Beaulac*[327]*].*

'The Crown Respondent's assertion that the rights in the Languages Act are met by the provision of an interpreter amounts to a sloughing of the language rights of the litigant of the Charter legal right to due process, natural justice and a fair trial. As to the reference in the June 22, 1988, ministerial statement, to the provision of an interpreter if necessary, I infer from those words that the interpreter is to be provided for witnesses who do not speak the language, English or French, in which the trial is being conducted.'

[Aibhsiú sa bhunleagan ag Hardiman Brmh]

[10.48] Is suimiúil gur ghlac an Chúirt Uachtarach d'aonghuth le fírinne alt Shulman thuas[328] i gcás *Mhic Cárthaigh*[329] agus gur ghlac móramh na Cúirte Uachtaraí leis in *Ó Maicín*[330] (Hardiman, Clarke,[331] O'Donnell Brna) ach dar

[324] *Ó Maicín v. Éire* [2014] 4 I.R. 477, lch 514.
[325] (1993) 46 Vand. Law Rev. 175, lch 177. Féach mír [10.39].
[326] *Ó Maicín v. Éire* [2014] 4 I.R. 477, lch 515.
[327] *R. v. Beaulac* (1999) 1 S.C.R. 768.
[328] Féach mír [10.39].
[329] *Mac Cárthaigh v. Éire* [1999] 1 I.R. 186; (1998) T.É.T.S. 57.

leis an gCúirt Uachtarach in *Mac Cárthaigh* agus leis an móramh in *Ó Maicín* nach raibh réiteach níos fearr ann ná ateangaireacht a chur ag obair. Tá cur síos mion ar conas a chuirtear giúiré ionadaíoch dátheangach le chéile in British Columbia, áit ar mionlach an-bheag iad lucht labhartha na Fraincise, in Aguisín I le Breithiúnas Hardiman Brmh a fhoilsítear ag cúl an leabhair seo.

[10.49] Rialaigh an Chúirt Achomhairc in *Ó Domhnaill v. An Coimisiún um Chaighdeáin in Oifigí Poiblí*[332] gur leor ateangaireacht i gcomhair éisteacht os comhair an Choimisiúin féin seachas binse dátheangach malartach a chur le chéile i gcomhair éisteacht a gcuirfí an dá theanga oifigiúla ag obair lena linn. Arsa an Chúirt Achomhairc: 'Réiteach réasúnach agus comhréiteach is ea ateangaireacht.'[333]

Éifeacht na hAteangaireachta

[10.50] Maidir le héifeacht na hateangaireachta, dúirt an Ard-Chúirt (Finnigan Uacht.) sa chás *Mac Cárthaigh v. Aire Dlí agus Cirt*[334] tar éis dó glacadh le fírinne ráiteas Shulman[335] (thuas) go raibh lochtanna ar an dá chóras ateangaireachta idir chomhuaineach agus chomhleanúnach, a bhain leis an moill idir caint an fhinné agus a leagan aistrithe, rud a dheighil an chaint ó gheáitsí an fhinné. Chinn sé nach raibh 'ceart' ann chun córas amháin ateangaireachta seachas a chéile dá réir.

[10.51] Is suntasach go ndúirt Finnegan Uacht. 'The system of translation adopted by the courts where evidence in Irish requires to be translated creates a difficulty'[336] díreach sular ghlac sé le ráiteas Shulman mar a leag Hamilton PBhrmh amach é in *Mac Cárthaigh v. Éire.*[337]

[10.52] Sa chás *Ó Bleithín v. An tAire Dlí agus Cirt*[338] chinn an Ard-Chúirt (Ó Caoimh Brmh)[339] go raibh buntáistí agus míbhuntáistí ag baint leis an dá chóras ateangaireachta idir chomhuaineach agus chomhleanúnach ach

> I gcás coiriúil os comhair giúiré, táimise den bharúil gurb é an rud is tábhachtaí ná an cruinneas ar an ateangaireacht agus gur rud é sin is féidir a sholáthar leis an gcóras comhleanúnach níos fearr ná leis an gcóras comhuaineach sa mhéid is

---

[330] *Ó Maicín v. Éire* [2014] 4 I.R. 477.
[331] *Ó Maicín v. Éire* [2014] 4 I.R. 477, lch 546, O'Donnell Brmh ag aontú.
[332] *Ó Domhnaill v. An Coimisiún um Chaighdeáin in Oifigí Poiblí* [2015] IECA 204.
[333] *Ó Domhnaill v. An Coimisiún um Chaighdeáin in Oifigí Poiblí* [2015] IECA 204, mír 19.
[334] *Mac Cárthaigh v. Aire Dlí agus Cirt* [2002] 4 I.R. 8.
[335] *Mac Cárthaigh v. Aire Dlí agus Cirt* [2002] 4 I.R. 8, lch 13. Féach mír [10.39].
[336] *Mac Cárthaigh v. Aire Dlí agus Cirt* [2002] 4 I.R. 8, lch 13.
[337] *Mac Cárthaigh v. Éire* [1999] 1 I.R. 186; (1998) T.É.T.S. 57.
[338] *Ó Bleithín v. An tAire Dlí agus Cirt* [2004] IEHC 311.
[339] *Ó Bleithín v. An tAire Dlí agus Cirt* [2004] IEHC 311, lch 8502.

gur féidir leis an ateangaire ceist a chur ar an bhfinné más gá a chuid fianaise a thabhairt in athuair ionas go mbeidh deis aige an t-aistriúchán a chur os comhair an ghiúiré go cruinn.

Trialacha coiriúla gan ghiúiré

[**10.53**] In *Ó Cadhla v. An tAire Dlí agus Cirt*[340] rialaigh an Ard-Chúirt (Ní Raifeartaigh Brmh) go raibh dualgas ar an Stát de bhun Airteagal 8 den Bhunreacht gach céim réasúnach a thógáil lena chinntiú go mbeadh breitheamh dátheangach i bhfeighil ar thriail sa Chúirt Dúiche inar mian leis an gcúisí a chosaint a reáchtáil trí Ghaeilge. Ghlac an Chúirt leis go raibh míbhuntáiste ag baint le plé leis an gCúirt trí ateangaire agus cé nár sháraigh sé sin an ceart chun triail chothrom de bhun Airteagal 38 den Bhunreacht, gur bac agus gur míbhuntáiste a bhí ann don chúisí a bhí ag dul ar aghaidh i nGaeilge os comhair cúirte nár thuig a chuid fianaise agus aighneachtaí a fhoireann dlí go díreach le hais páirtithe eile (an t-ionchúiseamh nó cúisí eile) a bhí ag plé leis an gCúirt go díreach as Béarla.

[**10.54**] Rinne Ní Raifeartaigh Brmh comparáid le *Ó Maicín v. Éire*[341] agus chinn gur séanadh cinnteoir[342] dátheangach ar an iarratasóir sa chás sin mar gheall nach féidir (faoi láthair ar aon nós) giúiré ionadaíoch dátheangach a chur ar fáil .i. mar gheall nárbh fhéidir é a dhéanamh. Chinn sí, áfach, nach raibh aon ordaitheach den saghas sin ag cur i gcoinne breitheamh dúiche dátheangach a chur ar fáil do thriail an Uasail Ó Cadhla sa Chúirt Dúiche, cúirt a mbíonn breitheamh amháin i gceannas uirthi gan ghiúiré. Thug Ní Raifeartaigh Brmh faoi deara go ndearna an Chúirt Achomhairc plé áirithe ar cheist na hateangaireachta sa chás *An Stiúrthóir Ionchúiseamh Poiblí v. Billings*[343] ach toisc gur ghlac abhcóide an chúisí sa chás sin ón tús le hateangaireacht nach ndearna an Chúirt Achomhairc aon chinneadh faoin gceist.

An Coinbhinsiún Eorpach um Chearta an Duine

[**10.55**] Maidir le ceist na hateangaireachta, rialaigh an Chúirt Eorpach um Chearta an Duine (CECD) sa chás *Cuscani v. An Ríocht Aontaithe*[344] gur sáraíodh an ceart chun triail chothrom nuair nár cuireadh ateangaireacht, a raibh gá léi, ag obair le linn na héisteachta.

[**10.56**] Phléadáil an tUasal Cuscani, Iodálach, ciontach as cionta calaoise i gcoinne údaráis chánacha na Breataine. Ag an éisteacht a bhain le pianbhreith

---

[340] *Ó Cadhla v. An tAire Dlí agus Cirt* [2019] IEHC 503.
[341] *Ó Maicín v. Éire* [2014] 4 I.R. 477.
[342] Giúiré sa chás sin mar gur triail choiriúil sa Chúirt Chuarda a bhí i gceist in *Ó Maicín*.
[343] *An Stiúrthóir Ionchúiseamh Poiblí v. Billings* [2019] IECA 149.
[344] *Cuscani v. United-Kingdom* (32771/96) [2002] ECHR 625.

a ghearradh air, ní raibh ateangaire gairmiúil i láthair in ainneoin go raibh ordú chuige sin deonaithe ag an mbreitheamh trialach roimhe sin.

[10.57] Mhol abhcóide an Uasail Cuscani, gan dul i gcomhairle leis roimh ré, go bhféadfadh deartháir an chúisí obair na hateangaireachta a dhéanamh dá mba ghá agus thoiligh an Chúirt dó sin. Níor iarradh ar an deartháir ateangaireacht ar bith a dhéanamh, áfach. Daoradh an tUasal Cuscani chun ceithre bliana príosúnachta agus díchäillíodh é ó bheith ina stiúrthóir cuideachta ar feadh tréimhse deich mbliana. Diúltaíodh cead dó achomharc a dhéanamh.

[10.58] Ó tharla nach raibh leigheas intíre ar fáil dó, rinne sé gearán leis an gCúirt Eorpach um Chearta an Duine ar an mbonn nach bhfuair sé triail chothrom in éagmais ateangaireacht ag an éisteacht i ndáil le pianbhreith a ghearradh air, gearán de bhun Airteagal 6 den Choinbhinsiún Eorpach um Chearta an Duine (an ceart chun triail chothrom).

[10.59] Rialaigh an CECD gur ar an mbreitheamh trialach a bhí an dualgas a dheimhniú cé acu a bhí nó nach raibh an cúisí inniúil ar theanga na héisteachta a thuiscint le go ndéanfadh an breitheamh cinneadh ar ghá ateangaire a chur ag obair. In ainneoin gur faoin gcúisí agus faoina fhoireann dlí atá sé ar an gcéad dul síos a shocrú conas a riarfar an chosaint, chinn an CECD gurb é an breitheamh atá i gceannas na héisteachta caomhnóir Chothrom na Féinne i ndáil leis na himeachtaí os a chomhair. Chinn an Chúirt gur sáraíodh Airteagal 6 dá réir.

Triail i dteanga an mhionlaigh ar Mhór-Roinn na hEorpa

[10.60] Baineann an Chairt Eorpach um Theangacha Réigiúnacha nó Mionlaigh de chuid Chomhairle na hEorpa le teangacha a labhraítear go stairiúil ag mionlach sa bhallstát i gceist (seachas teangacha lucht inimirce nó teangacha saorga) agus nach teangacha oifigiúla de chuid an bhallstáit sin iad[345] .i. ní bhaineann an Chairt leis an nGaeilge sa Stát seo.

[10.61] Tá saoirse ag an mBallstát a shíníonn an Chairt maidir le cad iad na forálacha a roghnóidh sé le cloí leo i gcás gach teanga ar leith. Foráiltear le hAirteagal 9 alt 1(a)(i) den Chairt mar seo a leanas:

> **Article 9 — Judicial authorities**
>
> 1 The Parties undertake, in respect of those judicial districts in which the number of residents using the regional or minority languages justifies the measures specified below, according to the situation of each of these languages and on condition that the use of the facilities afforded by the present paragraph is not considered by the judge to hamper the proper administration of justice:

---

[345] An Chairt Eorpach um Theangacha Réigiúnacha nó Mionlaigh, Airteagal 1.

(a) in criminal proceedings:
(i) to provide that the courts, at the request of one of the parties, shall conduct the proceedings in the regional or minority languages;

[10.62] Is suimiúil go bhfuil an ceart ag cainteoirí Gearmáinise i gceantar Trentino-Alto Adige (Südtirol) na hIodáile, is cuma cad as dóibh, go reáchtálfaí an t-ionchúiseamh ina gcoinne — ón ngabháil go dtí an triail — as Gearmáinis. Féach: *Re: Imeachtaí Coiriúla i gcoinne Horst Otto Bickel agus Ulrich Franz.*[346] Sin ceart nach bhfuil ag an gcainteoir Gaeilge in Éirinn.

[10.63] Déanann an tOllamh R Gwynedd Parry[347] an pointe seo a leanas maidir leis an mBreatain Bheag, atá chomh fíor céanna, faraor, maidir leis an tír seo:

> The approach has also tended to be minimalist, and to seek to resist the use of any language other than English has been the universal attitude.

[10.64] Nó mar a dúirt Ní Raifeartaigh Brmh san Ard-Chúirt in *Ó Cadhla v. An tAire Dlí agus Cirt*:[348]

> Uaireanta taispeántar eadulaingt aisteach i leith an mhionlaigh Gaeilgeoirí sa tsochaí maidir lena gcearta ó cheathrúna arb iondúil go mbíonn níos mó urraime acu do chearta mionlach.

---

346 *Re: Imeachtaí Coiriúla i gcoinne Horst Otto Bickel agus Ulrich Franz* (C-274/96).
347 Parry, R Gwynedd *The Language of Evidence,* Criminal Law Review [2004] 1015, lch 1031.
348 *Ó Cadhla v. An tAire Dlí agus Cirt* [2019] IEHC 503, mír 4.

Caibidil 11

Cáipéisí Oifigiúla Eile agus Córas Clárúcháin Feithiclí

[11.01] Sa chás *Helen Ó Murchú v. Cláraitheoir na gCuideachtaí*[349] bhí an t-iarratasóir ag iarraidh eagras darbh ainm 'Comhar na Múinteoirí Gaeilge' a chorprú agus a chlárú mar chuideachta theoranta. Chun é seo a dhéanamh, d'iarr sí leagan Gaeilge de na foirmeacha cuí ar Oifig na gCuideachtaí. Ní raibh siad ar fáil. Tar éis moille agus deacracht i gcur na bhfoirmeacha ar fáil di, chuir sí tús le himeachtaí san Ard-Chúirt chun iallach a chur ar Chláraitheoir na gCuideachtaí na foirmeacha cuí a sholáthar di. Mhol an freagróir go bhféadfadh an t-iarratasóir a haistriúchán féin de na foirmeacha a dhéanamh. Dhiúltaigh an Ard-Chúirt (Ó hAnluain Brmh) don tairiscint seo agus dúirt sé:[350]

> Dá mba rud é gur ghlac sí leis an gcomhairle sin, bheadh uirthi an stró agus an dua a bhainfeadh le saothar an aistriúcháin a ghlacadh uirthi féin — nó b'fhéidir táille a íoc le duine a bheadh níos oilte ná í féin i gcúrsaí dlí agus teanga — agus ar deireadh báire ní bheadh a fhios aici an mbeadh an Cláraitheoir sásta go raibh an leagan a chuirfí os a chomhair 'ar aon dul' leis an leagan oifigiúil atá le fáil sa Sceideal agus atá ar fáil gan dua don té atá toilteanach an leagan Béarla a úsáid. Tá sé soiléir gur caitheadh airgead Stáit ar na foirmeacha sa leagan Béarla do chur ar fáil ar an gcuma san agus ní feictear dom go bhfuil cothrom na Féinne le fáil ag an gcuid sin den phobal gur mian leo an gnó a dhéanamh tré mheán an phríomh-theanga oifigiúil mura gcuirtear na háiseanna céanna ar fáil dóibh-sin freisin.

[11.02] Ghlac an Chúirt Uachtarach leis an mbreithiúnas sin in *Ó Beoláin v. Fahy*.[351] Ar an lámh eile de in *Ó Gribín v. An Chomhairle Mhúinteoireachta*[352] rialaigh an Ard-Chúirt (Murphy Brmh) go raibh an dualgas chun tuairiscí oifigiúla a chur ar fáil as Gaeilge faoi réir ag alt 10 d'Acht na dTeangacha Oifigiúla 2003. Is cóip de Thuarascáil an Choiste Stiúrtha faoi Bhunú na Comhairle Múinteoireachta a bhíothas á lorg sa chás sin mar áis chun cur isteach ar phost leis an bhfreagróir. Cé gur aithin an Chúirt ceart ginearálta[353]

---

[349] *Helen Ó Murchú v. Cláraitheoir na gCuideachtaí* (1988) T.É.T.S. 42.
[350] *Helen Ó Murchú v. Cláraitheoir na gCuideachtaí* (1988) T.É.T.S. 42, lch 44.
[351] *Ó Beoláin v. Fahy* [2001] 2 I.R. 279: McGuinness Brmh, lch 295; Hardiman Brmh, lgh 316-17.
[352] *Ó Gribín v. An Chomhairle Mhúinteoireachta* [2008] 3 I.R. 266.

ba léir é a bheith faoi réir ag an reachtaíocht teanga dar leis an gCúirt maidir le tuarascálacha:[354]

> Faoi dhualgais bhunreachtúla, reachtúla, faoi Acht na dTeangacha Oifigiúla 2003, agus fasaigh na hArd-Chúirte, tá ceart ag an iarratasóir a chuid ghnó a dheanamh leis an Stát trí Ghaeilge gan chonstaic mar atá le fáil ag duine a dhéanann a chuid ghnó trí Bhéarla.
>
> Is údaráis iad *Ó Murchú v. Cláraitheoir na gCuideachtaí* (1988) T.É.T.S. 42 agus *Delap v. An tAire Dlí agus Cirt* (1990) T.É.T.S. 46 le haghaidh na tairisceana nach ceart trioblóid ná costas breise a chur ar dhaoine ar mian leo gnó oifigiúil a dhéanamh as Gaeilge leis an Stát. Nuair a chuirtear doiciméid oifigiúla atá riachtanach do sheoladh ghnó oifigiúil agus dlíthiúil ar fáil i dteanga amháin, is cóir leagan sa teanga eile a chur ar fáil a luaithe agus is féidir dá éis sin.
>
> [...]
>
> Ní dheonaíonn an Chúirt an faoiseamh deireannach don iarratasóir. Ní thiteann tuairisc i nGaeilge le haghaidh usáid an phobail i réimse na bhfórlacha bunreachtúla atá léirithe thuas[355] nó faoin gcaipéisíocht oifigiúil a bhfuil tiontú comhuaineach [uirthi] ag teastáil faoi alt 10 d'Acht na dTeangacha Oifigiúla 2003.

[11.03] Is cosúil gur iarracht den fhoirceadal *inclusio unius est exclusio alterius* atá i gceist anseo: gurb ionann rud amháin a thabhairt san áireamh agus gach rud eile a fhágáil as an áireamh.

Córas clárúcháin feithiclí

[11.04] Sa chás *Ní Cheallaigh v. An tAire Comhshaoil*[356] cheap an tAire Comhshaoil córas clárúcháin d'fheithiclí faoin *Road Traffic Act 1920*, bunaithe ar an leagan Béarla d'ainmneacha na gcontaetha agus na gcathracha éagsúla leis na hionstraimí reachtúla I.R. 441/1986 agus I.R. 445/1986. Is i gcathair Bhaile Átha Cliath a bhí cónaí ar an iarratasóir agus d'iarr sí cead ar an údarás ceadúnais sa chathair sin na litreacha 'BÁC' (bunaithe ar an leagan Gaeilge den logainm) a thaispeáint in ionad na litreach 'D' (bunaithe ar an leagan Béarlaithe) agus diúltaíodh di.

[11.05] In ainneoin gan cead a fháil chuige, rinne an t-iarratasóir na litreacha 'BÁC' a thaispeáint mar chuid den chláruimhir ar phláta tosaigh agus ar phláta cúil a gluaisteáin. An 27 Aibreán, 1990, ciontaíodh í sa Chúirt Dúiche i mBaile Átha Cliath toisc nach raibh an treoirmharc cuí ar taispeáint ar cheachtar pláta den ghluaisteán aici agus fíneáladh £10 í ar gach cúiseamh faoi leith. Lorg an t-iarratasóir dearbhú, *certiorari* leis an gciontú ina coinne

---

[353] *Ó Gribín v. An Chomhairle Mhúinteoireachta* [2008] 3 I.R. 266, lch 277.

[354] *Ó Gribín v. An Chomhairle Mhúinteoireachta* [2008] 3 I.R. 266, lch 279.

[355] Airteagal 25.4.4° de Bhunreacht na hÉireann maidir le tiontú oifigiúil ar Acht den Oireachtas a sholáthar. Féach mír [9.01] *et seq.*

[356] *Ní Cheallaigh v. An tAire Comhshaoil* (1992) T.É.T.S. 52.

sa Chúirt Dúiche a chur ar leataobh, agus *mandamus* le tabhairt ar an Aire Comhshaoil a macsamhail de scéim a bhí bunaithe ar leagan Gaeilge d'ainmneacha na gcontaetha agus na gcathracha a chur i bhfeidhm.

[11.06] Ag diúltú don iarratas, dúirt an Ard-Chúirt (Ó hAnluain Brmh) gur gnách, nuair nach ndéantar socrú le dlí d'fhonn ceann amháin den dá theanga oifigiúla a bheith ina haonteanga le haghaidh aon ghnó nó gnóthaí oifigiúla ar fud an Stáit ar fad nó in aon chuid de, gur ceadmhach don Stát pé rogha is mian leis a dhéanamh idir an dá theanga. Dúirt sé go raibh an breithiúnas in *A.G. v. Coyne agus Wallace*[357] á chur i bhfeidhm aige.

[11.07] Ardaítear an cheist, áfach, an leor ionstraim reachtúil, seachas Acht, chun an Ghaeilge a eisiamh ó ghnóthaí oifigiúla ar an tslí seo ó tharla gur polasaí nó beartas atá i gceist seachas feidhm theicniúil a thabhairt do chinneadh polasaí atá déanta cheana? Rialaigh an Chúirt Uachtarach sa chás *Laurentiu v. The Minister for Justice*[358] mar a deir sé sa cheann-nóta: 'that the Oireachtas was the sole body with power to legislate and it was for the Oireachtas to establish the principles and policies of legislation. Administrative, regulatory and technical matters only may be delegated.'

[357] *A.G. v. Coyne agus Wallace* (1967) 101 I.L.T.R. 17. Féach mír [10.03] *et seq.*
[358] *Laurentiu v. The Minister for Justice, Equality and Law Reform* [1999] 4 I.R. 26.

Caibidil 12

An bhFuil Fealsúnacht Aontaithe sa Chásdlí Éireannach fós?

[12.01] Is minic a ghéilltear i mbreithiúnais na nUaschúirteanna do stádas príomhúil na Gaeilge. Is minic, ina theannta sin, go gcuirtear ar ceal aon leas praiticiúil don saoránach faoi dheireadh an bhreithiúnais chéanna. Ní miste na breithiúnais a tugadh sa Chúirt Uachtarach sa chás fíorthábhachtach *Ó Maicín v. Éire*[359] a scagadh, féachaint leis na fealsúnachtaí éagsúla iontu a aithint.

[12.02] Caithfear a rá gur geall le bogha báistí stádas príomhúil seo na Gaeilge agus na cearta a eascraíonn as mar is minic a éalaíonn siad uait de réir mar a theannann tú leo. Dúirt Clarke Brmh (mar a bhí an uair sin) sa chás *Ó Maicín v. Éire:*[360]

> Tá stádas speisialta na Gaeilge faoin mBunreacht soiléir. Aithnítear an Ghaeilge mar an teanga náisiúnta agus is ar an gcuma sin atá an Ghaeilge sainithe, in Airteagal 8.1 den Bhunreacht, mar an 'bpríomhtheanga oifigiúil'. Ní féidir a bheith in amhras go bhfuil roinnt oibleagáidí ar an Stát a thagann as an stádas speisialta sin atá tugtha don Ghaeilge. Ní féidir a bheith in amhras, chomh maith céanna, go bhfuil cearta teanga áirithe acu siúd ar mian leo a ngnó a stiúradh sa Ghaeilge, go háirithe laistigh den Stát. Mar sin féin, is ábhar é méid beacht oibleagáidí an Stáit agus cearta daoine aonair sa réimse seo nach mór tuilleadh anailís chúramach a dhéanamh air.
>
> [...]
>
> Tá an oibleagáid ar an Stát maidir le húsáid na Gaeilge a spreagadh, ar ndóigh, neamhspleách ó mhianta teanga na ndaoine lena bhfuil an Stát ag plé. Dá gcuirfí oibleagáid ghinearálta an Stáit os cionn leibhéal an 'spreagtha' thabharfaí le tuiscint go raibh riachtanas bunreachtúil ann chun an cineál *quasi*-iallach a cuireadh i bhfeidhm san am a chuaigh thart a chur i bhfeidhm, a raibh de thoradh air, atá inargóinte ar a laghad, gur tugadh níos lú seachas níos mó tiomantais don Ghaeilge i measc an phobail i gcoitinne. Ní fheictear domsa gur féidir oibleagáid ghinearálta an Stáit, dá bhrí sin, a chur ar leibhéal níos airde ná an oibleagáid chun í a 'spreagadh'. Tá oibleagáid shainiúil an Stáit a thagann chun cinn nuair is mian le saoránach a ghnó/a gnó a stiúradh leis an Stát i nGaeilge difriúil, áfach. Ní féidir a bheith in amhras go bhfuil oibleagáid bhunreachtúil ar an Stát meas a bheith aige ar mhianta teanga [na] saoránach, ar mian leo an Ghaeilge a úsáid ina gcumarsáid leis an an Stát nó lena ghníomhaireachtaí.
>
> [...]

---

[359] *Ó Maicín v. Éire* [2014] 4 I.R. 477.

[360] *Ó Maicín v. Éire* [2014] 4 I.R. 477, lch 536 *et seq.*

Fágann sé sin go bhfuil ceart, a thagann as stádas bunreachtúil na Gaeilge, acu siúd ar mian leo a ngnó a stiúradh i nGaeilge, a ngnó a stiúradh i nGaeilge. Fágann sé sin, chomh maith céanna, áfach, nach bhfuil an ceart sin absalóideach agus nach mór é a chothromú i gcoinne cúinsí uile an cháis (toisc nach n-úsáideann formhór [de mhuintir] na hÉireann an Ghaeilge mar an ngnáthmhodh cumarsáide thar aon ní eile), go háirithe mar gheall go bhfuil saoránaigh eile i dteideal a ngnó a stiúradh sa Bhéarla mar theanga oifigiúil, agus leasanna bunreachtúla iomaíocha ar bith eile a d'fhéadfadh teacht chun cinn chomh maith.

[12.03] Níor aontaigh móramh na Cúirte Uachtaraí leis an leagan amach íosta seo, áfach. Dúirt MacMenamin Brmh:[361]

Sílim go bhfuil níos mó i ndualgas an Stáit ná spreagadh an stádais mar an teanga náisiúnta a lorg. Faoi réir léirmhínithe chomhchuí le forálacha ar bith eile den Bhunreacht, ní mór é a spreagadh ar gach bealach praiticiúil; gan aon bhacainn a chur ar dhuine ar mian leis a idirghníomhaíochtaí leis an Stát a stiúradh i nGaeilge.

[12.04] Dhiúltaigh Hardiman Brmh don leagan amach íosta seo freisin[362] agus meabhraíonn nár áitíodh mar argóint í sna himeachtaí nó le linn na héisteachta fiú. Is léir an choimhlint fhealsúnach sa sliocht seo a leanas ó bhreithiúnas Hardiman:[363]

Fritéis bhréagach

Feictear domsa, go dtugtar isteach sa sliocht thuas fritéis atá bréagach ó bhonn idir cearta duine amhail an t-achomharcóir agus cearta cainteoirí Béarla. Mar shampla, ag mír 241 dá bhreithiúnas, deir Clarke Brmh:

'... I mo thuairimse dírítear sa chás seo ar an ngá le cearta teanga gan amhras an Uasail Ó Maicín a chothromú le ceisteanna bunreachtúla neamhacmhainní, go háirithe cearta teanga daoine eile lena n-áirítear cearta daoine, nach bhfuil ábalta an Ghaeilge a úsáid ar chaighdeán ar leor é chun cás a leanúint gan aistriúchán, chun fónamh ar ghiúiréithe agus an oibleagáid bhunreachtúil giúiréithe ionadaíocha a chinntiú'

[aibhsiú curtha leis ag Hardiman Brmh].

De réir mar is eol dom, tá dhá iarracht déanta go díreach chun triail a sholáthar do shaoránach Gaeilge os comhair giúiré le Gaeilge. Dá bhrí sin, níl ceist ar bith ann d'ionsá ar chearta daoine nach bhfuil ábalta Gaeilge a labhairt fónamh ar ghiúiréithe. In *R. v. Beaulac* (1999) 1 S.C.R. 768 i gCeanada ... bhí feidhm ag tiomantas Cheanada ar fad do bheartas bunaithe sa bhunreacht i leith dátheangachas maidir le Cúige British Columbia cé nach raibh ach giúiré amháin le Fraincis ag teastáil in aghaidh na bliana sa chúige sin. Dá bhrí sin, ní cheapaim go sáraíonn éileamh an Uasail Ó Maicín cearta daoine nach bhfuil ábalta Gaeilge a labhairt, agus níl sé beartaithe iad a shárú.

Ach in ainneoin neamhshuntasacht staitistiúil an phointe, feictear domsa go n-ardaíonn sé gné [a bhaineann le] prionsabail.

---

[361] *Ó Maicín v. Éire* [2014] 4 I.R. 477, lch 560.
[362] *Ó Maicín v. Éire* [2014] 4 I.R. 477, lgh 491-2
[363] *Ó Maicín v. Éire* [2014] 4 I.R. 477, lgh 505-06.

I mo thuairimse, níl an ceart ag duine ar bith, sa Stát dátheangach bunreachtúil seo, fónamh mar bhreitheamh, nó mar bhall ar phainéal breithiúna (amhail sa Cúirt Chóiriúil Speisialta) nó mar ghiúróir, i gcás ar bith nach bhfuil sé nó sí ábalta an teanga oifigiúil [a labhraítear sa chás] a thuiscint.

Pléadh an gá le breitheamh a bheith ábalta teanga an cháis a thuiscint thuas. Baineann an gá sin mar an gcéanna le giúróir. Ceanglaítear ar ghiúróir ina mhionn nó ina mionn a mhionnú go:

> '... dtrialfad go maith agus go fírinneach an cheist i dtaobh cé [acu] atá an duine (*nó* na daoine) cúisithe ciontach nó n[ach bh]fuil sa chionta (*nó* sna ciontaí uile agus fé seach) a luaidhtear sa díotáil a cuireadh ina aghaidh (*nó* ina haghaidh nó ina n-aghaidh) *agus go dtabharfad breithfhocal fíor de réir na fianaise.*'

[aibhsiú curtha leis ag Hardiman Brmh]

[12.05] Tráchtann Ó Néill Brmh ina bhreithiúnas in *Ó Maicín* ar na príomh-bhreithiúnais ón gCúirt Uachtarach maidir le cearta teanga cainteoirí Gaeilge agus ar dhualgas comhréireach an Stáit sna téarmaí seo a leanas atá, arís, traidisiúnta i gcomparáid le caint Clarke Brmh faoin dualgas sin a bheith teoranta don Ghaeilge a 'spreagadh':[364]

Rinneadh a lán breithnithe breithiúnacha ar mhéid an dualgais nó na hoibleagáide atá forchurtha ar an Stát maidir leis an nGaeilge agus cearta comhfhreagracha na saoránach ar mian leo an Ghaeilge a úsáid. Is iad breithiúnais Kennedy PBrmh in *Ó Foghludha v. McClean* [1934] I.R. 469, agus Hardiman Brmh in *Ó Beoláin v. Fahy* [2001] 2 I.R. 279 na príomhbhreithiúnais maidir leis sin. Sa chéad cheann de na cásanna sin, cuirtear síos sa sliocht seo a leanas ó bhreithiúnas Kennedy PBrmh i gcaint [iontach] láidir, ar mhéid na hoibleagáide nó an dualgais atá ar an Stát, ag lch 483:

> 'The declaration by the Constitution that the National language of the Saorstát is the Irish language does not mean that the Irish language is, or was at that historical moment, universally spoken by the people of the Saorstát, which would be untrue in fact, but it did mean that it is the historic distinctive speech of the Irish people, that it is to rank as such in the nation, and, by implication, that the State is bound to do everything within its sphere of action (as for instance in State-provided education) to establish and maintain it in its status as the National language and to recognise it for all official purposes as the National language. There is no doubt in my mind but that the term 'National' in the Article is wider than, but includes, 'official,' in which respect only the English language is accorded constitutional equality. None of the organs of the State, legislative, executive or judicial, may derogate from the pre-eminent status of the Irish language as the National language of the State without offending against the constitutional provisions of Art. 4.'

[...]

Ba cheart a thabhairt faoi deara go bhfuil staid phríomhaíochta na Gaeilge, más rud ar bith [é], treisithe sa teanga a úsáidtear in Airteagal 8 de Bhunreacht

[364] *Ó Maicín v. Éire* [2014] 4 I.R. 477, lgh 572-4.

na hÉireann sa chás go gcuirtear síos ar theanga na Gaeilge, ní hamháin mar theanga 'náisiúnta' an Stáit ach mar 'phríomhtheanga' an Stáit, ach in airteagal 4 de Bhunreacht Shaorstát na hÉireann, ní thugtar an t-ainmniúchán breise sin di mar an 'bpríomhtheanga'.

[...]

In *Ó Beoláin v. Fahy* [2001] 2 I.R. 279, dúirt Hardiman Brmh an méid seo a leanas ag lgh. 317 agus 318:

> '... nach féidir an Ghaeilge arb í an teanga náisiúnta í agus, san am céanna arb í príomhtheanga oifigiúil an Stáit í, a eisiamh (ar a laghad in éagmais dlí den chineál a shamhlaítear le hAirteagal 8.3) ó aon chuid de dhioscúrsa poiblí an náisiúin nó ó aon ghnó oifigiúil de chuid an Stáit nó de chuid aon cheann dá bhaill. Ná ní féidir caitheamh léi sna comhthéacsanna seo ar shlí ar bith nach bhfuil chomh fabhrach leis an tslí a gcaitear leis an dara teanga oifigiúil. Ná ní féidir iad siúd atá inniúil agus ar mian leo í a úsáid chun iad féin a chur in iúl nó chun cumarsáide, a chosc nó a fhágáil faoi mhíbhuntáiste agus iad á dhéanamh sin in aon chomhthéacs náisiúnta nó oifigiúil.'

Dealraíonn sé domsa thar amhras, i gcomhlíonadh a oibleagáidí i dtaca le húsáid na Gaeilge, tá an Stát, mar a dúirt Kennedy PBrmh 'bound to do everything' laistigh dá raon feidhme inniúlachta chun úsáid na Gaeilge a bhunú chun a chríocha oifigiúla go léir i réimse riar an cheartais.

[12.06] Aontaíonn Ó Néill Brmh go bhfuil dualgas ar an Stát riaradh d'éileamh an tsaoránaigh ó thaobh na teanga de:[365]

> Ar an ngné sin den chás, is é sin méid na hoibleagáide nó an dualgais atá faoin Stát foráil a dhéanamh i leith úsáid na Gaeilge sa chás go n-éilíonn saoránach é sin, aontaím go bunúsach le breithiúnas Hardiman Brmh.

[12.07] Freagraíonn Hardiman Brmh leagan amach áirithe Clarke Brmh i dtaca le cearta agus dualgais de bhun Airteagal 8 den Bhunreacht, leagan amach nár áitigh ceachtar taobh sna himeachtaí, sna téarmaí seo a leanas:[366]

> Go díreach seachas sin, agus níos bunúsaí b'fhéidir, baineann sé leis na teicníochtaí agus na prionsabail a bhaineann le léirmhíniú an Bhunreachta é féin, agus de réiteach na dlíthíochta bunreachtúla trí bhreithniú a dhéanamh idir áitiú na bpáirtithe, seachas trí réiteach nach raibh suim ag ceachtar páirtí argóint a dhéanamh ina fhábhar a fhorchur. I réiteach den sórt sin ní mór, ar ndóigh, dlí-eolaíocht bhunaithe na cúirte seo a chur san áireamh, agus gan dul ar aghaidh amhail is gur *res integra* an cheist. Go deimhin tá corpas sean-bhunaithe cásdlí ann atá soiléir, dearfach agus sainiúil ar ábhar dhualgais an Stáit a thagann ó Airteagal 8 den Bhunreacht. Níor iarr ceachtar páirtí ar an gcúirt seo imeacht uaidh.
>
> [...]
>
> ... caithfidh sé go bhfuil sé follasach go bhfuil a mholadh gan oibleagáidí ginearálta an Stáit i dtaca leis an nGaeilge a chur níos airde ná oibleagáid ar bith go díreach chun 'spreagadh', ina imeacht ollmhór ón dlí-eolaíocht reatha, atá

---

[365] *Ó Maicín v. Éire* [2014] 4 I.R. 477, lch 576.

[366] *Ó Maicín v. Éire* [2014] 4 I.R. 477, lgh 501 agus 504.

achoimrithe thuas. Is imeacht é chomh maith nár iarradh ar an gcúirt é a dhéanamh.

[12.08] Meabhraíonn Hardiman Brmh[367] an cás *The State (Quinn) v. Ryan*[368] ina ndúirt Ó Dálaigh PBhrmh:

> It requires to be said that a point not argued is a point not decided; and this doctrine goes for constitutional cases (other than Bills referred under Article 26 of the Constitution and then by reason only of a specific provision) as well as for non-constitutional cases.

[12.09] Ní miste an focal deireanach a fhágáil faoi Hardiman Brmh faoin Ordaitheach Bunreachtúil:[369]

> Ar an gcéad dul síos, cuirtear oibleagáid ar na cúirteanna leis na focail in Airteagal 8 chun caitheamh leis an nGaeilge mar an teanga náisiúnta agus mar an bpríomhtheanga sa dlí agus i bhfíric. Ní ardmhian é go simplí, ar nós 'toil dhiongbháilte' chun daonra iomlán oileán na hÉireann a aontú, arna léiriú in Airteagal 3. Is ráiteas é Airteagal 8 ar an staid reatha sa dlí. Ní rogha é sin a rinne na cúirteanna: tá sé forchurtha leis an mBunreacht.

[12.10] Rinne Ní Raifeartaigh Brmh san Ard-Chúirt mionscagadh ar na breithiúnais a tugadh sa Chúirt Uachtarach in *Ó Maicín* agus éileamh cúisí a bhí os comhair na Cúirte Dúiche ar bhreitheamh trialach dátheangach á mheas aici sa chás *Ó Cadhla v. An tAire Dlí agus Cirt*. Dúirt sí an méid seo a leanas maidir le hAirteagal 8 den Bhunreacht: [370]

> Thairis sin, ní féidir breathnú ar an seasamh oifigiúil seo atá ag an teanga mar iarsma uaillmhianach seanchaite den smaointeoireacht agus den chultúr a bhí ann sa bhliain 1937; mar ghlac Éire bearta gníomhacha le déanaí chun stádas na Gaeilge a ardú laistigh den Aontas Eorpach. An 13 Meitheamh, 2005, chomhaontaigh Comhairle Airí an Aontais Eorpaigh le hiarratas na hÉireann ar stádas oifigiúil oibre iomlán a dheonú don Ghaeilge... Is díol spéise é go n-áirítear sna haithrisí don Rialachán [(CE) 920/2005] go raibh 'béim' ag Éirinn ina hiarratas gurb í an Ghaeilge an chéad teanga oifigiúil in Éirinn.

[12.11] Ag tagairt do na sleachta thuas de chuid Hardiman agus Uí Neill Brúna deir sí:[371]

> Leagann ráitis bhreithiúnacha dá leithéid maidir le seasamh na Gaeilge sa Bhunreacht béim ar a thábhachtaí atá sé déileáil leis an teanga le meas agus ar a chinntiú nach ndéantar iad siúd ar mian leo an teanga a úsáid i ndéileálacha oifigiúla leis an Stát a chur faoi mhíbhuntáiste. Tugann siad le fios freisin go bhfuil sé gceist le hAirteagal 8 go mbeadh ról gníomhach seachas ról géilliúil ag an Stát maidir leis an teanga.

---

367 *Ó Maicín v. Éire* [2014] 4 I.R. 477, lch 501.
368 *The State (Quinn) v. Ryan* [1965] I.R. 70, lch 120.
369 *Ó Maicín v. Éire* [2014] 4 I.R. 477, lch 512.
370 *Ó Cadhla v. An tAire Dlí agus Cirt* [2019] IEHC 503, mír 5.
371 *Ó Cadhla v. An tAire Dlí agus Cirt* [2019] IEHC 503, mír 57. D'aontaigh O'Donnell Brmh le hÓ Néill Brmh.

[12.12] Agus an teagasc seo á chur i bhfeidhm aici agus cinneadh déanta aici go bhfuil dualgas ar an Stát gach iarracht réasúnach a dhéanamh chun breitheamh dátheangach a chinntiú do thriail chainteora Ghaeilge sa Chúirt Dúiche, deir sí:[372]

> [F]ad a leanann Airteagal 8 den Ghaeilge a choinneáil sa seasamh oifigiúil atá aici mar chéadteanga oifigiúil an Stáit, (lena n-áirítear riaradh an cheartais), dealraíonn sé domsa gur chóir do na cúirteanna í a fhorléiriú ar bhealach lena dtugtar éifeacht dhearfach phraiticiúil do cheart dlíthí an Ghaeilge a úsáid ina chás Cúirte Dúiche seachas ar bhealach íostach spárálach.

[372] *Ó Cadhla v. An tAire Dlí agus Cirt* [2019] IEHC 503, mír 89.

Caibidil 13

Acht na dTeangacha Oifigiúla

[13.01] Seo mar a dhéanann Oifig an Choimisinéara Teanga cur síos ar Acht na dTeangacha Oifigiúla 2003[373] ('An tAcht Teanga'):

> Tá sé mar aidhm ag Acht na dTeangacha Oifigiúla 2003 líon agus caighdeán na seirbhísí trí Ghaeilge a chuireann comhlachtaí poiblí ar fáil don phobal a mhéadú agus a fheabhsú, ar bhealach eagraithe, thar thréimhse ama.[374]

Acht na dTeangacha Oifigiúla: na príomhghnéithe

Tithe an Oireachtais

[13.02] Tá sé de cheart ag comhaltaí den Dáil agus den Seanad Gaeilge nó Béarla a úsáid in aon díospóireacht nó in aon imeachtaí eile sa Dáil, sa Seanad agus/nó in aon choiste, fochoiste nó comhchoiste den Oireachtas.[375]

[13.03] Tá sé de cheart ag aon duine aon ghnó atá aige nó aici os comhair Thithe an Oireachtais agus/nó os comhair coistí, fochoistí nó comhchoistí de chuid an Oireachtais a dhéanamh trí Ghaeilge nó trí Bhéarla.[376]

[13.04] Caithfear gach tuairisc oifigiúil ar dhíospóireachtaí agus ar imeachtaí eile i dTithe an Oireachtais a fhoilsiú go dátheangach, seachas óráidí (cibé acu ó bhéal nó i scríbhinn). Is féidir óráidí i gceachtar de na teangacha oifigiúla a fhoilsiú sa teanga ina ndearnadh an óráid.[377] Tá córas ateangaireachta comhuainí ar fáil i dTithe an Oireachtais le cinntiú nach bhfuil an té atá gan Ghaeilge faoi mhíbhuntáiste nuair a bhíonn Gaeilge á labhairt.

[13.05] Ní foláir Achtanna an Oireachtais a chló agus a fhoilsiú sa dá theanga oifigiúla ag an am céanna a luaithe agus is féidir tar éis a n-achtaithe[378] (gan dochar don cheart iad a fhoilsiú go haonteangach ar an idirlíon).[379] Titeann an dualgas ar Choimisiún Thithe an Oireachtais seirbhísí aistriúcháin a chur ar fáil ó theanga oifigiúil amháin go dtí an teanga oifigiúil eile i gcás Achtanna an Oireachtais.[380]

---

[373] Uimh. 32 de 2003.
[374] www.coimisinéir.ie
[375] Acht na dTeangacha Oifigiúla 2003, alt 6(1).
[376] Acht na dTeangacha Oifigiúla 2003, alt 6(2).
[377] Acht na dTeangacha Oifigiúla 2003, alt 6(3).
[378] Acht na dTeangacha Oifigiúla 2003, alt 7. Féach mír [9.14] *et seq.*
[379] An tAcht um an Dlí Sibhialta (Forálacha Ilghnéitheacha) 2011, alt 62.

Riaradh an Cheartais

[13.06] Tá sé de cheart ag páirtí nó finné láithriú sa Chúirt i nGaeilge nó i mBéarla agus na teangacha sin a úsáid sna pléadálacha scríofa. Ceapfaidh an Chúirt ateangaire más gá. Ní foláir do chomhlacht poiblí an teanga oifigiúil a roghnaíonn an páirtí eile a úsáid in imeachtaí sibhialta.[381]

Comhlachtaí Poiblí

[13.07] Tá liosta de na comhlachtaí poiblí a thagann faoi scáth an Achta sa Chéad Sceideal den Acht arna leasú ag aon ordú cuí arna dhéanamh ag Aire na Gaeltachta. Ceadaítear d'Aire na Gaeltachta, i gcomhar le hAirí cuí eile, an liosta seo de chomhlachtaí poiblí a leasú, le rialacháin, trí thagairt d'aon chomhlacht poiblí a chur isteach nó a scriosadh.[382]

[13.08] San áireamh ar an liosta de chomhlachtaí poiblí tá: Tithe an Oireachtais, An tSeirbhís Chúirteanna, Oifig an Ard-Aighne, An Príomh-Aturnae Stáit, An Stiúrthóir Ionchúiseamh Poiblí, An Príomh-Aturnae Ionchúisimh, ranna agus oifigí rialtais, údaráis áitiúla, Feidhmeannacht na Seirbhíse Sláinte, ollscoileanna agus institiúidí tríú leibhéal eile, na boird oideachais agus oiliúna, gníomhaireachtaí, boird agus cuideachtaí stáit idir thráchtála agus neamhthráchtála.

[13.09] Ní thagann comhlachtaí príobháideacha i gcoitinne faoi scáth Acht na dTeangacha Oifigiúla. Is féidir na comhlachtaí, eagraíochtaí nó grúpaí seo a leanas a bheith áirithe mar chomhlachtaí poiblí faoin Acht ach forordú cuí a bheith déanta ag Aire na Gaeltachta, i gcomhair le pé Aire cuí eile, ina leith:[383]

(a) Comhlacht, eagraíocht nó grúpa a fhaigheann 50% nó níos mó dá c(h)aiteachas reatha díreach ó Aire Rialtais, ó Roinn Stáit, ón bPríomh-Chiste nó ó chomhlacht poiblí atá faoin Acht;

(b) Comhlacht, eagraíocht nó grúpa a bhí ina c(h)omhlacht poiblí nuair a tháinig an tAcht i bhfeidhm ach a tháinig faoi úinéireacht phríobháideach nó rialú príobháideach ina dhiaidh sin;[384]

(c) Comhlacht, eagraíocht nó grúpa atá ag comhlíonadh feidhmeanna a bhí dílsithe le dlí roimhe sin do chomhlacht, eagraíocht nó grúpa faoi úinéireacht phoiblí nó rialú poiblí; agus

---

[380] An tAcht um Choimisiún Thithe an Oireachtais 2003, alt 4(2A), mar atá leasaithe. Féach mír [9.57].

[381] Acht na dTeangacha Oifigiúla 2003, alt 8. Féach mír [10.28].

[382] Acht na dTeangacha Oifigiúla 2003, An Chéad Sceideal, mír 3.

[383] Acht na dTeangacha Oifigiúla 2003, an Chéad Sceideal, mír 1(5).

[384] Foráiltear le mír 2 den Chéad Sceideal nach comhlacht poiblí iad seo ach amháin i leith na bhfeidhmeanna dá dtagraítear sa chlásal sin.

(d) Comhlacht, eagraíocht nó grúpa eile a bhfuil feidhmeanna i ndáil leis an bpobal i gcoitinne, nó le haicme den phobal i gcoitinne, tugtha nó ceadaithe dó/di le haon achtachán nó le haon cheadúnas nó údarás tugtha faoi aon achtachán.

[13.10] Sa chás *Central Applications Office v. Minister for Community, Rural and Gaeltacht Affairs*[385] rialaigh an Chúirt Uachtarach nár thit an Lár-Oifig Iontrála ('L.O.I.') taobh istigh d'aon cheann de na catagóirí thuas go sonrach de cheachtar den dá cheann dheireannacha agus dá réir sin go raibh an chuid sin d'Ordú Aire na Gaeltachta[386] á shannadh mar chomhlacht poiblí chun críche an Achta *ultra vires*. Ní raibh feidhm an L.O.I. 'dílsithe le dlí' roimhe sin do chomhlacht, eagraíocht nó grúpa faoi úinéireacht phoiblí nó rialú poiblí. Feidhm nua a bhí i gceist nach raibh dílsithe le dlí sna hOllscoileanna sular bunaíodh é mar chuideachta phríobháideach in 1976. Ina theannta sin, níor fheidhmigh an L.O.I. de bhun achtacháin ná ceadúnais.

Rialacháin maidir le Stáiseanóireacht, comharthaíocht agus fógairtí taifeadta béil

[13.11] Tá dualgas ar chomhlachtaí poiblí de bhun rialacháin arna ndéanamh ag Aire na Gaeltachta[387] a chinntiú go bhfuil a gcuid stáiseanóireachta,[388] a gcuid comharthaíochta agus a gcuid fógairtí taifeadta béil i nGaeilge nó dátheangach.

[13.12] Leagtar síos sna Rialacháin seo rialacha dochta daingne maidir le hord, méid, feiceálacht agus le hinléiteacht an téacs i nGaeilge agus i mBéarla ar chomharthaíocht agus ar stáiseanóireacht dhátheangach. Ní foláir an t-eolas céanna a bheith sa dá leagan agus an leagan Gaeilge a bheith ar barr. Ní foláir an leagan Gaeilge a bheith chomh feiceálach, chomh sofheicthe agus chomh hinléite leis an téacs Béarla. Ní cheadaítear na litreacha sa leagan Gaeilge a bheith níos lú ná na litreacha sa téacs Béarla ná a bheith sa chló iodáileach ná giorrúchán a bheith i leagan amháin nach bhfuil sa leagan eile.

[13.13] Tá díolúintí ann maidir le lógónna, i ndáil le gnó taobh amuigh den Stát, le Bord na hUltaise agus le comharthaí áirithe sábháltachta agus

[385] *Central Applications Office v. Minister for Community, Rural and Gaeltacht Affairs* [2010] 3 I.R. 674.

[386] Na Rialacháin um Acht na dTeangacha Oifigiúla 2003 (Comhlachtaí Poiblí) 2006 (I.R. 150/2006).

[387] Rialacháin (I.R. 391/2008) arna ndéanamh faoi alt 9(1) d'Acht na dTeangacha Oifigiúla 2003.

[388] Nóta-pháipéar, duillíní dea-mhéine, leatháin chlúdaigh facs, clúdaigh chomhad agus fillteáin eile, lipéid agus clúdaigh litreach.

séadchomharthaí. Ní bhaineann na Rialacháin le comharthaí tráchta. Déanann an tAire Iompair rialacháin ina dtaobh sin de bhun an Acht um Thrácht ar Bhóithre 1961 mar atá leasaithe.[389]

[13.14] Tháinig na Rialacháin i bhfeidhm i ndáil le stáiseanóireacht an 1 Márta 2009. Bhí díolúine go dtí an 1 Márta 2011 i gcás seanstoc stáiseanóireachta agus go dtí an 1 Márta 2013 i gcás stáiseanóireacht ar ghá ríomhchlár a athrú ina leith.

[13.15] Tháinig na Rialacháin i bhfeidhm i ndáil le comharthaí nua an 1 Márta 2009. Tháinig siad i bhfeidhm an 1 Márta 2012 i gcás comharthaí a bhí *in situ* an 1 Márta 2009 agus a mbeadh na Rialacháin comhlíonta acu murach earráid sa téacs Gaeilge. Tháinig na Rialacháin i bhfeidhm an 1 Márta 2013 i gcás sean-chomharthaí i mBéarla amháin nó comharthaí nach raibh an t-eolas céanna sa dá theanga orthu. Tiocfaidh na Rialacháin i bhfeidhm an 1 Eanáir 2026 i ndáil le sean-chomharthaí a bhfuil an t-eolas céanna sa dá theanga oifigiúla orthu ach tosaíocht a bheith ag an leagan Béarla.

[13.16] Is féidir dhá chomhartha, ceann as Gaeilge agus ceann as Béarla, a chur in airde seachas comhartha amháin dátheangach má tá os cionn 20 comhartha i gceist nó dá mbeadh ceann dátheangach ró-mhór nó ró-dheacair le léamh nó ina chúis bhacainne.

[13.17] Tháinig na Rialacháin i bhfeidhm an 1 Iúil 2013 i ndáil le fógairtí réamhthaifeadta ó bhéal. Tá eisceachtaí ann maidir le fógraí pearsanta ball foirne agus le fógraí atá le clos ag daoine taobh amuigh den Stát amháin.

[13.18] Ní gá faoi na Rialacháin aistriúchán a dhéanamh ar ainm duine, ar lógó, ar ainm branda ná ar ainm comhlachta seachas comhlacht poiblí ná ní gá ainm comhlachta phoiblí i nGaeilge ná teideal oifigiúil i nGaeilge atá in úsáid go coitianta a aistriú go Béarla m.sh. An Bord Pleanála, An Taoiseach, srl.

Litreacha agus teachtaireachtaí ríomhphoist i nGaeilge

[13.19] Foráiltear le halt 9(2) d'Acht na dTeangacha Oifigiúla mar seo a leanas:

> **9.** —(2) I gcás ina ndéanfaidh duine cumarsáid i dteanga oifigiúil le comhlacht poiblí, i scríbhinn nó leis an bpost leictreonach, freagróidh an comhlacht poiblí sa teanga chéanna.

[13.20] Is fiú a mheabhrú go bhfuil an ceart céanna ann i dtaca le hInstitiúidí an AE de bhun Airteagail 20 agus 24 den Chonradh ar Fheidhmiú an Aontais Eorpaigh.[390]

---

389 Uimh. 24 de 1961, alt 95 arna leasú ag alt 37(a)(ii) den Acht um Thrácht ar Bhóithre 1994 (Uimh. 7 de 1994) a mhéid is a bhaineann sé le hábhar anseo.
390 Féach mír [7.56].

[13.21] Cruthaíodh an ceart seo ó thaobh an AE de i gcéaduair de bhun Airteagal 2(11) de Chonradh Amstardam (1997) sna téarmaí seo a leanas sula raibh aon trácht ar a leithéid in Éirinn:

> Féadfaidh gach saoránach den Aontas scríobh chuig aon cheann de na hinstitiúidí nó comhlachtaí dá dtagraítear san Airteagal seo nó in Airteagal 4 i gceann de na teangacha atá luaite in Airteagal 248 [na teangacha ina bhfuil an Conradh tarraingte suas, an Ghaeilge san áireamh] agus freagra a fháil uaidh sa teanga chéanna.

Faisnéis a scaipeadh ar an bpobal i gcoitinne/cora poist:

[13.22] Foráiltear le halt 9(3) d'Acht na dTeangacha Oifigiúla mar seo a leanas:

> I gcás ina ndéanfaidh comhlacht poiblí cumarsáid i scríbhinn nó leis an bpost leictreonach leis an bpobal i gcoitinne nó le haicme den phobal i gcoitinne chun faisnéis a thabhairt don phobal nó don aicme, cinnteoidh an comhlacht gur i nGaeilge, nó i mBéarla agus i nGaeilge, a bheidh an chumarsáid.

[13.23] Sa chás *Na Coimisinéirí Ioncaim v. An Coimisinéir Teanga*[391] rialaigh an Ard-Chúirt (Mac Eochaidh Brmh) gur sampla de '*aicme den phobal i gcoitinne*' iad na sealbhóirí maoine cónaithe. Is é a deir sé:[392]

> Níl aon deacracht agam an leabhrán faisnéise a shainaithint mar chumarsáid i scríbhinn ó na Coimisinéirí Ioncaim le haicme den phobal i gcoitinne. Tá an aicme sin inaitheanta go soiléir mar dhaoine a bhfuil úinéireacht acu ar mhaoin chónaithe.

[13.24] Sa chás sin d'eisigh na Coimisinéirí Ioncaim leabhrán i mBéarla amháin faoin gCáin Mhaoine Áitiúil chuig sealbhóirí maoine cónaithe faoi iamh litreacha agus rinne siad an argóint gur litreacha príobháideacha chuig gach sealbhóir maoine ar leith a bhí iontu seachas cora poist agus dá bhrí sin go raibh cead acu an litir agus an leabhrán a bheith i mBéarla (nó i nGaeilge má bhí nós ag an úinéir maoine sin plé leis na Coimisinéirí Ioncaim as Gaeilge). Dhiúltaigh an Chúirt don argóint sin. Dúirt Mac Eochaidh Brmh:[393]

> Dá n-éireodh le hargóintí an achomharcóra, chiallódh sé nach mór go mbeadh leabhrán (gur cumarsáid faoi alt 9(3) í) a scaiptear ar dhaoine gan a n-ainmneacha a úsáid, i nGaeilge nó i nGaeilge agus i mBéarla, ach nár ghá don leabhrán céanna, dá seolfaí é sa phost i gclúdach litreach ar a bhfuil duine ainmnithe, ach a bheith i mBéarla. Ar an gcuma chéanna, bheadh ar an leabhrán céanna i gclúdach litreach a sheolfaí go simplí chuig 'An tÁititheoir' gan aon fhaisnéis eile a lua ar an gclúdach litreach, a bheith i nGaeilge nó i nGaeilge agus i mBéarla. Is í mo thuairim nach iad seo na torthaí a bhí beartaithe ag an Oireachtas. I mo thuairim, ní sheachnaíonn cumarsáid alt 9(3) den Acht a chomhlíonadh díreach mar gheall go dtugtar an fhaisnéis d'aicme den phobal i gcoitinne tríd an gcumarsáid a sheoladh go pearsanta chuig gach duine den aicme sin — mar shampla, tríd an gcóras poist nó trí ríomhphost.

---

[391] *Na Coimisinéirí Ioncaim v. An Coimisinéir Teanga* [2015] 1 I.R. 588.
[392] *Na Coimisinéirí Ioncaim v. An Coimisinéir Teanga* [2015] 1 I.R. 588, lch 593.
[393] *Na Coimisinéirí Ioncaim v. An Coimisinéir Teanga* [2015] 1 I.R. 588, lch 594.

[13.25] Sa chás *Central Applications Office v. Minister for Community, Rural and Gaeltacht Affairs*[394] rialaigh an Chúirt Uachtarach gur thit an Lár-Oifig Iontrála ('L.O.I.'/'C.A.O.') taobh istigh den sainmhíniú a bhaineann le comhlacht a bhfuil feidhmeanna i ndáil leis an bpobal i gcoitinne, nó le haicme den phobal i gcoitinne, tugtha nó ceadaithe dó:

> It is accepted that the C.A.O. provides services *in relation to the general public or a class of the general public*. The function of receiving applications from students falls well within that description.
>
> [aibhsiú sa bhunleagan]

Foilseacháin Chomhlachtaí Poiblí[395]

[13.26] Ní foláir do chomhlachtaí poiblí bundoiciméid áirithe a fhoilsiú go comhuaineach i nGaeilge agus i mBéarla .i. aon doiciméad ina leagtar amach tograí beartais phoiblí; aon tuarascáil bhliantúil; aon chuntas iniúchta nó ráiteas airgeadais; aon ráiteas straitéise atá déanta faoi alt 5 den Acht um Bainistíocht na Seirbhíse Poiblí 1997; aon doiciméad atá forordaithe go cuí ag Aire na Gaeltachta, le toiliú an Aire Airgeadais agus pé Aire eile den Rialtas is cuí, toisc go bhfuil tábhacht mhór phoiblí ag baint leis dar le hAire na Gaeltachta.

[13.27] Cuimsíonn doiciméad ina leagtar amach tograí beartais phoiblí, páipéir bhána agus páipéir uaine a eisíonn Ranna Rialtais, agus aon doiciméad eile ina gcuirtear tograí maidir le polasaí poiblí i láthair lena meas agus a bhfuil seans ann go gcuirfear nó nach gcuirfear i bhfeidhm iad.

[13.28] In *Ó Gribín v. An Comhairle Mhúinteoireachta*[396] rialaigh an Ard-Chúirt (Murphy Brmh) go raibh an dualgas chun tuairiscí oifigiúla a aistriú faoi réir ag alt 10 d'Acht na dTeangacha Oifigiúla 2003. Is cóip de Thuarascáil an Choiste Stiúrtha faoi Bhunú na Comhairle Múinteoireachta *inter alia* a bhíothas á lorg sa chás sin mar áis chun cur isteach ar phost leis an bhfreagróir. Cé gur aithin an Chúirt ceart ginearálta ba léir é a bheith faoi réir ag an reachtaíocht teanga maidir le tuarascálacha dar leis an gCúirt agus gur thit an tuarascáil áirithe sin taobh amuigh de.

Scéimeanna Teanga[397]

[13.29] Is féidir le hAire na Gaeltachta iarraidh ar aon chomhlacht poiblí scéim teanga a ullmhú. Is iad an comhlacht agus an tAire a chomhaontaíonn forálacha na scéime maidir leis na seirbhísí a bheidh á gcur ar fáil acu i

---

[394] *C.A.O. v. Minister for Community, Rural and Gaeltacht Affairs* [2010] 3 I.R. 674, lch 684.
[395] Acht na dTeangacha Oifigiúla 2003, alt 10.
[396] *Ó Gribín v. An Chomhairle Mhúinteoireachta* [2008] 3 I.R. 266. Féach míreanna [11.02]-[11.03].
[397] Acht na dTeangacha Oifigiúla 2003, ailt 11-19.

nGaeilge nó go dátheangach. Is geall le cairt na scéimeanna seo a chruthaíonn ionchas dlisteanach ó thaobh an phobail de go gcomhlíonfar a bhfuil geallta iontu. Tá sé mar chuspóir ag na scéimeanna teanga méadú a dhéanamh ar líon agus ar chaighdeán na seirbhísí Gaeilge atá ar fáil ó chomhlachtaí stáit thar thréimhse ama.

[13.30] Is gá go sonrófaí sa scéim teanga na seirbhísí a bheartaíonn an comhlacht poiblí a sholáthar (i) trí mheán na Gaeilge amháin; (ii) trí mheán an Bhéarla amháin; agus (iii) trí mheán na Gaeilge agus an Bhéarla araon, mar aon leis na céimeanna a bheartaíonn an comhlacht a ghlacadh chun a chinntiú go ndéanfar aon seirbhísí nach soláthraíonn an comhlacht trí mheán na Gaeilge a sholáthar amhlaidh.[398]

[13.31] Is gá do chomhlacht poiblí nithe áirithe a thabhairt san áireamh agus scéim teanga á hullmhú aige:[399]

(a) aird a thabhairt ar aon treoirlínte arna n-eisiúint ag Aire na Gaeltachta;
(b) aird a thabhairt ar aighneachtaí a fhaightear — lorgaítear a leithéid ón bpobal;
(c) a chinntiú go bhfuil líon leordhóthanach dá fhoireann inniúil sa Ghaeilge chun go mbeidh siad in ann a gcuid seirbhísí a sholáthar trí Ghaeilge chomh maith lena soláthar trí Bhéarla;
(d) a chinntiú go bhfreastalófar ar na riachtanais áirithe Gaeilge a bhaineann le seirbhísí a sholáthar i limistéir Ghaeltachta;
(e) a chinntiú go mbeidh an Ghaeilge ina teanga oibre ina chuid oifigí sa Ghaeltacht tráth nach déanaí ná cibé dáta a chinnfidh sé le toiliú Aire na Gaeltachta.

[13.32] Fanann na scéimeanna seo i bhfeidhm ar feadh tréimhse 3 bliana nó go dtí go mbíonn scéim nua daingnithe ag Aire na Gaeltachta. Tá sé de cheart ag an Aire am ar bith, agus ní foláir dó tráth nach déanaí ná 6 mhí sula dtéann scéim in éag, treoir a thabhairt don chomhlacht poiblí athbhreithniú a dhéanamh ar an scéim reatha agus dréachtscéim úr a ullmhú.[400]

[13.33] Níl an chumhacht ag Aire na Gaeltachta scéim teanga a fhorchur ar chomhlacht poiblí ach féadfaidh sé, le toiliú an Aire Airgeadais, a ordú do chomhlacht poiblí, i ndáil le seirbhísí dá chuid a sheachadtar trí mheán an Bhéarla amháin, plean a tharraingt suas chun na seirbhísí sin a sheachadadh trí mheán na Gaeilge freisin, mar aon le meastachán a thabhairt ar an tréimhse ama is gá chun an plean sin a chur i ngníomh.[401]

[398] Acht na dTeangacha Oifigiúla 2003, alt 11(1).
[399] Acht na dTeangacha Oifigiúla 2003, alt 13(2).
[400] Acht na dTeangacha Oifigiúla 2003, alt 15(1).
[401] Acht na dTeangacha Oifigiúla 2003, alt 11(3).

[13.34] Tá cáineadh géar tuillte ag córas seo na scéimeanna teanga agus é ráite nach ndéantar iontu ach achoimre ar an staid reatha seachas cur le líon agus le caighdeán na seirbhísí a sholáthraítear trí Ghaeilge. Níor chuir Catherine Connolly TD, Cathaoirleach Chomhchoiste na Gaeilge na Gaeltachta agus na nOileán de chuid Thithe an Oireachtais, fiacail ann i réamhrá *Tuarascáil an Chomhchoiste ar Scéim Ghinearálta Bhille na dTeangacha Oifigiúla (Leasú) 2017:*[402]

> Tá sé níos mó ná soiléir don Chomhchoiste gur theip ar na scéimeanna teanga agus gur theip orthu amach is amach. Níor éirigh leis an gcóras deonach ná ní éireoidh leis go deo. Anois, tá an fhreagracht agus an dualgas ar na comhlachtaí poiblí a gcúraimí agus a bhfreagracht i gcomhair an dátheangachais a ghlacadh agus seirbhísí ar comhchéim ó thaobh caighdeáin, inrochtaineachta agus éifeachtachta de a chur ar fáil; seirbhísí a sholáthróidh siad taobh istigh de na scálaí ama céanna, is cuma cén teanga oifigiúil a úsáidfear.
>
> Is ar an mbonn sin a fháiltíonn an Comhchoiste roimh an mbogadh i dtreo éirí as na scéimeanna teanga agus caighdeáin teanga a chur ina n-áit. Creideann an Comhchoiste go mba chóir go soláthródh gach comhlacht poiblí a sheirbhísí iomlána trí cheachtar de dhá theanga oifigiúla an Stáit. Mar sin féin, aithníonn an Comhchoiste nach féidir linn an sprioc sin a bhaint amach láithreach bonn agus is ar an bhfáth sin atá an Comhchoiste ag moladh go mbeidh trí chaighdeán ar leith ag feidhmiú ar dtús agus go mbeidh an dualgas ar gach comhlacht poiblí stádas faoin gcaighdeán is airde a bhaint amach laistigh de 10 mbliana. Is é sin, go soláthróidh siad a gcuid seirbhísí go léir i gceachtar de dhá theanga oifigiúla an Stáit ar bhonn comhionannais iomláin.

Logainmneacha[403]

[13.35] Tugtar brí an-leathan don téarma 'logainm' san Acht Teanga agus folaíonn sé ainm cúige, contae, cathrach, baile, sráidbhaile, barúntachta, paróiste nó baile fearainn, nó ainm aon ghné tíre (nádúrtha nó saorga), dúiche, limistéir nó áite, a thaispeántar ar léarscáileanna Shuirbhéireacht Ordanáis Éireann.

[13.36] Cuireann an Coiste Logainmneacha[404] comhairle ar Aire na Gaeltachta

---

[402] Arna foilsiú an 29 Bealtaine 2018, lch 5.

[403] Acht na dTeangacha Oifigiúla 2003, ailt 31-35 (alt 32 arna leasú ag an Acht Rialtais Áitiúil 2019, alt 47) agus Cuid 18 den Acht Rialtais Áitiúil 2001 arna cur isteach ag an Acht Comhshaoil (Forálacha Ilghnéitheacha) 2011, alt 48.

[404] Cé gurb é 'an Coimisiún Logainmneacha' atá luaite san Acht. Dar le suíomh idirlín www.logainm.ie ag https://www.logainm.ie/ga/inf/coiste, tháinig deireadh le téarma oifige an Choimisiúin Logainmneacha an 11 Deireadh Fómhair 2012. Faoi réir chinneadh an Rialtais i dtaca le Plean an Rialtais um Athchóiriú na Seirbhíse Poiblí, socraíodh go dtiocfadh coiste saineolaithe, a d'fheidhmeodh ar bhonn *pro bono*, in áit an Choimisiúin Logainmneacha, agus go ndéanfaí an obair go príomha ar-líne. An 19 Meán Fómhair 2013, d'fhógair an tAire Stáit sa Roinn Ealaíon, Oidhreachta agus Gaeltachta go raibh Coiste Logainmneacha ainmnithe aige. Ceapadh Coiste nua Logainmneacha an 13 Meán Fómhair 2016. Is é an príomhdhualgas atá ar an gCoiste Logainmneacha comhairle a chur ar Aire na Gaeltachta maidir le logainmneacha na hÉireann mar a shainítear iad sin in alt 31 d'Acht

maidir le leaganacha Gaeilge logainmneacha na tíre. Is féidir leis an Aire orduithe logainmneacha a eisiúint ag dearbhú an leagan Gaeilge de logainm tar éis dó comhairle a fháil amhlaidh[405] ach amháin sa chás go socródh pobal ceantair ar leith ar ainm na háite (bíodh sé i nGaeilge amháin nó i nGaeilge agus i mBéarla) le vóta.[406]

[13.37] Rinne an tAire ordú maidir le logainmneacha sa Ghaeltacht[407] agus ní foláir úsáid a bhaint as an leagan Gaeilge de na logainmneacha sin amháin[408] in aon Acht den Oireachtas nó in aon Ionstraim Reachtúil, i léarscáileanna áirithe de chuid Suirbhéireacht Ordanáis Éireann[409] nó le cead uaithi[410] agus ar chomharthaí bóthair nó sráide arna gcur suas ag údarás áitiúil nó thar a cheann.[411] Is ceadmhach an leagan Béarla nó an dá leagan a úsáid i ngach comhthéacs eile áfach, rud a dhéantar go minic sa chomhthéacs príobháideach ach go háirithe.

[13.38] Tá sé seo ar fad faoi réir ag an gceart atá ag pobal áitiúil[412] logainm a athrú. Féadfaidh comhlacht poiblí gealltanais bhreise a thabhairt i dtaobh úsáid logainmneacha Gaeltachta ina gcuid scéimeanna teanga.

[13.39] Rinneadh leasú maidir leis an logainm, 'An Daingean',[413] sráidbhaile i gContae Chiarraí. Daingnítear sa leasú sin gurb iad 'Daingean Uí Chúis' i nGaeilge agus 'Dingle' i mBéarla na hainmneacha oifigiúla anois san áit a raibh 'An Daingean' roimhe sin.

[13.40] Maidir le seasamh an logainm as Gaeilge .i. an logainm ceart bunaidh, foráiltear le halt 33(1) d'Acht na dTeangacha Oifigiúla go mbeidh sé 'ar chomhéifeacht leis an leagan Béarla den logainm a bheidh sonraithe amhlaidh' ach an t-ordú cuí a bheith déanta ina thaobh ag Aire na Gaeltachta faoin Acht. Is cosúil gur ardú céime é seo don logainm Gaeilge nach raibh ann roimhe sin[414] ach '*iontamhail i nGaeilge do logainm a bheidh sonraithe san ordú*'.[415]

---

na dTeangacha Oifigiúla 2003.

[405] Acht na dTeangacha Oifigiúla 2003, alt 32.

[406] De bhun Chuid 18 den Acht Rialtais Áitiúil 2001 arna cur isteach ag an Acht Comhshaoil (Forálacha Ilghnéitheacha) 2011, alt 48 agus arna leasú ag an Acht um Athchóiriú Rialtais Áitiúil 2014.

[407] I.R. 872/2004.

[408] ón 28 Márta 2005.

[409] 1:1 go 1:9,999 (I.R. 212/2004).

[410] ón 1 Eanáir 2005 (I.R. 212/2004).

[411] Acht na dTeangacha Oifigiúla 2003, alt 33(2).

[412] Cuid 18 den Acht Rialtais Áitiúil 2001, arna cur isteach ag an Acht Comhshaoil (Forálacha Ilghnéitheacha) 2011, alt 48, agus arna leasú ag an Acht um Athchóiriú Rialtais Áitiúil 2014.

[413] An tAcht Comhshaoil (Forálacha Ilghnéitheacha) 2011, alt 48 a leasaigh I.R. 872/2004 – an tOrdú Logainmneacha (Ceantair Ghaeltachta) 2004.

[414] An tAcht Logainmneacha (Foirmeacha Gaeilge) 1973, alt 3(1). Aisghairmeadh an tAcht

[13.41] De bhun Chuid 18 den Acht Rialtais Áitiúil 2001[416] féadfar logainm[417] a athrú le toiliú mhuintir na háite i gceist le ballóid faoi rún de na toghthóirí rialtais áitiúil atá cláraithe san áit lena mbaineann an logainm nua beartaithe le tromlach na vótaí a chaitear. Sonrófar an logainm nua beartaithe i nGaeilge amháin nó i nGaeilge agus i mBéarla. Ní cheadaítear logainm as Béarla amháin a bhaisteadh ar áit.

[13.42] Féadfaidh an t-údarás áitiúil i gceist[418] rún a rith, ag líon nach lú ná leath de na comhaltaí tofa nó comhthofa, i ndáil le tús a chur le togra chun logainm nua a chur in ionad an logainm reatha.

[13.43] Ina dhiaidh sin, is gá fógra a thabhairt do pháirtithe leasmhara áirithe[419] agus fógra poiblí a fhoilsiú faoin togra ina n-iarrfar ar bhaill den phobal aighneachtaí i scríbhinn a dhéanamh i ndáil leis an togra tráth nach déanaí ná 2 mhí ón dáta a fhoilsítear an fógra sin.

[13.44] Tar éis na haighneachtaí sin a scrúdú caithfidh baill na comhairle áitiúla vótáil arís maidir le cé acu a reáchtálfar nó nach reáchtálfar an bhallóid i measc mhuintir na háite. Is gá líon nach lú ná leath de na comhaltaí tofa nó comhthofa ina fhabhar chun go reáchtálfaí an bhallóid. Má bheartaítear an bhallóid a reáchtáil is faoi rún a reáchtáiltear í[420] agus is leor móramh glan chun go n-éireodh leis an togra.

[13.45] Má bhíonn an áit lena mbaineann an logainm sin roinnte thar chúpla

---

ar fad le halt 35 d'Acht na dTeangacha Oifigiúla 2003.

[415] *'the equivalent in the Irish language of a place-name specified in the order'*

[416] Arna cur isteach ag an Acht Comhshaoil (Forálacha Ilghnéitheacha) 2011, alt 48, agus arna leasú ag an Acht um Athchóiriú Rialtais Áitiúil 2014.

[417] In alt 188 'Léiriú', folaíonn 'logainm' ainm contae, cathrach, baile, baile neamhbhardas-aigh, sráidbhaile, barúntachta, paróiste, baile fearainn, sráide nó líomatáiste, nó ainm aon ghné (nádúrtha nó saorga), dúiche, réigiúin nó áite, mar a thuairiscítear ar léarscáil arna táirgeadh ag Suirbhéireacht Ordanáis Éireann. I gcodarsnacht le hAcht na dTeangacha Oifigiúla 2003, níl ainm cúige san áireamh ach tá ainm baile neamhbhardasaigh, ainm sráide agus ainm líomatáiste .i. cuid de chontae, de chathair nó de bhaile a ndéantar go coitianta ainm a úsáid ina leith. Folaíonn 'sráid' cuid de shráid, bóthar, cearnóg, lána nó aon áit phoiblí eile nó cuid den chéanna.

[418] De bhun an Achta Rialtais Áitiúil 2001, alt 189(1), arna chur isteach ag an Acht Comhshaoil (Forálacha Ilghnéitheacha) 2011, alt 48, agus arna leasú ag an Acht um Athchóiriú Rialtais Áitiúil 2014, alt 5(8).

[419] Chuig cibé daoine a fhorordóidh an tAire Tithíochta, Pleanála agus Rialtais Áitiúil le rialacháin (An tAcht Rialtais Áitiúil 2001, alt 189(4), arna chur isteach ag an Acht Comhshaoil (Forálacha Ilghnéitheacha) 2011, alt 48, agus arna leasú ag an Acht um Athchóiriú Rialtais Áitiúil 2014.

[420] Faoi réir rialacháin arna ndéanamh ag an Aire Tithíochta, Pleanála agus Rialtais Áitiúil de bhun an Achta Rialtais Áitiúil 2001, alt 189(8), arna chur isteach ag an Acht Comhshaoil (Forálacha Ilghnéitheacha) 2011, alt 48, agus arna leasú ag an Acht um Athchóiriú Rialtais Áitiúil 2014.

contae tá an próiseas mar an gcéanna ach go gcaithfidh gach údarás áitiúil i gceist rúin a rith ag líon nach lú ná leath de na comhaltaí tofa nó comhthofa faoi seach i ndáil leis an togra chun an logainm a athrú.[421]

[13.46] Is mó logainm a mbaineann conspóid áirithe leis an leagan Gaeilge de idir chathair agus tuath. Is mó duine nach dtaitníonn an lomadh logainmneacha leo: 'Dúrlas' seachas 'Dúrlas Éile', 'An Chathair' seachas 'Cathair Dhún Iascaigh', 'An Nás' seachas 'Nás na Ríogh', 'An Ráth' seachas 'Ráth Luirc' agus 'Caiseal' seachas 'Caiseal Mumhan' gan trácht ar ghalldú sráidainmneacha Bhaile Átha Cliath: 'Sráid Westmoreland' seachas 'Sráid an Fheistí' agus 'Sráid Nassau' seachas 'Sráid Thobar Phádraig'. Seo deis mianta an phobail ina thaobh sin a shásamh.

Coimisinéir na dTeangacha Oifigiúla[422]

[13.47] Is é Uachtarán na hÉireann a cheapann Coimisinéir na dTeangacha Oifigiúla ('An Coimisinéir Teanga') ar chomhairle an Rialtais tar éis do Thithe an Oireachtais rún a rith ag moladh an cheapacháin. Tá an Coimisinéir Teanga neamhspleách i gcomhlíonadh a chuid dualgas.[423]

Feidhmeanna an Choimisinéara Teanga

[13.48] Seo a leanas príomhdhualgais an Choimisinéara Teanga:[424]

(a) Monatóireacht a dhéanamh ar an gcaoi a bhfuil forálacha Acht na dTeangacha Oifigiúla á gcomhlíonadh ag comhlachtaí poiblí agus gach beart riachtanach atá faoina réim a dhéanamh chun a chinntiú go gcomhlíonfaidh comhlachtaí poiblí a ndualgais faoin Acht;

(b) Imscrúduithe a sheoladh as a stuaim féin, ar iarratas ó Aire na Gaeltachta nó mar thoradh ar ghearán a bheith déanta leis ag aon duine i gcás ina gcreidtear go bhfuil teipthe ar chomhlacht poiblí a dhualgas a chomhlíonadh faoi Acht na dTeangacha Oifigiúla nó nach bhfuil foráil d'aon achtachán eile a bhaineann le stádas nó le húsáid na Gaeilge nó an Bhéarla á comhlíonadh;[425]

---

[421] An tAcht Rialtais Áitiúil 2001, alt 190, arna chur isteach ag an Acht Comhshaoil (Forálacha Ilghnéitheacha) 2011, alt 48, agus arna leasú ag an Acht um Athchóiriú Rialtais Áitiúil 2014.

[422] Acht na dTeangacha Oifigiúla 2003, ailt 20-30

[423] Acht na dTeangacha Oifigiúla 2003, alt 20.

[424] Acht na dTeangacha Oifigiúla 2003, alt 21.

[425] Chinn an Coimisinéir Teanga in 2019 gur chuimsigh sé seo imscrúdú a dhéanamh maidir le teip líomhnaithe Chomhairle Contae Chiarraí coinníollacha teanga sa chead pleanála a d'fhorchuir an Bord Pleanála a chur i bhfeidhm i ndáil le heastát tithíochta sa Ghaeltacht. Is mar shárú líomhnaithe ar na forálacha a bhaineann leis an nGaeilge sa Ghaeltacht sna hAchtanna um Pleanáil agus Forbairt is ea a seoladh an t-imscrúdú. Féach mír [14.61] *et seq*.

(c) Comhairle a chur ar fáil don phobal maidir lena gcearta teanga faoi Acht na dTeangacha Oifigiúla;
(d) Comhairle a chur ar fáil do chomhlachtaí poiblí maidir lena ndualgais teanga faoin Acht.

Cumhachtaí an Choimisinéara Teanga

[13.49] Tá cumhachtaí leathana ag an gCoimisinéir Teanga tabhairt ar aon duine fáisnéis, taifead, nó rud a thabhairt ar lámh a bhaineann le feidhmeanna an Choimisinéara a chomhlíonadh agus tabhairt air freastal ar chruinniú leis an gCoimisinéir chun na críche céanna.[426] Tá díolúine ann maidir le cáipéisí a bhaineann le cinntí agus le himeachtaí de chuid an Rialtais nó aon choiste dá chuid ach go gcuirfeadh Ard-Rúnaí an Rialtais deimhniú ar fáil gur cáipéis den aicme sin atá i gceist.[427]

[13.50] Ar ndóigh, is féidir tabhairt ar an Rialtas in imeachtaí sibhialta os comhair cúirte follasú a dhéanamh ar cháipéis den aicme sin sa ghnáthbhealach faoi mar a d'ordaigh an Ard-Chúirt (Clarke Brmh, mar a bhí an uair sin ann) in *Mac Aodháin v. Éire*[428] agus cinneadh Rialtais breitheamh dúiche (nach raibh an caighdeán reachtúil Gaeilge aige) a shannadh go Dúiche Uimhir 1 (Dún na nGall), áit a bhfuil limistéir Ghaeltachta, idir chamáin.[429]

[13.51] Tá na díolúintí agus na pribhléidí céanna ag daoine a ndíríonn an Coimininéir Teanga ceanglas den saghas seo chucu amhlaidh is dá mbeidís mar fhinné os comhair na hArd-Chúirte.[430] Baineann pionós coiriúil le mainneachtain iarratas den saghas seo ón gCoimisinéir a chomhlíonadh nó treampán nó bac a chur ar an gCoimisinéir ina thaobh seo agus cead ag an gCoimisinéir imeachtaí coiriúla a thionscnamh ag éirí as sin.[431]

[13.52] Maidir le himscrúdú a sheoladh i ndáil le sárú líomhnaithe, is go príobháideach a sheoltar iad[432] agus cuireann an Coimisinéir fógra ar dtús chuig an gcomhlacht poiblí lena mbaineann an gearán, chuig an ngearánach, má tá a leithéid i gceist, agus chuig Aire na Gaeltachta, murarbh é an tAire cuspóir an imscrúdaithe, agus tabharfaidh an Coimisinéir deis don chomhlacht

---

[426] Acht na dTeangacha Oifigiúla 2003, alt 22(1)(a).
[427] Acht na dTeangacha Oifigiúla 2003, alt 22(1)(b).
[428] *Mac Aodháin v. Éire* [2012] 1 I.R. 417.
[429] 'Cáipéis ar bith a thug na freagróirí Stáit san áireamh agus forálacha alt 71 den Acht Cúirteanna Breithiúnais 1924 á meas ag na freagróirí Stáit i gcomhthéacs an Breitheamh léannta [dúiche] a cheapadh ina Bhreitheamh Dúiche do Dhúiche 1.' *Mac Aodháin v. Éire* [2012] 1 I.R. 417, lch 420.
[430] Acht na dTeangacha Oifigiúla 2003, alt 22(3).
[431] Acht na dTeangacha Oifigiúla 2003, alt 22(4)-(6).
[432] Acht na dTeangacha Oifigiúla 2003 alt 23(1).

poiblí sin agus d'éinne eile faoi deara an sárú líomhnaithe a gcuid tuairimí faoin ngearán a chur in iúl.[433]

[13.53] Ina dhiaidh sin, féadfaidh an Coimisinéir diúltú an gearán a imscrúdú nó éirí as imscrúdú ina thaobh má thagann sé ar an tuairim (i) go bhfuil an gearán fánach nó cráiteach, nó (ii) nach ndearna an duine a rinne an gearán bearta réasúnacha chun sásamh a lorg i leith ábhar an ghearáin nó, má rinne, nár diúltaíodh sásamh dó, nó (iii) nach mbaineann an gearán ach amháin le ní a bhfuil cumhacht ag an Ombudsman imscrúdú a dhéanamh ina leith,[434] nó (iv) nach bhfuil aon sárú ar fhorálacha Acht na dTeangacha Oifigiúla nó aon achtacháin eile a bhaineann le stádas nó úsáid teanga oifigiúla i gceist sa ní a ndearnadh an gearán faoi.[435]

[13.54] Is faoin gCoimisinéir amháin atá sé nós imeachta aon imscrúdaithe ar leith a shocrú[436] agus féadfaidh sé ionadaíocht dhlíthiúil nó eile a cheadú d'aon duine nó comhlacht in aon imscrúdú ar leith.[437]

[13.55] Ní chuirfidh an Coimisinéir imscrúdú ar bun i leith aon ghearáin a dhéanfaidh duine nó a dhéanfar thar a cheann más gearán é a mbeidh imeachtaí dlíthiúla sibhialta tionscanta i ndáil leis ar bun ag an duine a bhí thíos leis an sárú líomhnaithe ach amháin i gcásanna eisceachtúla ('imthosca speisialta').[438]

[13.56] Ní dhéanfar faisnéis nó taifead nó rud a gheobhaidh an Coimisinéir[439] i gcúrsa fheidhmiú a chuid feidhmeanna faoin Acht Teanga a nochtadh ach amháin chun críocha an fheidhmithe sin agus chun críocha aon ráitis, tuarascála nó fógra atá le tabhairt aige faoin Acht.[440]

[13.57] In aon chás ina ndéanfar gearán leis an gCoimisinéir agus ina gcinnfidh an Coimisinéir gan imscrúdú a dhéanamh nó scor d'imscrúdú, cuirfidh sé ráiteas i scríbhinn maidir leis na cúiseanna atá aige leis an gcinneadh chuig an ngearánach agus chuig an gcomhlacht poiblí lena mbaineann agus déanfaidh sé pé ráiteas i scríbhinn is cuí leis i ndáil leis an ní a chur chuig cibé duine eile is cuí.[441]

[13.58] In aon chás ina seolfaidh an Coimisinéir imscrúdú, ullmhóidh sé

---

[433] Acht na dTeangacha Oifigiúla 2003, alt 23(2).
[434] De bhun alt 4(2)(a) den Acht Ombudsman 1980, mar atá leasaithe ag an Acht Ombudsman (Leasú) 2012.
[435] Acht na dTeangacha Oifigiúla 2003, alt 23(3).
[436] Acht na dTeangacha Oifigiúla 2003, alt 23(4).
[437] Acht na dTeangacha Oifigiúla 2003, alt 23(5).
[438] Acht na dTeangacha Oifigiúla 2003, alt 24.
[439] Nó a fhoireann.
[440] Acht na dTeangacha Oifigiúla 2003, alt 25.
[441] Acht na dTeangacha Oifigiúla 2003, alt 26(1).

tuarascáil i scríbhinn maidir le fionnachtana an imscrúdaithe agus pé moltaí is cuí agus cuirfidh sé chuig an gcomhlacht poiblí cuí í, chuig Aire na Gaeltachta, agus chuig an ngearánach, más ann dó.[442] Féadfaidh an Coimisinéir tuarascáil eatramhach a eisiúint más cuí.[443]

[13.59] Féadfaidh an Coimisinéir a iarraidh ar chomhlacht poiblí aon tuairimí a bheidh aige maidir le haon fhionnachtana nó moltaí atá i dtuarascáil an Choimisinéara a chur faoina bhráid laistigh de thréimhse ama shonraithe.[444]

[13.60] Más rud é, laistigh de thréimhse réasúnach ama tar éis tuarascáil a bhfuil moltaí inti a chur faoi bhráid comhlacht poiblí nach mbeidh, i dtuairim an Choimisinéara, aon chuid de na moltaí atá sa tuarascáil curtha i ngníomh ag an gcomhlacht sin, féadfaidh an Coimisinéir, tar éis aon fhreagraí a bhreithniú a bheidh tugtha ag an gcomhlacht poiblí dó i leith na moltaí sin, tuarascáil a thabhairt do gach Teach den Oireachtas ina thaobh agus sa chás sin cuirfidh an Coimisinéir ag gabháil le gach tuarascáil cóip de gach freagra (más ann) a bheidh tugtha ag comhlacht poiblí nó thar a cheann ar na moltaí sin.[445]

[13.61] Tá foráil san Acht Teanga le haghaidh scéim cúitimh don té a chinnfidh an Coimisinéir ina leith, de bhun imscrúdaithe, gur sháraigh comhlacht poiblí a chearta teanga faoi Acht na dTeangacha Oifigiúla, seachas aon achtacháin eile. Ní bhaineann an fhoráil seo ach oiread le comhlachtaí nach baill den Stát iad agus ar ainmníodh iad mar chomhlachtaí poiblí[446] i ndáil le feidhmeanna áirithe amháin.[447] Is é Aire na Gaeltachta le toiliú an Aire Airgeadais a chuirfeadh scéim dá leithéid ar bun, rud nár tharla fos.

[13.62] Féadfaidh páirtí in imscrúdú faoin Acht Teanga nó aon duine eile a ndéanann fionnachtana agus moltaí an imscrúdaithe difear dó, achomharc a dhéanamh chuig an Ard-Chúirt ar phointe dlí i gcoinne an chinnidh taobh istigh de 4 seachtaine ón dáta a fhaigheann siad scéala faoin toradh.[448] Is féidir leis an Ard-Cúirt costais a dheonú do bhall den phobal nach n-éiríonn leis san achomharc má dhúisíonn an t-achomharc pointe dlí a mbaineann tábhacht phoiblí eisceachtúil leis [449] nó i gcúinsí eile.[450]

[13.63] Féadfaidh an Coimisinéir tráchtaireachtaí ar fheidhm phraiticiúil agus

---

[442] Acht na dTeangacha Oifigiúla 2003, alt 26(2).
[443] Acht na dTeangacha Oifigiúla 2003, alt 26(3).
[444] Acht na dTeangacha Oifigiúla 2003, alt 26(4).
[445] Acht na dTeangacha Oifigiúla 2003, alt 26(5) &(6).
[446] de bhun mhír 1(5) den Chéad Sceideal d'Acht na dTeangacha Oifigiúla 2003.
[447] Acht na dTeangacha Oifigiúla 2003, alt 27.
[448] Acht na dTeangacha Oifigiúla 2003, alt 28.
[449] Acht na dTeangacha Oifigiúla 2003, alt 28(3)(a).
[450] Acht na dTeangacha Oifigiúla 2003, alt 28(3)(b). Ní shonraítear na cúinsí eile sin.

ar oibriú fhorálacha an Achta a fhoilsiú, tráchtaireachtaí bunaithe ar a chuid taithí féin san áireamh.[451]

[**13.64**] Cuirfidh an Coimisinéir, tráth nach déanaí ná 6 mhí tar éis dheireadh gach bliana, tuarascáil bhliantúil i nGaeilge agus i mBéarla chuig Aire na Gaeltachta a chuirfidh, tráth nach déanaí ná dhá mhí ina dhiaidh sin, faoi bhráid Thithe an Oireachtais í. Féadfaidh an Coimisinéir tuarascáil a ullmhú agus a fhoilsiú i nGaeilge agus i mBéarla i ndáil le haon imscrúdú ar leith nó i ndáil le haon fheidhm eile faoin Acht.[452] Foilsítear na tuarascálacha seo ar shuíomh idirlín an Choimisinéara.[453]

Bille na dTeangacha Oifigúla (Leasú) 2019

[**13.65**] Agus an leabhar seo ag dul i gcló, tá Bille na dTeangacha Oifigiúla (Leasú) 2019 foilsithe, ach ní féidir ach a rá gur sop in áit na scuaibe é. Ní phléitear ann le Billí nó Achtanna a rith go dátheangach ná le hionstraimí reachtúla a chur amach sa dá theanga oifigiúla. Mura mbíonn dlí na tíre ar fáil as Gaeilge, ní féidir leis an Stát feidhmiú as Gaeilge.

[**13.66**] Ní phléitear ann ach oiread le hoibleagáid a chruthú go riarfaí ionchúiseamh coiriúil as Gaeilge i gcoinne an té a roghnódh a chosaint a riaradh sa Phríomhtheanga Oifigiúil ná ní phléitear leis an riachtanas go gcuirfí breithiúna a bhfuil Gaeilge acu i gceannas ar thrialacha a mbeadh an Ghaeilge in úsáid ag páirtí nó ag páirtithe iontu. Seo bearnaí ollmhóra sa reachtaíocht teanga ag croí na nOrgán Stáit.

[**13.67**] Dhá easnamh eile ar an mBille is ea nach dtagann gach ball den Stát faoina réim go huathoibríoch agus nach dtugtar comhsheasamh don Teanga Náisiúnta ar chomharthaí tráchta.

[**13.68**] Tá roinnt atá le moladh sa Bhille, ach tá an méid sin féin easnamhach. Tá trácht ann ar an gcuspóir go mbeadh 20% d'earcaigh nua na Seirbhíse Poiblí inniúil ar an nGaeilge, ach fágtar faoi choiste comhairleach tabhairt faoina bhaint amach. Moltar arís go mbeadh an Ghaeilge mar theanga oibre na n-oifigí stáit sa Ghaeltacht, ach cuireann an Bille feidhmiú an bheartais seo ar an méar fhada. Fágtar faoi Aire na Gaeltachta é, le toiliú tosaigh ón Aire Rialtais a mbaineann na hoifigí sin lena chúram (alt 19A(1)), 'caighdeáin teanga' a cheapadh a chuimseodh gaelú na n-oifigí Gaeltachta.

[**13.69**] Tugtar an chumhacht d'Aire na Gaeltachta chun rialacháin agus treoirlínte a cheapadh maidir le dualgais chomhlachtaí poiblí glacadh le

---

[451] Acht na dTeangacha Oifigiúla 2003, alt 29.
[452] Acht na dTeangacha Oifigiúla 2003, alt 30.
[453] www.coimisineir.ie.

hainmneacha, sloinnte, seoltaí agus teidil as Gaeilge agus chun rialacháin a cheapadh maidir le foirmeacha oifigiúla dátheangacha. Is ait nach leagtar síos na forálacha a theastaíonn sa Bhille féin faoi mar a dhéantar i ndáil le lógónna comhlachtaí poiblí a bheith dátheangach nó as Gaeilge, rud atá le moladh.

[13.70] Is maith go bhfuiltear ag bogadh ó scéimeanna teanga a aontú le comhlachtaí poiblí go dtí caighdeáin teanga a fhorchur orthu ach arís ní foláir toiliú tosaigh a fháil ón Aire Rialtais a mbaineann an comhlacht sin lena chúram (alt 19A(1)), rud a lagaíonn an cur chuige seo. Ba leor, shílfeá, dul i gcomhairle leis.

Caibidil 14

Cúrsaí Pleanála Fisiciúla

[14.01] Is é an tAcht um Pleanáil agus Forbairt 2000[454] an Príomh-Acht sa réimse seo ach rinneadh leasuithe air thar na blianta agus ollchoiriú ar an bPríomh-Acht leis an Acht um Pleanáil agus Forbairt (Leasú) 2010.[455] Rinneadh tuilleadh leasuithe ina dhiaidh sin agus tugtar 'na hAchtanna um Pleanáil agus Forbairt 2000 go 2019' ar an reachtaíocht anois.

Sainmhínithe

[14.02] Tá roinnt sainmhínithe ábhartha leagtha amach in alt 2 den Phríomh-Acht. Ciallaíonn 'údarás pleanála', de thoradh ar na leasuithe ar an gcóras rialtais áitiúil le blianta beaga anuas, an chomhairle contae, lena n-áirítear na ceithre chomhairle contae de chuid Chontae Bhaile Átha Cliath, agus comhairlí cathracha Chorcaí agus na Gaillimhe.

[14.03] Ina theannta sin, ciallaíonn 'tionól réigiúnach' comhlacht arna bhunú de bhun alt 43 den Acht Rialtais Áitiúil 1991, arna leasú ag an Acht um Athchóiriú Rialtais Áitiúil 2014: Tionól Réigiúnach an Oirthir agus Lár-Tíre (.i. Cúige Laighean seachas Ceatharlach, Cill Chainnigh agus Loch Garman); Tionól Réigiúnach an Deiscirt (Cúige Mumhan móide Ceatharlach, Cill Chainnigh agus Loch Garman); agus Tionól Réigiúnach an Tuaiscirt agus an Iarthair (Connachta móide na trí chontae de chuid Chúige Uladh atá taobh istigh den Stát).

An Chreatlach Phleanála

[14.04] An Plean Forbartha: Tá áit lárnach ag an bPlean Forbartha sa chóras pleanála agus dar leis an gCúirt Uachtarach in *Attorney General (McGarry) v. Sligo County Council*[456] feidhmíonn sé mar 'Chonradh Comhshaoil' idir an t-údarás pleanála agus an pobal:

> The Plan is a statement of objectives; it informs the community, in its draft form, of the intended objectives and affords the community the opportunity of inspection, criticism, and, if thought proper, objection. When adopted it forms

[454] Uimh. 30 de 2000.
[455] Uimh. 30 de 2010.
[456] *Attorney General (McGarry) v. Sligo County Council* [1991] 1 I.R. 99.

> an environmental contract between the planning authority, the Council, and the community, embodying a promise by the Council that it will regulate private development in a manner consistent with the objectives stated in the plan and, further, that the Council itself shall not effect any development which contravenes the plan materially. The private citizen, refused permission for development on such grounds based upon such objectives, may console himself that it will be the same for others during the currency of the plan, and that the Council will not shirk from enforcing these objectives on itself.

[14.05] De bhun Chaibidil I de Chuid II den Phríomh-Acht, tá oibleagáid ar gach údarás pleanála Plean Forbartha a dhéanamh gach 6 bliana. De bhun alt 10(1) den Phríomh-Acht leagtar amach ann straitéis fhoriomlán do phleanáil chuí agus d'fhorbairt inbhuanaithe i limistéar an phlean forbartha agus is éard a bheidh ann ná ráiteas i scríbhinn agus plean nó pleananna lena léireofar na cuspóirí forbartha don limistéar.

[14.06] De bhun alt 7 d'Acht 2010[457] ní foláir 'croístraitéis' a bheith mar chuid den phlean forbartha .i. ráiteas ina dtaispeántar go bhfuil na cuspóirí forbartha sa phlean i gcomhréir, a mhéid is atá sé sin indéanta, leis na cuspóirí forbartha náisiúnta agus réigiúnacha atá leagtha amach sa Creat Náisiúnta Pleanála,[458] sa stráitéis réigiúnach spásúil agus eacnamaíoch[459] agus sna treoirlínte arna ndéanamh ag an Aire.[460] Tá an leasú sin tábhachtach mar, roimhe sin, ní raibh ar na húdarás áitiúil ach 'aird a thabhairt' ar a leithéid agus is minic nár thug an Plean Forbartha aird ar bith orthu.

[14.07] Ina theannta sin, caithfidh ráiteas ar leith a bheith sa phlean forbartha ina dtaispeánfar go bhfuil na cuspóirí forbartha atá sa phlean ar comhréir, a mhéid is indéanta, le caomhnú agus cosaint an chomhshaoil.[461]

[14.08] Cé gur féidir a rá gur thug na leasuithe seo ar alt 10 den Phríomh-Acht céim síos don rialtas áitiúil, caithfear a aithint freisin go bhfuil an chumhacht fós ag an údarás áitiúil an Plean Forbartha a ghlacadh nó a leasú. Sin ráite, mura bhfuil Plean Forbartha i gcomhréir leis an gCreat Náisiúnta Pleanála, leis an stráitéis réigiúnach spásúil agus eacnamaíoch, nó leis na treoirlínte arna ndéanamh ag an Aire, beidh sé i mbaol.

[14.09] Ó thaobh na Gaeltachta de, ní foláir úsáid na teanga ag leibhéal an phobail a chosaint i bplean forbartha a bhaineann le limistéar a bhfuil ceantar Gaeltachta ann. Foráiltear le halt 10 den Phríomh-Acht, mar atá leasaithe, mar seo a leanas:

---

[457] Lena leasaítear alt 10 den Phríomh-Acht atá anois leasaithe ag Acht 2018.
[458] An 'Straitéis Spáis Náisiúnta' mar a bhí roimh Acht 2018.
[459] Arna chur isteach ag an Acht um Athchóiriú Rialtais Áitiúil 2014, alt 5.
[460] Treoirlínte arna ndéanamh ag an Aire de bhun alt 28 den Phríomh-Acht (mar atá leasaithe).
[461] Alt 10(1D) den Phríomh-Acht arna chur isteach ag alt 7 d'Acht 2010.

10.—(1) I bplean forbartha, leagfar amach straitéis fhoriomlán do phleanáil chuí agus d'fhorbairt inchothaithe limistéar an phlean forbartha agus is é a bheidh ann ráiteas i scríbhinn agus plean nó pleananna lena léireofar na cuspóirí forbartha don limistéar a bheidh i gceist.

(2) Gan dochar do ghinearáltacht fho-alt (1), folóidh plean forbartha cuspóirí maidir leis na nithe seo a leanas—

(m) oidhreacht teanga agus chultúrtha na Gaeltachta a chosaint, lena n-áirítear an Ghaeilge a chur chun cinn mar theanga an phobail, i gcás ina mbeidh limistéar Gaeltachta i limistéar an phlean forbartha.

[14.10] Ó thaobh nós imeachta de, ullmhaítear dréachtphlean forbartha i dtosach báire[462] agus is féidir leis an bpobal páirt a ghlacadh sa phróiseas sin. Ullmhaíonn príomhfheidhmeannach an údaráis phleanála tuarascáil maidir le *inter alia* aighneachtaí nó tuairimí a fhaightear ón bpobal. Tugtar 'Tuarascáil an Phríomhfheidhmeannaigh' uirthi seo.[463] Ina theannta sin, féadfaidh an tAire Comhshaoil agus an Rialálaí Pleanála moltaí a dhéanamh i ndáil leis an dréachtphlean forbartha.[464] Glacann comhaltaí an údaráis an Plean Forbartha de réir an nós imeachta atá leagtha amach in alt 12 den Phríomh-Acht.

[14.11] Is iad seo a leanas roinnt de na héifeachtaí dlíthiúla is tábhachtaí a bhaineann le Plean Forbartha:

(a) Tá dualgas ar an údarás áitiúil cibé bearta a ghlacadh a thagann faoi réim a chuid cumhachtaí agus is gá chun cuspóirí an Phlean Forbartha a áirithiú;[465]

(b) Ní ceadmhach don údarás áitiúil aon fhorbairt a dhéanamh ina limistéar feidhme a dhéanfadh sárú ábhartha ar an bPlean Forbartha.[466]

(c) Ní féidir cead pleanála a dheonú a dhéanfadh sárú ábhartha ar an bPlean Forbartha nó ar phlean limistéir áitiúil, ach amháin le vóta bhaill an údaráis phleanála le móramh ¾ den bhallraíocht iomlán.[467]

(d) Tá dualgas ar údarás áitiúil le linn dó chinneadh a dhéanamh maidir le hiarratas ar chead pleanála, aird a thabhairt ar fhorálacha an Phlean Forbartha, mar aon le nithe eile ar nós treoirlínte ón Aire agus pholasaí an Rialtais más cuí;[468]

---

[462] Alt 11 den Phríomh-Acht mar atá leasaithe: 'Dréachtphlean forbartha a ullmhú'

[463] Alt 11(4) den Phríomh-Acht mar atá leasaithe.

[464] Alt 12(2A) den Phríomh-Acht arna chur isteach ag Acht 2018.

[465] Alt 15 den Phríomh-Acht.

[466] Alt 178 den Phríomh-Acht arna leasú ag an Acht um Athchóiriú Rialtais Áitiúil 2014 (Uimh. 1 de 2014).

[467] Alt 34(6) den Phríomh-Acht arna leasú ag alt 23 d'Acht 2010.

[468] Alt 34(2)(a) den Phríomh-Acht mar atá leasaithe. Tá dualgas ar an údarás aird a thabhairt ar an bPlean Limistéir Áitiúil freisin agus cinneadh á dhéanamh ar chead pleanála (alt 18(3)(a) den Phríomh-Acht).

(e) Is féidir tairbhe 'forbairt díolmhaithe' .i. forbairt nach gá cead lena haghaidh, a chailliúnt má bhíonn an fhorbairt bheartaithe i gcodarsnacht le forálacha an Phlean Forbartha.

Pleananna Limistéir Áitiúla

[**14.12**] Is féidir le gach údarás pleanála pleananna limistéir áitiúla a dhéanamh.[469] Ní féidir le plean limistéir áitiúil dul i gcoinne chuspóirí an Phlean Forbartha, na croí-stráitéise ná na dtreoirlínte pleanála réigiúnacha a bhaineann leis an limistéar i gceist. Is féidir plean limistéir áitiúil a chur le chéile do limistéar Gaeltachta, limistéar uirbeach nó eile.

[**14.13**] Bhaintí leas as pleananna limistéir áitiúla mar 'cúldoras' chun criosú breise a dhéanamh le linn shaolré an Phlean Forbartha. Tá sé sin níos deacra anois de bharr alt 19(2B) arna chur isteach ag Acht 2010, lena bhforáiltear:

> **19(2B).** — Más rud é maidir le haon chuspóir de phlean limistéir áitiúil nach bhfuil sé i gcomhréir a thuilleadh le cuspóirí plean forbartha don limistéar, déanfaidh an t-údarás pleanála a luaithe is féidir (agus in aon chás tráth nach déanaí ná bliain amháin tar éis an plean forbartha a dhéanamh) an plean limistéir áitiúil a leasú chun go mbeidh a chuid cuspóirí i gcomhréir le cuspóirí an phlean forbartha.

[**14.14**] Féadfaidh údáras áitiúil plean limistéir a ullmhú do cheantar Gaeltachta faoina chúram d'fhonn, is dócha, cuspóirí alt 10(2)(m) a bhaint amach. Foráiltear le halt 19(1)(a) den Phríomh-Acht seo a leanas:

> **19.**—(1)(a) Féadfar plean limistéir áitiúil a ullmhú maidir le haon limistéar, lena n-áirítear limistéar Gaeltachta, nó le bruachbhaile láithreach limistéir uirbigh, a mheasfaidh an t-údarás pleanála a bheith oiriúnach agus, go háirithe, do na limistéir sin a bhfuil athnuachan eacnamaíoch, fhisiceach nó shóisialach de dhíth orthu agus do limistéar is dócha a bheidh faoi réir forbartha mórscála laistigh de shaolré an phlean.

[**14.15**] Ní foláir don údarás áitiúil dul *i gcomhairle* le hÚdarás na Gaeltachta sula gcuirfidh sé plean limistéir áitiúil Gaeltachta i dtoll a chéile. Foráiltear le halt 20(2) den Phríomh-Acht mar seo a leanas:

> **20.** — (2) Rachaidh údarás pleanála i gcomhairle le hÚdarás na Gaeltachta sula ndéanfar plean limistéir áitiúil a dhéanamh, a leasú nó a chúlghairm ... do limistéar a bhfuil limistéar Gaeltachta ar áireamh ann.

Straitéis Reigiúnach Spásúil agus Eacnamaíoch

[**14.16**] De bhun Chaibidil III de Chuid II den Phríomh-Acht, is féidir le tionól réigiúnach 'Straitéis Reigiúnach Spásúil agus Eacnamaíoch' a chur le

---

[469] Ailt 18-20 den Phríomh-Acht mar atá leasaithe.

chéile[470] chun tacú leis an gCreat Náisiúnta Pleanála a chur i bhfeidhm.[471]

[**14.17**] De bhun alt 23(7)(b) den Phríomh-Acht, i straitéis reigiúnach spásúil agus eacnamaíoch a fhearfaidh ar an nGaeltacht, caithfidh an tionól réigiúnach 'aird' a bheith aige ar an ngá atá ann le hoidhreacht teanga agus chultúrtha na Gaeltachta a chosaint.[472]

Treoirlínte

[**14.18**] De bhun alt 28 den Phríomh-Acht,[473] is féidir leis an Aire Comhshaoil treoirlínte a eisiúint chuig údaráis phleanála, maidir le haon cheann dá bhfeidhmeanna i ndáil le cúrsaí pleanála. Caithfidh an t-údarás pleanála 'aird a thabhairt' ar na treoirlínte sin i gcomhlíonadh a chuid feidhmeanna dó. Is féidir le treoirlínte dá leithéid riachtanais bheartais phleanála a bheith iontu nach foláir do na húdaráis phleanála, do na tionóil réigiúnacha agus don Bhord Pleanála géilleadh dóibh .i. cuspóirí sainordaitheacha.[474]

[**14.19**] Ina theannta sin, is féidir leis an Aire, de bhun alt 29 den Phríomh-Acht, treoracha beartais a eisiúint chuig údaráis phleanála maidir le haon cheann dá bhfeidhmeanna faoin Acht agus ní foláir do na húdaráis cloí leis na treoracha sin i gcomhlíonadh a gcuid feidhmeanna dóibh.

[**14.20**] Tá roinnt treoirlínte glactha ag an Aire faoi na hailt sin. Orthu sin, tá na treoirlínte pleanála miondíola, treoirlínte maidir le cairéil agus gníomhachtaí coimhdeachta, treoirlínte maidir le soláthar tithíochta agus tithíocht incheannaithe, agus Treoirlínte Pleanála Uimh. 15 chun cabhrú le húdaráis áitiúla agus iad ag ullmhú a gcuid pleananna forbartha. Molann Uimhir 15 na cuspóirí sainordaitheacha seo a leanas a bheith san áireamh sa phlean forbartha ó thaobh na Gaeltachta de:[475]

(i) go mbeadh tionchar dearfach ag an bhforbairt i gceist ar oidhreacht teanga agus chultúrtha na Gaeltachta agus gur féidir cur in aghaidh chineálacha áirithe forbartha agus forbairtí de mhéadanna áirithe dá réir;

(ii) go riarfaí i gcomhair riachtanais an phobail i ndáil le húsáid talún ar mhaithe le tithíocht, le poist, le háiseanna áineasa agus áiseanna poiblí

---

[470] Alt 23(1)(a) den Phríomh-Acht arna chur isteach ag an Acht um Athchóiriú Rialtais Áitiúil 2014, alt 63 agus arna leasú ag Acht 2018, alt 18.

[471] Féach míreanna [14.24]-[14.25].

[472] Arna chur isteach ag an Acht um Athchóiriú Rialtais Áitiúil 2014, alt 63.

[473] Mar atá leasaithe ag an Acht um Pleanáil agus Forbairt (Leasú) 2010, ag an Acht um Pleanáil agus Forbairt (Leasú) 2015, agus ag an Acht um Pleanáil agus Forbairt (Leasú) 2018.

[474] Alt 28(1C) den Phríomh-Acht arna chur isteach ag alt 20 d'Acht 2018.

[475] Faoin teideal '*Mandatory objective 12: Gaeltacht Areas*'.

agus ar mhaithe le straitéis ar leith tithíochta chun freastal ar riachtanais mhuintir na Gaeltachta;

(iii) go gcuirfí tuarasóireacht teanga agus chultúrtha chun cinn go láidir; agus

(iv) go gcuirfí úsáid na Gaeilge i gcúrsaí gnó agus poiblí chun cinn.

[14.21] Leagtar tuilleadh de na beartais seo amach in Iarscríbhinn C de na Treoirlínte sin agus aibhsítear ann go mbeadh meascán maith sa phobal Gaeltachta ó thaobh aoise de agus go gcuirfí in aghaidh méadú mór béarlóirí ón taobh amuigh. Moltar chomh maith forbairt thráchtála agus chultúrtha na Gaeltachta mar Ghaeltacht le béim ar thionscail atá bunaithe ar an teanga agus leagtar béim ar mhúineadh na teanga féin.

[14.22] Tá modh oibre seo na dtreoirlínte an-tábhachtach chun smacht a chur ar na húdaráis áitiúla agus chun a chinntiú go mbeidh na pleananna forbartha i gcomhréir leis an gCreat Náisiúnta Pleanála agus leis an stráitéis réigiúnach spásúil agus eacnamaíoch.

[14.23] Ar deireadh, de bhun alt 31 den Phríomh-Acht mar atá leasaithe,[476] féadfaidh an tAire Comhshaoil, ar chúiseanna sonraithe, a ordú d'aon údarás pleanála cibé bearta sonraithe a ghlacadh a cheanglóidh sé nó sí i ndáil le plean forbartha nó le plean limistéir áitiúil faoina chúram.

An Creat Náisiúnta Pleanála

[14.24] Tháinig an Creat Náisiúnta Pleanála in ionad na Straitéise Spáis Náisiúnta de bhun Caibidil 11A den Phríomh-Acht arna cur isteach ag Acht 2018.

[14.25] Tá an Roinn Tithíochta, Pleanála agus Rialtais Áitiúil, thar ceann an Rialtais, tar éis an Creat Náisiúnta Pleanála 'Éire 2040 — An Tionscadal' a ullmhú agus a fhoilsiú. Dar leo is é seo 'an creat beartais agus pleanála uileghabhálach maidir le forbairt shóisialta, gheilleagrach agus chultúrtha na tíre'. Sa Chreat Náisiúnta Pleanála deirtear an méid seo a leanas maidir leis an nGaeilge agus an Ghaeltacht:[477]

> Is ionann an próiseas pleanála teanga, a leagadh síos leis an Acht Gaeltachta 2012, agus an phríomhghné spreagtha a thacaíonn le gealltanas an Rialtais chun na cuspóirí a bhaint amach atá leagtha amach sa *Straitéis 20 Bliain don Ghaeilge 2010-2030*. Is é atá i gceist leis an gcéad chéim den phróiseas, ar cuireadh tús leis i 2014, ná ullmhú pleananna teanga ar leibhéal pobail ar fud 26 Ceantar Gaeltachta agus Pleanála Teanga agus na pleananna a chur i bhfeidhm ina dhiaidh sin. Tá sé beartaithe freisin aitheantas reachtúil a thabhairt do suas le 16 Baile Seirbhíse Gaeltachta, ar bailte iad atá suite go straitéiseach laistigh de Cheantair

---

[476] Arna leasú ag Acht 2010, ag Acht 2018, agus ag an Acht um Athchóiriú Rialtais Áitiúil 2014.

[477] Éire 2040 — An Tionscadal, lch 85.

Pleanála Teanga agus gar dóibh agus ina bhfuil seirbhísí poiblí a úsáideann pobail Ghaeltachta suite.

Foráiltear san Acht freisin le Líonraí Gaeilge a shainiú de cheantair atá lasmuigh den Ghaeltacht agus ina bhfuil tairseach chriticiúil de bhonneagar bainteach le teanga ar nós naíonraí agus bunscoileanna agus meánscoileanna lán-Ghaeilge.

Tá sé ríthábhachtach ó thaobh choimeád na Gaeilge mar theanga labhartha na Gaeltachta agus an teanga a chur chun cinn lasmuigh den Ghaeltacht go gcuirfí tacaí leanúnacha ar fáil don phróiseas pleanála teanga agus go ndéanfaí tacaíocht a neartú don údarás forbartha Gaeltachta, Údarás na Gaeltachta.

Cuspóir Beartais Náisiúnta 29: Tacú le cur i bhfeidhm pleananna teanga i gCeantair Pleanála Teanga Gaeltachta, i mBailte Seirbhíse Gaeltachta agus i Líonraí Gaeilge.

Ceanglais reachtúla ar chead pleanála a fháil

[14.26] In alt 32 den Phríomh-Acht, faoi Chuid III 'Forbairt a Rialú' leagtar síos bunphrionsabail an chóid pleanála sa tír seo:

> 32. —(1) Faoi réir fhorálacha eile an Achta seo, beidh gá le cead [pleanála] faoin gCuid seo—
> (a) i leith aon fhorbartha talún, nach forbairt dhíolmhaithe, agus
> (b) i gcás forbartha atá neamhúdaraithe, chun an fhorbairt neamhúdaraithe sin a choinneáil.
> (2) Ní dhéanfaidh aon duine aon fhorbairt a mbeidh gá le cead ina leith faoi fho-alt (1), ach amháin faoi réim agus de réir ceada arna dheonú faoin gCuid seo.

[14.27] Tháinig an ceanglas cead pleanála a fháil le haghaidh forbartha isteach i gcéaduair leis an Acht um Rialtas Áitiúil (Pleanáil agus Forbairt) 1963[478] a tháinig i ngníomh an 1 Deireadh Fómhair 1964.

[14.28] Ní bhíonn gá le cead pleanála i gcónaí agus tá roinnt forbairtí (mion-fhorbairtí de gnáth) díolmhaithe ón gceanglas. Tugtar 'forbairt díolmhaithe' orthu sin agus tá liosta fada den saghas sin forbartha leagtha amach in alt 4 den Phríomh-Acht.

Forbairt

[14.29] Foráiltear le halt 3(1) den Phríomh-Acht *inter alia* mar seo a leanas:

> ciallaíonn 'forbairt', ach amháin mar a n-éilíonn an comhthéacs a mhalairt, aon oibreacha a dhéanamh ar thalamh, nó ann, nó thairis nó faoi nó aon athrú ábhartha a dhéanamh ar úsáid aon déanmhas[479] nó talún eile.

[14.30] Mar sin, tá dhá chatagóir ann maidir le 'forbairt': Aon oibreacha a dhéanamh ar thalamh, nó ann, nó thairis nó faoi *agus* aon athrú ábhartha a dhéanamh ar úsáid aon déanmhas nó ar úsáid aon talún.

---

[478] Uimh. 28 de 1963.

[479] *Structure.*

Oibreacha

[14.31] Mínítear 'oibreacha' mar seo a leanas in alt 2 den Phríomh-Acht:

> folaíonn 'oibreacha' aon ghníomh nó oibríocht foirgníochta, tochailte, scartála, méadaithe, athraithe, deisithe nó athnuachana agus, i ndáil le déanmhas cosanta nó déanmhas cosanta beartaithe, folaíonn sé aon ghníomh nó oibríocht lena ngabhann plástar, péint, ballapháipéar, tíleanna nó ábhar eile a chur le dromchlaí an taobh istigh nó an taobh amuigh de dhéanmhas nó a bhaint den chéanna.

[14.32] Tá sé suimiúil go bhfuil scartáil (*demolition*) san áireamh. Ní áirítear uisce a dhraenáil ó talamh áfach. San alt céanna, foráiltear go bhfolaíonn 'athrú':[480]

(a) pláistéireacht nó péinteáil nó díchur plástair nó stucó, nó
(b) athsholáthar dorais, fuinneoige nó dín, a dhéanann athrú ábhartha ar dhreach imeachtrach[481] an déanmhais ionas go mbíonn an dreach sin ar neamhréir le sainghné an déanmhais nó le sainghné déanmhas ina chomharsanacht.

Athrú ábhartha a dhéanamh ar úsáid

[14.33] Maidir le hathrú úsáide ar gá cead pleanála a fháil ina thaobh, is gá (a) gur athrú úsáide é agus (b) go bhfuil an t-athrú sin 'ábhartha'.[482] Féachann na cúirteanna, ar an gcéad dul síos, ar an gcinéal úsáide roimh an athrú agus ina dhiaidh. In *Cusack v. Minister for Local Government*[483] dúirt an Ard-Chúirt (McWilliams Brmh) go raibh athrú úsáide i gceist nuair a athraíodh oifig fiaclóra go dtí oifig aturnaetha. In *McMahon v. Dublin Corporation*[484] rialaigh an Ard-Chúirt (Barron Brmh) gur athrú ábhartha a bhí i gceist le hathrú úsáide ó thithe cónaithe go tithe saoire/ligean ghearrthréimhseach tráchtála in ainneoin nár baineadh leas as na tithe i gceist riamh mar ghnáth-ionaid chónaithe.

[14.34] Ar an dara dul síos, déanann na cúirteanna measúnacht ar an 'ábharthacht' trí iarmhairt an athruithe ar an ngarchomharsanacht agus ar an gceantar mórthimpeall a mheas. Mar shampla, b'fhéidir go gcruthódh úsáid nua níos mó fuaime tráchta nó níos mó bruscair ná an úsáid láithreach nó, b'fhéidir go mbeadh iarmhairt shuntastach ar an timpeallacht de thoradh athrú ó úsáid i rith an lae go dtí úsáid i rith na hoíche. In *Westmeath County Council v. Quirke & Sons*[485] dúirt an Ard-Chúirt (Budd Brmh):

---

[480] *Alteration.*
[481] *Exterior.*
[482] Alt 3(1) den Phríomh-Acht.
[483] *Cusack v. Minister for Local Government* (Ard-Chúirt, neamhthuairiscithe, 4 Samhain 1980).
[484] *McMahon v. Dublin Corporation* [1996] 3 I.R. 509.
[485] *Westmeath County Council v. Quirke & Sons* (Ard-Chúirt, neamhtuairiscithe, 23 Bealtaine 1996).

> Many alterations in the activities carried out on land constitute a change in use; however, not all alterations will be material. Where such changes amount to a material change in use is a question of fact as is explained in *Monaghan Council v. Brogan* [1987] I.R. 333. Consideration of the materiality of a change in use means assessing not only the use itself but also its effects.

[**14.35**] Dúirt an Ard-Chúirt (Keane Brmh) in *Monaghan County Council v. Brogan*[486] go gcaithfidh an t-athrú bheith 'ábhartha' i dtéarmaí pleanála agus go gcaithfidh an chúirt an cinneadh fíorais sin a dhéanamh i bhfianaise na fianaise sa chúis.

Conas cead pleanála a fháil

[**14.36**] De ghnáth déantar iarratas ar chead pleanála chuig an údarás áitiúil agus, mura bhfaigheann an t-iarratasóir an cead, is féidir achomharc a dhéanamh chuig an mBord Pleanála.

[**14.37**] Is féidir iarratas a dhéanamh le haghaidh ceithre chineál ceadanna pleanála: (i) Gnáthchead pleanála; (ii) Cead imlíneach pleanála; (iii) Cead pleanála a dhéantar laistigh den am-theorainn reachtúil tar éis cead imlíneach pleanála a fháil; agus (iv) Cead Coinneála maidir le forbairt a rinneadh cheana gan chead.

[**14.38**] Is féidir leis an bpróiseas a bheith an-fhada agus an-chasta ach is iad seo a leanas na céimeanna bunúsacha ar an mbealach chun an cead pleanála a fháil:

[**14.39**] *Fógra Poiblí*: Tá sé de dhualgas ar gach iarratasóir fógra faoina iarratas ar chead pleanála a chur i nuachtán amháin a dhíoltar sa cheantar i gceist agus fógra láithreáin a chur ar an laithreán ar a mbeadh an fhorbairt. Dar leis na Rialacháin um Pleanáil agus Forbairt 2001-19, caithfear na fógraí seo a chur in áit taobh istigh de dhá sheachtain roimh an iarratas ar chead pleanála a chur isteach (mír 17). Ina theannta sin, caithfidh an fógra fanacht ar an laithreán ó dháta fála an iarratais ar chead pleanála ar feadh 5 seachtaine (mír 20). Beidh iarratas ar chead pleanála neamhbhailí mura gcloítear leis na ceanglais faoi na fógraí poiblí.[487]

[**14.40**] *Iarratas ar chead pleanála*: Tá an fhoirm chaighdeánach d'iarratas ar chead pleanála leagtha amach i bhFoirm 2 de Sceideal 3 de na Rialacháin um Pleanáil agus Forbairt. Tá liosta na ndoiciméad gur chóir a chur leis an iarratas leagtha amach ar an bhfoirm freisin.

[**14.41**] Caithfidh an t-iarratasóir a 'leas dlíthiúil' sa talamh a shonrú ar an bhfoirm: úinéir, áititheoir nó 'eile'. Más 'eile' atá i gceist (m.sh. más é an t-ailtire a dhéanann an t-iarratas), caithfear sonraí úinéireacht na talún a leagadh

[486] *Monaghan County Council v. Brogan* [1987] I.R. 333.
[487] *Monaghan UDC v. Alf-a-Bet Promotions Ltd* (1980) I.L.R.M. 64.

amach freisin. Murab é an t-iarratasóir an t-úinéir dlíthiúil, caithfear ainm agus seoladh an duine sin a chur san iarratas mar aon le litir thoilithe ón úinéir.

[14.42] *Nós imeachta an údaráis pleanála*: Má mheasann an t-údarás pleanála go gcomhlíonann an t-iarratas na ceanglais dhlíthiúla, stampálfar an fhoirm leis an dáta agus seolfar admháil go bhfuarthas an t-iarratas chuig an iarratasóir.[488] Beidh an t-iarratas neamh-bhailí mura measann an t-údarás go gcomhlíonann an t-iarratasóir na ceanglais maidir leis na fógraí poiblí m.sh. nó mura bhfuil an t-iarratas féin in ord.[489]

[14.43] Is féidir leis an údarás pleanála tuilleadh eolais a éileamh ón iarratasóir[490] laistigh d'ocht seachtaine ó dháta fála an iarratais, m.sh: pleananna, mapaí, líníochtaí nó eolas ar bith eile maidir le heastát, leas nó ceart ar an talamh; nó fianaise ar bith a theastaíonn, le réasún, chun sonraí nó eolas ar bith a fhíorú maidir leis an iarratas.

[14.44] I roinnt dálaí, bíonn dualgas ar an údarás pleanála fógra den iarratas a sheoladh chuig comhlachtaí áirithe (m.sh. An Taisce, Fáilte Éireann, Córas Iompar Éireann, an tÚdarás um Bóithre Náisiúnta, srl.), chuig údarás áitiúil eile nó chuig údarás réigiúnach. Tá dualgas air fógra a chur chuig Roinn na Gaeltachta agus chuig Údarás na Gaeltachta má mheasann sé go gcuirfeadh an fhorbairt as do chúrsaí Gaeilge sa Ghaeltacht.[491]

[14.45] *Measúnacht Tionchair Teanga*: Féadfaidh an tAire Comhshaoil a shonrú gur gá d'iarratasóir ar chead pleanála faisnéis ar leith a sholáthar don údarás áitiúil chun cuspóir sa phlean forbartha de bhun alt 10(2)(m) a bhaint amach. Cuimsíonn sé seo, ar ndóigh, measúnacht tionchair teanga. Foráiltear le halt 33(3) den Phríomh-Acht mar seo a leanas:

> 33.—(3)(a) Féadfar le rialacháin faoin alt seo, d'fhonn a áirithiú go mbainfear amach cuspóir a áirítear i bplean forbartha de bhun alt 10(2)(m),[492] a cheangal ar aon iarratasóir ar chead cibé faisnéis a shonróidh an t-údarás pleanála maidir le forbairt (lena n-áirítear forbairt d'aicme ar leith) a bheidh beartaithe ag an iarratasóir a dhéanamh i limistéar Gaeltachta a sholáthar dó.
>
> (b) Féadfaidh ceanglas, a bhfuil feidhm ag mír (a) maidir leis, baint a bheith aige le forbairt is d'aicme ar leith.

---

488 Na Rialacháin um Pleanáil agus Forbairt 2001-19, mír 26(2).

489 Na Rialacháin um Pleanáil agus Forbairt 2001-19, mír 26(3).

490 Na Rialacháin um Pleanáil agus Forbairt 2001-19, mír 33.

491 Na Rialacháin Pleanáil agus Forbairt 2001-19 mír 28(1)(o) maidir le gnáth-iarratas ar chead pleanála; 82(3)(o) agus 121(1)(o) maidir le forbairtí de chuid údaráis áitiúil; 179(2)(p) maidir le dréacht-scéimeanna pleanála.

492 'Oidhreacht teanga agus chultúrtha na Gaeltachta a chosaint, lena n-áirítear an Ghaeilge a chur chun cinn mar theanga an phobail, i gcás ina mbeidh limistéar Gaeltachta i limistéar an phlean forbartha'.

(c) Sula ndéanfaidh an tAire rialacháin ina mbeidh ceanglas a bhfuil feidhm ag mír (a) maidir leis, rachaidh sé nó sí i gcomhairle leis an Aire Ealaíon, Oidhreachta, Gaeltachta agus Oileán.

[14.46] Sa chás *Ní Chonghaile v. Comhairle Contae na Gaillimhe*[493] bhí scéim tithíochta beartaithe ag Comhairle Contae na Gaillimhe don Cheathrú Rua. Ní dhearnadh aon mheasúnacht tionchair teanga don scéim tithíochta in ainneoin gur foráladh dá leithéid sa Plean Forbartha do cheantar Gaeltachta ar nós na Ceathrún Rua agus forbairt den chineál sin i gceist.

[14.47] Rialaigh an Ard-Chúirt (Ó Caoimh Brmh) gur theip ar an bhfreagróir na forálacha a bhí leagtha síos i bPlean Forbartha na Gaillimhe a chomhlíonadh in éagmais mheasúnacht tionchair teanga agus dheonaigh ordú *certiorari* ag cealú chinneadh na Comhairle Contae dul ar aghaidh leis an scéim dá dheasca. Deonaíodh freisin ordú *mandamus* ag tabhairt ar an bhfreagróir na forálacha a bhí leagtha síos ina phlean forbartha féin a chomhlíonadh maidir leis an measúnacht tionchair teanga.

[14.48] *Liosta seachtainiúil de na hiarratais ar chead pleanála*: Tá sé de dhualgas ar an údarás pleanála, laistigh de chúig lá oibre tar éis gach seachtain ar leith, liosta de na hiarratais phleanála a fhaightear an tseachtain sin a chur ar fáil. Caithfear an liosta sin a bheith ar fáil ar feadh 8 seachtaine in oifigí an údaráis phleanála agus in ionaid chuí eile.[494]

[14.49] *Aighneachtaí nó tuairimí maidir le hiarratas ar chead pleanála*: Tá cead ag aon duine nó aon chomhlacht, ach an táille cuí a íoc, aighneachtaí nó tuairimí i scríbhinn ar an iarratas ar chead pleanála a chur isteach chuig an údarás pleanála laistigh de chúig seachtaine, ag tosnú ar dháta fála an iarratais.[495] Tá dualgas reachtúil ar an údarás pleanála aird a thabhairt ar na haighneachtaí agus ar na tuairimí sin agus an cinneadh á dhéanamh cead pleanála a dheonú nó a dhiúltú.[496]

Cinneadh ar iarratas ar chead pleanála

[14.50] Is é an príomhcheanglas ar an údarás áitiúil le linn dó cinneadh a dhéanamh maidir le hiarratas ná pleanáil chuí agus forbairt inchothaithe an limistéir a bhreithniú.[497] Níl aon sainmhíniú air sin sna hAchtanna, ach tá na cúinsí seo a leanas, *inter alia,* ábhartha:

(a) Infhaighteacht agus oiriúnacht láithreáin eile le haghaidh na forbartha;

---

[493] *Ní Chonghaile v. Comhairle Contae na Gaillimhe* [2004] 4 I.R. 126.
[494] Na Rialacháin um Pleanáil agus Forbairt 2001-19, mír 27.
[495] Na Rialacháin um Pleanáil agus Forbairt 2001-19, mír 29.
[496] Alt 34(3)(b) den Phríomh-Acht mar atá leasaithe.
[497] Alt 34(2)(a) den Phríomh Acht.

(b) Iarmhairt na forbartha ar thaitneamhacht na háite agus ar luach réadmhaoine;
(c) Iarmhairt na forbartha ar an leas coiteann;
(d) An bhfuil an láithreán i gceist faoi ordú ceannaigh éigeantaigh;
(e) Stair phleanála an láithreáin;
(f) Leas príobháideach (iarmhart na forbartha ar réadmhaoin in aice láimhe);
(g) Sláinte agus sábháilteacht an phobail;

[14.51] Ar an taobh eile, ní bheidh na cúinsí seo a leanas (*inter alia)* ábhartha:
(a) Ceart an iarratasóra cúiteamh a fháil i gcás diúltú;
(b) An bhfuil ceadúnas eile gur gá don iarratasóir a fháil chun an fhorbairt a dhéanamh;
(c) Nach é an t-iarratasóir úinéir na réadmhaoine;
(d) Dálaí pearsanta an iarratasóra.

[14.52] Foráiltear le halt 34(1) den Phríomh-Acht mar seo a leanas:

> **34.** —(1) Más rud é—
> (a) go ndéanfar iarratas chuig údarás pleanála, de réir rialachán ceada, ar chead chun talamh a fhorbairt, agus
> (b) go gcomhlíonfar ceanglais uile na rialachán, féadfaidh an t-údarás a chinneadh an cead a dheonú faoi réir coinníollacha nó gan choinníollacha, nó an cead a dhiúltú.

[14.53] De ghnáth, ní ceadmhach don údarás pleanála aon chinneadh a dhéanamh laistigh de chúig seachtaine tar éis dáta fála an iarratais. Is ionann an tréimhse sin agus an tréimhse chun aighneachtaí nó tuairimí a chur faoi bhráid an údaráis phleanála.

[14.54] Tríd is tríd, caithfidh an t-údarás pleanála a chinneadh a thabhairt laistigh d'ocht seachtaine ó dáta fála an t-iarratas. Is féidir an tréimhse sin a fhadú i gcúinsí áirithe.

[14.55] *Cead pleanála trí mhainneachtain*: De bhun alt 34(8)(f) den Phríomh-Acht (sular leasaíodh é) i gcás ina mainneodh údarás pleanála cinneadh a dhéanamh laistigh den tréimhse chuí reachtúil, mheasfaí go raibh cinneadh déanta ag an údarás pleanála an cead a dheonú an lá deireanach den tréimhse sin.

[14.56] In *Molloy v. Dublin County Council*[498] léirigh an Ard-Chúirt (Blayney Brmh) agus réamhtheachtaí an Phríomh-Achta á phlé, nach raibh sé sásta i bprionsabal le cead pleanála trí mhainneachtain:

> It is with considerable regret that I have arrived at this decision as it means that

[498] *Molloy v. Dublin County Council* [1990] 1 I.R. 90.

> the plaintiffs are obtaining a planning permission which the defendant, for a number of reasons, considered should be refused. It does not seem reasonable that failure to give notice of a decision within two months should result in an application being automatically granted, but such is the law and I have to apply it. It is only the legislature can change it and I am strongly of the opinion that they should consider doing so.

[14.57] Le leasú Acht 2010[499] ar an alt sin ní féidir cead pleanála trí mhainneachtain a fháil (i) i gcás ina gcaithfear measúnacht tionchair timpeallachta a dhéanamh, nó (ii) ina gcaithfear breith a thabhairt i dtaobh an gá measúnacht tionchair timpeallachta nó measúnacht chuí eile a dhéanamh (m.sh. faoi Threoir na nGnáthóg).

[14.58] *An cinneadh a fhógairt*: Fógraítear an cinneadh ar iarratas ar chead pleanála don iarratasóir agus do gach duine a rinne aighneachtaí nó tuairimí ar an iarratas a chur faoi bhráid an údaráis phleanála, laistigh de thrí lá oibre ó dháta an chinnidh.[500]

[14.59] Ní féidir leis an iarratasóir an fhorbairt a thosú díreach tar éis dó an dea-scéala sin a fháil: caithfear fanacht ceithre seachtaine chun deis a thabhairt do gach duine, a rinne aighneachtaí nó tuairimí a chur faoi bhráid an údaráis phleanála, achomharc a dhéanamh.[501]

Diúltú ceada nó coinníollacha ar mhaithe le caomhnú na Gaeilge

[14.60] Is féidir cead a dhiúltú nó coinníollacha a fhorchur chun oidhreacht teanga nó chultúir na Gaeltachta a chosaint gan chúiteamh a íoc leis an iarratasóir.[502]

Coinníollacha Teanga

[14.61] De bhun na reachtaíochta thuas tosaíodh ar choinníollacha teanga a fhorchur. I dtosach bhí cuid acu an-lag: D'éiligh Comhairle Contae Phort Láirge go mbeadh pas sa Ghaeilge san Ardteist ag ceann an tí, mar shampla, maidir le heastát tithíochta i nGaeltacht na Rinne in 2004.[503]

[14.62] Bhí an Bord Pleanála sásta caighdeán níos réadúla a chur i bhfeidhm,

---

[499] Acht 2010, alt 23(b)(ii).

[500] Na Rialacháin um Pleanáil agus Forbairt 2001-19, mír 31.

[501] Alt 34(11) den Phríomh-Acht.

[502] An Ceathrú Sceideal den Phríomh-Acht, mír 14: 'Cúiseanna le Cead a Dhiúltú nach mbeidh Cúiteamh Iníoctha ina leith...14. Go ndéanfadh an fhorbairt bheartaithe dochar d'oidhreacht teanga nó chultúir na Gaeltachta'; An Cúigiú Sceideal den Phríomh-Acht, mír 8: 'Coinníollacha is féidir a Fhorchur, gan Cúiteamh a Íoc, ar Dheonú Ceada chun Talamh a Fhorbairt...8. Aon fhoráil a bhaineann le hoidhreacht teanga nó chultúir na Gaeltachta a chosaint.'

[503] Cead Pleanála 04/1334.

áfach, cosúil leis an gceann seo a leanas maidir le 17 tithe dormánta sa cheantar céanna:[504]

> Sula gcuirfear tús leis an bhforbairt, déanfaidh an t-iarratasóir comhaontú leis an údarás pleanála, faoi réir forálacha alt 47 den Acht um Pleanáil agus Forbairt 2000, le cinntiú go mbeidh cuid oiriúnach de na tithe cónaithe atá dhá cheadú anseo curtha ar fáil mar áiteanna cónaithe dóibh siúd amháin a bhfuil líofacht sásúil i dteanga na Gaeilge taispeánta don údarás pleanála acu, agus/nó daoine dúchasacha na Rinne. Tógfar na nithe seo leanas in áireamh, go háirithe, i bhforálacha an chomhaontaithe seo:
>
> (1) Bíodh méid nach lú ná 10 gcinn de na tithe, sé sin 60% den fhorbairt tithíochta ar fad, curtha ar fáil dóibh siúd amháin a bhfuil líofacht sásúil i dteanga na Gaeilge taispeánta don údarás pleanála acu agus bíodh feidhm ag na forálacha seo leanas—
>   (a) Beidh an srian seo i bhfeidhm ar feadh tréimhse 15 bliana ó dháta an ordaithe seo.
>   (b) An caighdeán líofachta atá ag teastáil is é an caighdeán atá ag teastáil ón Roinn Gnóthaí Pobail, Tuaithe agus Gaeltachta chun deontas a fháil faoi Scéim Tithíochta na Gaeltachta agus bainfidh sé seo le ceann an teaghlaigh.
>   (c) Bainfidh an srian seo le teaghlaigh atá in áitíocht na dtithe, pé mar úinéara, léasaithe nó tionóntaithe, taobh amuigh de ligean saoire ar feadh tréimhsí mí amháin nó níos lú (sa chaoi is nach mairfidh iomlán an ligin seo ar feadh níos mó ná trí mhí in aon bhliain amháin).
>
> (2) Bíodh na tithe eile san fhorbairt curtha ar fáil mar áiteanna cónaithe do dhaoine dúchasacha na Rinne amháin. Bíodh sonraithe an tsriain seo mar atá leagtha amach i gCaibidéal a 3 de Phlean Forbartha láithreach Phort Láirge, a éilíonn go héifeachtach go mbeidh a leithéid de choinníollacha mar atá leagtha amach in Aguisín 1 de na Treoirlínte do Údaráis Áitiúla um Tithíocht Tuathúil Inchothaithe eisithe ag an Roinn Comhshaoil, Oidhreachta agus Rialtais Áitiúil i Mí Aibreáin, 2005.
>
> **Cúis**: Chun oidhreacht teangan agus cultúrtha an limistéir Ghaeltachta seo a chosaint.

[14.63] Le fírinne, bogann sé seo an riail maidir le forbairtí a bheith srianta do dhaoine ón áit amháin sa mhéid agus is féidir an teanga a fhoghlaim. Moltar cur chuige den chineál seo sa Phlean Teanga do Limistéar Pleanála Teanga (LPT) Ghaeltacht na Mí[505] sna téarmaí seo a leanas:

> 6.10. *Pleanáil agus Forbairt Fhisiciúil*
> 6.10.1. *Cead Pleanála*
> I gcomhar le Comhairle Contae na Mí, déanfar athmhúnlú ar an gcóras atá ann leis an gcoinníoll teanga ar chead pleanála a chur i bhfeidhm sa LPT. Moltar

[504] PL 24.215257.

[505] Curtha le chéile ag Hannah Ní Dhoimhín i gcomhar le Coiste Pleanála Teanga Ghaeltacht na Mí agus Comharchumann Ráth Chairn (Márta 2018), lch 112.

scrúdú cainte ag leibhéal C1 TEG[506] a chur ar an iarrthóir/ar na hiarrthóirí agus gurb é pas sa scrúdú sin a shásós an coinníoll teanga feasta. Ní mholtar scrúdú scríofa a chur ar iarrthóirí.

An Bord Pléanala

[14.64] *Achomharc, tarchur agus iarratas*: Tá dlínse leathan ag an mBord Phleanála maidir le (i) Achomhairc ó chinntí údaráis phleanála áitiúla; (ii) Tarchur ceisteanna faoi cé acu is gá nó nach gá cead pleanála a lorg i gcásanna ar leith; agus (iii) Iarratais chun tionscadail údaráis áitiúla nó tionscadail infreastruchtúir a cheadú. Pléitear thíos an dlínse achomhairc maidir le cinntí cead pleanála a dheonú nó a dhiúltiú.

[14.65] *Cé aige a bhfuil an ceart achomharc a dhéanamh?* Féadfaidh an t-iarratasóir ar chead agus gach duine a chuir aighneacht nó tuairim faoi bhráid an údaráis áitiúil go bailí achomharc a dhéanamh[507] mar aon le duine a bhfuil leas aige i dtalamh atá buailte leis an talamh lena mbaineann an cinneadh ar chead, ach cead a fháil ón mBord chuige sin.[508]

[14.66] Sa chás go bhfuil, de réir na rialachán, comhlacht i dteideal go dtabharfaí fógra dó i dtaobh aon iarratais phleanála, ach nár tugadh, tá an comhlacht sin i dteideal achomharc a dhéanamh.[509] Tá dualgas ar údaráis áitiúla fógra a chur chuig Roinn na Gaeltachta agus chuig Údarás na Gaeltachta má mheasann sé go gcuirfeadh an fhorbairt bheartaithe as do chúrsaí Gaeilge sa Ghaeltacht.[510] Ní mór don Bhord Pleanála cóip d'iarratas pleanála maidir le forbairt tithíochta straitéiseach a chur chuig an Roinn agus an Údarás má fheictear dó go gcuirfeadh sé as do chúrsaí Gaeilge sa Ghaeltacht.[511]

[14.67] Freisin, féadfaidh eagraíochtaí comhshaoil áirithe achomharc a dhéanamh sa chás gur fhorbairt í a dteastaíonn measúnacht tionchair timpeallachta ina taobh.[512]

---

[506] An Fráma Tagartha Comónta Eorpach do Theangacha (Comhairle na hEorpa, 2001). Féach www.teg.ie. Tá leibhéal B2 sa chaint amháin á mholadh ag Coiste Pleanála Teanga Ghaeltacht na Mí ó shin. Moltar freisin go gcaithfí le daoine a mbeadh líofacht chainte leibhéal B2 TEG acu amhlaidh is go raibh riachtanas tithíochta áitiúil acu agus cead pleanála á lorg acu sa Ghaeltacht.
[507] Alt 37(1)(a) den Phríomh-Acht.
[508] Alt 37(6)(a) den Phríomh-Acht.
[509] Alt 37(4)(a) den Phríomh-Acht.
[510] Na Rialacháin um Pleanáil agus Forbairt 2001-19, mír 28(1)(o) maidir le gnáth-iarratas ar chead pleanála; 82(3)(o) agus 121(1)(o) maidir le forbairtí de chuid údaráis áitiúil; 179(2)(p) maidir le dréacht-scéimeanna pleanála.
[511] Na Rialacháin um Pleanáil agus Forbairt 2001-19, mír 295(1)(q)
[512] Alt 37(4)(c) den Phríomh-Acht arna chur isteach ag an Acht um Pleanáil agus Forbairt (Bonneagar Straitéiseach) 2006 agus arna leasú ag I.R. 296/2018.

[14.68] *Amtheorainn chun an t-achomharc a dhéanamh*: Tá ceithre seachtaine ag an achomharcóir, ó dháta an chinnidh, chun an t-achomharc a dhéanamh nó le cead a lorg chun achomharc a dhéanamh.[513]

[14.69] *Aighneachtaí nó tuairimí*: Tá sé de dhualgas ar an mBord cóip den achomharc a chur chuig gach páirtí leasmhar agus is féidir leo go léir aighneachtaí nó tuairimí i scríbhinn a chur chuig an mBord laistigh de cheithre seachtaine ag tosú ar an lá ar chuir an Bord cóip den achomharc chuig an bpáirtí sin. Ní chuirfear aighneachtaí nó tuairimí a fhaightear lasmuigh den amtheorainn sin san áireamh.[514] Tá cead ag daoine nach bhfuil páirteach san achomharc aighneachtaí agus tuairimí a thabhairt freisin.[515]

[14.70] *Éisteacht ó bhéal*: Tá cead ag aon pháirtí, nó ag aon duine a chuireann isteach aighneacht nó tuairim, éisteacht ó bhéal a iarraidh ach an táille cuí a íoc.[516]

[14.71] *Éifeacht dhlíthiúil chinneadh an Bhoird*: Ó chinneadh an Bhoird i leith, cuireann cinneadh an Bhoird cinneadh an údaráis áitiúil ar neamhní.[517] I gcás ina ndiúltaíonn an t-údarás áitiúil cead toisc go sáraíonn an fhorbairt bheartaithe an Plean Forbartha, féadfaidh an Bord an fhorbairt sin a cheadú dá ainneoin sin i gcúinsí eisceachtúla: tábhacht stráitéiseach nó náisiúnta na forbartha beartaithe, *nó* cuspóirí codarsnacha/doiléire sa Phlean Forbartha maidir leis an bhforbairt i gceist, *nó* gur cheart í a cheadú i bhfianaise na stráitéise réigiúnaí spásúla agus eacnamaíche, treoirlíne de bhun alt 28 den Phríomh-Acht, treoracha beartais de bhun alt 29 den Phríomh-Acht, oibleagáidí reachtúla an údaráis áitiúil agus beartais an Rialtais nó aon Aire den Rialtas a bhaineann le hábhar *nó* gur cheart an cead a dheonú i bhfianaise an phatrúin forbartha agus na gceadanna a deonaíodh go háitiúil ón uair ar glacadh an Plean Forbartha, agus sonrófar na príomhchúiseanna gur ceadaíodh an sárú sin i gcinneadh an Bhoird.[518]

[14.72] *Amtheorainn chun cinneadh a dhéanamh*: Tá sé de dhualgas ar an mBord a chinntiú go ndéanfar achomharc a chur de lámh ar mhodh a bheidh chomh tapa agus is féidir[519] agus é mar chuspóir ag an mBord a chinntiú go dtabharfar breith ar gach achomharc nó tarchur laistigh de thréimhse 18 seachtain nó pé tréimhse a fhorordóidh an tAire Comhshaoil.[520]

---

[513] Alt 37(1)(d) den Phríomh-Acht.
[514] Alt 129 den Phríomh-Acht
[515] Alt 130 den Phríomh-Acht.
[516] Alt 134 den Phríomh-Acht arna chur isteach ag alt 22 den Acht um Pleanáil agus Forbairt (Bonneagar Straitéiseach) 2006 (Uimh. 27 de 2006).
[517] Alt 37(1)(b) den Phríomh-Acht.
[518] Alt 37(2) den Phríomh-Acht.
[519] Alt 126(1) den Phríomh-Acht.

Teanga na hÉisteachta Poiblí den Bhord Pleanála

[14.73] Is i nGaeilge a chaithfear éisteachtaí poiblí ó bhéal de chuid an Bhoird Pleanála a sheoladh má tá an fhorbairt le déanamh i gceantar Gaeltachta mura n-aontaíonn gach páirtí sa chúis go mbeadh sí as Béarla. Foráiltear le halt 135(8)[521] mar seo a leanas:

> **135.**—(8)(a) Féadfar éisteacht ó bhéal a sheoladh trí mheán na Gaeilge nó trí mheán an Bhéarla.
>
> (b) I gcás ina mbaineann éisteacht ó bhéal le forbairt laistigh den Ghaeltacht, seolfar an éisteacht trí mheán na Gaeilge, mura gcomhaontóidh na páirtithe san achomharc, sa tarchur nó san iarratas lena mbaineann an éisteacht gur cóir an éisteacht a sheoladh i mBéarla.
>
> (c) I gcás ina mbaineann éisteacht ó bhéal le forbairt lasmuigh den Ghaeltacht, seolfar an éisteacht trí mheán an Bhéarla, mura gcomhaontóidh na páirtithe san achomharc sa tarchur nó san iarratas lena mbaineann an éisteacht gur cóir an éisteacht a sheoladh i nGaeilge.

[14.74] Chun é sin a éascú, shílfeá, foráiltear mar seo a leanas le halt 120(1) den Phríomh-Acht i ndáil le foireann an Bhoird Pleanála:

> **120.**—(1) Ceapfaidh an Bord cibé daoine agus cibé líon daoine chun bheith ina bhfostaithe de chuid an Bhoird is dóigh leis an mBord, faoi réir cheadú an Aire [Comhshaoil] arna thabhairt le toiliú an Aire Airgeadais maidir leis an líon agus leis an gcineál fostaithe den sórt sin is cuí ó am go ham, agus aird aige ar an ngá atá ann a chinntiú go mbeidh inniúlacht sa Ghaeilge ag líon leordhóthanach den fhoireann le go mbeifear in ann seirbhís a chur ar fáil trí Ghaeilge agus trí Bhéarla araon.

An Ard-Chúirt

[14.75] Sa chás go n-eascraíonn ceist dlí ar aon ní is cúram don Bhord, féadfaidh an Bord an cheist sin a tharchur chuig an Ard-Chúirt le breith a thabhairt uirthi.[522] Ní ceadmhach bailíocht aon bhreithe nó gnímh eile díobh seo a leanas a cheistiú seachas mar athbhreithniú breithiúnach:[523]

(a) Breith a thabharfaidh nó gníomh a dhéanfaidh údarás pleanála, údarás áitiúil nó an Bord i gcomhlíonadh nó i gcomhlíonadh airbheartaithe[524] feidhme faoi na hAchtanna Pleanála;[525]

---

[520] Alt 126(2) den Phríomh-Acht. Is é dáta chinneadh an Bhoird an dáta a shínítear agus a shéalaítear an cinneadh sin seachas lá an chruinnithe ag a ndéantar an cinneadh. Féach *Urrinbridge Ltd v. An Bord Pleanála & Ors.* [2013] IESC 61.

[521] Arna leasú ag an Acht um Pleanáil agus Forbairt (Bonneagar Straitéiseach) 2006, alt 23.

[522] Alt 50(1) den Phríomh-Acht arna chur isteach ag alt 13 den Acht um Pleanáil agus Forbairt (Bonneagar Straitéiseach) 2006.

[523] Alt 50(2) den Phríomh-Acht arna chur isteach ag alt 13 den Acht um Pleanáil agus Forbairt (Bonneagar Straitéiseach) 2006.

[524] *Purported.*

(b) Breith a thabharfaidh nó gníomh a dhéanfaidh an Bord Pleanála i gcomhlíonadh nó i gcomhlíonadh airbheartaithe feidhme maidir le talamh a leithreasú chun críocha údaráis áitiúil;[526] nó

(c) Breith a thabharfaidh nó gníomh a dhéanfaidh údarás áitiúil i gcomhlíonadh nó i gcomhlíonadh airbheartaithe feidhme arna tabhairt le hachtachán a shonraítear in alt 214 den Phríomh-Acht faoi fháil éigeantach talún.

[14.76] Ní foláir an t-iarratas ar chead ar athbhreithniú breithiúnach a dhéanamh taobh istigh d'ocht seachtaine ón dáta a rinneadh an cinneadh nó ar cuireadh fógra faoin gcinneadh i gceist ar aghaidh.[527] Ní féidir an amtheorainn sin a fhadú ach amháin má mheasann an Ard-Chúirt go bhfuil cúis mhaith leis agus nach raibh neart ag an iarratasóir ar chúiseanna na moille.[528]

[14.77] De bhun alt 50A[529] déantar an t-iarratas ar chead chun athbhreithniú breithiúnach a lorg *ex parte* de ghnáth.[530] Is leasú suntasach é seo: roimhe sin is iarratas *inter partes* ar fógra a bhíodh ann. Más rud é go measann an Chúirt gur cóir go mbeadh an t-iarratas ar chead *inter partes*, is féidir leis an gCúirt é sin a ordú[531] agus freisin déileáil leis an iarratas ar chead ar athbhreithniú breithiúnach a lorg amhail is dá mba í an éisteacht iomlán í agus féadfaidh sí, chun na críche sin, an éisteacht a chur ar atráth ar cibé téarmaí a ordóidh sí.[532]

[14.78] Tá an claí anseo níos airde ná gnáthchlaí íseal chéim an cheada: caithfidh an t-iarratasóir a thaispéaint go bhfuil forais shubstaintiúla ann lena mhaíomh go bhfuil an cinneadh neamhbhailí nó gur ceart é a neamhniú agus go bhfuil leas leordhóthanach aige in ábhar an iarratais.[533]

[14.79] *Ról na gCúirteanna*: Bíonn drogall ar na cúirteanna dul i gcoinne cinntí comhlachtaí riaracháin saineolais. Tríd is tríd, ní dhéanann siad a leithéid ach amháin má bhíonn an cinneadh 'míréasúnach'. Dar leis an gCúirt

---

525 Seachas bunú, comhdhéanamh, eagraíocht, foireann, etc. an Bhoird: ailt 102-124 den Phríomh-Acht mar atá leasaithe (cf. alt 50(3) den Phríomh-Acht arna chur isteach ag alt 13 den Acht um Pleanáil agus Forbairt (Bonneagar Straitéiseach) 2006).

526 Faoi Chuid XIV den Phríomh-Acht.

527 Alt 50(6)-(7) den Phríomh-Acht arna chur isteach ag alt 13 den Acht um Pleanáil agus Forbairt (Bonneagar Straitéiseach) 2006.

528 Alt 50(8) den Phríomh-Acht arna chur isteach ag alt 13 den Acht um Pleanáil agus Forbairt (Bonneagar Straitéiseach) 2006.

529 Arna chur isteach ag alt 32 d'Acht 2010.

530 Alt 50A(2)(a).

531 Alt 50A(2)(b)-(c).

532 Alt 50A(2)(d).

533 Alt 50A(3) den Phríomh-Acht arna chur isteach ag alt 13 den Acht um Pleanáil agus Forbairt (Bonneagar Straitéiseach), 2006 arna leasú ag an Acht Comhshaoil (Forálacha Ilghnéitheacha) 2011, alt 20.

Uachtarach in *O'Keeffe v. An Bord Pleanála*[534] rialaíonn an sliocht seo a leanas as *The State (Keegan) v. Stardust Compensation Tribunal* míréasúnacht nó neamhréasúnacht i gcúrsaí pleanála:[535]

> I would myself consider that the test of unreasonableness or irrationality in judicial review lies in considering whether the impugned decision plainly and unambiguously flies in the face of fundamental reason and common sense. If it does, then the decision-maker should be held to have acted *ultra vires*, for the necessarily implied constitutional limitation of jurisdiction in all decision-making which affects rights or duties requires, *inter alia*, that the decision-maker must not flagrantly reject or disregard fundamental reason or common sense in reaching his decision.

Costais

[14.80] Le roinnt blianta anuas, tá nós sa dlínse seo nach ndeonaítear costais i gcoinne an iarratasóra i gcásanna a bhaineann le leas an phobail. Mar shampla, in *Sweetman v An Bord Pleanála*[536] níor dheonaigh Clarke Brmh (mar a bhí an uair sin ann) costais i gcoinne an iarratasóra agus dheonaigh sé leath a chuid costas dó i gcoinne an Stáit. Sa chás sin bhí an t-iarratasóir ag gníomhú ar son leas an phobail agus ní raibh aon bhuntáiste pearsanta ann dó agus bhí na saincheisteanna sa chás sin an-tábhachtach ó thaobh leas an phobail de.

[14.81] Anois de bhun alt 50B(2) den Phríomh-Acht[537] tá an riail ghinearálta i bhfeidhm go n-íocfaidh gach páirtí sna himeachtaí (lena n-áirítear aon pháirtí iar bhfógra) a chostais féin i gcásanna den chineál seo.

[14.82] Sin ráite, is féidir costais a bhronnadh ar iarratasóir a n-éiríonn leis,[538] nó ar pháirtí ar bith ar mhaithe leis an gceartas i gcúinsí speisialta in ábhar a mbaineann tábhacht eisceachtúil poiblí leis,[539] nó costais a dheonú i gcoinne páirtí nach bhfuil aige ach cás suaibhreosach nó cráiteach nó a iompraíonn é féin go dona sa Chúirt nó i gcás díspeagadh cúirte.[540]

Cur i bhfeidhm

[14.83] Tá cumhachtaí leathana ag an údarás áitiúil chun gníomhú i gcoinne daoine a sháraíonn na hAchtanna Pleanála. Is cion coiriúil é forbairt neamh-údaraithe a dhéanamh.[541]

---

[534] *O'Keeffe v. An Bord Pleanála* [1993] 1 I.R. 39 ag 59.

[535] *The State (Keegan) v. Stardust Compensation Tribunal* [1986] I.R. 642, Henchy Brmh, lch 658.

[536] *Sweetman v An Bord Pleanála, Ireland and the AG* [2008] 1 I.R. 277.

[537] Mar atá leasaithe de bhun alt 21 den Acht Comhshaoil (Forálacha Ilghnéitheacha) 2011.

[538] Alt 50B(2A) den Phríomh-Acht mar atá leasaithe.

[539] Alt 50B(4) den Phríomh-Acht mar atá leasaithe.

[540] Alt 50B(3) den Phríomh-Acht mar atá leasaithe.

[541] An Phríomh-Acht, alt 151 *et seq.*

[14.84] Féadfaidh duine ar bith nó comhlacht ar bith, poiblí nó príobháideach, urghaire a lorg san Ard-Chúirt nó sa Chúirt Chuarda i gcás ina mbeidh forbairt neamhúdaraithe déanta nó á déanamh.[542] Is faoiseamh neamhghnách é seo, cead a bheith ag duine nach bhfuil leas aige san ábhar cás cúirte a thógáil ina thaobh. Baineann sé macalla as an gcoincheap gur 'conradh comhshaoil' idir an t-údarás pleanála agus an pobal atá sa Phlean Forbartha.[543] Ina theannta sin, in 2019 sheol an Coimisinéir Teanga imscrúdú maidir le teip Chomhairle Contae Chiarraí coinníollacha teanga sa chead pleanála a d'fhorchuir an Bord Pleanála a chur i bhfeidhm i ndáil le heastát tithíochta sa Ghaeltacht. Is mar shárú ar na forálacha a bhaineann leis an nGaeilge sa Ghaeltacht sna hAchtanna um Pleanáil agus Forbairt is ea a seoladh an t-imscrúdú agus cinneadh gur tharla sárú.

An Rialálaí Pleanála

[14.85] Bunaíodh leis an Acht um Pleanáil agus Forbairt (Leasú) 2018[544] oifig reachtúil nua: Oifig an Rialálaí Pleanála chun feidhmiú ghnóthaí pleanála na n-údarás pleanála agus an Bhoird Pleanála a mheasúnú agus moltaí a dhéanamh ina dtaobh. I gceapadh fhoireann na hOifige, foráiltear go mbeidh aird ag an Rialálaí Pleanála ar an riachtanas go mbeadh leordhóthain den fhoireann inniúil ar sheirbhís a sholáthar trí mheán na Gaeilge.[545]

> **Foireann na hOifige**
>
> **31AA.**— Déanfaidh an Rialálaí Pleanála cibé daoine agus cibé líon daoine a chinnfidh an Rialálaí Pleanála, faoi réir cheadú an Aire [Comhshaoil], arna thabhairt le toiliú an Aire Caiteachais Phoiblí agus Athchóirithe, maidir le líon agus grád na foirne sin, ó am go ham, a cheapadh chun bheith ina ndaoine d'fhoireann na hOifige, agus aird aige nó aici ar an ngá atá ann a chinntiú go mbeidh inniúlacht sa Ghaeilge ag líon leordhóthanach den fhoireann chun a chumasú don Oifig seirbhís a chur ar fáil trí Ghaeilge agus trí Bhéarla araon.

---

[542] An Phríomh-Acht, alt 160 *et seq.*

[543] *Attorney General (McGarry) v. Sligo County Council* [1991] 1 I.R. 99.

[544] Uimh. 16 de 2018.

[545] Alt 31AA den Phríomh-Acht arna chur isteach ag an Acht um Pleanáil agus Fobairt (Leasú) 2018.

Caibidil 15

Cúrsaí Pleanála Teanga

[15.01] Tá polasaí an Stáit i leith na Gaeltachta mar limistéar ar leith á riaradh de bhun an Acht Airí agus Rúnaithe (Leasú) 1956,[546] de bhun na nAchtanna um Údarás na Gaeltachta 1979-2010 agus de bhun Acht na Gaeltachta 2012.[547]

[15.02] Is é an tAcht Airí agus Rúnaithe (Leasú), 1956 a bhunaigh Roinn na Gaeltachta agus a leag amach teoranacha na Gaeltachta chun feidhmeanna oifigiúla an Achta sin. D'fhoráiltí le halt 2(2) mar seo a leanas:[548]

> **2.** —(2) Féadfaidh an Rialtas ó am go ham le hordú a chinneadh gur límistéirí Gaeltachta límistéirí sonraithe, is límistéirí ar Gaeilgeoirí mórchuid de na daoine iontu agus límistéirí ina n-aice sin ar dóigh leis an Rialtas gur cheart iad d'áireamh sa Ghaeltacht d'fhonn an Ghaeilge a chaomhaint agus a leathnú mar ghnáth-urlabhra.

[15.03] Bunaítear Roinn na Gaeltachta de bhun alt 3(1) agus foráiltear le halt 3(2) mar seo a leanas:

> **3.** —(2) Is é is feidhm do Roinn na Gaeltachta leas cultúrtha, sóisialach agus geilleagrach na Gaeltachta a chur chun cinn; cabhrú le caomhaint agus leathnú na Gaeilge mar ghnáth-urlabhra; agus, a mhéid is gá nó is cuí, dul i gcomhairle agus comhairle a ghlacadh le Ranna eile Stáit i dtaobh seirbhísí a riaras na Ranna sin agus a bhaineas le leas cultúrtha, sóisialach nó geilleagrach na Gaeltachta nó a bhaineas leis an gcuspóir náisiúnta an Ghaeilge d'athbheochaint.

Údarás na Gaeltachta

[15.04] Bunaíodh Údarás na Gaeltachta de bhun an Achta um Údarás na Gaeltachta 1979[549] mar áisínteacht forbartha a mbeadh gné dhaonlathach ag a bhord. Ba fhreagra neamhiomlán é ar fheachtas grúpaí pobail go mbeadh údarás áitiúil ag na limistéir Ghaeltachta.

---

[546] Uimh. 21 de 1956.

[547] Uimh. 34 de 2012.

[548] Aisghairmeadh alt 2 d'Acht 1956 de bhun Acht na Gaeltachta 2012 faoina bhfuil sainmhíniú nua ar céard is Gaeltacht ann atá bunaithe anois ar ghnéithe teangeolaíocha go príomha seachas ar ghnéithe tíreolaíocha.

[549] Uimh. 5 de 1979.

[15.05] Pé scéal é, den chéad uair tugadh guth do mhuintir na Gaeltachta san obair fhorbartha. Trí chomhalta dhéag a bhí ar an Údarás: an cathaoirleach agus cúigear comhaltaí eile díobh arna gceapadh ag Aire na Gaeltachta agus an seachtar comhaltaí eile arna dtoghadh ag muintir na Gaeltachta.[550]

[15.06] Aisghaireadh leis an Acht um Údarás na Gaeltachta 1979 na hAchtanna um Thionscail na Gaeltachta, 1957 go 1977,[551] díscaoileadh Gaeltarra Éireann (an comhlacht forbartha Gaeltachta a bhí ann roimhe sin) agus aistríodh cearta agus dliteanais Ghaeltarra Éireann chuig Údarás na Gaeltachta.[552]

[15.07] Ón gcéad lá riamh bhí caomhnú agus leathnú na Gaeilge mar phríomhfheidhm ag an Údarás. D'fhoráiltí le halt 8(1) mar seo a leanas:[553]

> Déanfaidh an tÚdarás caomhnú agus leathadh na Gaeilge mar phríomh-mheán cumarsáide sa Ghaeltacht a spreagadh agus cinnteoidh sé gurb í an Ghaeilge a úsáidfear a mhéid is féidir nuair a bheidh a fheidhmeanna á gcomhlíonadh aige agus thar a cheann.

[15.08] Rinneadh feidhmeanna an Údaráis i leith na Gaeilge níos láidre fós trí alt 8 a leasú le hAcht na Gaeltachta 2012.[554]

[15.09] Leagtar amach feidhmeanna eile an Údaráis in alt 8(2)-(8) mar atá leasaithe, maidir le tionscail agus scéimeanna táirgiúla fostaíochta a sholáthar, a sheoladh, a rialú, a bhainistiú, a leathnú agus a fhorbairt agus na cumhachtaí cuí chuige sin aige ó thaobh cuideachtaí corpraithe a fhoirmiú, leis féin nó i gcomhpháirt le daoine agus/nó le comhlachtaí eile, glacadh le scaireanna nó iad a dhíol agus plé le maoin agus trealamh ar bhonn tráchtála.

[15.10] Féadfar cumhachtaí breise a bhronnadh ar an Údarás le hordú Rialtais chun forbairt na Gaeltachta a chur chun cinn ó thaobh teanga, cultúir, cúrsaí sóisialta, agus geilleagair de.[555]

Toghcháin an Údaráis

[15.11] De bhun Acht 1979 bhíodh 13 ball san iomlán ar Bhord an Údaráis. Cheapadh Aire na Gaeltachta an cathaoirleach agus cúigear ball eile agus

---

[550] An tAcht um Údarás na Gaeltachta 1979, alt 6(2).
[551] An tAcht um Údarás na Gaeltachta 1979, alt 4.
[552] An tAcht um Údarás na Gaeltachta 1979, alt 7.
[553] Is é an dualgas reachtúil a bhíodh ar Ghaeltarra Éireann i leith na Gaeilge: 'cabhrú le caomhaint agus leathnú na Gaeilge mar ghnáth-urlabhra sa Ghaeltacht' (alt 4(2) den Acht um Thionscail na Gaeltachta 1957) mar aon le dualgas tosaíocht a thabhairt don chainteoir Gaeilge agus oifigigh nó seirbhísigh Bhord Ghaeltarra á gceapadh (alt 15). Ní choisceann Acht 1979 ar bhéarlóirí bheith ar phárolla an Údaráis ach oiread.
[554] Acht na Gaeltachta 2012, alt 17. Féach míreanna [15.50]-[15.52].
[555] An tAcht um Údarás na Gaeltachta 1979, alt 9.

thoghtaí seachtar ball: beirt as Gaeltacht Dhún na nGall, triúr as limistéir Ghaeltachta na Gaillimhe/Mhaigh Eo/na Mí, agus beirt as limistéir Ghaeltachta Chiarraí/Chorcaí/Phort Láirge.[556]

[15.12] Ba é an tAcht um Údarás na Gaeltachta (Leasú)(Uimh. 2) 1999[557] an chéad leasú substaintiúil ar Acht 1979. Is é an phríomhthoradh a bhí leis ná cur le líon na mball tofa ar Bhord an Údaráis.

[15.13] Méadaíodh líon na mball go 20 san iomlán: Cathaoirleach agus beirt bhall eile arna gceapadh ag Aire na Gaeltachta agus seacht mball déag tofa. Thoghtaí ceathrar as Gaeltacht Dhún na nGall, beirt as Gaeltacht Mhaigh Eo, seisear as Gaeltacht na Gaillimhe, duine as Gaeltacht na Mí, beirt as Gaeltacht Chiarraí, duine as Gaeltacht Chorcaí, agus duine as Gaeltacht Phort Láirge.[558]

[15.14] An fhadhb a bhain leis sin is ea go raibh go leor ceantar faoin am sin ina raibh móramh ag na cainteoirí Béarla ar na cainteoirí Gaeilge, mar a léirigh an *Staidéar Cuimsitheach Teangeolaíoch ar Úsáid na Gaeilge sa Ghaeltacht*[559] ar ball. Sampla iomráiteach de sin is ea líon na mbéarlóirí i mbruachbhailte Chathair na Gaillimhe, rud a chuir torthaí na dtoghchán as riocht agus easpa tionchair ag na pobail ba láidre Gaeilge.

[15.15] Ní miste a mheabhrú gur bhunaigh Acht 1999[560] coistí réigiúnacha[561] agus coiste meastóireachta[562] chun cúrsaí forbartha a chur chun cinn. Chuir Acht na Gaeltachta 2012 deireadh leis na coistí réigiúnacha ach maireanna an coiste meastóireachta.

[15.16] Ina theannta sin, ceanglaítear coinníoll teanga le cúnamh a fháil ón Údarás. Is gá go mbeidh i measc na gcoinníollacha a cheanglaítear ar chliant-chuideachtaí an Údaráis, coinníoll go ndéanfar an Ghaeilge a chur chun cinn,

---

[556] An tAcht um Údarás na Gaeltachta 1979, alt 6(2) & Cuid IV.
[557] Uimh. 27 de 1999.
[558] An tAcht um Údarás na Gaeltachta (Leasú)(Uimh. 2) 1999, ailt 3 & 15.
[559] Ó Giollagáin agus Mac Donncha (2007) OÉ Gaillimh & OÉ Má Nuad.
[560] An tAcht um Údarás na Gaeltachta (Leasú)(Uimh. 2) 1999 (Uimh. 27 de 1999).
[561] An tAcht um Údarás na Gaeltachta (Leasú)(Uimh. 2) 1999, alt 6 lena gcuirtear isteach alt nua sa Phríomh-Acht: Alt 10A. Bunaítear trí choiste réigiúnacha ar a suífidh na baill tofa ón réigiún sin: Dún na nGall, Connachta/An Mhí, agus Cúige Mumhan. Ceadaíonn alt 10A(4) coistí eile a bhunú agus daoine nach baill den Bhord iad orthu chomh maith chun comhairle agus cúnamh a sholáthar don Údarás.
[562] An tAcht um Údarás na Gaeltachta (Leasú)(Uimh. 2) 1999, ailt 7 & 8 lena gcuirtear isteach ailt nua sa Phríomh-Acht: Ailt 10B & 10C (arna leasú ag Acht na Gaeltachta 2012). Is é Aire na Gaeltachta a cheapann an Coiste Meastóireachta faoi chathaoirleacht Chathaoirleach an Údaráis le hionadaíocht ón mBord, an Príomhfheidhmeannach (nó ball foirne arna ainmniú aige) agus baill sheachtracha: státseirbhíseach ó Roinn na Gaeltachta, ionadaí ón IDA agus ionadaí ó Fhiontraíocht Éireann. Cíorann an coiste iarratais ar chúnamh thar luach áirithe. Seoltar gnó an choiste as Gaeilge.

agus a úsáid, a mhéid is féidir mar phríomh-mheán cumarsáide sa tionscal nó sa scéim fostaíochta i gceist.[563]

[15.17] Chun filleadh ar fhadhb na hionadaíochta ar Bhord Údarás na Gaeltachta, mhol an *Staidéar Cuimsitheach*[564] go mbeadh 18 ball san iomlán ar an mBord, iad tofa ó dhá thoghcholáiste bunaithe ar phróifíl teangeolaíoch na Gaeltachta.

[15.18] Shonraigh an *Staidéar Cuimsitheach* trí chatagóir ó thaobh na limistéar Gaeltachta de: Catagóir A ina labhraíonn 67%+ den phobal Gaeilge go laethúil, Catagóir B ina labhraíonn idir 44% agus 66% den phobal Gaeilge go laethúil, agus Catagóir C ina labhraíonn suas le 43% den phobal Gaeilge go laethúil:[565]

[15.19] Moltar toghcholáiste amháin do na limistéir i gCatagóir A agus toghcholáiste eile do na limistéir i gCatagóirí B agus C. Moltar go dtoghfaí deichniúr ag Toghcholáiste Chatagóir A mar seo a leanas:

(a) An seisear iarrthóirí (2 iarrthóirí x 3 chontae) is airde a ghnóthaíonn vótaí sa toghlach iomlán agus a bhfuil cónaí orthu i limistéir chatagóir A Dhún na nGall, na Gaillimhe agus Chiarraí .i. beirt le toghadh as gach ceann de na contaetha sin.

(b) An t-iarrthóir (1) is airde a ghnóthaíonn vótaí sa toghlach iomlán agus a bhfuil cónaí air/uirthi i limistéar Chatagóir A Chontae Mhaigh Eo.

(c) An triúr iarrthóirí (3) eile is airde a ghnóthaíonn vótaí sa toghlach iomlán.

[15.20] Moltar go dtoghfaí ochtar ag Toghcholáiste Chatagóirí B & C mar seo a leanas:

(a) An t-iarrthóir aonair is airde ó gach contae Gaeltachta a ghnóthaíonn an vóta is airde sa toghlach iomlán (7).

(b) An t-iarrthóir aonair eile (1) is airde a ghnóthaíonn vóta sa toghlach iomlán.

[15.21] Níor glacadh leis an moladh sin, áfach, agus cuireadh deireadh ar fad le toghcháin do Bhord Údarás na Gaeltachta le hAcht na Gaeltachta 2012. Ní gan chonspóid a tharla sé sin. Cuireadh dhá Bhille de chuid an fhreasúra os comhair Thithe an Oireachtais ag iarraidh go dtabharfaí ar ais a leithéid.[566]

---

[563] Ailt 10(7) & (8) den Acht um Údarás na Gaeltachta 1979 arna gcur isteach ag an Acht um Údarás na Gaeltachta (Leasú)(Uimh. 2) 1999, alt 5(c).

[564] Ó Giollagáin agus Mac Donncha (2007) OÉ Gaillimh & OÉ Má Nuad ag mír 22.6.11.

[565] Ó Giollagáin agus Mac Donncha (2007) OÉ Gaillimh & OÉ Má Nuad ag míreanna 3.6.1-3 & 6.1 agus LÉARSCÁIL 3.11

[566] An Bille um Údarás na Gaeltachta (Leasú) 2017 (Bille 67 de 2017) agus An Bille um

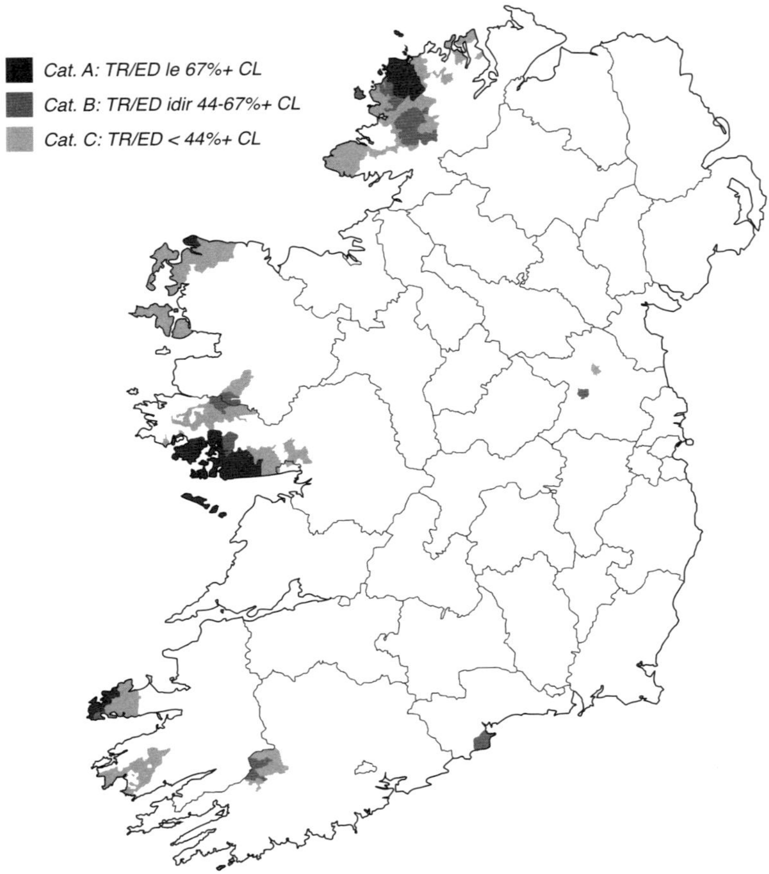

Léarscáil 3.11, Ó Giollagáin agus Mac Donncha (2007)

Acht na Gaeltachta 2012

[15.22] Bhain Acht 2012 cor as cúrsaí an Údaráis: chuir sé deireadh leis na toghcháin agus dhírigh sé obair an Údaráis ar chúrsaí na Gaeilge i bhfianaise na géarchéime teanga inti a léirigh an *Staidéar Cuimsitheach.*

[15.23] Rialaíonn alt 16 d'Acht 2012 comhdhéanamh an Bhoird. Tá dáréag ball san iomlán ann: Ainmníonn Aire na Gaeltachta an Cathaoirleach agus seisear gnáthchomhaltaí eile. Ainmníonn Comhairle Contae Dhún na nGall, Comhairle Contae Mhaigh Eo, Comhairle Contae na Gaillimhe agus

Údarás na Gaeltachta (Leasú) 2018 (Bille 53 de 2018).

Comhairle Contae Chiarraí ceathrar gnáthchomhaltaí .i. duine amháin in aghaidh gach comhairle contae as measc a gcomhaltaí féin nó duine atá ionadaitheach do limistéir Ghaeltachta an chontae i gceist. Bíonn ar chomhairlí contae Chorcaí, na Mí agus Phort Láirge an suíochán deiridh a roinnt eatarthu le tréimhsí dhá bhliain, ag uainíocht ar a chéile, ag na daoine a ainmníonn siad sin as tréimhse iomlán 6 bliana shaolré an Bhoird.

An Phleanáil Teanga

[15.24] Cuirtear an phleanáil teanga i lár an aonaigh den chéad uair le hAcht 2012. Fágadh teorannacha na Gaeltachta mar a bhí[567] agus cead ag Aire na Gaeltachta an Ghaeltacht a roinnt ina limistéir pleanála teanga (LPT).[568]

[15.25] Fógraíonn Aire na Gaeltachta go bhfuil sé i gceist limistéar ar leith a ainmniú ina LPT[569] ag lorg iarratais chuig Údarás na Gaeltachta ó eagraíochtaí sa cheantar, nó buailte leis, ar phlean teanga a ullmhú don limistéar sin.[570] In éagmais iarratais ó eagraíocht ar bith chuige sin féadfaidh an tAire a ordú nach ceantar Gaeltachta an limistéar sin a thuilleadh.[571]

[15.26] Roghnaíonn an tÚdarás an eagraíocht is cumasaí chun plean teanga[572] a ullmhú chun cur le húsáid na Gaeilge i saol teaghlaigh, oideachais, poiblí, sóisialta, áineasa agus tráchtála an limistéir i gceist.[573] Tá cabhair ar fáil ón Údarás agus an plean teanga á chur le chéile[574] agus cuirtear an dréacht-phlean seo faoi bhráid Aire na Gaeltachta lena cheadú.[575]

[15.27] Mura gcuirtear an plean teanga le chéile in am, féadfaidh an tAire síneadh ama a cheadú,[576] ach más é tuairim an Aire nach bhfuil aon ionchas réasúnach ann gur féidir leis an eagraíocht roghnaithe plean teanga a chur faoina bhráid laistigh de thréimhse réasúnach, féadfaidh an tAire a iarraidh ar Údarás na Gaeltachta eagraíocht eile a mbeidh iarratas déanta aici ar an obair a roghnú nó, mura bhfuil iarratas déanta ag aon eagraíocht eile, féadfaidh an tAire a dhearbhú le hordú nach limistéar Gaeltachta a thuilleadh an limistéar sin.[577]

---

567 Acht na Gaeltachta 2012, alt 7(1).
568 Acht na Gaeltachta 2012, alt 7(2).
569 Acht na Gaeltachta 2012, alt 7(3).
570 Acht na Gaeltachta 2012, alt 7(4).
571 Acht na Gaeltachta 2012, alt 7(5).
572 'Plean Gaeilge' a thugtar air san Acht.
573 Acht na Gaeltachta 2012, alt 7(6).
574 Acht na Gaeltachta 2012, alt 7(8).
575 Acht na Gaeltachta 2012, alt 7(7).
576 Acht na Gaeltachta 2012, alt 7(9).
577 Acht na Gaeltachta 2012, alt 7(10).

[15.28] Má cheadaíonn an tAire an plean teanga, déanann sé ordú gur limistéir pleanála teanga (LPT) an limistéar i gceist,[578] mura gceadaíonn, cuireann sé an dréachtphlean ar ais chuig an eagraíocht go leasódh sí é[579] ach más é tuairim an Aire nach bhfuil aon ionchas réasúnach ann gur féidir leis an eagraíocht roghnaithe plean teanga inghlactha a ullmhú laistigh de thréimhse réasúnach ama, féadfaidh an tAire a iarraidh ar Údarás na Gaeltachta eagraíocht eile a mbeidh iarratas déanta aici ar an obair a roghnú nó, mura bhfuil iarratas déanta ag aon eagraíocht eile, féadfaidh an tAire a dhearbhú le hordú nach limistéar Gaeltachta a thuilleadh an limistéar sin.[580]

[15.29] Fiú má dhearbhaíonn an tAire nach limistéar Gaeltachta a thuilleadh limistéar ar leith, is féidir an próiseas maidir le plean teanga a chur le chéile a thosú in athuair.[581]

[15.30] Maidir leis na pleananna teanga a chur i ngníomh, cuirtear an t-ualach ar mhuintir na háite. Foráiltear le alt 8(1) d'Acht 2012 mar seo a leanas:

> **8.** —(1) Is í an eagraíocht a roghnófar [chun an plean a chur le chéile] a bheidh freagrach as an bplean Gaeilge ceadaithe a chur i ngníomh i leith an limistéir a bheidh ainmnithe amhlaidh.

[15.31] Tá cuidiú ar fáil ó Údarás na Gaeltachta chun an plean a chur i bhfeidhm[582] agus tá ról athbhreithnithe ag Roinn na Gaeltachta maidir leis an dul chun cinn agus chun leasuithe chun feabhais a mholadh tar éis dul i gcomhairle le hÚdarás na Gaeltachta.[583] Mura bhfuil ionchas ann go gcuirfear i bhfeidhm an plean, féadfaidh an tAire, tar éis dul i gcomhairle le hÚdarás na Gaeltachta, a ordú nach LPT an limistéir sin a thuilleadh.[584] Fiú sa chás sin, áfach, is féidir an próiseas maidir le plean teanga a chur le chéile a thosú in athuair.[585]

Bailte Seirbhíse Gaeltachta

[15.32] Is coincheap ón *Staidéar Cuimsitheach*[586] é an 'baile seirbhíse Gaeltachta'. Moltar *inter alia* sa *Staidéar* go ndéanfaí leasú ar an struchtúr reachtúil chun:

---

[578] Acht na Gaeltachta 2012, alt 7(11).
[579] Acht na Gaeltachta 2012, alt 7(12).
[580] Acht na Gaeltachta 2012, alt 7(13).
[581] Acht na Gaeltachta 2012, alt 7(16).
[582] Acht na Gaeltachta 2012, alt 8(2).
[583] Acht na Gaeltachta 2012, ailt 8(3)-(6). Tá easnaimh a shainaithint agus síneadh ama a dheonú san áireamh anseo.
[584] Acht na Gaeltachta 2012, alt 8(7).
[585] Acht na Gaeltachta 2012, alt 8(8).
[586] Ó Giollagáin agus Mac Donncha (2007) OÉ Gaillimh & OÉ Má Nuad, mír 22.6.1, moladh 5.

Soláthar a dhéanamh chun gur féidir stádas reachtúil mar 'bhaile seirbhíse Gaeltachta' a bhronnadh ar bhailte áirithe atá ar imeall na Gaeltachta agus a bhfuil ról suntasach acu i seirbhísiú na bpobal Gaeltachta atá ina n-aice.

[15.33] Chuige sin, tá próiseas comhthreomhar ar bun faoina bhféadfaidh Aire na Gaeltachta sráidbhaile in LPT nó taobh leis an LPT sin a ainmniú mar Bhaile Seirbhíse Gaeltachta, sa chás go bhfuil na nithe seo a leanas ar fáil ann:[587]

(a) seirbhísí poiblí le haghaidh an Limistéir Pleanála Teanga Gaeltachta, agus

(b) saoráidí sóisialta, áineasa agus tráchtála a théann chun tairbhe don Limistéar Pleanála Teanga Gaeltachta.

[15.34] Fógraíonn Aire na Gaeltachta go bhfuil sé i gceist sráidbhaile ar leith a ainmniú ina bhaile seirbhíse Gaeltachta[588] ag lorg iarratais chuig Údarás na Gaeltachta i gcás sráidbhaile Gaeltachta nó chuig Foras na Gaeilge i gcás sráidbhaile atá buailte leis an nGaeltacht ó eagraíochtaí atá bunaithe sa sráidbhaile i gceist chun cur isteach ar phlean teanga a ullmhú don sráidbhaile sin.[589] In éagmais iarratais ó eagraíocht ar bith chuige sin féadfaidh an tAire fógra eile a fhoilsiú ina thaobh.[590]

[15.35] Roghnaíonn an tÚdarás nó an Foras an eagraíocht is cumasaí chun plean teanga a ullmhú.[591] Tá cabhair ar fáil ón Údarás agus ón bhForas agus an plean teanga á chur le chéile[592] agus cuirtear an dréacht-phlean seo faoi bhráid Aire na Gaeltachta lena cheadú.[593]

[15.36] Tá an plean teanga don sráidbhaile Gaeltachta níos uaillmhianaí agus sonraítear méadú ar úsáid na Gaeilge i saol teaghlaigh, oideachais, poiblí, sóisialta, áineasa agus tráchtála an tsráidbhaile.[594] Ní shonraítear maidir leis an mbaile seirbhíse Gaeltachta atá lasmuigh den Ghaeltacht ach plean Gaeilge a ullmhú de réir na gcritéar forordaithe.[595]

[15.37] Mura gcuirtear an plean teanga le chéile in am, féadfaidh an tAire síneadh ama a cheadú,[596] ach más é tuairim an Aire nach bhfuil aon ionchas réasúnach ann gur féidir leis an eagraíocht roghnaithe plean teanga a chur faoina bhráid laistigh de thréimhse réasúnach ama, féadfaidh an tAire a

---

587 Acht na Gaeltachta 2012, alt 9(1).
588 Acht na Gaeltachta 2012, alt 9(2).
589 Acht na Gaeltachta 2012, alt 9(3).
590 Acht na Gaeltachta 2012, alt 9(4).
591 Acht na Gaeltachta 2012, alt 9(5)-(6).
592 Acht na Gaeltachta 2012, alt 9(8).
593 Acht na Gaeltachta 2012, alt 9(7).
594 Acht na Gaeltachta 2012, alt 9(5).
595 Acht na Gaeltachta 2012, alt 9(6).
596 Acht na Gaeltachta 2012, alt 9(9).

iarraidh ar an Údarás nó ar an bhForas, de réir mar is cuí, eagraíocht eile a mbeidh iarratas déanta aici ar an obair a roghnú nó, mura bhfuil iarratas déanta ag aon eagraíocht eile, fógra nua a fhoilsiú ina thaobh agus tosú arís.[597]

[15.38] Má cheadaíonn an tAire an plean teanga, déanann sé ordú gur baile seirbhíse Gaeltachta an sráidbhaile,[598] mura gceadaíonn, cuireann sé an dréacht-phlean ar ais chuig an eagraíocht go leasódh sí é[599] ach más é tuairim an Aire nach bhfuil aon ionchas réasúnach ann gur féidir leis an eagraíocht roghnaithe plean teanga inghlactha a ullmhú laistigh de thréimhse réasúnach ama, féadfaidh an tAire a iarraidh ar an Údarás nó ar an bhForas, de réir mar is cuí, eagraíocht eile a mbeidh iarratas déanta aici ar an obair a roghnú nó, mura bhfuil iarratas déanta ag aon eagraíocht eile, féadfaidh an tAire fógra nua a fhoilsiú ina thaobh agus tosú as an nua.[600]

[15.39] Maidir leis na pleananna a chur i ngníomh, arís cuirtear an t-ualach ar mhuintir na háite mar is í an eagraíocht a roghnófar chun an plean Gaeilge a chur le chéile a bheidh freagrach as é a chur i ngníomh.[601]

[15.40] Tá cuidiú ar fáil ón Údarás nó ón bhForas, de réir mar is cuí, chun an plean a chur i bhfeidhm[602] agus tá ról athbhreithnithe ag Roinn na Gaeltachta maidir leis an dul chun cinn agus chun leasuithe chun feabhais a mholadh tar éis dul i gcomhairle leis an Údarás nó leis an bhForas.[603] Mura bhfuil ionchas ann go gcuirfear i bhfeidhm an plean, féadfaidh an tAire tar éis dul i gcomhairle leis an Údarás nó leis an bhForas a ordú nach baile seirbhíse Gaeltachta an sráidbhaile sin a thuilleadh.[604] Fiú sa chás sin, áfach, is féidir próiseas maidir le plean teanga a chur le chéile a thosú in athuair.[605]

Líonraí Gaeilge

[15.41] Seo moladh nua as an bpíosa ó thaobh na pleanála teanga de a thugann aitheantas do cheantair taobh amuigh den Ghaeltacht oifigiúil a bhfuil pobal labhartha Gaeilge iontu. Féadfaidh Aire na Gaeltachta pobal sonraithe Galltachta a thacaíonn le húsáid na Gaeilge agus a chomhaontaigh plean Gaeilge a chur i ngníomh a ainmniú chun bheith ina Líonra Gaeilge.[606]

---

[597] Acht na Gaeltachta 2012, alt 9(10).
[598] Acht na Gaeltachta 2012, alt 9(11).
[599] Acht na Gaeltachta 2012, alt 9(12).
[600] Acht na Gaeltachta 2012, alt 9(13).
[601] Acht na Gaeltachta 2012, alt 10(1).
[602] Acht na Gaeltachta 2012, alt 10(2).
[603] Acht na Gaeltachta 2012, alt 10(3)-(6). Tá easnaimh ar shainaithint agus síneadh ama a dheonú san áireamh anseo.
[604] Acht na Gaeltachta 2012, alt 10(7).
[605] Acht na Gaeltachta 2012, alt 10(8).
[606] Acht na Gaeltachta 2012, alt 11(1)-(2).

[15.42] Féadfaidh aon eagraíocht laistigh den phobal i gceist a mheasfaidh Foras na Gaeilge í a bheith ionadaíoch don phobal sin, plean Gaeilge a ullmhú, le cúnamh ón bhForas, ar plean é a bheidh le cur i ngníomh ag an bpobal sin, agus an plean sin a chur faoi bhráid Aire na Gaeltachta.[607] Má cheadaíonn an tAire an plean, cuirfidh an eagraíocht lena mbaineann an plean i ngníomh.[608]

[15.43] Tá ról athbhreithnithe ag Roinn na Gaeltachta maidir leis an dul chun cinn agus chun leasuithe chun feabhais a mholadh tar éis dul i gcomhairle leis an bhForas.[609] Mura bhfuil ionchas ann go gcuirfear i bhfeidhm an plean, féadfaidh an tAire, tar éis dul i gcomhairle leis an bhForas, an t-ordú maidir le hainmniú an phobail mar líonra Gaeilge a chúlghairm.[610]

Critéir Pleanála Teanga

[15.44] Caithfidh Aire na Gaeltachta critéir pleanála teanga a fhorordú[611] agus aird aige ar na critéir sin agus pleananna Gaeilge á gceadú aige le haghaidh limistéir pleanála teanga Gaeltachta, bailte seirbhíse Gaeltachta agus líonraí Gaeilge. Féadfaidh na nithe seo a leanas a bheith san áireamh sna critéir sin:

(a) an cion den daonra lena mbaineann a labhraíonn Gaeilge,
(b) oideachas a bheith ar fáil trí mheán na Gaeilge,
(c) seirbhísí cúraim leanaí agus tacaíochta teaghlaigh a bheith ar fáil trí mheán na Gaeilge,
(d) a mhéid a úsáidtear an Ghaeilge i gcúrsaí tráchtála agus tionscail,
(e) a mhéid a úsáidtear an Ghaeilge i gcúrsaí sóisialta agus áineasa,
(f) úsáid na Gaeilge le linn seirbhísí poiblí a sholáthar.

[15.45] Ar ndóigh, baineann fadhb mhór le critéar (f) sa mhéid is nach ann do sheirbhísí poiblí as Gaeilge ach ar éigean. Mar a deir Catherine Connolly TD, Cathaoirleach Chomhchoiste na Gaeilge, na Gaeltachta agus na nOileán i dTeach Laighean i réamhrá thuarascáil an chomhchoiste sin ar *Scéim Ghinearálta Bhille na dTeangacha Oifigiúla (Leasú) 2017*:[612]

> Léiríonn na staitisticí nach bhfuil cumas dátheangach ach ag céatadán fíorbheag de sheirbhísigh phoiblí. Agus iad siúd a bhfuil an cumas sin acu, níl an tacaíocht ann dóibh, ná níl na háiseanna cuí á gcur ar fáil dóibh, chun iad a éascú nó a spreagadh chun seirbhís dhátheangach a chur ar fáil.
>
> Sa lá atá inniu ann, má théann daoine i dteagmháil le comhlacht poiblí agus

---

[607] Acht na Gaeltachta 2012, alt 11(3).
[608] Acht na Gaeltachta 2012, alt 11(4).
[609] Acht na Gaeltachta 2012, alt 11(5)-(8). Tá easnaimh a shainaithint agus síneadh ama a dheonú san áireamh anseo.
[610] Acht na Gaeltachta 2012, alt 11(9)
[611] Acht na Gaeltachta 2012, alt 12. Tá na critéir seo foilsithe agus le fáil ag www.udaras.ie.
[612] Arna foilsiú an 29 Bealtaine 2018, lch 4.

má dhéanann siad iarracht a ngnó a dhéanamh leis an gcomhlacht poiblí i bpríomhtheanga an Stáit, cuirtear baic ollmhóra os a gcomhair. De ghnáth, teipeann orthu, agus ní bhíonn an dara rogha acu ach fáil réidh le húsáid na príomhtheanga, agus úsáid a bhaint as dara teanga oifigiúil an Stáit. Ní féidir leo a ngnó a thosú, a leanúint agus a chríochnú i bpríomhtheanga an Stáit.

[15.46] Ní leigheasfaidh míle plean teanga ó eagraíochtaí pobail é seo mar níl an chumhacht sin acu. Teastaíonn beartas ón Stát agus ó na comhlachtaí poiblí chuige sin. Tá tús leighis in Acht na Gaeltachta 2012, lena gcuirtear isteach alt 8(6B) lena bhforáiltear mar seo a leanas:[613]

> **8.** —(6B) Féadfaidh an tÚdarás, le toiliú an Aire [Gaeltachta] agus an Aire Caiteachais Phoiblí agus Athchóirithe, seirbhísí a sheachadadh thar ceann comhlachtaí Stáit eile sa Ghaeltacht.

[15.47] Tá deis anseo cur le líon na seirbhísí a sheachadtar trí Ghaeilge sa Ghaeltacht sa ghearrthéarma gan aon mhórleasú. Níor mhiste, ach go háirithe, Údarás na Gaeltachta a chur i mbun cúrsaí pleanála fisiciúla mura mbeadh ann ar dtús ach na limistéir A agus B. Ba ghá, ar ndóigh, an cúram seo a leagan ar an bhfoireann pleanála teanga agus daoine a bheadh oilte sa phleanáil teanga agus sa phleanáil fhisiciúil ar aon ina bhun.

[15.48] Ar na seirbhísí eile a d'fhéadfadh Údarás na Gaeltachta a sheachadadh thar ceann comhlachtaí poiblí eile, tá seirbhísí de chuid na gcomhairlí contae, seirbhísí na Roinne Talmhaíochta, seirbhísí tacaíochta teaghlaigh, seirbhísí na Roinne Coimirce Sóisialta, agus seirbhísí calaidh agus iascaigh.

[15.49] Le hachtú Acht na Gaeltachta 2012, fuarthas réidh leis na coistí réigiúnacha agus déantar athleagan amach ar an gcoiste meastóireachta.[614] Tugtar cumhacht d'Aire na Gaeltachta stiúir a thabhairt don Bhord:[615]

> **20A** —(6A) Féadfaidh an tAire [Gaeltachta], le toiliú an Aire Caiteachais Phoiblí agus Athchóirithe agus an Aire Post, Fiontar agus Nuálaíochta, ordacháin i scríbhinn a thabhairt don Údarás chun forbairt earnálacha tionscail agus fostaíochta áirithe a chur chun cinn.

[15.50] Foráiltear le hAcht 2012 d'athchóiriú ar fheidhmeanna an Údaráis le béim nua ar chúrsaí teanga. Faoin teideal 'Feidhmeanna an Údaráis' foráiltear anois le hailt 8(1),(1A)&(1B) de na hAchtanna um Údarás na Gaeltachta mar seo a leanas:[616]

> **8.**—(1) Déanfaidh an tÚdarás caomhnú agus leathadh na Gaeilge mar phríomhmheán cumarsáide sa Ghaeltacht a spreagadh.

---

[613] Alt 8(6B) den Phríomh-Acht arna chur isteach ag Acht na Gaeltachta 2012, alt 17.
[614] Féach mír [15.15].
[615] Alt 20A(6A) de na hAchtanna um Údarás na Gaeltachta arna chur isteach ag alt 21 d'Acht 2012.
[616] Mar atá leasaithe ag alt 17 d'Acht 2012.

(1A) Déanfaidh an tÚdarás forbairt teanga, chultúir, shóisialta, fhisiciúil agus eacnamaíoch na Gaeltachta a chur chun cinn.

(1B) Déanfaidh an tÚdarás, i gcomhairle leis an Aire [Gaeltachta], cúnamh a sholáthar d'eagraíochtaí, i leith pleananna Gaeilge a fhorbairt ... don Ghaeltacht.

[15.51] Ní chuirtear deireadh le feidhmeanna forbartha tionscail an Údaráis. Cuirtear béim ar ghné na teanga den obair fhorbartha, áfach. Foráiltear dóibh mar seo a leanas:[617]

8.—(3A) Féadfaidh an tÚdarás cibé scéimeanna, tionscadail, cláir agus saoráidí is cuí leis a sheoladh, a rialú agus a bhainistiú sa Ghaeltacht i leith fhorbairt teanga, chultúir, shóisialta, fhisiciúil agus eacnamaíoch na Gaeltachta.

[15.52] Foráiltear freisin[618] go gcinnteoidh an tÚdarás gurb í an Ghaeilge a úsáidfear, a mhéid is féidir é, nuair a bheidh a fheidhmeanna á gcomhlíonadh aige agus thar a cheann.[619]

---

617 Alt 8(3A) den Phríomh-Acht arna chur isteach ag Acht na Gaeltachta 2012, alt 17.
618 Alt 8(9) den Phríomh-Acht arna chur isteach ag Acht na Gaeltachta 2012, alt 17.
619 Bhíodh sé seo mar an dara cuid d'alt 8(1) d'Acht 1979.

Caibidil 16

An Córas Oideachais

[16.01] Tá mórán tagairtí don Ghaeilge san Acht Oideachais reatha.[620] Maidir le leagan amach na scoileanna bunoideachais agus iarbhunoideachais in Éirinn, bíonn aitheantas ar fáil, agus maoiniú dá réir, don scoil atá inmharthana, a ghéilleann don Acht, agus a mhúineann an curaclam forordaithe, an Ghaeilge san áireamh.[621] In *O'Shiel v. Minister for Education*[622] chinn an Ard-Chúirt (Laffoy Brmh) go raibh an ceart ag an Aire Oideachais faoin mBunreacht agus faoi Dhlí an Aontais Eorpaigh aitheantas a shéanadh ar bhunscoil a chaith leis an nGaeilge ar bhealach a bhí go hiomlán easnamhach. Dúirt sí ag lch. 361:

> In my view, an obligation to provide for the education of the children of the State at their first stage of formal teaching and instruction [pursuant to Article 42.4 of the Constitution[623]] must involve an obligation to provide for education in the constitutionally recognised first official language of the State.

Tá an ceart ag tuismitheoirí áfach, de bhun Airteagal 42 den Bhunreacht, a gclann a chur ar scoileanna príobháideacha neamhaitheanta gan mhaoiniú Stáit nó oideachas a chur orthu ag baile. Sin ráite, ní foláir don Stát de bhun Airteagal 42.3.2° mar chaomhnóir leasa an phobail é a dhéanamh éigeantach *minimum* áirithe oideachais a thabhairt do leanaí i gcúrsaí moráltachta, intleachta agus comhdhaonnachta.[624]

[16.02] Foráiltear i gcuspóirí an Acht Oideachais[625] do na dualgais ghinearálta ar gach duine a mbeidh baint acu leis an Acht a chur i ngníomh, lena n-áirítear: cuidiú le leathadh an dátheangachais i sochaí na hÉireann agus go háirithe go mbainfí úsáid níos mó as an nGaeilge ar scoil agus sa phobal;[626] cuidiú leis an nGaeilge a choinneáil mar phríomhtheanga an phobail sna

---

[620] Uimh. 51 de 1998 mar atá leasaithe.

[621] An tAcht Oideachais 1998, alt 10.

[622] *O'Shiel v. Minister for Education* [1999] 2 I.R. 321.

[623] Foráiltear le hAirteagal 42.4 de Bhunreacht na hÉireann mar seo a leanas: 'Ní foláir don Stát socrú a dhéanamh chun bunoideachas a bheith ar fáil in aisce…'

[624] Ní leor a thaispeáint nach bhfuil an Ghaeilge á múineadh do leanbh le cruthú in imeachtaí coiriúla nach bhfuil *minimum* áirithe oideachais á thabhairt dó, taobh amuigh den Ghaeltacht pé scéal é (*DPP v. Best* [2000] 2 I.R. 17).

[625] An tAcht Oideachais 1998, alt 6.

[626] An tAcht Oideachais 1998, alt 6(i).

limistéir Ghaeltachta;[627] agus riachtanais teanga agus chultúrtha na mac léinn a chur chun cinn ag féachaint do roghanna a dtuismitheoirí.[628]

[16.03] Leagtar dualgas ar leith ar an Aire Oideachais maidir leis an teagasc trí Ghaeilge chun seirbhísí taca trí Ghaeilge a sholáthar do scoileanna aitheanta a chuireann teagasc trí Ghaeilge ar fáil agus d'aon scoil aitheanta eile a iarrann soláthar den sórt sin.[629]

[16.04] Cuirtear feoil ar chnámha an dualgais sin le dualgas eile ar an Aire Oideachais comhlacht a chur ar bun chun soláthar téacsleabhar agus áiseanna d'fhoghlaim agus do mhúineadh trí Ghaeilge a phleanáil agus a chomheagrú, chun comhairle a thabhairt don Aire Oideachais maidir le beartais a bhaineann le hoideachas trí mheán na Gaeilge a chur ar fáil agus a chur chun cinn i scoileanna aitheanta i gcoitinne agus i scoileanna atá suite i limistéir Ghaeltachta, chun seirbhísí taca a chur ar fáil do na scoileanna sin trí mheán na Gaeilge, agus chun taighde a sheoladh maidir le múineadh trí Ghaeilge.[630]

[16.05] Tá dualgas ar an gcomhlacht sin freisin i dtaobh soláthar téacsleabhar agus áiseanna d'fhoghlaim agus do mhúineadh na Gaeilge mar ábhar a phleanáil agus a chomheagrú, chun taighde a sheoladh, agus le comhairle a thabhairt don Aire Oideachais maidir le straitéisí a bhfuil de chuspóir leo feabhas a chur ar éifeachtacht mhúineadh na Gaeilge i scoileanna aitheanta agus i lárionaid oideachais.[631]

[16.06] Is í an Chomhairle um Oideachas Gaeltachta & Gaelscolaíochta (COGG)[632] an comhlacht a bunaíodh chun na dualgais sin a chomhlíonadh agus foráiltear go bhféadfaidh an tAire Oideachais, le toiliú an Aire Airgeadais, aon cheann dá chuid feidhmeanna mar Aire Oideachais i leith mhúineadh na Gaeilge nó mhúineadh trí Ghaeilge a tharmligean chuici.[633]

[16.07] Foráiltear leis an Acht[634] le haghaidh coiste chun cabhrú le COGG a cuid feidhmeanna a chomhlíonadh, coiste a cheaptar agus a dhíscaoiltear faoi réir an Aire Oideachais.

[16.08] Ina theannta sin, is feidhm do COGG comhairle a thabhairt don Chomhairle Náisiúnta Curaclaim agus Measúnachta maidir le nithe a bhaineann le múineadh na Gaeilge, le múineadh trí Ghaeilge, agus le

---

[627] An tAcht Oideachais 1998, alt 6(j).
[628] An tAcht Oideachais 1998, alt 6(k).
[629] An tAcht Oideachais 1998, alt 7(2)(d).
[630] An tAcht Oideachais 1998, alt 31(1)(a).
[631] An tAcht Oideachais 1998, alt 31(1)(b).
[632] www.cogg.ie.
[633] An tAcht Oideachais 1998, alt 31(2).
[634] An tAcht Oideachais 1998, alt 31(3).

riachtanais oideachais daoine a chónaíonn i limistéir Ghaeltachta agus beidh aird ag an gComhairle Náisiúnta Curaclaim agus Measúnachta ar aon chomhairle den chineál sin.[635]

[16.09] Is é an Chomhairle Náisiúnta Curaclaim agus Measúnachta (CNCM)[636] atá freagrach as comhairle a thabhairt don Aire Oideachais maidir leis an gcuraclam don oideachas luath-óige, do bhunscoileanna agus d'iar-bhunscoileanna, agus maidir leis na nósanna imeachta measúnachta a úsáidtear i scoileanna agus le scrúduithe in ábhair atá mar chuid den churaclam.[637] Ina theannta sin, tá saindualgas uirthi comhairle a thabhairt don Aire Oideachais maidir le straitéisí a bhfuil de chuspóir leo feabhas a chur ar éifeachtacht mhúineadh agus úsáid na Gaeilge i scoileanna.[638]

[16.10] Leagtar dualgas ar gach scoil aitheanta forbairt na Gaeilge agus thraidisiúin na hÉireann, litríocht na hÉireann, na healaíona agus nithe cultúrtha eile, a chur chun cinn[639] agus i gcás scoileanna atá lonnaithe i limistéar Gaeltachta, chun cuidiú leis an nGaeilge a choinneáil mar phríomhtheanga an phobail.[640]

An Ghaeilge mar chroí-ábhar

[16.11] Is croí-ábhar í an Ghaeilge sna bunscoileanna agus na hiar-bhunscoileanna de bhun an churaclaim fhorordaithe. Tá díolúine ar fáil, áfach do dhaltaí áirithe i gcásanna áirithe. Faoi réir Imlitir 12/96,[641] a bhí i bhfeidhm go dtí tús na scoilbhliana 2019-20, d'fhéadfaí díolúine ó fhoghlaim na Gaeilge a dheonú ar dhalta i scoil náisiúnta i gceann ar bith de na cásanna seo:

(a) Daltaí a fuair a gcuid bunoideachais go dtí 11 bhliain d'aois taobh amuigh den Stát agus a raibh cónaí ar a gcuid tuismitheoirí nó caomhnóirí taobh amuigh den Stát lena linn sin;

(b) Daltaí a bhí 11 bhliain d'aois ar a laghad, a bhí ar scoil aitheanta sa Stát cheana, agus a tháinig abhaile tar éis trí bliana ar a laghad a chaitheamh taobh amuigh den Stát;

(c) Daltaí a raibh ag teip orthu leibhéil oiriúnacha a bhaint amach i mbun-scileanna sa mháthairtheanga de dheasca sainmháchail fhoghlama nó a raibh máchail ghinearálta fhoghlama orthu de thoradh tromlagú intleachtúil nó de thoradh tromlagú chéadfaigh agus a raibh ag teip

[635] An tAcht Oideachais 1998, alt 31(4).
[636] Tá bunús reachtúil an CNCM anois le fáil i gCuid VII den Acht Oideachais 1998.
[637] An tAcht Oideachais 1998, alt 41(1).
[638] An tAcht Oideachais 1998, alt 41(2)(g).
[639] An tAcht Oideachais 1998, alt 9(f).
[640] An tAcht Oideachais 1998, alt 9(h).
[641] Lena leasaítear Imlitir 18/79.

orthu leibhéil oiriúnacha a bhaint amach i mbunscileanna sa mháthairtheanga agus a raibh fianaise ina thaobh sin curtha ar fáil ag síceolaí cáilithe;

(d) Daltaí ón iasacht gan Bhéarla a mbíodh rogha acu staidéar a dhéanamh ar an nGaeilge nó ar an mBéarla; clann taidhleoirí ón iasacht; agus daltaí ar dhídeanaithe polaitiúla iad.

Agus an díolúine seo 'bainte amach' ag an dalta, ba cheadmhach dó fanacht sa rang le linn an cheachta Ghaeilge chun deis a bheith aige eolas a chur ar Ghaeilge labhartha agus páirt a ghlacadh sa ghníomhaíocht fhoghlama nó ba cheadmhach socruithe cuí eile a dhéanamh cosúil le obair scoile i réimse eile den churaclam a thabhairt don dalta.

[**16.12**] Tugadh isteach réimeas nua díolúintí do dhaltaí bunscoile don scoilbhliain 2019-20 de bhun Imlitir 52/2019. Ní bhaineann an díolúine feasta ach le scoileanna a fheidhmíonn trí Bhéarla amháin agus seasann aon díolúine a deonaíodh de bhun na sean-Imlitreach (12/96) go deireadh iarbhunscolaíocht aon dalta a bhain amach é. Ní bhaineann an díolúine a thuilleadh le scoileanna ina bhfuil an Ghaeilge mar mheán teagaisc. Beidh daltaí i scoileanna speisialta agus i ranganna speisialta i scoileanna príomhshrutha díolmhaithe gan gá deimhniú díolúine a bheith acu. In ainneoin go ndeir an Imlitir nár cheart díolúine a dheonú ach amháin i gcúinsí eisceachtúla, is cosúil gur éasca a leithéid a bhaint amach faoin réimeas nua. Níl gá a thuilleadh le measúnú síceolaíoch ná scóir cumais chognaíoch chun iarratais ar dhíolúine a phróiseáil agus is é príomhoide na scoile a dhéanann an cinneadh sin faoin réimeas nua faoi réir na gcúinsí seo a leanas:

(a) daltaí a fuair a gcuid oideachais suas go dtí 12 bhliain d'aois (nó suas go dtí an bhliain dheireanach, agus an bhliain sin san áireamh, dá gcuid bunoideachais) lasmuigh den Stát agus nach raibh deis acu dul i mbun staidéir ar an nGaeilge; nó

(b) daltaí a bhí rollaithe cheana mar dhaltaí aitheanta i mbunscoileanna agus atá á n-athrollú tar éis tréimhse a chaitheamh thar lear, ar choinníoll go bhfuil trí bliana as a chéile ar a laghad caite ó rollaíodh iad roimhe seo sa Stát agus iad 12 bhliain d'aois ar a laghad ar athrollú dóibh; nó

(c) daltaí:
   (i) a bhfuil an dara rang bainte amach acu ar a laghad; agus
   (ii) a bhfuil deacrachtaí suntasacha foghlama acu atá leanúnach, d'ainneoin go raibh rochtain acu ar chur chuige difreáilte maidir le foghlaim teanga agus litearthachta i nGaeilge agus i mBéarla thar thréimhse ama. Ba cheart go gcuimseofaí fianaise dhoiciméadach

den chineál seo, a shealbhaíonn an scoil, pleananna tacaíochta scoláirí ina mionsonraítear: athbhreithnithe rialta ar riachtanais foghlama mar chuid de thimthriall measúnachta leanúnaí; spriocanna a leagadh amach; idirghabháil agus athbhreithniú bunaithe ar fhianaise, lena n-áirítear scóir tástála (léamh focal, léamhthuiscint, litriú, scóir eile teanga/litearthachta eile) ag príomhphointí athbhreithnithe; agus

(iii) tráth an iarratais ar dhíolúine ba cheart don dalta scór caighdeánaithe ar thástáil scoite sa Léitheoireacht Focal *nó* sa Léamhthuiscint *nó* sa Litriú a bheith bainte amach atá ag/faoi bhun an 10ú peircintíl; nó

(d) daltaí ar eachtrannach atá in Éirinn mar oifigeach taidhleoireachta nó consulach duine dá dtuismitheoirí/gcaomhnóirí.

Foráiltear do chóras achomhairc, i gcás go ndiúltaítear d'iarratas, chuig an gCoiste Achomhairc um Dhíolúintí ón nGaeilge. Agus an 'Deimhniú Díolúine' bainte amach ag an dalta deir an Imlitir gur cheart don scoil, riachtanais foghlama litearthachta an dalta sin a chur san áireamh agus na hacmhainní riachtanas speisialta oideachais á ndáileadh agus gur cheart an dalta a áireamh ar bhealach bríoch i ngnéithe de ghníomhaíochtaí Gaeilge agus cultúrtha de réir a gcumas agus a sainspéiseanna. Maidir leis an dalta a fuair a chuid oideachais thar lear agus atá gan tuiscint ar an mBéarla, moltar dianchúrsa sa Bhéarla mar theanga bhreise dó. Ní mholtar dianchúrsa sa Ghaeilge mar theanga bhreise do dhalta ar bith san Imlitir seo, áfach.

[16.13] Bhí a chomhionann de dhíolúine le fáil don leibhéal iar-bhunoideachais faoi réir Imlitir M 10/94 agus é de chead ag na daltaí sna catagóirí thíos ábhar ar bith eile a roghnú in ionad na Gaeilge as an liosta d'ábhair cheadaithe:

(a) Daltaí a rinne freastal ar bhunoideachas go dtí 11 bhliain d'aois taobh amuigh den Stát;

(b) Daltaí a bhí 11 bhliain d'aois ar a laghad, a bhí ar scoil aitheanta sa Stát cheana, agus a tháinig abhaile tar éis trí bliana ar a laghad a chaitheamh taobh amuigh den Stát;

(c) Daltaí a raibh ag teip orthu leibhéil oiriúnacha a bhaint amach i mbunscileanna sa mháthairtheanga de dheasca míchumas foghlamtha ar leith nó a raibh máchail ghinearálta fhoghlama orthu de thoradh mórbhaic intleachtúil de thoradh mórbhac chéadfaigh agus a raibh ag teip orthu leibhéil oiriúnacha a bhaint amach i mbunscileanna sa mháthairtheanga agus a raibh fianaise ina thaobh sin curtha ar fáil ag síceolaí cáilithe;

(d) Daltaí ón gcoigrích a bheadh dall ar an mBéarla ag am an chláraithe, ní bheadh sé de dhualgas orthu ach teanga amháin a fhoghlaim, Gaeilge nó Béarla.

[16.14] Tugadh isteach réimeas nua díolúintí do dhaltaí iarbunscoile don scoilbhliain 2019-20 de bhun Imlitir 53/2019. Ní bhaineann an díolúine feasta ach le scoileanna a fheidhmíonn trí Bhéarla amháin agus seasann aon díolúine a deonaíodh de bhun na sean-Imlitreacha (12/96 agus M 10/94) go deireadh iarbhunscolaíocht aon dalta a bhain amach é. Ní bhaineann an díolúine a thuilleadh le scoileanna ina bhfuil an Ghaeilge mar mheán teagaisc. Tá scoláirí i scoileanna speisialta agus i ranganna speisialta i scoileanna príomhshrutha díolmhaithe gan gá deimhniú díolúine a bheith acu. Níl gá níos mó le measúnú síceolaíoch ná scóir cumais chognaíoch chun iarratais ar dhíolúine ó staidéar na Gaeilge a phróiseáil agus arís is é príomhoide na scoile a dhéanann an cinneadh sin faoin réimeas nua sna cúinsí seo a leanas:

(a) scoláirí a fuair a gcuid oideachais suas go dtí 12 bhliain d'aois (nó suas go dtí an bhliain dheireanach, agus an bhliain sin san áireamh, dá gcuid bunoideachais) lasmuigh den Stát agus nach raibh deis acu dul i mbun staidéir ar an nGaeilge; nó

(b) scoláirí a bhí rollaithe cheana mar scoláirí aitheanta i mbunscoileanna nó in iar-bhunscoileanna agus iad á n-athrollú tar éis tréimhse a chaitheamh thar lear, ar choinníoll go bhfuil trí bliana as a chéile ar a laghad caite ó rollaíodh iad roimhe seo sa Stát agus iad 12 bhliain d'aois ar a laghad ar athrollú dóibh; nó

(c) scoláirí:

 (i) a bhfuil deacrachtaí suntasacha foghlama acu atá leanúnach, d'ainneoin go raibh rochtain acu ar chur chuige difreáilte maidir le foghlaim teanga agus litearthachta i nGaeilge agus i mBéarla thar thréimhse ama. Ba cheart go gcuimseofaí fianaise dhoiciméadach den chineál seo, a shealbhaíonn an scoil, pleananna tacaíochta scoláirí ina mionsonraítear: athbhreithnithe rialta ar riachtanais foghlama mar chuid de thimthriall measúnachta leanúnaí; spriocanna a leagadh amach; idirghabháil agus athbhreithniú bunaithe ar fhianaise, lena n-áirítear scóir tástála (léamh focal, léamhthuiscint, litriú, scóir eile teanga/litearthachta eile) ag príomhphointí athbhreithnithe; agus

 (ii) tráth an iarratais ar dhíolúine ba cheart don scoláire Scór Caighdeánaithe ar thástáil scoite i Léitheoireacht Focal *nó* sa Léamhthuiscint *nó* sa Litriú a bheith bainte amach atá ag/faoi bhun an 10ú Peircintíl.

Foráiltear do chóras achomhairc, i gcás go ndiúltaítear d'iarratas, chuig an gCoiste Achomhairc um Dhíolúintí ón nGaeilge. Agus an 'Deimhniú Díolúine' bainte amach ag an scoláire, deir an Imlitir gur cheart don scoil riachtanais foghlama litearthachta an scoláire sin a chur san áireamh agus na hacmhainní riachtanas speisialta oideachais á ndáileadh. Féadfar cead a thabhairt don scoláire sin ábhar eile, gearrchúrsa nó réimse foghlama eile a chur in ionad na Gaeilge. Ní gan chonspóid a fheidhmítear an dá dhíolúine seo, go háirithe ag an dara leibhéal.[642] Is ábhar conspóide an oiread mac léinn a bhfuil díolúine ón nGaeilge acu a thugann faoi theangacha iasachta.

[16.15] Tá an Ghaeilge ina hábhar riachtanach do mháithreánach Ollscoil na hÉireann ó bunaíodh í de bhun an *Irish Universities Act 1908*. Sa lá atá inniu ann, foráiltear le halt 47(1) d'Acht na nOllscoileanna, 1997[643] mar seo a leanas i ndáil le riachtanais mháithreánacha na hOllscoile:

> **47.**—(1) Déanfaidh Seanad Ollscoil na hÉireann na buncheanglais mháithreánacha do na comhollscoileanna a chinneadh ach féadfaidh gach ollscoil ceanglais bhreise a fhorordú i gcoitinne nó maidir le dámha áirithe de chuid na hollscoile.

[16.16] Leagtar amach in '*Rialacha Máithreánaigh OÉ 2019 & 2020*' an buncheanglas máithreánach ó thaobh na Gaeilge de sna téarmaí seo a leanas:[644]

> Ní mór d'iarrthóirí a rugadh i bPoblacht na hÉireann (26 Contae) pas a fháil sa Ghaeilge ach amháin má tá díolúine acu. Tá an riachtanas seo i bhfeidhm, bíodh an Ardteistiméireacht á cur i láthair ag an iarrthóir, nó scrúdú eile do Mháithreánach.

[16.17] Bíonn díolúine ón nGaeilge sa ghnáthchúrsa[645] ag iarrthóirí a rugadh agus a fuair a gcuid oideachais ar fad lasmuigh den Stát agus a bhfuil cáilíochtaí seachas an Ardteistiméireacht á gcur i láthair acu don mháithreánach.

[16.18] Tá díolúine ar fáil ón nGaeilge d'iarrthóirí a rugadh lasmuigh den Stát agus a bhfuil an Ardteistiméireacht á cur i láthair acu don mháithreánach ach iarratas a dhéanamh.[646] Maidir leo sin a rugadh i bPoblacht na hÉireann agus a fuair bunoideachas go haois aon bhliain déag lasmuigh den Stát, nó a chónaigh lasmuigh den Stát ar feadh trí bliana ar a laghad dá n-iar-bhunoideachas, nó a chaith, le linn a gcuid oideachais bunscoile agus iar-bhunscoile le chéile, trí bliana ar a laghad as a chéile lasmuigh den Stát, ní mór dóibh iarratas a

642 An 'imní' agus 'strus' a bhaineann le staidéar na Gaeilge le cur san áireamh in athbhreithniú ar chóras díolúine - Léiríonn taighde na Roinne Oideachais go mbíonn 40% de na díolúintí ón nGaeilge a thugtar i mbunscoileanna agus iarbhunscoileanna 'mícheart' (Tuairisc.ie: 11 Nollaig 2018).

643 Uimh. 24 de 1997.

644 Rialacha Máithreánaigh OÉ 2019 & 2020, Roinn 5.1.

645 Gan gá dóibh iarratas a chur faoi bhráid Ollscoil na hÉireann, fiú (Rialacha Máithreánaigh OÉ 2019 & 2020, Roinn 5.2).

646 Rialacha Máithreánaigh OÉ 2019 & 2020, Roinn 5.3(i).

dhéanamh ar dhíolúine agus é sínithe ag an bpríomhoide..[647]

[16.19] Tá díolúine ar fáil freisin don iarrthóir ag a bhfuil teastais díolúine ón nGaeilge ar bhonn mhíchumas foghlama a chuireann isteach ar bhunscileanna teanga sa teanga dhúchais.[648] Déantar iarratais ar dhíolúine ón nGaeilge a mheas ó iarrthóirí nach bhfuil teastas díolúine ón Roinn Oideachais faighte acu ach a bhfuil dearbhú acu ó shíceolaí gairmiúil go bhfuil sainmhíchumas foghlama orthu a théann i gcion ar bhunscileanna teanga sa mháthairtheanga.[649]

[16.20] Bronnfar díolúine ó riachtanas na tríú teanga freisin ar iarrthóirí a mbronntar díolúine ón nGaeilge orthu ar bhonn mhíchumas foghlama. Nuair atá sé i gceist ag an iarrthóir teanga eile (seachas an Béarla) a chur ar aghaidh mar ábhar Ardteistiméireachta, ní mór an bunús atá leis an teanga eile a chur ar aghaidh, agus díolúine á lorg ón nGaeilge ar bhonn mhíchumas foghlama a théann i gcion ar scileanna teanga, a leagan amach go soiléir in éineacht leis an iarratas ar dhíolúine.[650]

Beartas iontrála scoileanna lán-Ghaeilge

[16.21] Foráiltear leis an Acht Oideachais (Ligean Isteach i Scoileanna) 2018[651] gur ceadmhach do ghaelscoil nó do scoil Ghaeltachta[652] tosaíocht a thabhairt don pháiste a bhfuil líofacht Ghaeilge aige mar a bheadh ag cainteoir rialta Gaeilge dá aois[653] má tá an scoil den tuairim go rachadh líofacht Ghaeilge an pháiste sin ar gcúl mura ligfí isteach sa scoil sin mar dhálta é.[654]

[16.22] Chuige sin, féadfaidh iarratasóir ar áit sa scoil ráiteas[655] a dhéanamh go bhfuil líofacht Ghaeilge ag an bpáiste agus go rachadh an líofacht ar gcúl mura ligfí isteach sa scoil é agus an fhianaise chuí a sholáthar le tacú leis sin, *tairiscint*[656] chun freastal ar agallamh nó ar chruinniú chun an líofacht sin a léiriú san áireamh, agus is ar an bhfianaise a chuirtear ar fáil amhlaidh amháin is ea a dhéanfaidh an scoil a cinneadh.[657]

---

647 Rialacha Máithreánaigh OÉ 2019 & 2020, Roinn 5.3(ii).

648 Imlitir M10/94 – 1(c)(i) (Rialacha Máithreánaigh OÉ 2019 & 2020, Roinn 5.3(iii)).

649 Rialacha Máithreánaigh OÉ 2019 & 2020, Roinn 5.3(iv). Áirítear disléicse anseo.

650 Rialacha Máithreánaigh OÉ 2019 & 2020, Roinn 5.3.

651 Uimh. 14 de 2018. ('Acht 2018').

652 Scoil a sholáthraíonn oideachas trí mheán na Gaeilge (An tAcht Oideachais 1998, alt 62(9)(h) arna chur isteach ag an Acht Oideachais (Ligean Isteach i Scoileanna) 2018, alt 9).

653 An tAcht Oideachais 1998, alt 62(9)(h) arna chur isteach ag Acht 2018, alt 9.

654 An tAcht Oideachais 1998, alt 62(9)(a) arna chur isteach ag Acht 2018, alt 9.

655 An tAcht Oideachais 1998, alt 62(9)(b) arna chur isteach ag Acht 2018, alt 9.

656 An tAcht Oideachais 1998, alt 62(9)(c) arna chur isteach ag Acht 2018, alt 9. Ní ceadmhach do scoil agallamh nó cruinniú den chineál seo a éileamh. (An tAcht Oideachais 1998, alt 62(9)(g) arna chur isteach ag Acht 2018, alt 9).

657 An tAcht Oideachais 1998, alt 62(9)(d) arna chur isteach ag Acht 2018, alt 9.

[16.23] Ní foláir caitheamh le gach páiste leis an líofacht Ghaeilge sin díreach mar a chéile — gan tosaíocht a thabhairt do chuid acu thar a chéile as feabhas a gcuid líofachta[658] ach is féidir tosaíocht a thabhairt dóibh sin thar a chéile bunaithe ar chritéir iontrála eile,[659] m.sh. páistí ón teaghlach sin a bheith ar an scoil sin cheana, srl.

[16.24] Rialaigh an Ard-Chúirt (Hogan Brmh) sa chás *Bord Bainistíochta Scoil Lorcáin v. Ard-Rúnaí na Roinne Oideachais*[660] nach raibh bac ar scoil, faoin mBunreacht nó faoin Acht Oideachais, go leagfaí amach ina polasaí iontrála go dtabharfaí tús áite do pháistí atá á dtógáil le Gaeilge. Dhearbhaigh an Chúirt nár tháinig sé sin salach ar an gcuid eile de pholasaí iontrála na scoile lena bhforáladh go gcuirfí fáilte roimh gach páiste chuig Scoil Lorcáin, cuma cén cúlra teanga atá aige nó aici.[661] Rialaigh an Chúirt freisin nach raibh dlínse ag an Roinn Oideachais, pé scéal é, féachaint taobh thiar de bheartas iontrála dá leithéid a aontaíodh de réir dlí de bhun an Acht Oideachais. Dúirt an Chúirt:[662]

> Níl sé i gceist ach go bhfuil an ceart ag an scoil polasaí iontrála a bheith aici a thugann tosaíocht do pháistí atá á dtógáil le Gaeilge. Is í an t-aon cheist ná an bhfuil an polasaí sin á chur i gcríoch ar shlí atá cothrom agus cóir.
> […]
> Mar atá cúrsaí anois, áfach, ní mór don Choiste [den Roinn Oideachais] polasaí iontrála na scoile a ghlacadh [mar atá sé] agus ní ceart don Choiste féachaint taobh thiar de in aon chor.

[16.25] Ina theannta sin, foráiltear le hAcht 2018 go gceadaítear d'iarbhunscoil a chuireann oideachas ar fáil trí Ghaeilge foráil a bheith aici ina polasaí iontrála do dhaltaí a d'fhreastail ar bhunscoileanna lán-Ghaeilge.[663]

---

[658] An tAcht Oideachais 1998, alt 62(9)(e) arna chur isteach ag Acht 2018, alt 9.
[659] An tAcht Oideachais 1998, alt 62(9)(f) arna chur isteach ag Acht 2018, alt 9.
[660] *Bord Bainistíochta Scoil Lorcáin v. Ard-Rúnaí na Roinne Oideachais* (Ard-Chúirt, Hogan Brmh, neamhthuairiscithe, 29 Iúil 2016).
[661] *Bord Bainistíochta Scoil Lorcáin v. Ard-Rúnaí na Roinne Oideachais* ag míreanna 24-25.
[662] *Bord Bainistíochta Scoil Lorcáin v. Ard-Rúnaí na Roinne Oideachais* ag mír 4 agus mír 27.
[663] An tAcht Oideachais 1998, alt 62(7)(h) arna chur isteach ag an Acht Oideachais (Ligean Isteach i Scoileanna) 2018, alt 9.

Caibidil 17

An Státseirbhís

[17.01] An 21 Samhain, 1975, d'eisigh Aire na Seirbhíse Poiblí Imlitir 43/1975 lena bhforáladh go gcuirfí deireadh le héigeantas na Gaeilge le post a fháil sa Státseirbhís, seachas poist a raibh an Ghaeilge riachtanach chun na dualgais a bhain leo a chomhlíonadh,[664] agus go gcuirfí deireadh leis na scrúduithe promhaidh sa Ghaeilge.[665]

[17.02] Foráladh mar a leanas: 'Proficiency in Irish and in English will be given equal credit at recruitment and establishment competitions. Candidates will be allowed to present either Irish or English or both. Those shown to be proficient in both languages will get credit for this in determining the order of merit,'[666] agus 'A knowledge of Irish will, however, be one of the factors which will be assessed in selecting staff for promotion.'[667]

[17.03] Foráladh faoin gceannteideal 'Promotions — period up to 1 April 1976' mar seo a leanas: 'The credit for proficiency in both Irish and English will be 10% of the total marks available otherwise.'[668] Cuireadh deireadh leis an srian ama a bhain leis an 1 Aibreán 1976 le hImlitir 17/1976, a d'eisigh Aire na Seirbhíse Poiblí an 30 Aibreán 1976, lena bhforáladh go bhfanfadh na marcanna bónais sin i bhfeidhm maidir le comórtais theoranta agallaimh agus arduithe céime rannacha i ndáil le gnáthghrádanna na Státseirbhíse.

[17.04] An 20 Samhain 1990 d'eisigh an tAire Airgeadais Imlitir 30/1990 dar teideal 'Credit for Proficiency in both Irish and English in confined promotion competitions' a bhain le gach comórtas inmheánach ar ardú céime idir chomórtais agallaimh agus chomórtais scríofa[669] agus a laghdaigh na marcanna bónais don Ghaeilge.[670]

[17.05] Bheadh an córas céanna i bhfeidhm maidir le marcanna bónais don

[664] Imlitir 43/1975, mír 1(a).
[665] Imlitir 43/1975, mír 1(c).
[666] Imlitir 43/1975, mír 1(b).
[667] Imlitir 43/1975, mír 1(d).
[668] Imlitir 43/1975, mír 5(3).
[669] Imlitir 30/1990, mír 4.
[670] Imlitir 30/1990, mír 3.

Ghaeilge idir chomórtais agallaimh agus chomórtais scríofa.[671] Tugadh feidhm dó mar seo a leanas:[672]

(i) no credit shall be awarded unless proficiency has been established in the manner provided for in paragraph 5(2) of Circular 43/75 within 10 years of the closing date for the applications for the competition [...]

(ii) a credit amounting to 6% of the marks available for the competition shall be awarded where proficiency has been established in the manner provided for in paragraph 5(2) of Circular 43/75 within 5 years of the closing date for application for the competition;

(iii) a credit amounting to 3% of the marks available for the competition shall be awarded where proficiency has been established in the manner provided for in paragraph 5(2) of Circular 43/75 more than 5 years but less than 10 years before the closing date for applications for the competition.

[17.06] Foráladh le mír 5(2) d'Imlitir 43/75, a mhéid a bhaineann le hábhar anseo mar a leanas: 'officers will be accepted as proficient in Irish if they have passed the special oral Irish test or had fulfilled the previous Irish promotion test requirements or have satisfactorily attended a relevant Gaeleagras course'.

[17.07] Cuireadh deireadh ar fad le córas seo na marcanna bónais sa bhliain 2013 tar éis do bheirt státseirbhíseach misniúil, ar séanadh ardú céime orthu mar gheall gur séanadh na marcanna bónais Ghaeilge orthu san éagóir, an dlí a chur ar an Aire Rialtais i gceist.[673]

[17.08] Tugann *Tuarascáil Chomhchoiste na Gaeilge, na Gaeltachta agus na nOileán ar Scéim Ghinearálta Bhille na dTeangacha Oifigiúla (Leasú) 2017* den 29 Bealtaine 2018 suntas ar leith don ghné seo de pholasaí an Stáit i leith na Gaeilge agus molann beartas go mbeadh 20% d'earcaigh nua na Seirbhíse Poiblí inniúil ar a gcuid oibre a dhéanamh trí mheán na Gaeilge feasta agus go mbeadh 20% den tSeirbhís Phoiblí inniúil amhlaidh sa Ghaeilge dá thoradh sin agus pé bearta cuí eile a theastaíonn chun seirbhísí trí Ghaeilge a chinntiú don phobal. Ní miste a ndeir an Cathaoirleach, Catherine Connolly TD sa réamhrá a leagan amach anseo toisc a thábhacht:[674]

> Creideann an Comhchoiste[675] gurb í foráil 9, Alt Nua: Earcaíocht don tseirbhís phoiblí, an fhoráil is tábhachtaí sna dréachtchinn. Más fíor go bhfuilimid tiomanta do sheirbhísí poiblí a sholáthar i gceachtar de dhá theanga oifigiúla an Stáit, seirbhísí a bheidh ar comhchéim ó thaobh caighdeáin, inrochtaineachta

---

[671] Imlitir 30/1990, mír 2(a)

[672] Imlitir 30/1990, mír 3(i)-(iii), a tháinig in ionad mír 5(3)(comórtais agallaimh) agus mír 6 (comórtais scríofa) d'Imlitir 43/1975.

[673] Cf. *de Búrca v. An tAire Iompair* (An Chúirt Uachtarach, neamhthuairiscithe, 14 Feabhra 2017).

[674] *Tuarascáil Chomhchoiste na Gaeilge, na Gaeltachta agus na nOileán ar Scéim Ghinearálta Bhille na dTeangacha Oifigiúla (Leasú) 2017*, lgh 3-5.

[675] de chuid Thithe an Oireachtais

agus éifeachtachta de, agus dá soláthar taobh istigh de na scálaí ama céanna, is cuma cén teanga a úsáidfear, is é cur i bhfeidhm na forála seo agus an tslí ina gcuirfear i bhfeidhm í is tábhachtaí thar aon rud eile. Tá sé thar a bheith tábhachtach go nglacfar leis an bhforáil seo, mar atá sé leasaithe agus leagtha amach ag an gComhchoiste sa tuarascáil seo, go rithfear an tAcht nua agus í mar chuid lárnach de, agus go gcuirfear i bhfeidhm í, ar bhonn córasach, ar fud na seirbhíse poiblí. Ní dhéanfaidh aon ghníomh eile an beart atá le déanamh chun an tSeirbhís Phoiblí a athchruthú mar sheirbhís phoiblí dhátheangach.
[...]
Dóibh siúd a bhfuil an t-ádh orthu seirbhíseach poiblí a aimsiú a deirtear leo a bhfuil cumas dátheangach aige nó aici, de ghnáth, faigheann na daoine sin amach go luath nach bhfuil an cumas dátheangach sin sách láidir chun an gnó atá á phlé a láimhseáil. Nó faigheann na daoine amach nach bhfuil cúram an ghnó atá á phlé ar an seirbhíseach poiblí dátheangach, agus nach bhfuil sé nó sí ach ag feidhmiú mar aistritheoir neamhoifigiúil. Cuirtear ar thimpeallán aistriúcháin iad, agus cuireann an timpeallán sin moill ar shocrú an ghnó a bhíonn siad ag iarraidh a chríochnú. Sa dá chás sin, arís, de ghnáth, ní bhíonn an dara rogha ag na daoine ach fáil réidh le húsáid na príomhtheanga, agus úsáid a bhaint as an dara teanga oifigiúil.

Tá sé soiléir nach bhfuil an stádas ceart á thabhairt don phríomh-theanga mar ba chóir faoi Bhunreacht na hÉireann. Ní fhaigheann an phríomhtheanga an stádas a fhaigheann an dara teanga oifigiúil fiú amháin. Níl sé seo inghlactha ar chor ar bith. Tá an stádas íseal seo ar cheann de na fáthanna is mó atá le coimhthiú na príomhtheanga agus le coimhthiú na ndaoine arb í a gcéad teanga í nó arb í a rogha teanga í. Sa saol mar atá, lasmuigh den Bhunreacht, lasmuigh de na scéimeanna teanga, agus lasmuigh den chomhbhá oifigiúil, ní féidir leis an bpobal ná le haon eintiteas eile a gcearta a bhaint amach: príomhtheanga an Stáit a úsáid leis an tseirbhís phoiblí.

Ó na 1970í ar aghaidh, tá creimeadh leanúnach á dhéanamh ar stádas na príomhtheanga, agus tá na tacaí a bhí ann léi á mbaint de réir a chéile. Chun an fhírinne a rá, níl mórán fágtha le baint, agus mar thoradh air sin, níl cumas dátheangach ann ar fud na seirbhíse poiblí i ndáiríre. Cuireadh agus cuirtear gach ceann de na beartais seo i bhfeidhm ar bhonn láithreach chomh luath agus a ordaítear iad. Ach ar an taobh eile, aon bheartais a bhfuil sé mar aidhm acu tacú le húsáid na príomhtheanga nó í a spreagadh, deirtear linn gur uaillmhianta fadtéarmacha iad, agus faraor, nach féidir iad a chur i bhfeidhm go fóill. Creideann a lán daoine nach gcuirfear i bhfeidhm go deo iad. Bíonn na diúltóirí an-ghníomhach, ach bíonn na spreagthóirí go hiomlán neamhghníomhach.

Ar an 21 Samhain 1975, cuireadh deireadh le 'cumas sa Ghaeilge' mar riachtanas iontrála i bpoist sa státseirbhís, ach amháin do phoist ina bhfuil an Ghaeilge riachtanach chun na dualgais a chomhlíonadh (Roinn na Seirbhíse Poiblí, Ciorclán 43/1975, Riachtanais Ghaeilge sa Státseirbhís, a cuireadh in ionad Chiorclán 9/74 agus a chealaigh é).

Rinneadh foráil sa Chiorclán sin go dtabharfaí comhchreidiúint do chumas sa Ghaeilge agus sa Bhéarla i gcomórtais earcaíochta agus buanúcháin. Tugadh cead d'iarrthóirí iad féin a chur in iúl sa Ghaeilge nó sa Bhéarla nó sa dá theanga araon.

Thugtaí marcanna breise 10% i dtosach do dhaoine a raibh cumas acu sa dá theanga. Ach laghdaíodh na marcanna breise sin go 6% in 1990 (An Roinn Airgeadais, Ciorclán 30/1990, Creidiúint do chumas sa Ghaeilge agus sa Bhéarla araon i gcomórtais dhúnta ardaithe céime) agus cuireadh deireadh leo ar fad in 2013.

Rinneadh foráil sa Chiorclán gurb amhlaidh go mbeadh an Ghaeilge ar cheann de na gnéithe ina ndéanfaí measúnacht chun comhaltaí foirne a roghnú le haghaidh arduithe céime. Laghdaíodh an fhoráil sin agus cuireadh deireadh léi freisin mar a rinneadh thuas.

[17.09] I gcorp na Tuarascála[676] molann an comhchoiste seo de chuid Thithe an Oireachtais alt nua a chur le hAcht na dTeangacha Oifigiúla chun tabhairt faoin easpa inniúlachta sa Ghaeilge sa tSeirbhís Phoiblí. Seo a leanas na príomh-mholtaí ina thaobh sin:

(a) Go mbeadh Gaeilge líofa agus Béarla líofa ag gach duine a earcófar do phost i gcomhlacht poiblí sa Ghaeltacht agus go mbeadh Gaeilge líofa agus Béarla líofa ag gach seirbhíseach poiblí a bheidh ag obair sa Ghaeltacht ó dháta ar leith.

(b) Go mbeadh Gaeilge líofa agus Béarla líofa ag 20% de na seirbhísigh phoiblí a bheidh ag obair i ngach comhlacht poiblí ó dháta ar leith.

(c) Go mbeadh seirbhís iomlán sa dá theanga oifigiúla ar fáil ó oifigí áitiúla agus réigiúnacha atá lonnaithe sa Ghaeltacht agus ó oifigí áitiúla agus réigiúnacha a bhfuil limistéar Gaeltachta nó líonra Gaeilge ina gceantair feidhme ó dháta ar leith.

(d) Go mbeadh seirbhís iomlán sa dá theanga oifigiúla ar fáil ó gach comhlacht poiblí ó dháta ar leith.

(e) Má fhaigheann duine post nó ardú céime tríd an gcóras 20%,[677] go mbeadh sé mar chuid den chonradh fostaíochta go gcaithfidh sé nó sí feidhmiú sa dá theanga oifigiúla.

(f) Go mbeadh dualgas ar gach comhlacht poiblí an oiliúint agus an t-uas-sciliú leanúnach is gá a chur ar fáil sa dá theanga oifigiúla d'aon duine a bheidh fostaithe faoin gcóras 20% an fhad is atá siad fostaithe amhlaidh.

(g) Go mbeadh sé de cheart ag fostaí comhlachta phoiblí plé leis an gcomhlacht sin i nGaeilge nó i mBéarla maidir lena fhostaíocht phearsanta féin.

(h) Go gceapfaí Oifigeach Forbartha Dátheangachais, ar leibhéal phríomh-oifigigh chúnta ar a laghad, i ngach comhlacht poiblí le cinntiú go

---

[676] *Tuarascáil Chomhchoiste na Gaeilge, na Gaeltachta agus na nOileán ar Scéim Ghinearálta Bhille na dTeangacha Oifigiúla (Leasú) 2017*, lgh 13-17.

[677] Beartas go mbeadh 20% d'earcaigh nua na Seirbhíse Poiblí inniúil ar a gcuid oibre a dhéanamh trí mheán na Gaeilge. Féach mír [17.08].

gcomhlíonfadh an comhlacht poiblí a chuid dualgas go léir faoi Achtanna na dTeangacha Oifigiúla.

(i) Go n-ullmhódh gach comhlacht poiblí tuarascáil bhliantúil a chuimseodh (a) na seirbhísí a chuireann siad ar fáil go dátheangach, trí Ghaeilge, nó trí Bhéarla; (b) sonraí líon na bhfostaithe a bhfuil sé de dhualgas orthu seirbhís dhátheangach a chur ar fáil; (c) sonraí faoi fheidhmiú an chórais 20% maidir le ceapacháin agus arduithe céime; (d) sonraí faoi iarratais an chomhlachta ar an tSeirbhís um Cheapacháin Phoiblí le fostaithe dátheangacha a chur ar fáil; (e) sonraí na n-oifigeach sna rannóga éagsúla sa chomhlacht atá freagrach as seirbhísí dátheangacha a chinntiú; (f) sonraí an Oifigigh Forbartha Dátheangachais; (g) sonraí na ngearán mar gheall ar theip seirbhís dhátheangach a chur ar fáil agus na beartais a cuireadh i bhfeidhm chun an fhadhb a réiteach; (h) sonraí na dtionscnamh a chuir an comhlacht poiblí i bhfeidhm chun an dátheangachas a threisiú sa chomhlacht.

(l) Go mbunódh Aire na Gaeltachta grúpa comhairleach ar a mbeadh ionadaithe ón Roinn Caiteachais Phoiblí, ón tSeirbhís um Cheapacháin Phoiblí, ó Roinn na Gaeltachta, ó Oifig an Choimisinéara Teanga, agus ó chomhlachtaí poiblí eile, de réir mar is cuí, chun comhairle a chur ar an tSeirbhís um Cheapacháin Phoiblí maidir le comórtais earcaíochta i gcomhthéacs na gcuspóirí chun líon na seirbhíseach poiblí atá in ann feidhmiú go dátheangach a mhéadú agus lena chinntiú gur cainteoirí Gaeilge a bheas sna hoifigí atá lonnaithe sa Ghaeltacht nó a fhreastalaíonn ar an nGaeltacht.

Múnla earcaíochta ar theip air i ndáil le cumas Gaeilge oifigigh áitiúla:

[17.10] Ceacht ón stair anuas chugainn is ea an tsraith fhada ionstraimí reachtúla ar glacadh leo idir 1928 agus 1966 a d'fhéach le cinntiú go mbeadh dóthain Gaeilge ag fostaithe in oifigí áitiúla a raibh freastal á dhéanamh acu ar na ceantair Ghaeltachta. Níorbh ionann fairsinge an limistéir seo agus fairsinge na Gaeltachta oifigiúla sa lá atá inniu ann.

[17.11] Foráladh leis an gcéad cheann acu: Ordú na nOifigí agus na bhFeadhmanaisí Áitiúla (Gaeltacht) 1928[678] go mbeadh trí bliana ag fostaí nua de chuid údaráis áitiúil a cheapfaí chuig post de chineál áirithe a raibh a chuid dualgas le comhlíonadh aige i ndáil le ceantar Gaeltachta, go mbeadh trí bliana aige ón lá a gceapfaí é chun dóthain Gaeilge a thabhairt leis chun cur ar a chumas dualgais an phoist sin a dhéanamh trí Ghaeilge chun sástacht an Aire Rialtais Áitiúil nó nach leanfaí leis an bhfostaíocht sin.[679]

[678] I.R. 33/1928.

[17.12] Is ar thuairisc ó na Coimisinéirí um Cheapacháin Áitiúla a bhunófaí breithiúnas an Aire maidir le hinniúlacht Ghaeilge an fhostaí.[680] Tá na cineálacha poist i gceist leagtha amach sa Chéad Sceideal leis an Ordú agus tá siad cuimsitheach. Áirítear oifig nó post lena ngabhadh tuarastal bliantúil, fiú dá mbeadh foinsí eile íocaíochtaí ag dul leis, nó a mbíodh dualgais a bhí, go hiomlán nó i bpáirt, gairmiúil nó cléiriúil ag dul leis, nó a chuimsigh maoirseacht nó smacht ar fhostaithe eile den údarás áitiúil, nó airgead a bhailiú isteach nó a íoc amach thar ceann an údaráis áitiúil, nó a bhain le ceadúnais tiomána a eisiúint. Leagtar amach an Ghaeltacht chun feidhmeanna an Ordaithe sa Dara Sceideal agus chuimsigh sí limistéir ní b'fhairsinge ná pobal labharta na Gaeilge an uair sin.[681]

[17.13] Sa bhliain 1931 ba ghá Ordú 1928, an Príomhordú, a leasú le hordú eile[682] ón Aire céanna. Rinneadh coigeartú ar an dáta go rachadh an fhostaíocht in éag ag deireadh na dtrí bliana promhaidh.[683] Tugadh taobh amuigh den chineál poist ar bhain an t-ordú leis mionphoist agus fostaíocht nár íoc os cionn 40 punt sa bhliain ach rinneadh soiléir é nár bhain an t-eisiamh seo le hoifigigh chúnamh baile, le fo-oifigigh sláintíochta nó le haltraí nó le mná glúine.[684]

[17.14] Leasaíodh an scéim arís an bhliain dár gcionn agus síneadh an tréimhse phromhaidh ó thrí bliana go ceithre bliana i gcás éinne a bhí faoina réim an lá a ndearnadh an t-ordú leasaithe sin.[685] Ina theannta sin, tugadh an chumhacht don Aire, i gcás an té nár éirigh leis an caighdeán riachtanach Gaeilge a thabhairt leis taobh istigh den tréimhse phromhaidh, an tréimhse ama i gceist a shíneadh ar feadh pé fad ba chuí leis sa chás go raibh an tAire sásta gur breoiteacht, timpiste nó cúinsí nach raibh neart ag an bhfostaí orthu ba chúis leis an teip nó go raibh sé fóirsteanach don údarás áitiúil, toisc nádúr na fostaíochta, go leanfadh fostaíocht an duine sin don tréimhse bhreise sin.[686]

---

[679] I.R. 33/1928, mír 3.
[680] I.R. 33/1928, mír 4.
[681] Codanna de Chontae an Chláir (cuid d'Inis san áireamh), de Chontae Chorcaí (cuid de Chóbh san áireamh), de Chontae Dhún na nGall (cuid de Bhun Cranncha san áireamh), de Chontae na Gaillimhe (cuid de Bhéal Átha na Slua sa áireamh), de Chontae Chiarraí (cuid de Chill Airne san áireamh), de Chontae Mhaigh Eo (cuid de Bhéal Átha na Muice san áireamh) agus de Chontae Phort Láirge (cuid den Trá Mhór san áireamh), mar shampla.
[682] I.R. 61/1931.
[683] An lá deireanach de mhí Iúil tar éis na dtrí bliana promhaidh i gcás fostaíocht a thosaigh idir an 1ú Feabhra agus an 30 Meitheamh; lá deireanach de mhí Feabhra tar éis na dtrí bliana promhaidh i gcás fostaíocht a thosaigh idir an 1ú Iúil agus an 31ú Eanáir (mír 2).
[684] I.R. 61/1931, mír 3.
[685] I.R. 46/1932, mír 3.
[686] I.R. 46/1932, mír 4.

Freisin, tugadh taobh amuigh den scéim aon duine a raibh post buan aige leis an údarás áitiúil ar dháta an ordaithe.[687]

[17.15] Thug ordú leasaithe I.R. 2/1934 síneadh ama ón 28 Feabhra 1934 go dtí an 31 Iúil 1934 do gach fostaí a raibh a chuid fostaíochta le dul in éag de dheasca an riachtanais Ghaeilge nár éirigh leis a shásamh. Cuireadh leis an síneadh ama an bhliain dár gcionn amach go dtí an 28 Feabhra 1936.[688] Lean an pátrún dearóil seo ó shin i leith. Cuireadh leis an síneadh ama ón 28 Feabhra 1936 go dtí an 31 Iúil 1936,[689] go dtí an 28 Feabhra 1938[690] agus as sin anuas go dtí an 30 Meán Fómhair 1966,[691] tráth ar cuireadh deireadh leis an scéim agus ar aisghairmeadh na rialacháin agus na horduithe seo go léir[692] de bhun I.R 221/1966.

[17.16] Chuir Rialacháin na nOifigí Áitiúla (An Ghaeilge) 1966[693] scéim nua in áit na sean-scéime agus is í an Ghaeltacht a aithnítear ná ceantar feidhme Roinn na Gaeltachta de bhun an Acht Airí agus Rúnaithe (Leasú) 1956[694].i. an Ghaeltacht Oifigiúil mar a thuigtear í sa lá atá inniu ann a bheag nó a mhór.

[17.17] Foráiltear leis na Rialacháin nua seo gur cheart, sa mhéid is gur féidir

---

687 I.R. 46/1932, mír 5.

688 I.R. 165/1935.

689 I.R. 10/1936.

690 I.R 331/1937.

691 I.R. 54/1938 (go dtí an 31 Iúil 1938); I.R. 207/1938 (go dtí an 28 Feabhra 1939); I.R. 45/1939 (go dtí an 31 Iúil 1939); I.R. 205/1939 (go dtí an 29 Feabhra 1940); I.R. 84/1940 (go dtí an 31 Iúil 1940); I.R. 217/1940 (go dtí an 28 Feabhra 1941); I.R. 62/1941 (go dtí an 31 Iúil 1941); I.R. 346/1941 (go dtí an 28 Feabhra 1942); I.R. 81/1942 (go dtí an 31 Iúil 1942); I.R. 317/1942 (go dtí an 27 Feabhra 1943); I.R. 97/1943 (go dtí an 31 Iúil 1943); I.R. 300/1943 (go dtí an 29 Feabhra 1944); I.R. 75/1944 (go dtí an 28 Feabhra 1945); I.R. 27/1945 (go dtí an 31 Iúil 1945); I.R. 203/1945 (go dtí an 28 Feabhra 1946); I.R.72/1946 (go dtí an 31 Iúil 1946); I.R. 248/1946 (go dtí an 28 Feabhra 1947); I.R. 78/1947 (go dtí an 31 Iúil 1947); I.R 225 & 227/1951 (go dtí an 31 Eanáir 1952); I.R. 50 & 51/1952 (go dtí an 31 Eanáir 1953); I.R. 52 & 53/1953 (go dtí an 31 Eanáir 1954); I.R. 20 & 21/1954 (go dtí an 31 Eanáir 1955); I.R. 18 & 19/1955 (go dtí an 31 Eanáir 1956); I.R. 7 & 10/1956 (go dtí an 31 Eanáir 1957); I.R 13 & 14/1957 (go dtí an 31 Eanáir 1958); I.R. 32 & 33/1958 (go dtí an 31 Eanáir 1959); I.R 14 & 15/1959 (go dtí an 31 Eanáir 1960); I.R 21 & 22/1960 (go dtí an 31 Eanáir 1961); I.R. 15 & 16/1961 (go dtí an 31 Eanáir 1962); I.R. 15 & 16/1962 (go dtí an 31 Eanáir 1963); I.R. 15 & 16/1963 (go dtí an 31 Eanáir 1964); I.R. 15 & 16 /1964 (go dtí an 31 Eanáir 1965); I.R. 20 & 21/1965 (go dtí an 31 Eanáir 1966); I.R 21 & 22/1966 (go dtí an 30 Meán Fómhair 1966). Aisghairmeadh na rialacháin agus na horduithe seo go léir an 30 Meán Fómhair 1966 de bhun I.R 221/1966.

692 Rinne I.R. 76/1944, de bhun an Acht Rialtais Áitiúil 1941, an príomhordú a leagan amach arís sna téarmaí céanna, an tréimhse phromhaidh trí bliana agus an limistéar fairsing Gaeltachta san áireamh, agus tráchtann sí ar thús áite a thabhairt don iarrthóir le Gaeilge sa mhéid is gur féidir é. Lean an dá phríomhordú seo agus iad á leasú agus síneadh ama á chur le huair na cinniúna don oifigeach den údarás áitiúil nár thug leis an Ghaeilge.

693 I.R. 221/1966.

694 Uimh. 21 de 1956.

é le réasún, tús áite a thabhairt d'iarrthóirí le Gaeilge ach amháin i gcás ceapachán sealadach as measc fhoireann an údaráis áitiúil nó ceapachán iarfhostaithe dá chuid sa réimse céanna nó i gcás cheapachán de bhun moladh ó na Coimisinéirí um Cheapacháin Áitiúla.[695] Ní bhaineann an cur chuige seo le poist 'gur cáilíocht le haghaidh na hoifige eolas ar an nGaeilge'. Tugtar cead d'údaráis áitiúla liúntas[696] a thabhairt d'fhostaithe dá gcuid atá ag feidhmiú i gceantar Gaeltachta agus iad inniúil ar dhualgais a phoist sin a chomhlíonadh trí Ghaeilge, má bhaineann siad leas as an inniúlacht sin sa mhéid agus gur féidir é.[697] Ní léir go bhfuil ag éirí leis an scéim seo cur le seirbhísí áitiúla a sholáthar trí Ghaeilge sa Ghaeltacht.

[**17.18**] Is sampla é scéim 1928-1966 den dea-iarracht a bhí ró-uaillmhianach i dtosach agus ar éiríodh as *de facto* i bhfad sular éiríodh aisti *de jure* in éagmais tiomantas don Ghaeilge mar theanga oifigiúil agus oibre den Stát seachas mar ornáid. Mar a deir Seán Ó Riain faoina leithéid seo de chur chuige i gcoitinne ina leabhar ceannródaíoch *Pleanáil Teanga in Éirinn 1919-1985*:[698]

> Tá neart fianaise againn gur chruthaigh an t-éigeantas bréige seo (an Ghaeilge a bheith á ceangal le smacht, le pionós, le leathchur i bhfeidhm agus le doiléire treorach) dearcadh diúltach faoin teanga. Is ríléir ... freisin, gurbh olc a d'éirigh leis an aidhm a bhaint amach.

[695] I.R. 221/1966, mír 4.
[696] Nach mó ná 7.5%.
[697] I.R. 221/1966, mír 5.
[698] Ó Riain, Seán (1994) *Pleanáil Teanga in Éirinn 1919-1985*, Baile Átha Cliath, lch 36.

Caibidil 18

Reachtaíocht a Bhaineann le Cúrsaí Teanga agus Craolacháin

[18.01] Tá roinnt mhaith tagairtí don Ghaeilge san Acht Craolacháin 2009.[699] Níl i gcuid mhór mhaith acu ach an béal bán agus dualgas an Ghaeilge a choimeád i gcuimhne.

[18.02] Tá dualgas ar an Rialtas *inter alia* cumas nó taithí ar fhorbairt na Gaeilge agus na Gaeltachta a bheith san áireamh mar chritéir agus comhaltaí á gceapadh ar an Údarás Craolacháin, ar an gCoiste um Dheonú Conarthaí, agus ar an gCoiste um Chomhlíonadh.[700] Tá forálacha den chineál céanna i bhfeidhm maidir le ceapacháin chuig bord corparáide craolacháin seirbhíse poiblí.[701] Tá sé riachtanach, áfach, go mbeadh an té a cheaptar ar Bhord TG4 in ann cumarsáid a dhéanamh go hinniúil as Gaeilge[702] agus go bhféachfaidh TG4 lena chinntiú go mbeidh comhaltaí Chomhairle Lucht Féachana agus Éisteachta TG4 inniúil ar an nGaeilge amhlaidh.[703] Foráiltear freisin, i gceapachán comhaltaí dá gcomhairlí lucht féachana agus éisteachta, go bhféachfadh corparáidí craolacháin eile chuige go mbeadh na comhairlí lucht féachana agus éisteachta sin ionadaíoch don phobal féachana agus éisteachta agus, go háirithe, do phobail Ghaeltachta agus do dhaoine faoi mhíchumas radhairc nó éisteachta.[704]

[18.03] Áirítear i measc chuspóirí an Údaráis Chraolacháin agus na gcoistí thuas a chinntiú *inter alia* go gcuirtear san áireamh teangacha, traidisiúin agus cultúir Mhuintir na hÉireann agus seirbhísí craolacháin á gcur ar fáil sa Stát de bhun an Achta[705] lena n-áirítear forbairt clár agus seirbhísí craolacháin i nGaeilge a chur chun cinn agus a spreagadh.[706]

---

[699] Uimhir 18 de 2009. Tá Forálacha den Acht Craolacháin 2009, mar atá leasaithe, a bhaineann go sonrach le TG4 leagtha amach ag deireadh Iarscríbhinn B leis an leabhar seo.
[700] An tAcht Craolacháin 2009, alt 9(1)(g) & (l).
[701] An tAcht Craolacháin 2009, alt 82(1)(g) & (l).
[702] An tAcht Craolacháin 2009, alt 82(2).
[703] An tAcht Craolacháin 2009, alt 96(5).
[704] An tAcht Craolacháin 2009, alt 96(4).
[705] An tAcht Craolacháin 2009, alt 25(1)(a).
[706] An tAcht Craolacháin 2009, alt 25(2)(h).

[18.04] Ní foláir don Choiste um Dheonú Conarthaí agus iarratais ar chonarthaí craolacháin á mbreithniú aige aird a bheith aige *inter alia* ar líon, ar cháilíocht, ar réimse agus ar chineál na gclár Gaeilge agus méid na gclár a bhaineann le cultúr na hÉireann a bheartaítear a sholáthar.[707] Más iarratas é a chuimsíonn ceantar Gaeltachta, beidh aird ar leith aige ar bhuanú agus cur chun cinn na Gaeilge mar theanga labhartha.[708]

[18.05] Foráiltear san Acht le haghaidh cartlanna a chothú agus iallach ar gach iarratasóir, ar a mbronntar conradh craolacháin fuaime sa Stát, taifeadadh ar bhunábhar clár a choinneáil[709] agus aird chuí a bheith aige *inter alia* ar chláir Ghaeilge.[710] Maidir le rochtain ar an ábhar seo, ceadaítear téarmaí agus coinníollacha níos fabhraí i leith bunábhair a úsáidtear chun críche craoltaí Gaeilge.[711]

[18.06] Ó thaobh na monatóireachta de, ní foláir do gach corparáid a bhfuil conradh craolacháin sa Stát aige ráiteas bliantúil i dtaobh gealltanas feidhmíochta a ullmhú, ráiteas a chuimsíonn cláir Ghaeilge, agus cláir Ghaeilge do leanaí.[712] Ceadaítear lacáiste d'fhógróirí a úsáideann Gaeilge ina gcuid fógraí.[713]

[18.07] Foráiltear san Acht Craolacháin do staisiún teilifíse de chuid Bhord Scannán na hÉireann .i. 'Bealach Scannán na hÉireann' a chraolfaidh scannáin agus saothair scannánaíochta na hÉireann, na hEorpa agus na Cruinne, lena n-áirítear, a mhéid is indéanta, scannáin agus saothair scannánaíochta i nGaeilge.[714]

[18.08] Foráiltear freisin san Acht do chiste craolacháin ('an Scéim um Maoiniú Craolacháin') arna cheadú ag an Aire Cumarsáide chun tacú le cláir nua teilifíse nó fuaime, scannáin, saothair bheochana agus drámaíocht faoi chultúr, oidhreacht agus taithí na hÉireann, lena n-áirítear an Ghaeilge, agus cláir i nGaeilge faoin méid sin chomh maith le cláir i nGaeilge chun litearthacht na n-aosach nó litearthacht ó thaobh na meán a fheabhsú, agus cláir i nGaeilge a chothaíonn eolas agus tuiscint an phobail ar shaincheisteanna domhanda a imríonn tionchar ar Éirinn agus ar thíortha eile.[715]

---

[707] An tAcht Craolacháin 2009, alt 66(2)(d).
[708] An tAcht Craolacháin 2009, alt 66(3).
[709] An tAcht Craolacháin 2009, alt 69(6).
[710] An tAcht Craolacháin 2009, alt 69(9)(a).
[711] An tAcht Craolacháin 2009, alt 111(6).
[712] An tAcht Craolacháin 2009, alt 102(1) & (2).
[713] An tAcht Craolacháin 2009, alt 106(5) agus alt 127(9) i ndáil le 'Bealach Scannán na hÉireann'.
[714] An tAcht Craolacháin 2009, alt 127(2).
[715] An tAcht Craolacháin 2009, alt 154(1)(a)(vi) & (d). Sonraítear cláir ardchaighdeáin a fhorbairt as Gaeilge a bheidh bunaithe ar chultúr, oidhreacht agus taithí na hÉireann mar chuspóirí scéime i ndáil le cláir faoin scéim seo um maoiniú craolacháin (An tAcht

An Béal Bán nó dualgais ar féidir tabhairt ar an gcraoltóir iad a chur i bhfeidhm?

[18.09] Forchuirtear dualgas leathan ar RTÉ i leith na Gaeilge. Foráiltear le halt 114(2)(a) mar seo a leanas:

> **114.**—(2) Maidir le RTÉ, le linn na cuspóirí atá leagtha amach i bhfo-alt (1) a shaothrú—
>
> (a) beidh aird aige ar leasanna agus ar chúraimí an phobail uile, coimeádfaidh sé i gcuimhne a riachtanaí atá an chomhthuiscint agus an tsíocháin ar fud oileán na hÉireann uile, cinnteoidh sé go léireoidh na cláir na hairíonna éagsúla dá bhfuil cultúr phobal oileán na hÉireann uile comhdhéanta, agus beidh aird ar leith aige ar na hairíonna a shainíonn an cultúr sin agus go háirithe ar an nGaeilge.

[18.10] Forchuirtear an dualgas céanna ar chraoltóirí neamhspleácha teilifíse ('conraitheoirí seirbhíse clár teilifíse').[716] Foráiltear dualgais níos sonraithe ar RTÉ amháin, áfach, le halt 114(3), mar seo a leanas:

> **114.**—(3) Gan dochar do ghinearáltacht fho-alt (1), cinnteoidh RTÉ go ndéanfar le clársceidil na seirbhísí craolacháin dá dtagraítear san fho-alt sin—
>
> (a) réimse cuimsitheach clár Gaeilge agus Béarla a chur ar fáil a fhreagróidh d'éagsúlacht chultúir oileán na hÉireann uile ar réimse é ina mbeidh cláir lena gcuirtear siamsa, eolas agus oideachas ar fáil, lena gcuirtear tuairisciú ar ghníomhaíochtaí spóirt, reiligiúin agus cultúir ar fáil agus lena bhfreastalaítear ar ionchais an phobail i gcoitinne mar aon le hionchais daoine den phobal a bhfuil spéiseanna speisialta nó spéiseanna mionlaigh acu agus ar cláir iad, i ngach cás, lena léirítear meas ar dhínit an duine,
>
> (b) cláir nuachta agus chúrsaí reatha Gaeilge agus Béarla a sholáthar, lena n-áirítear cláir lena soláthraítear tuairisciú ar imeachtaí i dTithe an Oireachtais agus i bParlaimint na hEorpa, agus
>
> (c) léiriú cultúrtha comhaimseartha a éascú nó cúnamh a thabhairt don chéanna agus nuáil agus turgnamh i gcraolachán a spreagadh nó a chur chun cinn.

[18.11] In alt 114(4)(l), faightear athrá ar alt 114(3)(b):

> **114.**—(4) Is iad príomhchumhachtaí sainráite RTÉ de bhun na gcuspóirí a leagtar amach i bhfo-alt (1)—
>
> (l) cláir nuachta agus cúrsaí reatha Gaeilge agus Béarla a sholáthar, lena n-áirítear cláir lena soláthraítear tuairisciú ar imeachtaí i dTithe an Oireachtais agus i bParlaimint na hEorpa.

Léirmhíniú na bhForálacha

[18.12] An pointe tosaigh anseo is ea meabhar a bhaint as na focail 'réimse cuimsitheach clár Gaeilge agus Béarla a chur ar fáil' in alt 114(3)(a). Cáilíonn

---

Craolacháin 2009, alt 155(1)(a) & (b)).

[716] An tAcht Craolacháin 2009, alt 70(2)(a).

an chuid eile den alt sin cad is brí le 'réimse cuimsitheach' .i. réimse 'a fhreagróidh d'éagsúlacht chultúir oileán na hÉireann uile' agus leanann an cáiliú nó an míniú sin a rá gurb é atá i gceist leis sin: réimse ina mbeidh cláir lena gcuirtear siamsa, eolas agus oideachas ar fáil, lena gcuirtear tuairisciú ar ghníomhaíochtaí spóirt, reiligiúin agus cultúir ar fáil agus lena bhfreastalaítear ar ionchais an phobail i gcoitinne mar aon le hionchais daoine den phobal a bhfuil spéiseanna speisialta nó spéiseanna mionlaigh acu agus ar cláir iad, i ngach cás, lena léirítear meas ar dhínit an duine.

[18.13] An rud atá le míniú, dá bhrí sin, is ea cad go díreach atá le cur ar fáil ó thaobh cúrsaí teanga de .i. cad is brí leis an nath 'réimse cuimsitheach clár Gaeilge agus Béarla'. Is cabhair dúinn an leagan Béarla, a bhfuil tosaíocht aige sa mhéid is gur ritheadh an tAcht trí Bhéarla amháin, lena bhforáiltear 'a comprehensive range of programmes in the Irish and English languages'.

[18.14] Ní foláir díriú ar ghnáthbhrí na bhfocal anseo. Ní éilítear 'a comprehensive range of programmes in either the Irish language or in the English language' nó 'réimse cuimsitheach clár as Gaeilge nó as Béarla' in ainneoin go raibh an rogha sin ag Tithe an Oireachais agus an tAcht á phlé agus á rith agus é ina Bhille os a gcomhair. Dá bhrí sin, is athfhriotal cruinn ar na forálacha mar atá ná, as Gaeilge: 'réimse cuimsitheach clár [as] Gaeilge agus [as] Béarla'; agus as Béarla: 'a comprehensive range of programmes in the Irish [language] and [in the] English language.'

[18.15] Éilítear, dá bhrí sin, go soláthródh RTÉ réimse cuimsitheach clár Gaeilge *agus* réimse cuimsitheach clár Béarla. Dá mbeadh a mhalairt i gceist, thabharfaí a mhalairt le fios le gnáthbhrí na bhfocal. Úsáidtear an focal 'agus' tríd an alt ar fad chun cur le líon na ndualgas agus ní chun rogha a chur ar fáil.[717] Tá an tslat tomhais maidir le cuimsitheacht leagtha amach in alt 114(3)(a): 'cláir lena gcuirtear siamsa, eolas agus oideachas ar fáil, lena gcuirtear tuairisciú ar ghníomhaíochtaí spóirt, reiligiúin agus cultúir ar fáil agus lena

[717] Sa chás *Duggan v. Dublin Corporation* [1991] 1 I.R. 275 ba é breith na Cúirte Uachtaraí nárbh fhéidir an focal '*and*' sa reachtaíocht a fhorléiriú mar '*or*'. Sa chás sin bhí an gearánaí ag lorg cúiteamh faoin Acht Díobhálacha Mailíseacha 1981 agus bhí cúiteamh ag dul don té a ndearadh an mhísc air 'i gcás triúr nó níos mó a bheidh bailithe le chéile go racánach *agus* go círéibeach do dhéanamh damáiste go mailíseach' ('Where three or more persons who are tumultuously *and* riotously assembled together maliciously cause damage'). Sa chás sin bhí an breitheamh trialach sa Chúirt Chuarda sásta go raibh an drong a rinne an mhísc bailithe le chéile go círéibeach ach ní go racánach agus chuir sé ceist sonraithe ar an gCúirt Uachtarach ar leor sin nó ar ghá iad a bheidh bailithe le chéile go racánach *agus* go círéibeach. Dúirt an Chúirt Uachtarach gur ghá. Per Finlay PBhrmh ag 281: 'I am not satisfied that it could possibly be permissible to construe the word 'and' contained in s. 6, sub-s. 1 of the Act of 1981 as if it were the word 'or'. To do so would, in my view, be to alter the words of the section and, in effect, to seek to amend it otherwise than by legislation.'

bhfreastalaítear ar ionchais an phobail i gcoitinne mar aon le hionchais daoine den phobal a bhfuil spéiseanna speisialta nó spéiseanna mionlaigh acu.'

[18.16] Agus in alt 114(3)(b): 'cláir nuachta agus chúrsaí reatha Gaeilge agus Béarla a sholáthar, lena n-áirítear cláir lena soláthraítear tuairisciú ar imeachtaí i dTithe an Oireachtais agus i bParlaimint na hEorpa.'

[18.17] Más léir easnamh ar aon cheann de na réimsí sin i dtaca le craoltóireacht raidió (idir Raidió na Gaeltachta agus stáisiúin eile de chuid RTÉ) agus le craoltóireacht teilifíse, bheadh sárú dualgais i gceist *prima facie*. B'fhiú go mór scagadh rialta a dhéanamh ar na cláir uile a chuireann RTÉ ar fáil as Gaeilge agus as Béarla le colúin arna ndéanamh amach bunaithe ar an reachtaíocht mar seo a leanas chun cabhrú leis an inniúchadh:

Catagóirí sainráite in alt 114(3)(a) agus (b) den Acht Craolacháin 2009	Raidió as Gaeilge (uaireanta an chloig)	Raidió as Béarla (uaireanta an chloig)	Teilifís as Gaeilge (uaireanta an chloig)	Teilifís as Béarla (uaireanta an chloig)
Cláir lena gcuirtear siamsa ar fáil				
Cláir lena gcuirtear eolas agus oideachas ar fáil				
Cláir lena gcuirtear tuairisciú ar ghníomhaíochtaí spóirt ar fáil				
Cláir lena gcuirtear tuairisciú ar ghníomhaíochtaí reiligiúin ar fáil				
Cláir lena gcuirtear tuairisciú ar ghníomhaíochtaí cultúir ar fáil				
Cláir lena bhfreastalaítear ar ionchais an phobail i gcoitinne (cláir do leanaí agus do dhaoine óga san áireamh)				
Cláir faoi spéiseanna speisialta				
Cláir faoi spéiseanna mionlaigh				
Cláir nuachta				
Cúrsaí reatha				
Tuairisciú ar imeachtaí i dTithe an Oireachtais				
Tuairisciú ar imeachtaí i bParlaimint na hEorpa				

An Cásdlí faoin Sean-Acht Craolacháin

[18.18] Pléadh an sean-dualgas reachtúil sa chás *An tAire Poist agus Telegrafa v. Cáit Bean Uí Chadhain*.[718] Sa chás sin dhiúltaigh an cúisí ceadúnas teilifíse a cheannach in ainneoin teilifís a bheith ina seilbh aici toisc a laghad Gaeilge

[718] *An tAire Poist agus Telegrafa v. Cáit Bean Uí Chadhain* (1982) T.É.T.S. 21.

a bhí á craoladh ar Theilifís Éireann mar shárú, dar léi, ar alt 17(1)(a) den Acht um Údarás Craolacháin, 1960[719] (atá cosúil le halt 114(2)(a) san Acht reatha) lena bhforáiltí:

> **Dualgas ginearálta an Údaráis**
>
> **17.**—(1) I gcláir an Údaráis ag comhlíonadh a fheidhmeanna dó—
>
> (a) beidh aird aige ar leasanna agus ar chúraimí an phobail uile, coimeádfaidh sé i gcuimhne a riachtanaí atá comhthuiscint agus síocháin ar fud oileán na hÉireann uile, cinnteoidh sé go léireoidh na cláir na haraíona éagsúla dá bhfuil saíocht phobal oileán na hÉireann uile comhdhéanta, agus beidh cás ar leith aige do na haraíona a shainíonn an tsaíocht sin agus go háirithe don Ghaeilge.

[18.19] Ciontaíodh Bean Uí Chadhain sa Chúirt Dúiche agus rinne sí achomharc chuig an gCúirt Chuarda. Tar éis dó an fhianaise a chlos ón dá thaobh, dúirt an Breitheamh Cuarda go raibh rún aige an t-achomharc a ligean i bhfabhar an chúisí (Uí Chadhain) mura n-iarrfadh an t-ionchúiseamh (An tAire) cás a ríomh chun na Cúirte Uachtaraí maidir le substaint chosaint Bhean Uí Chadhain agus maidir le nádúr an dualgais a bhí ar RTÉ faoin Acht cláir i nGaeilge a chraoladh.

[18.20] Rialaigh an Chúirt Uachtarach (Walsh, Henchy, Griffin Brna) go raibh dualgas ar Bhean Uí Chadhain ceadúnas teilifíse a cheannach má bhí teilifís ina seilbh aici beag beann ar dhualgais reachtúla RTÉ a bheith á gcomhlíonadh aige agus nár ghá dá réir sin plé le dualgas RTÉ cláir i nGaeilge a chraoladh agus go deimhin nach raibh an dlínse ag an gCúirt thíos an cheist sin a phlé ná a ríomh ó tharla nár bhain sé le fíorais an cháis os comhair na Cúirte Cuarda. Dúirt Henchy Brmh (Griffin Brmh ag aontú):[720]

> In ionchúiseamh mar seo, nuair a chruthaítear go raibh gléas teilifíse ag an gcosantóir agus nach raibh ceadúnas ina leith aige nó aici, titeann dliteanas daingean neamh-choinníollach ar an gcosantóir. Ní gá *mens rea* a chruthú.... Mheas an Breitheamh [den Chúirt Chuarda] go raibh dlínse aige alt 13 d'Acht 1976[721] a chur san áireamh. Bhí dul amú air sa tuairim sin.

[18.21] In ainneoin nach raibh aon cheist, dá bhrí sin, faoi dhualgas RTÉ cláir i nGaeilge a chraoladh os comhair na Cúirte Uachtaraí go bailí, thug Henchy Brmh tuairim ina thaobh pé scéal é *obiter dictum:*[722]

> Níor mhaith liom réamh-bhreith a thabhairt ar chás ar bith, ach is deacair a fheiceáil go bhféadfaí a rá go raibh sárú déanta ar na cuspóirí agus ar na dualgais sin mura mbeadh d'fhianaise ina dtaobh ach nach raibh ach oiread áirithe faoin gcéad de na cláracha i nGaeilge.

---

[719] Arna leasú ag alt 13 den Acht um Údarás Craolacháin (Leasú) 1976.

[720] *An tAire Poist agus Telegrafa v. Cáit Bean Uí Chadhain* (1982) T.É.T.S. 21, lch 26.

[721] Lenar leasaíodh alt 17 den Acht um Údarás Craolacháin, 1960.

[722] *An tAire Poist agus Telegrafa v. Cáit Bean Uí Chadhain* (1982) T.É.T.S. 21, lch 26.

[18.22] Ar ndóigh, ní raibh a leithéid agus alt 114(3) den Acht Craolacháin 2009 an uair sin ann a éilíonn réimse cuimsitheach clár as Gaeilge agus a thabharfadh bonn dlíthiúil agus reachtúil dá leithéid de scagadh. Ina theannta sin, d'admhaigh bainisteoir ábhar RTÉ, Jim Jennings, do Choiste na gCuntas Poiblí de Thithe an Oireachtais Déardaoin an 3 Bealtaine 2018 nach raibh an sainchúram atá ar RTÉ ó thaobh na Gaeilge de á chomhlíonadh mar ba chóir.[723]

> As the director of content, I do not believe we are fulfilling our remit in terms of Irish language programming ... We are not doing so in terms of Irish language programming. I have expressed that view at the executive board. I have been in my current role for six months and have told the director general that I want the production of Irish language programmes within Cláracha Gaeilge restored to its level before the cuts were imposed because that is important for us. I worked in Rannóg na gClár Gaeilge many years ago and have strong feelings on the issue. There are many gaps in our Irish language output. The Irish language output on RTÉ Radio 1 is not stellar.

Imscrúdú an Choimisinéara Teanga ar RTÉ de bhun an Acht Craolacháin[724]

[18.23] Rinne duine den phobal gearán leis an gCoimisinéir Teanga an 18 Lúnasa 2017 nach raibh na dualgais de bhun ailt 114(3)(a)-(b) den Acht Craolacháin 2009 á gcomhlíonadh ag Raidió Teilifís Éireann .i. na dualgais réimse cuimsitheach clár a chur ar fáil i nGaeilge agus i mBéarla i gclársceidil a chuid seirbhísí craolacháin.

[18.24] Chinn an Coimisinéir gur ghá imscrúdú a dhéanamh faoi alt 21(f) d'Acht na dTeangacha Oifigiúla 2003 agus sheol sé an t-imscrúdú sin an 22 Bealtaine 2018. Ar iarratas ón gCoimisinéir Teanga, chuir RTÉ ar fáil dó faisnéis maidir le líon na n-uaireanta an chloig d'aschur craolta teilifíse RTÉ i nGaeilge agus i mBéarla le linn na bliana 2017 agus iad roinnte de réir seánraí agus foinsí.

[18.25] Cuireadh ar fáil chomh maith eolas maidir leis an gcaiteachas a rinneadh ar chláir theilifíse i nGaeilge agus i mBéarla le linn na bliana céanna (2017) idir léiriúcháin inmheánacha, chláir choimisiúnaithe agus chláir a ceannaíodh isteach.

[18.26] B'ionann an méid a chaith RTÉ ar chláir Ghaeilge don stáisiún agus beagán os cionn 2% den chaiteachas ar chláir theilifíse trí chéile. Chuir RTÉ in iúl gur chaith sé €177,926,000 ar sholáthar clár teilifíse sa bhliain 2017 agus nár bhain ach €4,160,000 (2.3%) den chaiteachas sin le cláir i nGaeilge. De na 18,657 uair chraolacháin de chláir theilifíse a rinneadh ar chainéil RTÉ sa

[723] www.oireachtas.ie/ga/debates/debate/committee_of_public_accounts/2018-05-03/5/.
[724] Tuarascáil Bhliantúil an Choimisinéara Teanga 2018.

bhliain 2017, níor craoladh ach 123 uair an chloig de chláir i nGaeilge, nó 0.7%. Ina theannta sin, bhí seánraí ann nár freastalaíodh i nGaeilge orthu ar chor ar bith nó ar tearc ar fad an freastal a rinneadh orthu.

[18.27] Chinn an Coimisinéir Teanga[725] 'Má bhí "réimse cuimsitheach" clár á chur ar fáil i mBéarla, ba ríléir nach raibh "réimse cuimsitheach" clár á chur ar fáil i nGaeilge.'

[18.28] Maidir leis an dualgas sonrach ar RTÉ de bhun fo-alt 114(3)(b) a chinntiú go gcuirtear ar fáil i gclársceidil a chuid seirbhísí craolacháin cláir nuachta agus cúrsaí reatha i nGaeilge agus i mBéarla, bhí feasacháin nuachta á gcur ar fáil i nGaeilge gach lá ar RTÉ One. Glacadh leis, dá bhrí sin, go raibh an dualgas reachtúil á chomhlíonadh chomh fada agus a bhain sé le cláir nuachta.

[18.29] Chinn an Coimisinéir Teanga[726] áfach, nach raibh cláir theilifíse cúrsaí reatha á gcur ar fáil i nGaeilge in ainneoin dualgas soiléir reachtúil a bheith ann é sin a dhéanamh. Cé gur sholáthair RTÉ clár cúrsaí reatha (7 Lá) mar chuid den dualgas reachtúil atá air díol 365 uair an chloig de chláir Ghaeilge a chur ar fáil do TG4 in aghaidh na bliana,[727] níor bhain sé sin le seirbhís teilifíse RTÉ féin.

[18.30] Maidir le seirbhís fuaime RTÉ, chinn an Coimisinéir Teanga[728] ag cur san áireamh aschur raidió RTÉ as Gaeilge ina iomláine, go raibh na dualgais reachtúla chun réimse cuimsitheach clár agus cláir nuachta agus cúrsaí reatha a chur ar fáil á gcomhlíonadh i gcás na seirbhíse craolacháin fuaime, a bhuíochas sin, den chuid is mó, do chuimsitheacht sheirbhís Raidió na Gaeltachta.

[18.31] Is é Príomh-mholadh imscrúdú an Choimisinéara Teanga ar RTÉ:[729]

> Go n-ullmhódh RTÉ plean feidhmithe, chun [sásacht an Choimisinéara Teanga] taobh istigh de shé mhí ó dháta na tuarascála imscrúdaithe chun go gcomhlíonfar na dualgais reachtúla atá daingnithe i bhfo-ailt 114(3)(a) agus (b) den Acht Craolacháin, 2009, d'fhonn réimse cuimsitheach clár teilifíse i nGaeilge agus cláir theilifíse cúrsaí reatha i nGaeilge a chur ar fáil.

[18.32] Ina thuarascáil bhliantúil don bhliain 2019, tagraíonn an Coimisinéir Teanga don phlean feidhmithe sin a chuir RTÉ faoina bhráid i mí an Mheithimh 2019 agus don ardú i líon na gclár Gaeilge ar RTÉ dá bhun. Deir an Coimisinéir, áfach, nárbh fhéidir leis a dhearbhú go bhfuil an tAcht á

[725] Tuarascáil Bhliantúil an Choimisinéara Teanga 2018, lch 18.
[726] Tuarascáil Bhliantúil an Choimisinéara Teanga 2018, lch 19.
[727] An tAcht Craolacháin 2009, alt 120(1).
[728] Tuarascáil Bhliantúil an Choimisinéara Teanga 2018, lch 19.
[729] Tuarascáil Bhliantúil an Choimisinéara Teanga 2018, lch 19.

chomhlíonadh fós agus d'iarr sé cuntas sa dara leath den bhliain 2020 ar an dul chun cinn agus ar réimse na gclár atá beartaithe don bhliain 2021.[730]

[730] Tuarascáil Bhliantúil an Choimisinéara Teanga 2019, lgh 10-11.

Iarscríbhinn A

Aguisíní le breithiúnas Hardiman Brmh sa chás *Ó Maicín v. Éire* [2014] 4 I.R. 477, aguisíní atá fágtha ar lár ón tuairisc oifigiúil[731]

AGUISÍN I

Ceanada — Sampla de Thír Dhátheangach.
Cearta teanga faoi Bhunreacht Cheanada.

Tá an Chairt Cheanadach um Chearta agus Saoirsí 1982, "an Chairt" (Cuid I den Acht um an Bunreacht, 1982) mar Sceideal B le hAcht Cheanada (Ríocht Aontaithe) 1982, c. 11). In ailt 16-22, ar a dtugtar "Teangacha Oifigiúla Cheanada", leagtar amach stádas an Bhéarla agus na Fraincise i gcúinsí éagsúla, lena n-áirítear an seomra cúirte. Foráiltear an méid seo a leanas sa Chairt:–

"OFFICIAL LANGUAGES OF CANADA

16. (1) English and French are the official languages of Canada and have equality of status and equal rights and privileges as to their use in all institutions of the Parliament and government of Canada.

(2) English and French are the official languages of New Brunswick and have equality of status and equal rights and privileges as to their use in all institutions of the legislature and government of New Brunswick.

(3) Nothing in this Charter limits the authority of Parliament or a legislature to advance the equality of status or use of English and French.

16.1 (1) The English linguistic community and the French linguistic community in New Brunswick have equality of status and equal rights and privileges, including the right to distinct educational institutions and such distinct cultural institutions as are necessary for the preservation and promotion of those communities.

(2) The role of the legislature and government of New Brunswick to preserve and promote the status, rights and privileges referred to in subsection (1) is affirmed.

17. (1) Everyone has the right to use English or French in any debates and other proceedings of Parliament.

(2) Everyone has the right to use English or French in any debates and other proceedings of the legislature of New Brunswick.

18. (1) The statutes, records and journals of Parliament shall be printed and

[731] Tá an gnáthchíoradh don chló déanta anseo.

published in English and French and both language versions are equally authoritative.

(2) The statutes, records and journals of the legislature of New Brunswick shall be printed and published in English and French and both language versions are equally authoritative.

19. (1) Either English or French may be used by any person in, or in any pleading in or process issuing from, any court established by Parliament.

(2) Either English or French may be used by any person in, or in any pleading in or process issuing from, any court of New Brunswick.

20. (1) Any member of the public in Canada has the right to communicate with, and to receive available services from, any head or central office of an institution of the Parliament or government of Canada in English or French, and has the same right with respect to any other office of any such institution where

(a) there is a significant demand for communications with and services from that office in such language; or

(b) due to the nature of the office, it is reasonable that communications with and services from that office be available in both English and French.

(2) Any member of the public in New Brunswick has the right to communicate with, and to receive available services from, any office of an institution of the legislature or government of New Brunswick in English or French.

21. Nothing in sections 16 to 20 abrogates or derogates from any right, privilege or obligation with respect to the English and French languages, or either of them, that exists or is continued by virtue of any other provision of the Constitution of Canada.

22. Nothing in sections 16 to 20 abrogates or derogates from any legal or customary right or privilege acquired or enjoyed either before or after the coming into force of this Charter with respect to any language that is not English or French." (aibhsiú curtha leis)

Déantar tagairt shonrach do Chúige New Brunswick sa Chairt. Bhí New Brunswick, mar aon le hOntario, Québec agus Nova Scotia, ar cheann de na chéad chúigí a cuireadh le chéile chun Tiarnas Cheanada a bhunú in 1867. Deir Coimisinéir Teangacha Oifigiúla New Brunswick go ndearnadh an chéad agus an t-aon chúige dátheangach i gCeanada de New Brunswick le hachtú Acht Teangacha Oifigiúla New Brunswick in 1969. Rinneadh cearta teanga áirithe sa chúige seo a chumhdach ag leibhéal na Cónaidhme faoin gCairt um Chearta agus Saoirsí. Baineann na hoibleagáidí a thagann ó na cearta sin leis an Reachtas agus a chuid institiúidí chomh maith le rialtas New Brunswick. Mar chuid de Bhunreacht

Cheanada, tá dlí nó gníomh rialtais ar bith nach bhfuil comhsheasmhach leis an gCairt míbhunreachtúil. Deir Michel Hélie ag lch 381 dá alt: "Michel Bastarache's Language Rights Legacy" (2009), 47 S.C.L.R. (2d) 377 ag 381:–

> "As an influential and active minority language rights advocate with broad roots in New Brunswick, it is difficult not to see Michel Bastarache's influence in these constitutional provisions. As he wrote in 1991:–
>
> > 'Fighting assimilation, therefore, requires a degree of linguistic institutional completeness which, I submit, can only be achieved through meaningful constitutional protection.'"[732]

Tháinig Cearta Teanga i gCeanada as comhréiteach stairiúil agus polaitiúil idir an dá phobal bhunaidh: coilínigh na Breataine Móire agus coilínigh na Fraince. Phléigh Hélie an stádas tosaigh maidir le cearta teanga san Acht um an Bunreacht 1867 ag lch 379:–

> "With small deference to the need to ensure a modicum of accommodation for the participation of the minority Francophone population in federal institutions, *section 133 of the Constitution Act, 1867 guarantees the right to use either French or English in the federal Parliament and federally established courts, as well as the requirement that federal statutes be published in both languages.*
>
> Even the modest guarantees under section 133 were contingent upon Quebec accepting to be subject to the same strictures in regard to its provincial assembly, courts and statutes. Although section 133 was not made applicable to any of the other original uniting provinces, it was extended to Manitoba upon its entry into Confederation.
>
> *From this perspective of Confederation, the survival of the French language and culture would depend on the people and government of Quebec.* Developments after Confederation intended to do away with the use of the French language in other parts of the country, notably in New Brunswick, Ontario and Manitoba, would confirm this view of Confederation to the dismay of many French-Canadians. In response, an alternative interpretation of Confederation developed which was premised on a compact between two nations (or two founding peoples): English Canada and French Canada." (aibhsiú curtha leis)

Deir Hélie[733] gur achtaíodh Acht na dTeangacha Oifigiúla (Ceanada)(ATO) chun "a degree of official bilingualism at the *federal level* throughout Canada" a sholáthar agus gurbh fhreagra é ar thuarascáil dar teideal "*The B&B Report*".[734] Agus trácht á dhéanamh aige ar an tuairisc sin deir Hélie ag 380:–

---

[732] Michel Bastarache, *Language Rights in the Supreme Court of Canada: The Perspective of Chief Justice Dickson* (1991) 20 Man. L.J. 392, lch 400.

[733] Hélie, Michel "Michel Bastarache's Language Rights Legacy" (2009), 47 S.C.L.R. (2d) 377, lch 380.

[734] Hugh R. Innis, *Bilingualism and Biculturalism: An Abridged Version of the Royal Commission Report* (Ottawa: McClelland and Stewart Ltd., 1973).

> "*The meaning of the equality of both official languages is not self-evident.* For instance, the right to receive services from the federal government in the official language of choice was *subject to demographic requirements.* The B&B Commission sought an *approach 'determined by the realities of Canadian life'.* It adopted 'an approach aimed at attaining the greatest equality with the least impracticality'. This meant that services should be available *'wherever the minority is numerous enough to be viable as a group.'*" (aibhsiú curtha leis)

Ba é an cur chuige sin a chuaigh i bhfeidhm ar Acht 1969.

B'éard a rinne an Chairt Cheanadach um Chearta agus Saoirsí 1982, de réir Hélie ná "entrenches the key aspects of the OLA [Official Languages Act]".[735] Shonraigh Hélie ag lch 381 athrú suntasach amháin ón OLA:

> "The most noteworthy change is the absence of any express reference to Quebec in sections 16 to 22 of the Charter and the presence of special provisions under which *New Brunswick subjects itself to language rights equal to and beyond those applicable to the federal government.* For instance, under section 20(2), New Brunswick must provide services in both official *languages without reference to demographic criteria.* More significantly still, section 16.1 (added in 1993) provides that the *English and French 'linguistic communities' (not merely the languages) have 'equality of status and equal rights' including:-*
>
> > ... the right to distinct educational institutions and such distinct cultural institutions as are necessary for the preservation and promotion of those communities."" (aibhsiú curtha leis)

Trialacha le Giúiré i gCeanada.

Conas a dhéantar giúiré frainciseoirí a chur le chéile.

Beag beann ar dhéimeagrafaic theangeolaíoch chúige, nuair a bhíonn triail le tionól, tá an duine cúisithe i dteideal trialach trí cheachtar de theangacha oifigiúla Cheanada .i. Béarla nó Fraincis agus áirítear air sin breitheamh agus giúiré atá líofa sa teanga. Déanann British Columbia, cúige béarlóirí den chuid is mó ina bhfuil mionlach cainteoirí Fraincise, soláthar ina leith sin trí dhá chlár giúiréithe a choinneáil. Ar laithreán gréasáin Dlí agus Cirt British Columbia soláthraítear an fhaisnéis seo a leanas do ghiúróirí féideartha:-

> "The provincial voters list is used to summon individuals for English-speaking jury trials. Names in the database are picked at random and summonses are issued to those that have been identified. If you are a registered voter in British Columbia, your name and address appear in this database.

[735] Hélie, Michel "Michel Bastarache's Language Rights Legacy" (2009), 47 S.C.L.R. (2d) 377, lch 381.

> Since 1990, Francophone accused persons in British Columbia have the right to be tried by a judge and jury who speak French. *French-speaking jury trials are very rare in British Columbia, with only one, on average, occurring per year.* It's important to ensure the French-speaking juror list is updated so that French-language jury trials can be provided whenever possible.
>
> If you are a French-speaking British Columbian and wish to have your name transferred from the current database used for summoning individuals for English-speaking jury trials to the database used for summoning for individuals for French-speaking trials, *click here*. The information you provide will be kept confidential." (aibhsiú curtha leis)

Coinnítear liosta giúróirí go sonrach le haghaidh trialacha Fraincise in British Columbia in ainneoin an lín bhig trialacha dá leithéid a bhíonn ann. Déanann Seirbhísí Cúirte British Columbia earcaíocht go gníomhach don liosta giúróirí sin trí iarracht a dhéanamh an fheasacht go bhfuil sé ann a mhéadú. Fógraíodh an sliocht thíos ar laithreán gréasáin Sheomra Nuachta Rialtas British Columbia do ghiúróirí féideartha in Victoria, British Columbia, an 20 Meán Fómhair 2013:–

> "VICTORIA — Are you French-speaking or bilingual and eligible to be a juror? If so, B.C.'s court services invites you to put your name on its French-language jury list. All eligible B.C. voters are listed on the general jury list.
>
> Adding your name to the French-language jury list is as simple as going to the website ... and choosing to move your name from the general jury list to the list for French-language trials.
>
> *Why It Matters:*
> Serving on a jury is a civic responsibility that is essential to our justice system. Many British Columbians may be unaware there is a juror list specifically for French-language trials. The website helps expand the pool of eligible bilingual individuals." (aibhsiú curtha leis)

An tábhacht a bhaineann le triail le giuiré i ndáil le hionadaíocht ghiúiréithe i gCeanada.

Bhreathnaigh roinnt tráchtairí acadúla ar an gceist seo. Nótálann Schuller & Vidmar gur rogha é athrú ionaid i gcúinsí speisialta don duine cúisithe ar mian leis nó léi a thriail nó a triail a stiúradh sa teanga arb í teanga mhionlach an chúige í:–[736]

> "LIMITATIONS ON THE RIGHT TO A JURY TRIAL
>
> Although the right to jury trial is enshrined in the Canadian Charter of Rights and Freedoms, that right needs to be understood in the context of the Criminal Code[737]
>
> [...]

[736] Schuller & Vidmar 'The Canadian Criminal Jury' (2011), 086 Chi.-Kent L. Rev. 497, lgh 499-500

[737] Criminal Code, R.S.C. 1985, c. C-46 (Can.).

> Canada has two official languages, English and French. Section 530 of the Code provides that an accused has the right to be tried by a judge and jury who speak the language of the accused, or, *if special circumstances warrant it, a judge and jury composed of persons who speak both languages. Section 531 provides that a change of venue to a different territory within a province may be made in order to obtain a jury with the required language skills.* Additionally, as will be discussed in more detail below, exceptions are made for aboriginal peoples in Canada's arctic regions.
> [...]
> When summary conviction offenses are taken into account, the vast bulk of criminal cases, at least ninety percent, are tried by judge alone. That said, the institution of the criminal jury continues to occupy an important place in Canadian law." (aibhsiú curtha leis)

Níor tógadh mórán cásanna maidir le hionadaíocht ghiúiréithe i gCeanada. Díríodh sna cásanna a tógadh ar inscne agus ar mhírialtachtaí i ndáil le roghnú saoránach bundúchasach (lch 501):–

> "*Litigation based on an unrepresentative jury pool is sparse. At the start of the trial the prosecution or defense may challenge the whole jury array on the grounds of fraud, partiality, or misconduct, but such challenges have been infrequent.* In *R. v. Catizone* and *R. v. Nepoose* new arrays were ordered when too few women appeared on the original arrays. In *R. v. Nahdee*, the accused successfully challenged the array because of irregularities in the selection of aboriginal persons, and in *R. v. Born with a Tooth*, the Crown prevailed on a challenge to irregularities in the selection of aboriginal citizens. *However, challenges to arrays on the grounds that they did not contain a sufficient proportion of persons of a racial or ethnic group have tended to fail if there were no irregularities in the selection process itself.* If the challenge to the array is not made at the start of trial, section 670 of the Criminal Code states that any irregularity in the summoning or empanelling of the jury shall not be grounds for reversing a verdict. It is not clear how successful an appeal would be if strong evidence showing deliberate racial or gender biases in selection were produced after a conviction." (aibhsiú curtha leis)

Ar lch 504, agus iad ag trácht ar dhúshláin fhoráilteacha, nótálann Schuller & Vidmar go bhfuil líon na gceisteanna dlíthiúla faoi ionadaíocht ghiúiréithe an-íseal, ó tharla an cásdlí agus an Cód Coiriúil a bheith mar atá:–

> "Given the tighter controls in Canada on the trial process, coupled with the restrictive pretrial questioning of jurors and the fact *that legal issues of jury representativeness are minimized by case law and the Criminal Code*, peremptory challenges have not been as controversial as they have been in England or the United States." (aibhsiú curtha leis)

Tá ceart ann chun triail le giúiré i gceachtar teanga náisiúnta de chuid Cheanada (R. v. Beaulac).

Ba é *R. v. Beaulac* [1999] 1 S.C.R 768 an dara ceann de na trí chás arbh imeacht suntasach iad ón gcásdlí roimhe sin maidir le cearta teanga i gCeanada. (Ba iad na cásanna eile *Reference re Secession of Quebec* [1998] 2 S.C.R. 217 agus *Arsenault-Cameron v. Prince Edward Island* [2000] S.C.R. 3). Is é *ratio*, agus go deimhin oidhreacht *Beaulac*, gur cearta ar leithligh iad cearta teanga; ní bhaineann siad leis an gceart chun triail chothrom nó leis an gcumas cosaint a riaradh i dteanga amháin seachas a chéile. Is cearta daonna iad dá dtugtar cosaint i gCeanada go bunreachtúil agus tríd an reachtaíocht. Níorbh é ba chuspóir le haitheantas dlíthiúil a thabhairt do dhá theanga oifigiúla nósanna imeachta córacha a chinntiú ach féiniúlacht chultúrtha láidir a thabhairt do theanga mhionlach cúige faoi leith. Tháinig ann dó seo as comhréiteach polaitiúil stairiúil. Is príomhghné den fhéiniúlacht chultúrtha í an teanga agus má theipeann ar Stát cearta teanga na saoránach a dheimhniú, beidh na cearta sin gan mhaith.

Thug Bastarache Brmh breithiúnas na Cúirte agus ag míreanna 20 agus 22 nótáil sé an fhreagracht a chuireann cearta teanga dá leithéid ar an "gcóras":–

> "These pronouncements are a reflection of the fact that *there is no contradiction between protecting individual liberty and personal dignity and the wider objective of recognizing the rights of official language communities.* The objective of protecting official language minorities, as set out in s. 2 of the Official Languages Act, is realized by the possibility for all members of the minority to exercise independent, individual rights which are justified by the existence of the community. *Language rights are not negative rights, or passive rights; they can only be enjoyed if the means are provided.* This is consistent with the notion favoured in the area of international law that *the freedom to choose is meaningless in the absence of a duty of the State to take positive steps to implement language guarantees.*" (aibhsiú curtha leis)

Mír 22:–

> "With regard to existing rights, equality must be given true meaning. *This Court has recognized that* <u>*substantive equality*</u> *is the correct norm to apply in Canadian law*. Where institutional bilingualism in the courts is provided for, it refers to equal access to services of equal quality for members of both official language communities in Canada." (aibhsiú curtha leis)

I ndiaidh *Beaulac*, bhí an oibleagáid ar chúirt triail a sholáthar sa teanga náisiúnta a roghnódh an cúisí, an Fhraincis nó an Béarla, soiléir. Is é an t-aon rud is gá don duine a léiriú ná an cumas teagasc a chur ar abhcóide tríd an teanga roghnaithe; ní féidir líofacht sa teanga eile a thabhairt san áireamh (féach mír 34 de *Beaulac*). Tá sé d'oibleagáid ar an Rialtas a chinntiú go bhfuil an bonneagar institiúideach cuí ansin chun tacú le cearta teanga i dtimpeallachtaí oifigiúla. Dúirt Bastarche Brmh ag mír 39:–

> "I wish to emphasize that mere administrative inconvenience is not a relevant factor. The availabity of court stenographers and court reporters, the workload of bilingual prosecutors or judges, the additional financial costs of rescheduling are not to be considered because *the existence of language rights requires that the government comply with the provisions of the Act by maintaining a proper institutional infrastructure and providing services in both official languages on an equal basis.*" (aibhsiú curtha leis)

Shonraigh Bastarche Brmh bunús cearta teanga den sórt sin, agus dúirt ag mír 34:–

> "The solution to the problem, in my view, is to look at the purpose of s. 530. It is, as mentioned earlier, to provide equal access to the courts to accused persons speaking one of the official languages of Canada in order to assist official language minorities in preserving their cultural identity *Ford, supra*, at p. 749. *The language of the accused is very personal in nature; it is an important part of his or her cultural identity. The accused must therefore be afforded the right to make a choice between the two official languages based on his or her subjective ties with the language itself. The principles upon which the language right is founded, the fact that the basic right is absolute, the requirement of equality with regard to the provision of services in both official languages of Canada and the substantive nature of the right all point to the freedom of Canadians to freely assert which official language is their own language* ... The court, in such a case, will not inquire into specific criteria to determine a dominant cultural identity, nor into the language preferences of the accused. *It will only satisfy itself that the accused is able to instruct counsel and follow the proceedings in the chosen language.*" (aibhsiú curtha leis)

Mionléiríodh an cuspóir le dhá theanga oifigiúla a bheith ann ag mír 41:–

> "The right to a fair trial is universal and cannot be greater for members of official language communities than for persons speaking other languages. *Language rights have a totally distinct origin and role.* They are meant to protect official language minorities in this country and *to insure the equality of status of French and English.* This Court has already tried to dissipate this confusion on several occasions." (aibhsiú curtha leis)

AGUISÍN II

An Ghaeilge i nDlí na hEorpa (1)

De réir laithreán gréasáin oifigiúil an Choimisiúin Eorpaigh:–

> "Tá 24 teanga oifigiúil agus oibre ag an Aontas Eorpach: An Béarla, an Bhulgáiris, an Chróitis, an Danmhairgis, an Eastóinis, an Fhionlainnis, an

> Fhraincis, *an Ghaeilge*, an Ghearmáinis, an Ghréigis, an Iodáilis, an Laitvis, an Liotuáinis, an Mháltais, an Ollainnis, an Pholainnis, an Phortaingéilis, an Rómáinis, an tSeicis, an tSlóivéinis, an tSlóvaicis, an Spáinnis, an tSualainnis agus an Ungáiris." (aibhsiú curtha leis)

De réir laithreán gréasáin oifigiúil Uachtaránacht na hÉireann ar an AE, 2013:–

> "Nuair a chuaigh Éire isteach sa CEE i 1973, rinneadh teanga 'chonartha' den Ghaeilge, cé nár theanga oifigiúil oibre í. I 2005 vótáil Comhairle Airí an AE d'aon toil go mbeadh an Ghaeilge ar an 21ú teanga oifigiúil agus oibre de chuid an Aontais Eorpaigh. Tháinig an cinneadh sin i bhfeidhm an 1 Eanáir 2007."

Rinneadh cinneadh Chomhairle na nAirí ar iarratas ó Rialtas na hÉireann. Dá réir sin, an 1 Eanáir 2007 ba í an Ghaeilge teanga náisiúnta agus príomhtheanga oifigiúil na hÉireann de bhua Airteagal 8 den Bhunreacht a glacadh in 1937. Seachtó bliain ina dhiaidh sin, d'eagraigh Rialtas na hÉireann go mbeadh an Ghaeilge ina teanga oifigiúil agus ina teanga oibre de chuid an Aontais Eorpaigh. In 2007, áfach, tugadh isteach rud ar cuireadh síos air mar "maolú sealadach díomuan", de réir láithreán gréasáin na hUachtaránachta "mar gheall ar dheacrachtaí dóthain aistritheoirí Gaeilge a earcú". Rinneadh athnuachan ar an maolú sin le Rialachán AE Uimh. 1257/2010 ón gComhairle.

Beartas Poiblí ar an nGaeilge in Éirinn.

Cuirtear an beartas poiblí reatha in Éirinn i dtaca leis an nGaeilge in iúl sa *Straitéis 20 Bliain don Ghaeilge 2010-2030*. Bhí tacaíocht traspháirtí don bheartas seo de réir laithreán gréasáin oifigiúil na Roinne Ealaíon, Oidhreachta agus na Gaeltachta. Dearbhaítear san fhoinse chéanna:–

> "Eascraíonn an Straitéis as próiseas comhairliúcháin agus taighde, lena n-áirítear tuarascáil a rinneadh don Roinn (Ollscoil Chathair BÁC, 2009), *An Staidéar Cuimsitheach Teangeolaíoch ar Úsáid na Gaeilge sa Ghaeltacht* (OÉ Gaillimh & OÉ Má Nuad, 2007) agus tuarascáil Choimisiún na Gaeltachta (2002)."

Lainséaladh an beartas sin le ráiteas Rialtais inar réamh-mheasadh aitheantas na Gaeilge mar theanga oifigiúil agus mar theanga oibre de chuid an Aontais Eorpaigh, agus sonraíodh ann gur tharla an t-aitheantas sin "ar iarratas Rialtas na hÉireann".

Dearbhaíodh ann chomh maith (sa leagan Béarla):–

> "As one of the oldest languages in Europe *that is still used as a vernacular language*, Irish has a special role to play in this tapestry ['the diverse rich tapestry of European culture'] and it is the duty of the Government to ensure that it continues to flourish." (aibhsiú curtha leis)

Lean an Ráiteas air:–

> "The Government is committed to the development of the Irish language and the promotion of functional bilingualism, while fully recognising the value of English to Irish citizens as the dominant language used in international discourse."

Níos faide ar aghaidh sa Ráiteas, agus go suntasach, deirtear ann:–

> *"It is a choice for the citizen, whether they wish to engage with the State in Irish or in English."* (aibhsiú curtha leis)

Fiú má ghlactar leis go bhfuil coinníoll na féidearthachta ag baint leis an ráiteas díreach thuas, is léir gur ráiteas é a bhfuil an-tábhacht ag baint leis. Is mian leis an Uasal Ó Maicín idirghníomhaíocht a dhéanamh le horgán an-tábhachtach den Stát, Cúirt a bunaíodh faoin mBunreacht, i nGaeilge, agus ardaítear an cheist sa chás seo cibé an fíor é nó nach fíor é gurb é "a choice for the citizen whether they wish to interact with the State in Irish or English", agus go deimhin an bhfuil an Ghaeilge "still used as a vernacular language". Tá an Stát tiomanta don dá thairiscint sin.

De réir Foclóir Béarla Oxford (OED) ciallaíonn an focal "vernacular", nuair a úsáidtear mar ainmfhocal é, "the language or dialect *spoken by the ordinary people* of a country or region"; nuair a úsáidtear mar aidiacht é ciallaíonn sé "the language spoken as one's mother tongue; not learned or imposed as a second language". Más amhlaidh go deimhin, mar a fógraíodh go hoifigiúil, go bhfuil an Ghaeilge "'still used as a vernacular language", dealraíonn sé go bhfuil an tairiscint sin éagsúil ó thairiscintí eile a cuireadh ar aghaidh sa chás seo cosúil leis an tairiscint nach féidir giúiré Gaeilge a chur ar fáil chun an cás i gcoinne an Uasail Ó Maicín a thriail nó an tairiscint nach mbeadh giúiré de chainteoirí Gaeilge ionadaíoch ar an bpobal ina iomláine.

Tugann an Breitheamh léannta Clarke faoi deara, agus an ceart aige, ag mír 2.3 dá bhreithiúnas:–[738]

> "Níl rogha ar bith ag roinnt daoine ach go dtriálfar iad os comhair giúiré nach labhraíonn a dteanga dhúchais. In Éirinn sa lá inniu tá a lán "Éireannach úr" nó daoine eile agus tarlaíonn sé go bhfuil siad sa dlínse ag feidhmiú a gceart amhail an ceart oibriú faoi Chonarthaí Eorpacha. D'fhéadfadh daoine dá leithéidí a bheith ábalta Béarla a labhairt (nó, Gaeilge b'fhéidir) go méid níos mó ná níos lú ach níl a lán díobh líofa go leor is go mbeadh siad ag iarraidh fianaise a thabhairt i gcás tábhachtach a bhaineann le cúiseamh coiriúil tromchúiseach ina gcoinne seachas ina dteanga dhúchais. Mura mbeadh duine ábalta triail chóir a bheith acu choíche, dáiríre, ach amháin dá mbeadh an cinnteoir ábalta a theanga dhúchais a labhairt, mar sin i dtéarmaí praiticiúla, bheadh sé dodhéanta a lán de na daoine sin a thriail."

[738] Mír 230 sa tuairisc oifigiúil [2014] 4 I.R. 477, lch 538.

Tá sé sin follasach ann féin ach ní chreidim go mbaineann sé ar dóigh ar bith leis an gcás reatha ar cás é ina bhfuil saoránach Éireannach agus cainteoir dúchais Gaeilge cúisithe as cion a líomhnaítear a tharla sa Ghaeltacht inar tógadh é. Tá cás duine dá leithéid an-éagsúil ó chás duine ón iasacht, duine nach labhraíonn ceachtar de theangacha oifigiúla an Stáit, nó nach labhraíonn maith go leor iad, ach a tháinig isteach sa Stát go deonach, in ainneoin go raibh a fhios sin aige.

Mar a tharlaíonn, pléadh le cearta daoine den chineál sin a bhí ar intinn ag Clarke Brmh le gairid agus go cuimsitheach le Treoir 2010/64/AE ó Pharlaimint na hEorpa agus ón gComhairle an 20ú Deireadh Fómhair 2010. Leagtar amach go cuimsitheach cearta teanga daoine "who do not speak or understand the language of the proceedings" sa Treoir sin. Tá sé ríthábhachtach go ndéantar cearta teanga agus cearta eile daoine sa chatagóir sin a urramú go cúramach, ach tá siad an-éagsúil ó chearta duine san áit a bhfuil an t-achomharcóir anseo. Is cearta teanga iad go príomha na cearta a áitíonn sé seachas cearta chun triail chothrom nó cearta comhionannais. Ní hé sin le rá nach bhfuil na cearta den chineál sin aige, ach go bhfuil siad éagsúil ó na cearta teanga atá i gceist go sonrach anseo.

Rinneadh na 24 teanga oifigiúil agus oibre de chuid an Aontais Eorpaigh a liostáil thuas. I gcás gach aon teanga de na teangacha sin, seachas an Ghaeilge, tá sé ar chumas an Stáit arb í a theanga sin í, trialacha coiriúla agus imeachtaí dlí eile a stiúradh, laistigh dá dhlínse féin, sa teanga sin a ndearna an Stát sin teanga oifigiúil oibre den Aontas Eorpach di.

Lena rá ar bhealach eile, níl teanga oifigiúil, gan trácht ar "theanga náisiúnta agus príomhtheanga oifigiúil", dá sórt ag ceann ar bith de na tíortha seo nach bhfuil orgáin an Stáit sin ábalta gnáth-ghnó a stiúradh inti.

Gan trácht ar an Aontas Eorpach, ardaím an cheist an bhfuil stát ceannasach áit ar bith ar domhan a bhfuil mar "theanga náisiúnta agus príomhtheanga oifigiúil" aige agus mar "theanga oifigiúil agus oibre" ag an bpríomh-eagraíocht idirnáisiúnta a bhfuil sé ina bhall de, teanga nach féidir lena chuid orgán féin, *dar leis an Stát féin*, gnáth-ghnó a stiúradh inti.

An bhfuil Stát ceannasach neamhspleách áit ar bith ar domhan ina ndiúltaítear do shaoránach dúchasach, cainteoir dúchais de chuid "teanga náisiúnta" agus "príomhtheanga oifigiúil" an Stáit de réir an Bhunreachta, an ceart é féin nó í féin a chosaint go díreach sa teanga sin os comhair Binse de chuid an Stáit sin a comh-rinneadh go cuí agus atá ábalta an saoránach sin a thuiscint go díreach? De réir na gcosantóirí Stáit, is Stát dá leithéid sin í Éire. Níl ceann ar bith eile ann.

Nócha bliain i ndiaidh neamhspleáchas a bhaint amach, deir Stát na hÉireann é féin, sa chás reatha seo, go náireach, gur Stát go díreach dá leithéid í Éire. Tá an cás seo, go páirteach, faoi cibé atá nó nach bhfuil an t-áitiú náireach sin ceart. Úsáidim na téarmaí láidre sin toisc gurb í an Ghaeilge príomhtheanga oifigiúil an Stáit le trí nó ceithre ghlúin anuas agus is ábhar éigeantach í sna scoileanna ar feadh an mhéid chéanna ama. Má tá áitiú an Stáit ceart, is fianaise é ar chliseadh an-suntasach beartais ar leanadh de ar feadh na tréimhse iomláine den Stát a bheith ann, cliseadh chomh táiríseal sin is go bhfuil sé beagnach gan fhasach i réimse ar bith den bheartas poiblí, anseo agus thar lear, go comhaimseartha nó go stairiúil. Ach ní chreidim go bhfuil áitiú an Stáit ceart. Níl sé, de réir na fianaise sa chás seo, dodhéanta ar chor ar bith giúiré a chur ar fáil chun an gnáthchás seo a thriail i nGaeilge. Ach teastaíonn beart éigin ón Stát, ar chostas íosta nó gan costas ar bith, beart nach bhfuil sé toilteanach a dhéanamh.

AGUISÍN III

Dátheangachas arna dhiúltú ag an Rialtas réamh-neamhspleáchais.

Is é bunús an cháis seo,[739] i mo thuairimse, go bhfuil an Stát tiomanta go bunreachtúil do bheartas dátheangachais. Is é sin, go deimhin, an phríomhdhifríocht atá déanta ag an dá Airteagal bhunreachtúla leantacha dá dtagraítear thuas [na hAirteagail i mBunreachtaí 1922 agus 1937 a bhronn stádas mar theanga oifigiúil ar an nGaeilge], i gcomparáid leis an staid a bhí ann faoi riail na Breataine. Sular tháinig an chéad Airteagal díobh sin i bhfeidhm, ní raibh Éire ina tír dhátheangach go breithiúnach, ach bhí sí ina tír Bhéarla *amháin*, i súile an dlí. Ardaíonn an cás seo an cheist: an bhfuil athrú tagtha ar an staid sin don fhíor-dhlíthí sa saol fíor i gcodarsnacht leis an teoiric bhunreachtúil?

In *M'Bride v. M'Govern* [1906] 2 I.R. 181, ionchúisíodh an t-achomharcóir, "*Niall McBride*", mar a thugtar air sa tuairisc oifigiúil nó Niall Mac Giolla Bhríde mar a thugadh sé air féin, as cairt a úsáid ar bhóthar poiblí gan a ainm nó a sheoladh a bheith péinteáilte i litreacha soléite ar chuid éigin fheiceálach den taobh sin den chairt a bhí le feiceáil ón taobh eile den bhóthar, i gcontrárthacht le halt 12(2) den *Summary Jurisdiction (Ireland) Act*, 1851. Éisteadh an cás sa tsean-Chúirt Ghearr i nDún Fionnachaidh, Co. Dhún na nGall, agus dúradh gur tharla an cion i mbaile fearainn in aice láimhe. Chruthaigh an gearánach [M'Govern] nach raibh an fhaisnéis ábhartha péinteáilte ar an gcairt i litreacha a bhí soléite *dó féin* ach go raibh siad péinteáilte i litreacha "*believed to be Irish*". D'admhaigh an gearánach "that the letters were of the proper dimensions and that they might be legible to people who could read the Irish language".

Chruthaigh an tAchomharcóir [Mac Giolla Bhríde] go raibh a ainm agus a sheoladh péinteáilte mar is ceart ar a chairt i litreacha agus i gcarachtair inléite i nGaeilge. Cruthaíodh chomh maith go raibh Gaeilge á labhairt sa cheantar lena mbaineann ag trí cheathrú den daonra agus gur labhair céatadán mór díobh sin an Ghaeilge agus an Béarla araon agus nár labhair "líon suntasach" díobh ach an Ghaeilge amháin.

---

[739] *Ó Maicín v. Éire* [2014] 4 I.R. 477.

De réir na bhfíricí sin chiontaigh na Giúistísí an tAchomharcóir ar an mbonn nach raibh an fhaisnéis, a bhí péinteáilte i nGaeilge, i litreacha inléite mar a cheanglaíodh leis an Acht. Ach shonraigh siad cás ar iarratas ón gCosaint.

Ar éisteacht an cháis shonraithe, rinne triúr abhcóidí ionadaíocht thar ceann an achomharcóra agus bhí P.H. Pearse ar dhuine acu. Ba é Timothy Healy K.C. M.P. an príomh-abhcóide, ach níor labhair sé leis an gCúirt, áfach, agus d'fhéadfadh sé nach raibh sé i láthair. Ba é P.S. Walsh B.L. an triú habhcóide, Conallach, a bheadh ina Uachtarán ar Chúirt Dúiche na Cipire ina dhiaidh sin agus, ón mbliain 1931, ina Phríomh-Bhreitheamh ar na Séiséil.

D'aighnigh an Choróin mar seo a leanas:–

> "the Statute had been passed by an English speaking parliament, legislating in the English language, and *that the presumption is that it was intended* that the name and residence should be in the English language and in English characters." (aibhsiú curtha leis)

Cuireadh béim ar an ráiteas *"the Irish language has never been officially recognised in this country"* (lch 183). (aibhsiú curtha leis)

Mar fhreagra, dúirt an tUasal Mac Piarais gur bhain an Reacht le "a bilingual country and therefore there was no presumption that it was intended that the name must be in English or in English characters."

Ba é Peter O'Brien, Tiarna Ó Brian Chill Fhionnúrach, L.C.J. a thug uaidh an príomhbhreithiúnas.

Má bhí aithne ag gach duine ar bhuail "Niall McBride" leo riamh ina shaol air mar Niall Mac Giolla Bhríde *seachas* na póilíní, cléirigh na cúirte agus seirbhísí eile na bunaíochta, bhí aithne níos fearr ar Thiarna O'Brien Chill Fhionnúrach mar "Peter the Packer" ag gach duine *lasmuigh* den bhunaíocht, agus go príobháideach, ag beagán laistigh di. Ba ómós glic é seo dá scil mar ionchúisitheoir na Corónach, agus níos déanaí mar Ard-Aighne, chun giúiré a "phacáil" leo siúd ar dhócha iad a bheith i bhfábhar fíorasc ciontach a thabhairt i dtrialacha achrannacha Chogadh na Talún, sna deich mbliana a lean 1879. Aisteach go leor, ní raibh an *leas-ainm* seo gan imir den chion. Thug an t-abhcóide, an náisiúnaí, agus an t-údar cuimhní cinn, Maurice Healy, cuntas ar a cháil chomhaimseartha go foirfe nuair a scríobh sé in *The Old Munster Circuit*, i ndiaidh mórán athchuimhní geanúla a thabhairt ar O'Brien: "Pether only just missed being a great man".

Dúirt O'Brien L.C.J. gur "McBride" a thugtaí ar an gcosantóir, "whose name in Irish I will not venture to pronounce least my faulty pronunciation might shock the many Irish scholars who take an interest in the case". Sheas sé le leagan amach na Corónach ag rá:–

> "The characters were not the characters of the language which the Crown and legislature recognise as the language of the United Kingdom *for all legal and official and public purposes*. Parliament conducts its debates in English and legislates in English. The enacting body expresses itself, and the

enactment which contain the relevant provision is expressed, in English. English is the language of the Crown; of, as I have said the legislature both in debate and enactment; of all the government administrative and public departments; of the Courts, of the Supreme Courts; of the Courts of Summary Jurisdiction, where the very offence under consideration is to be investigated and, in the eyes of the law, of the Constabulary who, under the 14th Section of the Act, are to take cognisance of the offence". (aibhsiú curtha leis)

In ainneoin "the very ingenious, interesting and, from a literary point of view, instructive arguments of Mr Walsh and Mr Pearse" ba é tuairim na Cúirte, i mbreithiúnas Gibson Brmh:–

"Counsel have not cited, and I have failed to discover, any statute relating to this country in which Ireland is treated as bilingual and requiring special and distinctive treatment accordingly, or in which recognition was given to the fact that in certain parts of the island the inhabitants used the Irish tongue ... for civil purposes [civil, that is, as opposed to Ecclesiastical] *there is no trace in the Statute Book of the recognition of any language but English.*" (aibhsiú curtha leis)

Tá sé follasach nach bhfuil baint a thuilleadh ag na coinníollacha dlí arna réamhaithris ag an Tiarna O'Brien agus ag an mBreitheamh Gibson in Éirinn níos mó. Tá Éire anois, go dlíthiúil agus go bunreachtúil, ina tír dhátheangach. Ní féidir a rá a thuilleadh "complaints under [the Act] are to be heard and determined by Justices who speak [exclusively] in the English language". Agus, go deimhin, tá foráil reachtúil speisialta dá mhalairt. Ná ní hé an Béarla teanga eisiach na tíre a thuilleadh "for all legal and official and public purposes". Éisteadh an t-achomharc seo i nGaeilge.

Sna breithiúnais agus san argóint atá tuairiscithe in *M'Bride*, tá mothú nach deacair a aithint den uirísleacht mhórtasach i bhfrásaí amhail "in letters believed to be Irish" agus "the Irish language has never been officially recocognised in this country" agus "McBride, whose name in Irish I will not venture to pronounce, least my faulty pronunciation might shock the many Irish scholars who take an interest in the case." Agus sa sliocht iomlán ó bhreithiúnas Gibson Brmh.

Is í an cheist a ardaítear sa chás seo, an ndéanann na hathruithe mór is fiú dlíthiúla agus bunreachtúla ó bhí 1922 ann difríocht phraiticiúil ar bith? An bhfuiltear le breathnú ar an tír i ngach slí phraiticiúil fós mar thír aonteangach Bhéarla, agus tír gurb é an t-aon lamháltas a dhéantar inti don chainteoir Gaeilge ná go gcuirfear ateangaire ar fáil, mar a chuirfí ateangaire ar fáil do chainteoir teanga ar bith ar domhan a thugtar chun cúirte?

Cinneadh *M'Bride v. M'Govern* i dtír a bhí an-difriúil go bunreachtúil, go polaitiúil agus go stairiúil, domhan eile ar fad beagnach. Léireofar sa chas seo, ina thoradh, cibé acu, go deimhin, a athraíodh, nó nár athraíodh staid an chainteora

Ghaeilge ina thír féin, agus os comhair a chúirteanna féin, chun tairbhe dó tríd an iliomad athrú atá déanta ó bhí 1906 ann. Nó nach bhfuil sna hathruithe sin ach madraí a chur i bhfuinneoga?

AGUISÍN IV

"An Teanga Náisiúnta agus an Phríomhtheanga Oifigiúil" i nDlí na hEorpa (2).

In *Anita Groener v. An tAire Oideachais agus Coiste Gairmoideachais Bhaile Átha Cliath* (Cás C – 379/87) [1989] E.C.R. 3967, chuir Iníon Groener, ar náisiúnach Ísiltíreach í, an dlí ar an Aire Oideachais agus ar Choiste Gairmoideachais Bhaile Átha Cliath. Rinne sí agóid i gcoinne fhoráil faoina raibh ceapachán mar mhúinteoir lánaimseartha ealaíon in institiúid de chuid an Choiste Ghairmoideachais coinníollach ar chruthúnas i ndáil le heolas leordhóthanach ar an nGaeilge. Is trí theastas speisialta maidir le cumas sa Ghaeilge a chur ar fail a chuirtí an cruthúnas sin ar fáil de ghnáth.

Iarradh réamhrialú ar an gCúirt Bhreithiúnais Eorpach faoi Airteagal 177 den Chonradh. Ardaíodh trí cheist maidir le léiriú Airteagal 48(3) den Chonradh (maidir le saorghluaiseacht oibrithe laistigh den Chomhphobal) agus Airteagal 3 de Rialachán 1612/68 a rinne an Chomhairle an 15ú Deireadh Fómhair 1968, maidir le saorghluaiseacht oibrithe chomh maith. Sonraíodh sa rialachán deireanach sin "nach mbeadh feidhm" le forálacha dlíthiúla, le rialacháin nó le gníomhartha nó cleachtais riaracháin i mBallstát sa chás go gcuireann siad teorainn ar iarratas ar fhostaíocht agus ar thairiscintí fostaíochta nó ar cheart na náisiúnach eachtrannach fostaíocht a ghlacadh agus leanúint den fhostaíocht sin, agus foráiltear leis i leith cúrsaí gaolmhara. Tá an rialachán deireanach sin, áfach, faoi réir díolúine nach gcuirfear i bhfeidhm é "to conditions relating to linguistic knowledge required by reason of the nature of the post to be filled".

Ag míreanna 18 agus 19 den bhreithiúnas chinn an Chúirt Bhreithiúnais:–

> "18. As is apparent from the documents before the Court, although Irish is not spoken by the whole Irish population, the policy followed by Irish governments for many years has been designed not only to maintain but *also to promote* the use of Irish as a means of expressing national identity and culture. It is for that reason that Irish courses are compulsory for children receiving primary education and optional for those receiving secondary education (*sic*). The obligation imposed on lecturers in the public vocational education schools to have a certain knowledge of the Irish language is one of the measures adopted by the Irish government in furtherance of that policy.
>
> 19. The EEC Treaty does not prohibit the adoption of a policy for the protection and promotion of a language of a Member State *which is both the national language and the first official language*. However, implementation of

> such a policy must not encroach on a fundamental freedom such as that of the free movement of workers. Therefore, the requirements deriving for measures intended to implement such a policy must not in any circumstances be disproportionate in relation to the aim pursued and the manner in which they are applied must not bring discrimination against nationals of other Member States." (aibhsiú curtha leis)

I gcás *Groener* cinneadh go raibh na rialacha náisiúnta comhréireach ag mír 21:

> "21. It follows that the requirement imposed on teachers to have an adequate knowledge of such a language must, provided that the level of knowledge required is not disproportionate in relation to the objective pursued, be regarded as a condition corresponding to the knowledge required by reason of the nature of the post to be filled within the meaning of the last sub-paragraph of Article 3(1) Regulation 1612/68."

Leanadh an cás sin i dtuairim an Abhcóide Ghinearálta Van Gerven (18 Feabhra, 1993) sa chás *Federación de Distribuidores Cinematograficos v. Estado Español* (Cás C-17/92). Bhain an cás sin le ceanglas scannáin a iomportáladh ó thríú tíortha a athghuthú i gceann de theangacha oifigiúla na Spáinne.

Rinne an tAbhcóide Ginearálta scrúdú ar Dhlí an Chomhphobail maidir le cearta teanga agus lean sé mar seo a leanas:–

> "26. It follows from this case-law that rules within the framework of the cultural policy of national or regional authorities may where appropriate be warranted by an overriding reason of general interest recognised by Community law justifying certain restrictions to the movement within the Community of persons, goods or services. *That applies to measures intended to ensure the preservation and appreciation of historical and artistic treasures or the dissemination of knowledge of the arts and culture ('tourist - guide' judgments) which are directed towards preserving the freedom of pluralistic expression of the various social, cultural, religious and philosophical trends in a country ('Mediawet' judgments) or towards the protection of a national language (Groener judgment).* These overriding reasons of general interest may, I think, be described in general as the protection, development and dissemination of a Member State's own cultural heritage or that of a region thereof, in a pluralist context and as a component of a cultural heritage common to the Member States." (aibhsiú curtha leis)

Mar an gcéanna, tá sé seo a leanas sa téacsleabhar a bhfuil an-mheas air le TC Hartley, *The Foundations of European Community Law*, an 6ú Eagrán (Oxford, 2007) ag lch 68:–

> "COURT PROCEDURE
>
> What languages may be used in court proceedings? The question depends

> on what is known as the 'language of the case'. *Any one of the official languages of the Member States (including Irish) may be chosen, and the theory behind the rules governing the choice of language is that the Community is regarded as multilingual and consequently able to operate in any official language. Community institutions are therefore required to accommodate themselves to the needs of the other party.*
>
> In direct actions the basic rule is that the applicant has the choice of languages. However, where the defendant is a Member State, or an individual or corporation having the nationality of a Member State, the language of the case is the official language of the State. Where the Member State has more than one official language — as, for example, is the case with Belgium — the applicant may choose between them. Except in the rare cases where a Member State brings enforcement proceedings against another Member State, the Community will always be party to a direct action; the effect of these rules, therefore, is to benefit the other party. The Court may depart from the rules at the request of the parties; however where the request is not made jointly by the parties, the Advocate General and the other party must be heard." (aibhsiú curtha leis)

Beidh sé le feiceáil ón méid roimhe seo (nach bhfuil ann ach na cásanna is ábhartha den mhórán cásanna Eorpacha atá ar fáil maidir le cearta teanga) gur bhain a lán de na cásanna le dlíthiúlacht na mbeart — i dtéarmaí Dhlí na hEorpa — a rinne na Stáit chun a dteangacha náisiúnta nó oifigiúla a chosaint. D'fhéadfadh teanga naisiúnta a bheith i gceist nó teanga de chuid réigiún den tír, ag brath ar na cúinsí. De réir mar is eol dom, ní raibh cás ann go dtí seo maidir le Stát a bhunaigh teanga mar an teanga náisiúnta agus mar phríomhtheanga oifigiúil an Stáit, agus a dhiúltaigh ansin gnó oifigiúil a stiúradh sa teanga sin. Tá a leithéid de smaoineamh aiféiseach agus frithráiteach. Tá súil agam nach gcuirfidh Éire an chéad sampla de chás den sórt sin ar fáil sna Cúirteanna i Lucsamburg nó in Strasbourg.

Sa sliocht ó théacsleabhar an Uasail Hartley thuas, is léir go mbeadh saoránach Éireannach a chuirfeadh an dlí ar Éirinn os comhair Chúirt Bhreithiúnais an Aontais Eorpaigh i staid níos láidre chun a éileamh go ndéanfaí a ghnó ann a stiúradh i nGaeilge, ná an saoránach Éireannach céanna agus é cúisithe ag an Stát as cion coiriúil chun a éileamh go ndéanfaí a thriail, i réigiún Gaeltachta in Éirinn, a stiúradh sa teanga sin. Ach, díreach mar a mheasann Dlí na hEorpa go bhfuil an tAontas Eorpach ilteangach, is amhlaidh a mheasann Dlí na hÉireann go bhfuil Éire dátheangach. Is é an toradh sa dá chás sin gur féidir leis an dlíthí cibé teanga oifigiúil a rachaidh sé chun dlí inti a roghnú. Fuair Stát na hÉireann aitheantas don Ghaeilge mar theanga oifigiúil agus oibre den Aontas Eorpach. Ní mór don Stát céanna a thabhairt chun cuimhne gurb í an Ghaeilge teanga Náisiúnta agus príomhtheanga oifigiúil na hÉireann chomh maith.

AGUISÍN V

I.R. Uimh. 245 de 1956.
ORDÚ NA LÍMISTÉIRÍ GAELTACHTA, 1956

Foráiltear le mír 2 mar seo a leanas:–

"Cinntear leis seo gur límistéirí Gaeltachta chun críocha an Achta Airí agus Rúnaithe (Leasú), 1956 (Uimh. 21 de 1956), na toghranna ceantair agus na coda de thoghranna ceantair a luaitear sa Sceideal a ghabhas leis an Ordú seo".

Foráiltear [*inter alia*] leis an Sceideal mar seo a leanas:–

"CONTAE NA GAILLIMHE.

1. Na Toghranna Ceantair seo a leanas: Abhainn Ghabhla, Baile Chláir na Gaillimhe, Camus, An Carn Mór, Ceathramha Bhrún, Cill Aithninn, Cill Chuimín (Gaillimh), Cill Chuimín (Uachtar Ard), An Cnoc Buidhe, Conga, An Chorr, An Crampán, Eanach Dhúin (Gaillimh), An Fháirche, Na Forbacha, Garmna, Inis Mór (Oileáin Árainn), Leitir Móir, Mágh Cuilinn, An Ros, Sailchearnach, Scainimh, Sliabh an Iongna, An Spidéal, An Turloch agus na hUilleannaí.

2.— (1) An chuid sin de Thoghroinn Cheantair Bhaile an Teampaill atá comhdhéanta de na Bailte Fearainn seo a leanas: Baile an Gharráin agus An Poll Caoin.

(2) An chuid sin de Thoghroinn Cheantair Bhearna atá comhdhéanta de na Bailte Fearainn seo a leanas: Achadh an Ghliogair, Acraí Corr, An Aill, Áth Buidhe, Áth Tighe Seonaic, An Baile Ard Thiar, An Baile Ard Thoir, An Baile Nua, Baile na hAbhann, Baile Brún, Baile Búrc, Baile an Mhóinín Thiar, Baile an Mhóinín Thoir, Bearna, An Bhuaile Bheag Thiar, an Bhuaile Bheag Thoir, Buaile na Sruthán, an Cheapach, Cloch Scoilte, Cluain na nGabhar, Cnoc an Uaráin, Cnocán na Cathrach, An Coimín Mór, Corbhuaile (Loingseach), Corbhuaile (Muirgeanach), An Corcuileann, An Drom Thiar, An Drom Thoir, Na Fabhraí Maola Thiar, Na Fabhraí Maola Thoir, Gob na Mara, Gort na Leice, An Leac Liath, An Léana Bodhar, An Léana Riabhach, Lisín an Chaoráin, Loch Ínse, An Pollach, Roisín, An Saorphort, An Seanbhaile Dubh, An Seanghort, Tón na Breacaighe, Na Troscaí Thiar agus na Troscaí Thoir.

(3) An chuid sin de Thoghroinn Cheantair Bhinn Corr atá comhdhéanta de na Bailte Fearainn seo a leanas: Barr na nEang, Barr na Sruthán, Doire Fhada Thiar, Doire Naomh-ghleann, Imeallach Dáith Ruaidh, Fineasclain, An Gleann Aibhneach, Gleann

Ceocháin, Leitir Séagha, Leitre agus Log an Tairbh.

(4) An chuid sin de Thoghroinn Cheantair Chloch na Rón atá comhdhéanta de na Bailte Fearainn seo a leanas: Inis Ní, Iorras Beag Thiar agus Iorras Beag Thoir.

(5) An chuid sin de Thoghroinn Cheantair na Gaillimhe (Tuath) atá comhdhéanta de na Bailte Fearainn seo a leanas: An Caisleán Gearr, Mionloch agus An Pháirc Mhór.

(6) An chuid de Thoghroinn Cheantair na Gaillimhe Thuaidh (Uirbeach) a bhfuil an Abhainn Bháite mar thórainn leis an taobh Thoir-Theas di, a bhfuil Abhainn na Gaillimhe mar thórainn leis an taobh Thiar-Theas di agus a bhfuil tórainn Cheantar Uirbeach na Gaillimhe mar thórainn leis an taobh Thuaidh dhi.

(7) An chuid sin de Thoghroinn Cheantair na Leacaighe Bige atá comhdhéanta de na Bailte Fearainn seo a leanas: Coilltreog agus Na Croisíní.

(8) An chuid sin de Thoghroinn Cheantair Leitir Breacáin atá comhdhéanta de na Bailte Fearainn seo a leanas: Bun na bhFioscán, Cartrún an Phóna, An Cnocán Bán, An Doirín, Na Groigin, An Liath, Muintir Eoghain Láir, Muintir Eoghain Thiar agus Muintir Eoghain Thoir.

(9) An chuid sin de Thoghroinn Cheantair Lisín an Bhaile atá comhdhéanta den Bhaile Fearainn seo a leanas: An Carn Mór Thoir.

(10) An chuid sin de Thoghroinn Cheantair Mhuigh-Iorras atá comhdhéanta de na Bailte Fearainn seo a leanas: Dún Riabhchain, Garraidhe Ómain, An Leith-Eanach Theas, Lios Uachtair agus An Tamhnach Mhór.

(11) An chuid sin de Thoghroinn Cheantair Thulach Aodháin atá comhdhéanta de na Bailte Fearainn seo a leanas: An Baile Dóighte, Ceathramha an Lustráin, Cluain na Binne, Cnoc an tSeanbhaile, Coill an Raontha, Droma Bheag, Gort an Chalaidh, Gort Uí Lochlainn, Liagán agus Tulach Aodháin."

Iarscríbhinn B
Achtanna reatha a bhaineann le stádas nó le húsáid na Gaeilge nach bpléitear i gcorp an leabhair.

ACHT UM INSTITIÚID ARD-LÉIGHINN, 1940[740]

Feidhmeanna agus dualgaisí na gCó-Scoileanna

5.—(1) Is iad feidhmeanna agus dualgaisí Scoil an Léighinn Cheiltigh ná léigheann Ceilteach do chur ar aghaidh go generálta, agus, go sonnrách, ach gan dochar do ghenerháltacht an mhéide sin—

(a) abhar atá i láimhscríbhinní Gaedhilge atá ann fós do scrúdú agus d'eagrú agus d'fhoillsiú;

(b) staidéar do dhéanamh ar ghramadach agus ar fhoclóireacht agus ar fhiollaíocht na Sean-Ghaedhilge, agus na Meán-Ghaedhilge, agus na Nua-Ghaedhilge;

(c) foghraíocht beo-chanúintí na Gaedhilge do scrúdú agus an Ghaedhilg mar a labhartar í do chur ar breacadh;

(d) log-ainmneacha na hEireann do bhailiú agus staidéar do dhéanamh ortha;

(e) staidéar do dhéanamh ar stair shóisialta na hEireann agus fós ar gach brainse de stair na hEireann gur gá eolas ar an nGaedhilg chun lorgaireachta ina taobh;

(f) oibreacha i dtaobh aon abhair dá luaidhtear i mír ar bith aca san roimhe seo den fho-alt so, maraon le hoibreacha eile is deallrathach do bhéarfadh gur coitinne bheadh eolas ar na teangthacha Ceilteacha agus ar litríochta na dteangan san agus ar chúlradh chultúrtha agus shóisialta na síbhialtachta Ceiltighe, d'ullmhú agus do mholadh don Chomhairle chun a bhfoillsithe;

(g) mic léighinn árd-chúrsa d'oiliúint i modhanna taighde in aon abhar aca san;

(h) seimináir agus cóchomhairlí agus léigheachta, maidir leis na teangthacha Ceilteacha agus le litríochta na dteangan san agus, go sonnrách, maidir le cursaí ina mbeadh suim ag lucht déanta staidéir ar an nGaedhilg agus ar a litríocht, do bhunú;

(i) saoráidí, chun árd-staidéar agus taighde do dhéanamh i léigheann Ceilteach, do chur ar fáil d'ollamhain agus do léigheachtaithe ollscoile bheidh ar saoire o n-a ndualgaisí acadamhúla;

---

[740] Uimh. 13 de 1940.

(j) a chur mar chúram ar scoláirí inniúla, pé aca bheidh baint aca leis an Institiúid no ná beidh, a ghabháil de láimh oibreacha ar léigheann Cheilteach do scríobhadh no d'eagrú, agus san ar luach saothair no dá éamuis;
(k) cabhrú le taighde i léigheann Ceilteach i dtíortha eile agus malairtiú do dhéanamh maidir le mic léighinn árd-chúrsa sa léigheann san anso agus sna tíortha san;
(l) na feidhmeanna agus na dualgaisí eile sin, maidir le léigheann Ceilteach, a chinnfidh Bord Rialúcháin na Scoile o am go ham.

An Clárathóir

17.—(6) Ní ceapfar duine ar bith chun bheith ina Chlárathóir fén alt so ná cuirfidh ina luighe ar an gComhairle gur féidir leis an Ghaedhilg do labhairt agus do scríobhadh i slí go bhféadfaidh a dhualgaisí oifigiúla do dhéanamh sa teangain sin.

Oifigigh agus seirbhísigh na hInstitiúide

18.—(3) Ní ceapfar duine ar bith chun bheith ina oifigeach ná ina sheirbhíseach fén alt so ná cuirfidh ina luighe ar an gComhairle gur féidir leis an Ghaedhilg do labhairt agus do scríobhadh i slí go bhféadfaidh a dhualgaisí oifigiúla do dhéanamh sa teangain sin.

AN tACHT TÉARMAÍ DLÍTHIÚLA GAEILGE, 1945[741]

1.—San Acht so—ciallaíonn an abairt 'an Coiste' an Coiste Comhairlitheach um Théarmaí Dlíthiúla Gaeilge;

ciallaíonn an abairt 'ordú téarmaí dlíthiúla' ordú arna dhéanamh fá alt 3 den Acht so;

ciallaíonn an abairt 'an tAire' an tAire Dlí agus Cirt;

ciallaíonn an abairt 'ionstraim reachtúil' ordú, rialachán, scéim, riail, fo-dhlí, barántas, ceadúnas, deimhniú nó scríbhinn eile den tsamhail sin arna dhéanamh, arna thabhairt amach, nó arna dheonadh fá chumhacht a bheirtear le haon achtachán nó fé;

ciallaíonn an focal 'téarma' aon fhocal nó grúpa focal.

An Coiste Comhairlitheach um Théarmaí Dlíthiúla Gaeilge

2.—(1) Beidh arna bhunú agus bunaítear leis seo coiste dá ngairmfear an Coiste Comhairlitheach um Théarmaí Dlíthiúla Gaeilge chun na feadhma a ceaptar dó leis an Acht so do chomhlíonadh.

(2) Is iad a bheas ar an gCoiste—

(a) Breitheamh den Chúirt Uachtarach, den Chúirt Achomhairc[742] nó den

[741] Uimh. 18 de 1945. Leagtar amach anseo ina iomláine é maille lena leasuithe.
[742] Arna chur isteach ag an Acht um an gCúirt Achomhairc, 2014.

Ard-Chúirt a ainmneoidh an Rialtas ó am go ham do réir mar is gá;

(b) Breitheamh den Chúirt Chuarda a ainmneoidh an Rialtas ó am go ham do réir mar is gá;

(c) Breitheamh den Chúirt Dúiche a ainmneoidh an Rialtas ó am go ham do réir mar is gá;

(d) abhcóide ar cleachtadh a ainmneoidh Comhairle Abhcóidí na hÉireann ó am go ham do réir mar is gá;

(e) atúrnae ar cleachtadh a ainmneoidh Dlí-Chumann Corpraithe na hÉireann ó am go ham do réir mar is gá;

(f) comhalta d'Fhoirinn Aistriúcháin an Oireachtais a ainmneoidh an Rialtas ó am go ham do réir mar is gá;

(g) pé duine nó daoine eile ainmneoidh an Rialtas ó am go ham.

(3) Gach comhalta den Choiste dá dtagartar i míreanna (a), (b), (c), (d) agus (e) d'fho-alt (2) den alt so, beidh sé, mura dtarlaí níos túisce é d'éag nó d'éirí as oifig nó do scur de bheith (do réir an cháis) ina Bhreitheamh den Chúirt Uachtarach , den Chúirt Achomhairc[743] nó den Ard-Chúirt, ina Bhreitheamh den Chúirt Chuarda, ina Bhreitheamh den Chúirt Dúiche, ina abhcóide ar cleachtadh nó ina atúrnae ar cleachtadh, i seilbh oifige go ceann tréimhse chúig mblian ó dháta a ainmnithe ach, más trí imeacht aimsire a thiocfas deireadh lena chomhaltas, beidh sé inathainmnithe.

(4) Beidh gach comhalta den Choiste dá dtagartar i míreanna (f) agus (g) d'fho-alt (2) den alt so i seilbh oifige faid is toil leis an Rialtas.

(5) An Breitheamh den Chúirt Uachtarach, den Chúirt Achomhairc[744] nó den Ard-Chúirt a bheas de thuras na huaire ina chomhalta den Choiste is é a bheas ina chathaoirleach ar an gCoiste.

(6) Gníomhóidh na comhaltaí seo leanas den Choiste mar chomhrúnaithe don Choiste:—

(a) an comhalta a hainmneofar fá mhír (f) d'fho-alt (2) den alt so, agus

(b) an comhalta a hainmneofar fá mhír (g) den fho-alt san nó pé duine de na comhaltaí a hainmeofar amhlaidh a roghnóidh an Rialtas ó am go ham, agus íocfar le gach duine de na comhrúnaithe pé luach saothair (más ann) a ordóidh an tAire Airgeadais[745] ó am go ham.

(7) Ceathrar comhalta is córam don Choiste.

(8) Féadfaidh an Coiste gníomhú d'ainneoin folúntas nó folúntais do bheith ina chomhaltas.

Orduithe téarmaí dlíthiúla

3.—(1) Fá réir fo-ailt (2) den alt so, féadfaidh an tAire, aon uair a mheasfaidh is

[743] Arna chur isteach ag an Acht um an gCúirt Achomhairc, 2014, alt 39.

[744] Arna chur isteach ag an Acht um an gCúirt Achomhairc, 2014, alt 39.

[745] An tAire Caiteachais Phoiblí agus Athchóirithe de bhun I.R. 418/2011, mír 39.

ceart, a dhearbhú le hordú gurb é is iontsamhail sa Ghaeilge d'aon téarma sonnraithe ná pé focal nó focail is cuibhe leis agus a shonnróidh san ordú.

(2) Beidh éifeacht ag na forála so leanas maidir le hordú téarmaí dlíthiúla do dhéanamh:—

(a) sara ndéanfaidh an tAire an t-ordú—

(i) cuirfidh dréacht de á ullmhú, agus chuige sin bhéarfaidh comhrúnaithe an Choiste dhó pé cabhair a theastós uaidh, agus

(ii) iarrfaidh ar an gCoiste an dréacht do bhreithniú agus tuarascáil do thabhairt air;

(b) ar an tuarascáil sin do bhreithniú dhó, féadfaidh an tAire, mar is rogha leis, an t-ordú do dhéanamh do réir an dréachta nó maille le pé athruithe air a mheasfaidh is ceart ag féachaint don tuarascáil sin.

(3) Aon uair a dhéanfas an tAire ordú téarmaí dlíthiúla á dhearbhú gurb é is iontsamhail sa Ghaelige d'aon téarma sonnraithe ná an focal nó na focail a sonnrófar san ordú, ansan, aon uair a bheas an focal nó na focail sin—

(a) in aon Acht den Oireachtas a hachtófar sa Ghaeilge ar dháta nó tar éis dáta an orduithe do theacht i bhfeidhm (dá ngairmtear an dáta feidhme sa bhfo-alt so), nó

(b) sa tionntó oifigiúil d'aon Acht den Oireachtas a hachtófar sa Bhéarla ar an dáta feidhme nó dá éis, nó

(c) in aon ionstraim reachtúil a cuirfear le chéile sa Ghaeilge agus a déanfar ar an dáta feidhme nó dá éis, nó

(d) sa tionntó oifigiúil d'aon ionstraim reachtúil a cuirfear le chéile sa Bhéarla agus a déanfar ar an dáta feidhme nó dá éis, nó

(e) in aon ionstraim, a mbeidh éifeacht dlíthiúil nó iarmarta dlíthiúla aici nó beartaithe do bheith aici, a cuirfear le chéile sa Ghaeilge agus a comhlánófar ar an dáta feidhme nó dá éis, nó

(f) in aon scríbhinn, a húsáidfear in aon imeacht dlíthiúil nó chun críocha aon imeachta dhlíthiúil, a cuirfear le chéile sa Ghaeilge agus a déanfar, a bhéarfar amach nó a seirbheálfar ar an dáta feidhme nó dá éis, léireofar é nó iad mar fhocal nó focail a bheas ar comhbhrí, agus beidh ar comhfheidhm agus ar comhéifeacht, leis an téarma sonnraithe sin, muran léir a mhalairt d'intinn do bheith ann.

(4) Leagfar gach ordú téarmaí dlíthiúla os comhair gach Tighe den Oireachtas a luaithe is féidir tar éis a dhéanta.

Foirmeacha agus fasaí dlíthiúla Gaeilge d'ullmhú

4.— Féadfaidh an tAire, tar éis dul i gcomhairle leis an gCoiste, pé socruithe do dhéanamh ó am go ham a mheasfaidh is ceart chun foirmeacha agus fasaí Gaeilge d'ionstraimí agus de scríbhinní dlíthiúla d'ullmhú agus d'fhoillsiú.

Costais

5.— Na costais fána raghaidh an tAire chun an tAcht so do riaradh déanfar, a mhéid a cheadóidh an tAire Airgeadais, iad d'íoc as airgead a sholáthróidh an tOireachtas.

Gearr-theideal

6.— Féadfar an tAcht Téarmaí Dlíthiúla Gaeilge, 1945, do ghairm den Acht so.

AN tACHT IONSTRAIMÍ REACHTÚLA, 1947[746]

Uimhriú ionstraimí reachtúla.

4.—(1) Déanfaidh Oifig an tSoláthair i gcás gach ionstraime reachtúla lena mbaineann an tAcht seo go príomha, agus féadfaid i gcás aon ionstraime reachtúla eile a chlóbhuailfeas agus a fhoilseos Oifig an tSoláthair, uimhir i leith bliana a déanta a shannadh dhi, agus, nuair a sannfar amhlaidh aon uimhir den tsórt sin d'ionstraim reachtúil, clóbhuailfear go feiceálach ar a héadan—

(a) más i nGaeilge a bheas sí tarraingthe, an scríbhinn seo a leanas, eadhon 'I.R. Uimh. (an uimhir sin) de (an bhliain sin)', nó

(b) más i mBéarla a bheas sí tarraingthe, an scríbhinn seo a leanas, eadhon, 'S.I. No. (an uimhir sin) of (an bhliain sin)'.

(2) Ní dhéanfaidh neamhchomhlíonadh ar fho-alt (1) den alt seo difir do bhailíocht ná do theacht i bhfeidhm aon ionstraime reachtúla.

AN tACHT COSANTA, 1954[747]

Socruithe eile oideachais

28.—(2) Bhéarfar do gach comhalta d'Óglaigh na hÉireann teagasc ar na horduithe agus na treora is gá le haghaidh gnáth-dhualgas a chéime agus a cheapacháin a thabhairt agus a ghlacadh i nGaeilge.

AN tACHT RIALTAIS ÁITIÚIL (AOISLIÚNTAS), 1956[748] CUID II OIFIGIGH INPHINSIN

Seirbhís oifigigh inphinsin d'áireamh

11.—(1) Beidh oifigeach inphinsin d'údarás áitiúil i dteideal aon tseirbhís acu seo a leanas d'áireamh mar sheirbhís:

(g) seirbhís arb é atá inti i gcás oifigigh do choiste gairmoideachais[749]—

(iii) tréimhse nach giorra ná cúig bliana, nó tréimhsí nach giorra ná cúig bliana a gcomhiomlán,—

(I) a thosnaigh tar éis an t-oifigeach do shlánú bliain agus fiche

---

[746] Uimh. 44 de 1947.

[747] Uimh. 18 de 1954.

[748] Uimh. 10 de 1956.

[749] Arna leasú ag airteagal 4(2) de I.R. 32/1984: 'Paragraph (g) of subsection (1) of section 11 of the Act of 1956 is hereby amended by the insertion of the words "or as respects a person who is a pensionable officer of a local authority on or after the 1st day of January, 1968" after the words "an officer of a vocational education committee."'

d'aois agus a chríochnaigh roimh an 31 Iúil, 1924, agus
(II) ar deimhin leis an Aire Oideachais ina leith go ndearna an t-oifigeach sin ar feadh iomlán na tréimhse sin a chuid aimsire ar fad a thabhairt faoi stiúrú Chonradh na Gaeilge do theagasc na Gaeilge nó d'eagrú a teagaisc

ACHT AN ÚDARÁIS UM ARD-OIDEACHAS, 1971[750]

Dualgas ginearálta maidir le haidhmeanna náisiúnta[751]

4.— Ag comhlíonadh a fheidhmeanna don Údarás, beidh aird aige ar na haidhmeanna náisiúnta atá ann rannchuidiú an ardoideachais le dul chun cinn sóisialach agus eacnamaíoch a uasmhéadú, an Ghaeilge a aisiriú agus an tsaíocht náisiúnta a chaomhnú, agus féachfaidh sé le cabhrú leis na haidhmeanna sin a chur i gcrích.

AN tACHT CAIRDE TALMHAÍOCHTA, 1978[752]

Foireann a cheapadh

18.— (1) Faoi réir fho-alt (2), déanfar ceapacháin chun poist i seirbhís na Corparáide [Corparáid an Chairde Talmhaíochta Teoranta][753] de réir cibé comhshocraíochtaí a áiritheoidh gur daoine oiriúnacha cáilithe a cheapfar a chinnfidh na stiúrthóirí ó am go ham tar éis dul i gcomhairle leis na Coimisinéirí um Cheapacháin Aitiúla, agus beidh sna comhshocraíochtaí sin foráil go dtabharfar d'iarrthóirí oiriúnacha cáilithe a mbeidh caighdeán eolais acu ar an nGaeilge nach lú ná an caighdeán a chinnfidh na stiúrthóirí creidiúint i leith an eolais sin.

(2) Ní bhainfidh fo-alt (1)—

(a) le ceapacháin a dhéanfar i ngnáthchúrsa ardaithe céime, ná
(b) le ceapadh breacfhostaithe, ná
(c) le ceapadh oibrithe tionscail, ná
(d) le fostú daoine chun íosdualgais a dhéanamh.

AN tACHT UM CHRANNCHUR NÁISIÚNTA, 1986[754]

Glanfháltais an Chrannchuir Náisiúnta a chur chun feidhme.

5.— (1) Déanfar airgead a íocfar isteach sa Phríomh-Chiste de bhun alt 8 den Acht seo a chur chun feidhme—

(a) chun críocha cibé ceann amháin nó níos mó díobh seo a leanas, agus i cibé méideanna, a chinnfidh an Rialtas ó am go ham, is é sin le rá, spórt agus caitheamh aimsire eile, an cultúr náisiúnta (lena

[750] Uimh. 22 de 1971.
[751] Arna leasú ag an Acht um Institiúidí Teicneolaíochta 2006, alt 52.
[752] Uimh. 2 de 1978.
[753] *Agricultural Credit Corporation* as Béarla.
[754] Uimh. 28 de 1986.

n-áirítear an Ghaeilge), na healaíona (de réir bhrí an Achta Ealaíon, 1951) agus sláinte an phobail, agus

(b) chun cibé críocha eile (más ann), agus i cibé méideanna, a chinnfidh an Rialtas ó am go ham.

AN tACHT UM OLLSCOIL LUIMNIGH (COLÁISTE THUAMHUMHAN A DHÍSCAOILEADH), 1991[755]

An Ghaeilge agus an cultúr Gaelach

10.— I ndáil le comhlíonadh a fheidhmeanna beidh aird chuí ag an Ollscoil ar chaomhnú, ar chur chun cinn agus ar úsáid na Gaeilge agus ar chaomhnú agus ar fhorbairt an chultúir náisiúnta agus beidh aird chuí aici ar theagasc na Gaeilge, agus múinteoirí á n-oiliúint aici.

ACHT NA gCOLÁISTÍ TEICNIÚLA RÉIGIÚNACHA 1992[756]

Feidhmeanna na gcomhlachtaí ceannais[757]

7.—(6) Le linn a fheidhmeanna a chomhlíonadh, déanfaidh comhlacht ceannais nó, más cuí, déanfaidh coiste—

(a) cibé ordacháin i dtaobh beartais a chomhlíonadh a eiseoidh an tAire ó am go ham, lena n-áirítear ordacháin a bhaineann le leibhéil agus réimse na gclár a thairgeann an coláiste,

(b) aird a thabhairt ar chur chun cinn agus ar úsáid na Gaeilge mar theanga gnáthchumarsáide agus saothrú na Gaeilge agus a traidisiún gaolmhar litríochta agus cultúir a chur chun cinn

AN tACHT OIDHREACHTA, 1995[758]

Foireann na Comhairle

18.—(1) Fostóidh an Chomhairle a foireann féin (ar cheart líon leordhóthanach di a bheith inniúil sa Ghaeilge chun seirbhís a sholáthar trí Ghaeilge chomh maith lena soláthar trí Bhéarla) faoi réir cibé téarmaí agus coinníollacha, lena n-áirítear iad sin a bhaineann le luach saothair agus aoisliúntas, a chinnfidh sí le toiliú an Aire[759] agus an Aire Airgeadais.

Tuarascáil Bhliantúil

22.—(1) Déanfaidh an Chomhairle, tráth nach déanaí ná sé mhí tar éis dheireadh gach bliana, tuarascáil i nGaeilge agus i mBéarla a chur faoi bhráid an Aire maidir lena himeachtaí sa bhliain roimhe sin agus déanfaidh an Chomhairle an tuarascáil a fhoilsiú.

---

[755] Uimh. 16 de 1991.
[756] Uimh. 16 de 1992.
[757] Arna leasú an Acht um Institiúidí Teicneolaíochta 2006, alt 8.
[758] Uimh. 4 de 1995.
[759] An tAire Ealaíon, Cultúir agus Gaeltachta de bhun alt 2.

AN tACHT UM FHORAIS CHULTÚIR NÁISIÚNTA, 1997[760]

Feidhmeanna Bhord an Mhúsaeim

11.—(1) Is iad príomhfheidhmeanna Bhord an Mhúsaeim an bailiúchán rudaí oidhreachta músaeim a chothabháil, a bhainistiú, a rialú, a chosaint, a shlánchoimeád, a thaifeadadh, a thaighde agus a mhéadú chun sochair don phobal agus eolas ar shaol an duine in Éirinn, ar stair aiceanta na hÉireann agus ar chaidreamh na hÉireann sna réimsí seo le tíortha eile a mhéadú agus a leathadh sa Stát agus lasmuigh de.

(2) Beidh ag an mBord na cumhachtaí sin go léir a mheasfaidh sé is gá nó is fóirsteanach chun a fheidhmeanna faoin Acht seo a chomhlíonadh, lena n-áirítear, ach sin gan dochar don mhéid sin roimhe seo, na cumhachtaí seo a leanas:

(l) an Ghaeilge a chothú agus a chur chun cinn le linn a fheidhmeanna a chomhlíonadh,

Feidhmeanna Bhord na Leabharlainne.

12.—(1) Is iad príomhfheidhmeanna Bhord na Leabharlainne an t-ábhar leabharlainne atá i mbailiúchán na Leabharlainne a chaomhnú, a athchóiriú, a chothabháil agus a mhéadú chun sochair don phobal agus taifead ar ábhar leabharlainne (lena n-áirítear ábhar a bhaineann leis an nGaeilge) i ndáil le hÉirinn a bhunú agus a chothabháil agus cur leis an rochtain a sholáthraítear do dhaoine den phobal ar ábhar a bhaineann le tíortha eile.

(2) Beidh ag an mBord na cumhachtaí sin go léir a mheasfaidh sé is gá nó is fóirsteanach chun a fheidhmeanna faoin Acht seo a chomhlíonadh, lena n-áirítear, ach sin gan dochar do ghinearáltacht an mhéid sin roimhe seo, na cumhachtaí seo a leanas:

(h) an Ghaeilge a chothú agus a chur chun cinn le linn a fheidhmeanna a chomhlíonadh

Foireann na mBord

30.—(1) Féadfaidh Bord cibé daoine agus cibé líon daoine a cheapadh chun bheith ina gcomhaltaí d'fhoireann an Bhoird (ar cheart líon leordhóthanach díobh a bheith inniúil sa Ghaeilge d'fhonn seirbhís a sholáthar trí Ghaeilge chomh maith leis an mBéarla) a chinnfidh sé le toiliú an Aire agus an Aire Airgeadais.

Tuarascálacha agus faisnéis don Aire.

36.—(1) Déanfaidh Bord, a luaithe is féidir tar éis dheireadh gach bliana, ach tráth nach déanaí ná 6 mhí dá éis, tuarascáil i scríbhinn sa Bhéarla agus sa Ghaeilge araon faoina chuid gníomhaíochtaí le linn na bliana sin a ullmhú agus a chur faoi bhráid an Aire agus cuirfidh an tAire faoi deara cóipeanna den chéanna a leagan faoi bhráid gach Tí den Oireachtas.

---

[760] Uimh. 11 de 1997.

ACHT NA nOLLSCOILEANNA, 1997[761]

Cuspóirí ollscoile

12.—(1) Áireofar ar chuspóirí ollscoile—

(e) teangacha oifigiúla an Stáit a chur chun cinn, ag féachaint go speisialta do chaomhnú, do chur chun cinn agus d'úsáid na teanga Gaeilge agus do chaomhnú agus do chur chun cinn chultúir shainiúla na hÉireann

Feidhmeanna ollscoile

13.—(1) Is iad feidhmeanna ollscoile gach rud is gá nó is fóirsteanach a dhéanamh de réir an Achta seo agus a cairte, más ann, chun cuspóirí agus forbairt na hollscoile a chur ar aghaidh.

(2) Gan ginearáltacht fho-alt (1) a theorannú—

(d) féadfaidh ollscoil comhoibriú le leasanna oideachasúla, gnó, gairmiúla, ceardchumainn, Gaeilge, cultúir, ealaíne, pobail agus leasanna eile, laistigh den Stát agus lasmuigh de, chun cuspóirí na hollscoile a chur ar aghaidh

Comhdhéanamh an údaráis ceannais

16.—(1) Faoi réir na Coda seo, beidh údarás ceannais comhdhéanta de cibé comhaltaí, nach lú ná 20 nó nach mó ná 40 a líon, a chinnfear de réir na Caibidle seo.

(3) Faoi réir fho-alt (7), i dteannta na ndaoine a roghnófar agus a cheapfar de bhun fho-alt (2), ach ar áireamh san uaslíon comhaltaí a shonraítear i bhfo-alt (1), beidh—

(a) duine amháin ar a laghad ach líon nach mó ná ceithre dhuine, arna roghnú ag coiste den údarás ceannais ar a mbeidh an príomhoifigeach agus dhá chomhalta eile, as measc ainmniúchán a dhéanfaidh cibé eagraíochtaí a bheidh ionadaitheach d'fhostóirí, do cheardchumainn, do thalmhaíocht, d'iascaigh, d'eagraíochtaí pobail, d'eagraíochtaí Gaeilge agus Gaeltachta, do na gairmeacha, do ghnó agus do thionscal de réir mar is cuí leis an údarás ceannais, a ndéanfar duine amháin acu ar a laghad a roghnú as measc na ndaoine sin a ainmneoidh eagraíochtaí a bheidh ionadaitheach do ghnó nó do thionscal

Feidhmeanna an údaráis ceannais

18.—(6) Le linn dó a fheidhmeanna a chomhlíonadh, déanfaidh údarás ceannais, nó coiste i gcás inar cuí—

(a) aird a thabhairt ar chur chun cinn agus úsáid na Gaeilge mar theanga ghnáthchumarsáide agus saothrú na Gaeilge agus a traidisiúin liteartha agus chultúir ghaolmhara a chur chun cinn;

---

[761] Uimh. 24 de 1997.

Cairteacha agus cairteacha forlíontacha

31.—(1) Féadfaidh ollscoil cairt a bheith aici, nach mbeidh ar neamhréir leis an Acht seo, ina leagfar amach gach ní nó aon ní díobh seo a leanas:

(b) na socruithe atá ag an ollscoil maidir le cur chun cinn agus úsáid na Gaeilge agus maidir le cultúir na hÉireann a chur chun cinn.

AN tACHT UM SHEIRBHÍS CHÚIRTEANNA, 1998[762] CUID II AN tSEIRBHÍS CHÚIRTEANNA

Pleananna straitéiseacha

7.—(1) A luaithe is indéanta tar éis an lae bunaithe agus laistigh de shé mhí roimh gach dáta ar cothrom trí bliana an lae bunaithe é, déanfaidh an tSeirbhís plean straitéiseach don tréimhse trí bliana ina dhiaidh sin a ullmhú agus a chur faoi bhráid an Aire lena cheadú ag an Aire fara leasú nó gan leasú.

(2) Maidir le plean straitéiseach—

(d) tabharfar aird ann ar bheartas an Rialtais maidir leis an dátheangachas agus, go háirithe, ar an ngá atá ann a chinntiú go mbeidh inniúlacht sa Ghaeilge ag líon leordhóthanach den fhoireann le go mbeifear in ann seirbhís a chur ar fáil trí Ghaeilge agus trí Bhéarla araon.

(3) Cuirfidh an tAire faoi deara, a luaithe is indéanta tar éis an plean straitéiseach a cheadú, cóip den phlean straitéiseach a leagan faoi bhráid gach Tí den Oireachtas.

AN tACHT UM CHOMHIONANNAS FOSTAÍOCHTA, 1998[763]

Is dleathach ceanglais áirithe a fhorchur

36.—(1) Ní dhéanfaidh aon ní sa Chuid seo nó i gCuid II neamhdhleathach é aon fhoráil (cibé acu is de chineál ceanglais, cleachtais nó eile í) den sórt a luaiter i bhfo-alt (2) a chur i bhfeidhm—

(a) maidir le hoifig a shealbhú faoin Stát nó i seirbhís an Stáit (lena n-áirítear an Garda Síochána agus Óglaigh na hÉireann) nó ar shlí eile mar státseirbhíseach, de réir bhrí Acht Rialuithe na Stát-Sheirbhíse, 1956, nó

(b) maidir le hoifigigh nó seirbhísigh d'údarás áitiúil, chun críocha an Achta Rialtais Áitiúil, 1941, d'údarás cuain, nó do bhord sláinte nó comhalta d'fhoireann boird oideachais agus oiliúna.[764]

(2) Is iad na forálacha dá dtagraítear i bhfo-alt (1) na forálacha sin a bhaineann le gach ceann nó le haon cheann díobh seo a leanas:

(c) inniúlacht sa Ghaeilge.

---

[762] Uimh. 8 de 1998.

[763] Uimh. 21 de 1998.

[764] Arna leasú an Acht um Boird Oideachais agus Oiliúna, 2013, alt 72.

(3) Ní dhéanfaidh aon ní sa Chuid seo nó i gCuid II neamhdhleathach é aon fhoráil (cibé acu is de chineál ceanglais, cleachtais nó eile í) a chur i bhfeidhm i ndáil le hinniúlacht sa Ghaeilge i leith múinteoirí i mbunscoileanna agus in iarbhunscoileanna.

AN tACHT UM CHOMHAONTÚ NA BREATAINE-NA hÉIREANN, 1999[765]
CUID VI
AN FORAS TEANGA

Téacs i mBéarla

24.— Tá an téacs i mBéarla den alt seo agus d'ailt 25 go 30 leagtha amach sa Tábla a ghabhann leis an gCuid seo.

Mínithe (Cuid VI)

25.— Sa Chuid seo, mura n-éilíonn an comhthéacs a mhalairt—

déanfar 'an Foras' a fhorléiriú de réir alt 26;

ciallaíonn 'an Chomhairle' an Chomhairle Aireachta Thuaidh/Theas nuair atá sí ag comhlíonadh feidhmeanna i ndáil leis an bhForas nó feidhmeanna de chuid an Fhorais.

Stádas an Fhorais

26.—(1) Sa Chuid seo, gairtear 'an Foras' den chomhlacht forfheidhmithe le haghaidh teanga a bhunaítear leis an gComhaontú agus ar a dtugtar i mBéarla 'The North/South Language Body' nó i nGaeilge 'An Foras Teanga' nó in Ultais 'Tha Boord o Leid'.

(2) Tabharfar aitheantas don Fhoras mar chomhlacht corpraithe agus mar chomhlacht ag a bhfuil na tréithe go léir de chuid comhlachta chorpraithe, lena n-áirítear comharbas suthain, an chumhacht chun talamh nó maoin eile a fháil, a shealbhú agus a dhiúscairt agus an chumhacht chun agairt a dhéanamh

(3) Féadfar an Foras a agairt faoina ainm corpraithe.

Feidhmeanna an Fhorais

27.—(1) Is iad feidhmeanna an Fhorais, de réir mhír 1 d'Airteagal 2 den Chomhaontú, ná na feidhmeanna sin a shonraítear i gCuid 5 d'Iarscríbhinn 1 a ghabhann leis an gComhaontú agus tá éifeacht le hailt 28 agus 41 chun críche na míre sin 1.

(2) De réir mhír 2 d'Airteagal 2 den Chomhaontú, beidh feidhm maidir leis an bhForas ag na socruithe a shonraítear i gCuid 5 agus i gCuid 7 d'Iarscríbhinn 2 a ghabhann leis an gComhaontú.

(3) Beidh feidhm ag mír 1 d'Airteagal 3 den Chomhaontú maidir leis an bhForas.

---

[765] Uimh. 1 de 1999.

Feidhmeanna a aistriú chuig an bhForas

28.—(1) Déantar leis seo feidhmeanna Bhord na Gaeilge a aistriú chuig an bhForas.

(2) (a) Déantar leis seo feidhmeanna an Aire Ealaíon, Oidhreachta, Gaeltachta agus Oileán, a mhéid a bhaineann na feidhmeanna sin le maoiniú na n-eagraíochtaí deonacha Gaeilge a shonraítear sa Tábla a ghabhann leis an alt seo, a aistriú chuig an bhForas.

(b) Féadfaidh an tAire le hordú, le comhaontú roimh ré ón gComhairle, an Tábla a ghabhann leis seo a leasú trí thagairt d'aon eagraíocht Ghaeilge eile a chur leis an Tábla sin, trí thagairt d'eagraíocht den sórt sin a scriosadh as an Tábla sin nó trí iontráil maidir le heagraíocht den sórt sin sa Tábla sin a leasú.

(3) Déantar leis seo feidhmeanna an Aire Oideachais agus Eolaíochta—

(a) i ndáil le foilsitheoireacht ag an nGúm agus foilseacháin de chuid an Ghúim, agus

(b) i ndáil le forbairt téarmaíochta agus stóir focal ag an gCoiste Téarmaíochta, i nGaeilge, a aistriú chuig an bhForas.

(4) Déanfar tagairtí, nó tagairtí atá le forléiriú mar thagairtí—

(a) don Aire Ealaíon, Oidhreachta, Gaeltachta agus Oileán nó don Roinn Stáit a bhfuil sé nó sí i gceannas uirthi,

(b) don Aire Oideachais agus Eolaíochta nó don Roinn Stáit a bhfuil sé nó sí i gceannas uirthi, nó

(c) do Bhord na Gaeilge

in aon reacht nó in aon ionstraim arna déanamh faoi aon reacht agus a bhaineann le haon fheidhmeanna a aistrítear leis an alt seo a fhorléiriú, a mhéid a bhaineann siad leis na feidhmeanna sin, mar thagairtí don Fhoras.

AN TÁBLA

1. Comhdháil Náisiúnta na Gaeilge
2. Gael Linn
3. Conradh na Gaeilge
4. An tOireachtas
5. An Comhlachas Náisiúnta Drámaíochta
6. Cumann na bhFiann
7. Comhluadar
8. Iontaobhas Ultach

Bord na Gaeilge a dhíscaoileadh

29.— Díscaoiltear leis seo Bord na Gaeilge.

An tAcht um Bord na Gaeilge, 1978, a aisghairm
30.— Aisghairtear leis seo an tAcht um Bord na Gaeilge, 1978.

AN SCEIDEAL
COMHAONTÚ IDIR RIALTAS NA hÉIREANN AGUS RIALTAS RÍOCHT AONTAITHE NA BREATAINE MÓIRE AGUS THUAISCEART ÉIREANN AG BUNÚ COMHLACHTAÍ FORFHEIDHMITHE

IARSCRÍBHINN 1 CUID 5
TEANGA

Foras amháin, ina bhfuil dhá chuid ar leith, agus na feidhmeanna seo a leanas aige:

An Ghaeilge

—an Ghaeilge a chur chun cinn;

—úsáid na Gaeilge a éascú agus a spreagadh sa chaint agus sa scríbhneoireacht sa saol poiblí agus sa saol príobháideach sa Deisceart agus, i gcomhthéacs Chuid III den Chairt Eorpach do Theangacha Réigiúnacha nó Mionlaigh, i dTuaisceart Éireann mar a mbeidh éileamh cuí ann;

—comhairle a thabhairt don dá lucht riaracháin, do chomhlachtaí poiblí agus do ghrúpaí eile san earnáil phríobháideach agus dheonach;

—tionscadail tacaíochta a ghabháil de láimh, agus cúnamh deontais a thabhairt do chomhlachtaí agus do ghrúpaí de réir mar a mheasfar is gá;

—taighde, feachtais tionscnaimh, agus caidreamh poiblí agus caidreamh leis na meáin, a ghabháil de láimh;

—téarmaíocht agus foclóirí a fhorbairt;

—tacú le hoideachas trí mheán na Gaeilge agus le múineadh na Gaeilge.

Cúrsaí Ultach-Albanacha

—Eolas níos fearr faoi Ultais agus úsáid Ultaise agus saincheisteanna cultúir Ultach-Albanacha a chur chun cinn, laistigh de Thuaisceart Éireann agus ar fud an oileáin.

IARSCRÍBHINN 2 CUID 5
TEANGA
FEIDHMEANNA A FHEIDHMIÚ

I gCuid 5 d'Iarscríbhinn 1 leagtar amach feidhmeanna an Fhorais. Feidhmeoidh an Foras na feidhmeanna sin de réir na socruithe seo a leanas agus de réir na socruithe sin atá leagtha amach i gCuid 7 anseo thíos.

1.1 Déanfar feidhmeanna Bhord na Gaeilge maidir leis an nGaeilge a chur chun cinn, agus foireann, sócmhainní agus oibleagáidí Bhord na Gaeilge, a aistriú chuig an bhForas. Díscaoilfear Bord na Gaeilge. Déanfar feidhmeanna Aire Ealaíon, Oidhreachta, Gaeltachta agus Oileán na hÉireann i ndáil le tacaíocht airgeadais d'eagraíochtaí deonacha Gaeilge áirithe a aistriú freisin chuig an bhForas.

1.2 Ag féachaint do na ceanglais reachtacha agus do na ceanglais eile curaclaim is infheidhme maidir le gach dlínse acu, le linn don Fhoras a bheith ag comhlíonadh a fheidhmeanna maidir le téarmaíocht agus foclóirí a fhorbairt agus maidir le tacú le hoideachas trí mheán na Gaeilge agus le múineadh na Gaeilge—

(a) (i) féadfaidh sé athbhreithniú a dhéanamh ar na hacmhainní curaclaim a chuirtear ar fáil le haghaidh oideachais trí mheán na Gaeilge agus le haghaidh mhúineadh na Gaeilge, lena n-áirítear soláthar téacsleabhar oiriúnach, ábhar eile múinteoireachta agus áiseanna múinteoireachta;

(ii) féadfaidh sé taighde a dhéanamh ar aon nithe a bhaineann le soláthar oideachais trí mheán na Gaeilge agus le múineadh na Gaeilge i scoileanna nó in áiteanna eile, lena n-áirítear na modhanna múinteoireachta a úsáidtear, na curaclaim a mhúintear agus na nósanna imeachta measúnachta a ghlactar;

(iii) féadfaidh sé torthaí a chuid taighde agus athbhreithnithe, lena n-áirítear moltaí le haghaidh gníomhú, a fhoilsiú i cibé foirm is dóigh leis is cuí;

(b) feidhmeoidh sé na feidhmeanna a bhí á bhfeidhmiú roimh bhunú an Fhorais ag Roinn Oideachais agus Eolaíochta na hÉireann, tríd an nGúm, maidir le leabhair a fhoilsiú i nGaeilge mar thaca le hoideachas trí mheán na Gaeilge agus le múineadh na Gaeilge i scoileanna agus in áiteanna eile;

(c) feidhmeoidh sé na feidhmeanna a bhí á bhfeidhmiú roimh bhunú an Fhorais ag Roinn Oideachais agus Eolaíochta na hÉireann, tríd an gCoiste Téarmaíochta, maidir le forbairt téarmaíochta agus stóir focal i nGaeilge; agus

(d) éascóidh sé comhoibriú idir an comhlacht atá le bunú de réir Alt 31 d'Acht Oideachais, 1998,[766] de chuid na hÉireann, agus aon chomhlacht tionscnaimh a mhaoinítear faoi Alt 89 den Education (Northern Ireland) Order 1998.[767]

1.3 Ag éirí as taighde nó athbhreithniú a sheolfar faoi mhír 1.2(a) féadfaidh an Foras comhairle a thabhairt nó moltaí a dhéanamh le haghaidh gníomhú i ndáil le hoideachas trí mheán na Gaeilge agus le múineadh na Gaeilge.

---

[766] An Chomhairle um Oideachas Gaeltachta agus Gaelscolaíochta (COGG).

[767] Comhairle na Gaelscolaíochta.

1.4 Gníomhaireacht Ghaeilge de chuid an Fhorais a fheidhmeoidh feidhmeanna an Fhorais i ndáil leis an nGaeilge. Faoi réir fhorálacha an Mheabhráin Airgeadais, is í an Ghaeilge teanga oibre na gníomhaireachta. Faoi réir chomhaontú an Fhorais, cinnfidh an ghníomhaireacht a teideal féin. Le linn feidhmeanna an Fhorais a chomhlíonadh, tabharfaidh an ghníomhaireacht Ghaeilge aird ar staideanna na Gaeilge sa dá dhlínse. I dTuaisceart Éireann, is é a bheidh sa staid sin ná tiomantais Rialtas na Breataine i leith an chuid den Chomhaontú Ilpháirtí dar teideal Cearta, Coimircí agus Comhionannas Deiseanna agus aon reachtaíocht iomchuí. In Éirinn, is é a bheidh sa staid sin ná staid bhunreachtúil dhlíthiúil na Gaeilge, beartas Rialtas na hÉireann agus na bearta agus na cleachtais atá ann chun an teanga a chothú agus a chur chun cinn.

1.5 Aonad Oideachais laistigh den ghníomhaireacht sin a chomhlíonfaidh na feidhmeanna a dtugtar achoimre orthu i míreanna 1.2 agus 1.3.

1.6 Le linn a fheidhmeanna a chomhlíonadh i ndáil le hUltais agus saincheisteanna cultúir Ultach-Albanacha féadfaidh an Foras, ag féachaint do na comhthéacsanna sa dá dhlínse—

(a) comhairle a sholáthar don dá lucht riaracháin, do chomhlachtaí poiblí agus do ghrúpaí eile san earnáil phríobháideach agus san earnáil dheonach;

(b) taighde agus feachtais tionscnaimh a ghabháil de láimh; agus

(c) tacaíocht do thionscadail a ghabháil de láimh agus cúnaimh deontais a thabhairt do chomhlachtaí agus do ghrúpaí de réir mar is gá; ach ní hionann an méid sin agus comhlachtaí agus grúpaí Ultach-Albanacha a oibríonn go heisiach i dTuaisceart Éireann a eisiamh ó rochtain a fháil ar chláir mhaoinithe de chuid Rialtas Thuaisceart Éireann.

1.7 Is é a thuigfear as 'Ultais' ná an leagan den teanga Albanach a fhaightear go traidisiúnta i gcodanna de Thuaisceart Éireann agus de Dhún na nGall. Baineann 'saincheisteanna cultúir Ultach-Albanacha' le traidisiúin chultúir an chuid sin de dhaonra Thuaisceart Éireann agus na gcontaetha teorann ar de shinsearacht Albanach í agus tionchar a dtraidisiún cultúir ar dhaoine eile, laistigh d'oileán na hÉireann agus sa chuid eile den domhan.

1.8 Gníomhaireacht Ultach-Albanach de chuid an Fhorais a fheidhmeoidh feidhmeanna an Fhorais i ndáil le hUltais agus le saincheisteanna cultúir Ultach-Albanacha. Faoi réir chomhaontú an Fhorais, cinnfidh an ghníomhaireacht a teideal féin.

1.9 Beidh ag an bhForas na cumhachtaí go léir is gá chun a fheidhmeanna a fheidhmiú nó atá coimhdeach le feidhmiú na bhfeidhmeanna sin.

1.10 Beidh tuarascálacha ó na gníomhaireachtaí maidir lena gcuid gníomhaíochtaí i dtuarascáil bhliantúil an Fhorais.

1.11 Ainmneoidh an Chomhairle Aireachta Thuaidh/Theas (CATT) méideanna na ndeontas a gheofar faoi mhír 2.1 de Chuid 7 a bheidh le húsáid le haghaidh na nithe seo a leanas:

(a) feidhmeanna an Fhorais i ndáil leis an nGaeilge; agus

(b) feidhmeanna an Fhorais i ndáil le hUltais agus le saincheisteanna cultúir Ultach-Albanacha.

1.12 Ceanglóidh an Foras ar gach ceann de na gníomhaireachtaí cuntais chuí agus taifid airgeadais chuí a choinneáil agus ráiteas cuntas a ullmhú i leith gach bliana.

STRUCHTÚR

2.1 Beidh Bord ag an bhForas ar a mbeidh 24 chomhalta agus is í CATT a cheapfaidh iad. Maidir leis na comhaltaí sin—

(a) roghnófar 16 díobh as measc daoine a ndealraíonn sé do CATT go bhfuil spéis acu i nithe a bhaineann le feidhmeanna an Fhorais i ndáil leis an nGaeilge nó go bhfuil taithí acu ar nithe den sórt sin, agus

(b) roghnófar 8 díobh as measc daoine a ndealraíonn sé do CATT go bhfuil spéis acu i nithe a bhaineann le feidhmeanna an Fhorais i ndáil le hUltais agus le saincheisteanna cultúir Ultach-Albanacha nó go bhfuil taithí acu ar nithe den sórt sin.

2.2 Beidh na 16 chomhalta a cheapfar faoi mhír 2.1(a) freagrach as feidhmeanna an Fhorais a fheidhmiú tríd an ngníomhaireacht Ghaeilge. Ceapfaidh CATT duine amháin mar Chathaoirleach ar an ngníomhaireacht sin. Le linn feidhmeanna an Fhorais a fheidhmiú, gníomhóidh an ghníomhaireacht i gcónaí de réir aon treoracha (cibé acu treoracha ginearálta nó treoracha sonracha) a thabharfaidh CATT.

2.3 Beidh na 8 gcomhalta a cheapfar faoi mhír 2.1(b) freagrach as feidhmeanna an Fhorais a fheidhmiú tríd an ngníomhaireacht Ultach-Albanach. Ceapfaidh CATT duine amháin mar Chathaoirleach ar an ngníomhaireacht sin. Le linn feidhmeanna an Fhorais a fheidhmiú, gníomhóidh an ghníomhaireacht i gcónaí de réir aon treoracha (cibé acu treoracha ginearálta nó treoracha sonracha) a thabharfaidh CATT.

2.4 Beidh Cathaoirleach na gníomhaireachta Gaeilge agus Cathaoirleach na gníomhaireachta Ultach-Albanaí ina gComhchathaoirligh ar an bhForas.

2.5 Faoi réir na bhforálacha eile den Iarscríbhinn seo, is í CATT, le ceadú na nAirí Airgeadais, a chinnfidh luach saothair, liúntais agus caiteachais na gCathaoirleach agus na gcomhaltaí eile, agus aon téarmaí agus coinníollacha ar a sealbhaíonn siad oifig.

2.6 Is é 3 bliana téarma oifige na gcéad chomhaltaí den Bhord. Féadfaidh CATT téarma na gceapachán ina dhiaidh sin a athrú chun leanúnachas comhaltais a éascú ach ní rachaidh sé thar 5 bliana. Ní fhóinfidh comhaltaí ar feadh níos mó ná dhá théarma as a chéile.

2.7 Féadfaidh duine éirí as oifig mar chomhalta nó mar Chathaoirleach trí fhógra i scríbhinn chuig CATT. Féadfaidh CATT duine a bhriseadh as oifig mar chomhalta nó mar Chathaoirleach, más rud é—

(a) go mainneoidh sé nó sí gan leithscéal réasúnach a fheidhmeanna nó a feidhmeanna a chomhall ar feadh tréimhse leanúnaí 3 mhí;

(b) go gciontófar é nó í i gcion coiriúil;

(c) go ndéanfar ordú féimheachta ina choinne nó ina coinne, nó go ndéanfaidh sé nó sí imshocraíocht nó comhshocraíocht lena chreidiúnaithe nó lena creidiúnaithe; nó

(d) nach mbeidh sé nó sí ábalta nó oiriúnach maidir lena fheidhmeanna nó a feidhmeanna a chomhlíonadh.

2.8 Má éagann comhalta, má éiríonn comhalta as oifig nó má chuirtear comhalta as oifig, féadfaidh CATT duine a cheapadh chun an folúntas a líonadh, agus déanfar an duine a cheapfar amhlaidh a cheapadh sa tslí chéanna leis an gcomhalta ba chúis leis an bhfolúntas a bheith ann. Beidh an duine a cheapfar amhlaidh i seilbh oifige ar feadh an chuid eile de théarma oifige an chomhalta ba chúis leis an bhfolúntas a bheith ann agus beidh sé nó sí inathcheaptha mar chomhalta.

2.9 Beidh an fhoireann a shannfar do gach gníomhaireacht freagrach don Fhoras agus déanfaidh siad tuairisciú don Fhoras tríd an ngníomhaireacht sin.

2.10 Ceapfaidh an Foras Príomh-Fheidhmeannach do gach gníomhaireacht faoi réir cheadú CATT. Beidh an Príomh-Fheidhmeannach freagrach as riaradh agus gnó na gníomhaireachta a bhainistiú agus a rialú i gcoitinne.

ACHT NA gCÁILÍOCHTAÍ (OIDEACHAS AGUS OILIÚINT), 1999[768]

Cuspóirí an Achta

4.— (1) Is iad seo a leanas cuspóirí an Achta seo:

(k) cuidiú le réadú beartas agus cuspóirí náisiúnta i ndáil le leathadh an dátheangachais i sochaí na hÉireann agus, go háirithe, go mbainfí úsáid níos mó as an nGaeilge, agus cuidiú le cultúir shainiúla na hÉireann a chur chun cinn.

Cairteacha

31.— (1) Aon fhoras aitheanta a ndéanfar údarás chun dámhachtainí a dhéanamh a tharmligean chuige faoi alt 29, beidh cairt aige nach mbeidh ar neamhréir leis an Acht seo nó le hAchtanna na gColáistí Teicniúla Réigiúnacha, 1992 agus 1994.

(2) Féadfaidh an tAire, ó am go ham, rialacháin a dhéanamh chun na nithe a bheidh le cur san áireamh ag foras aitheanta i gcairt dá dtagraítear i

[768] Uimh. 26 de 1999.

bhfo-alt (1) a shonrú agus, gan dochar do ghinearáltacht an méid sin roimhe seo, féadfar a áireamh ar na nithe sin, ach ní gá gurb é amháin a bheidh i gceist iontu, gach ceann nó aon cheann acu seo a leanas:

(e) socruithe an fhorais maidir le cur chun cinn agus úsáid na Gaeilge agus maidir le cultúir shainiúla na hÉireann a chur chun cinn;[769]

ACHT NA LEANAÍ, 2001[770]

Breith leanbh a ligean isteach sa Chlár [Athstiúrtha]

24.— (1) Is feidhm de chuid an Stiúrthóra é breith a thabhairt i dtaobh an ndéanfaidh sé nó sí leanbh a ligean isteach sa Chlár agus i dtaobh na hearnála rabhaidh a thabharfar d'aon leanbh a ligfear isteach amhlaidh.

(2) I gcás go dtabharfaidh an Stiúrthóir breith gur ceart leanbh a ligean isteach sa Chlár, ordóidh sé nó sí d'oifigeach idirchaidrimh don óige fógra i scríbhinn a thabhairt do thuismitheoirí nó do chaomhnóir an linbh ina sonrófar an t-iompar coiriúil [nó frithshóisialta[771]] ar ina leith a bhfuil rabhadh le tabhairt, cibé acu is rabhadh foirmiúil nó neamh-fhoirmiúil é agus an tráth a dtabharfar agus an áit ina dtabharfar é agus luafar san fhógra go bhfuil d'oibleagáid ar na tuismitheoirí nó ar an gcaomhnóir a bheith i láthair agus an rabhadh á thabhairt.

(3) Ceapfar gach fógra den sórt sin i dteanga de shórt a thuigfidh tuismitheoirí nó caomhnóir an linbh agus beidh sé ar fáil sa Ghaeilge do leanbh arb as limistéar Gaeltachta dó nó di nó arb í an Ghaeilge a chéad teanga nó a céad teanga.

Fógra do thuismitheoir nó do chaomhnóir i dtaobh leanbh a ghabháil

58.— (1) Nuair a dhéanfar leanbh a ghabháil agus a thabhairt go dtí stáisiún de chuid an Gharda Síochána mar gheall ar dhrochamhras go ndearna sé nó sí cion, déanfaidh an comhalta a bheidh i gceannas an stáisiúin a luaithe is indéanta—

(a) na nithe seo a leanas a chur in iúl nó a chur faoi deara go cuirfear in iúl iad do thuismitheoir nó do chaomhnóir an linbh—

(i) go bhfuil an leanbh i gcoimeád sa stáisiún,

(ii) i ngnáthchaint agus sa Ghaeilge le linn déileáil le leanbh ón nGaeltacht nó le leanbh arb í an Ghaeilge a chéad teanga nó a céad teanga, cineál an chiona ar ina leith a gabhadh an leanbh, agus

---

769 Foráiltear mar seo a leanas le mír 3 den Qualifications (Education and Training) Act 1999 (Section 31) Regulations (I.R. 571 de 2007): The following matters are specified for the purposes of section 31 of the Act of 1999 as matters to be included by an institution in a charter referred to in section 31 … (f) the institution's arrangements for the promotion and use of the Irish language and the promotion of the distinctive cultures of Ireland.

770 Uimh. 24 de 2001.

771 Arna chur isteach ag an Acht um Cheartas Coiriúil 2006, alt 158

(iii) go bhfuil an leanbh i dteideal dul i gcomhairle le haturnae agus an tslí ina bhféadfar leas a bhaint as an teideal sin;

agus

(b) a iarraidh ar an tuismitheoir nó ar an gcaomhnóir a bheith i láthair ag an stáisiún gan mhoill.

Agallamh a chur ar leanaí[772]

61. — (6) Beidh leanbh ó limistéar Gaeltachta nó leanbh arb í an Ghaeilge a chéad teanga nó a céad teanga i dteideal go gceisteofaí é nó í as Gaeilge nó ráiteas i scríbhinn a dhéanamh as Gaeilge, agus beidh aon leanbh eile i dteideal ráiteas i scríbhinn nó ó bhéal a dhéanamh sa teanga sin.

AN tACHT UM CHUNTAIS DHÍOMHAOINE, 2001[773]

Cumhacht chun taifid a iniúchadh

23. — (1) Féadfaidh cigire, chun na gcríoch a shonraítear in alt 22, ar a údarú nó a húdarú a thabhairt ar aird—

(c) i gcás go bhfuil taifid á stóráil i bhfoirm leictreonach nó nach bhfuil taifid i mBéarla nó i nGaeilge, a cheangal ar an bhforas lena mbaineann nó ar dhuine atá ar fostú ag an bhforas sin cóip de na taifid sin a tháirgeadh i bhfoirm inléite i mBéarla nó i nGaeilge.

AN tACHT RIALTAIS ÁITIÚIL, 2001[774]

Feidhmeanna ionadaitheacha údarás áitiúil

64.— (1) Mar fhóram le haghaidh ionadaíochta daonlathaí ag an bpobal áitiúil, féadfaidh údarás áitiúil a bheith ionadaitheach do leasanna an phobail sin ar cibé slí is cuí leis.

(2) Gan dochar do ghinearáltacht fho-alt (1), féadfaidh údarás áitiúil, chun éifeacht a thabhairt don fho-alt sin—

(e) úsáid na Gaeilge a chur chun cinn agus tacaíocht a thabhairt do phobail Ghaeltachta.

(3) Is feidhm fhorchoimeádta cinneadh ag údarás áitiúil i ndáil le bheith ionadaitheach do thuairimí an phobail áitiúil faoin alt seo.

An Ghaeilge agus údaráis áitiúla

68.— (1) Féadfaidh údarás áitiúil, le linn a fheidhmeanna a chomhlíonadh, cibé bearta a dhéanamh a mheasfaidh sé a bheith cuí chun úsáid na Gaeilge a spreagadh.

(2) (a) De réir an ailt seo, eiseoidh an tAire, nó socróidh an tAire go

---

[772] Leanbh a bheidh á choinneáil nó á coinneáil i stáisiún Garda Síochána de bhun aon achtacháin.

[773] Uimh. 32 de 2001.

[774] Uimh. 37 de 2001.

n-eiseofar, d'údaráis áitiúla treoirlínte, cóid chleachtais nó treoir eile maidir le húsáid na Gaeilge sa rialtas áitiúil i gcoitinne nó i leith gnéithe d'fheidhmeanna údaráis áitiúil.

(b) Gan dochar do ghinearáltacht mhír (a), féadfaidh treoir den sórt sin déileáil le húsáid na Gaeilge ag údaráis áitiúla—

(i) i ndáil le comhfhreagras le daoine den phobal, lena n-áirítear cumarsáid scríofa, ó bhéal, teileafóin agus leictreonach;

(ii) i ndáil le stáiseanóireacht, fógráin, fógraí nó doiciméid oifigiúla eile;

(iii) i ndáil le seirbhísí a sholáthar sa Ghaeltacht;

(iv) i ndáil le hoiliúint oiriúnach a sholáthar, nó le rochtain ar oiliúint oiriúnach, d'fhostaithe;

(v) i ndáil leis an nGaeilge a chur chun cinn i gcoitinne.

(3) Beidh aird ag údarás áitiúil ar threoir den sórt sin le linn a fheidhmeanna a chomhlíonadh.

(4) (a) Chun críocha an ailt seo, féadfaidh an tAire, ó am go ham, grúpa comhairleach a cheapadh a dtabharfar cibé ainm air a bheidh ainmnithe aige nó aici.

(b) Beidh ar ghrúpa comhairleach a cheapfar faoin alt seo—

(i) duine amháin ar a laghad is comhalta d'údarás áitiúil;

(ii) duine amháin ar a laghad is príomhfheidhmeannach[775] nó fostaí eile d'údarás áitiúil;

(iii) duine amháin ar a laghad is oifigeach den Aire; agus

(iv) 2 dhuine ar a laghad ó eagraíochtaí ar cúram dóibh an Ghaeilge a chur chun cinn.

AN tACHT UM OBAIR ÓGRA, 2001[776]

Feidhmeanna an Aire maidir le hobair ógra

8. — (1) Déanfaidh an tAire [Oideachais],[777] a mhéid is indéanta—

(a) forbairt agus comhordú beartas a bhaineann le cláir oibre ógra agus seirbhísí oibre ógra sa Ghaeilge agus sa Bhéarla araon, a chinntiú

(2) Gan dochar do ghinearáltacht fho-alt (1), le linn don Aire [Oideachais] a fheidhmeanna nó feidhmeanna a chomhlíonadh, beidh aird aige nó aici ar na nithe seo a leanas—

(c) riachtanais oibre ógra daoine a mbeidh 10 mbliana d'aois slánaithe acu ach nach mbeidh 21 bhliain d'aois slánaithe acu a bhfuil cónaí orthu i gceantar Gaeltachta agus/nó arb í an Ghaeilge a gcéad teanga.

[775] Seachas 'bainisteoir' arna leasú ag an Acht um Athchóiriú Rialtais Áitiúil 2014.
[776] Uimh. 42 de 2001.
[777] De bhun alt 2 den Acht.

Plean Forbartha um Obair Ógra[778]

13. — (1) Déanfaidh [bord oideachais agus oiliúna], cibé tráthanna agus i leith gach tréimhse lena mbaineann fo-alt (2), Plean Forbartha um Obair Ógra a ullmhú dá limistéar [boird oideachais agus oiliúna].

(2) Ullmhófar Plean Forbartha i leith na tréimhse dar tosach dáta thosach feidhme an ailt seo agus dar críoch an lá deireanach den tríú bliain airgeadais dá éis sin agus ina dhiaidh sin ullmhófar Plean Forbartha i leith gach tréimhse 3 bliana ina dhiaidh sin.

(3) Déanfar Plean Forbartha a ullmhófar de réir an ailt seo a chur faoi bhráid an Aire [Oideachais] lena cheadú a luaithe is féidir tar éis a ullmhaithe.

(4) Le linn Plean Forbartha a ullmhú, maidir le [bord oideachais agus oiliúna] —

(a) déanfaidh sé riachtanais oibre ógra a limistéir [boird oideachais agus oiliúna] agus na bearta is gá chun freastal ar na riachtanais a shonrú, agus aird ar leith á tabhairt ar riachtanais oibre ógra —

(iii) daoine óga a bhfuil cónaí orthu i gceantar Gaeltachta agus/nó arb í an Ghaeilge a gcéad teanga.

Measúnóir Oibre Ógra

16. — (1) Déanfaidh an tAire [Oideachais], de réir riachtanas na hócáide, duine a cheapadh, ar a dtabharfar an Measúnóir Oibre Ógra, chun feidhmeanna an Aire faoi alt 8(1)(f), (g) agus (h) agus na feidhmeanna eile de chuid an Mheasúnóra Oibre Ógra faoin Acht seo a fheidhmiú.

(7) Beidh torthaí na measúnachta ar chláir oibre ógra agus ar sheirbhísí oibre ógra a seoladh de réir alt 8(1) (f), (g) agus (h) agus cibé nithe eile a chinnfidh an tAire [Oideachais] i dTuarascáil Bhliantúil an Mheasúnóra. Beidh an tuarascáil bhliantúil agus gach tuarascáil fhoilsithe den sórt sin i nGaeilge agus i mBéarla.

Coiste Comhairleach Náisiúnta um Obair Ógra

17.— (1) Ceapfaidh an tAire [Oideachais], de réir alt 18, coiste ar a dtabharfar an Coiste Comhairleach Náisiúnta um Obair Ógra chun comhairle a thabhairt agus chun dul i gcomhairle leis an Aire i ndáil le hobair ógra.

(2) Ban dochar do ghinearáltacht fho-alt (1), cuirfidh an Coiste Comhairleach comhairle ar an Aire i ndáil leis na nithe seo a leanas —

(b) cláir oibre ógra agus seirbhís oibre ógra a sholáthar agus a chomhordú sa Ghaeltacht agus/nó do dhaoine óga arb í an Ghaeilge a gcéad teanga

[778] Arna leasú ag an Acht um Boird Oideachais agus Oiliúna 2013, alt 72.

Comhdhéanamh, toghadh, etc. Comhairlí Ógra Saorálacha[779]

68.— (1) Faoi réir fho-alt (5), ní lú ná 10 agus ní mó ná 20 de réir mar a chinnfidh an [bord oideachais agus oiliúna] an líon comhaltaí a bheidh ar Chomhairle Ógra Shaorálach.

(5) (a) Féadfaidh [bord oideachais agus oiliúna], le toiliú an Aire [Oideachais] agus de réir cibé rialachán agus treoirlínte a eiseoidh an tAire tar éis dul i gcomhairle leis an gCoiste Comhairleach Náisiúnta um Obair Ógra, ordacháin a eisiúint i ndáil le daoine a thoghadh do Chomhairle Ógra Shaorálach.

(8) Le linn ordacháin a eisiúint faoi fho-alt (5), maidir le [bord oideachais agus oiliúna] a fheidhmíonn i gceantar Gaeltachta, beidh aird aige ar a inmhianaithe atá sé a chinntiú go mbeidh ionadaíocht ar Chomhairlí Ógra Saorálacha ag daoine a bheidh ag gabháil do chláir oibre ógra nó do sheirbhísí oibre ógra a sholáthar do dhaoine óga i nGaeilge sa Ghaeltacht sin.

AN tACHT UM CHISTE OIDHREACHTA, 2001[780]

An Ciste.

3.— (3) A luaithe is féidir, ach tráth nach déanaí ná 3 mhí tar éis dheireadh na bliana airgeadais 2001 agus gach bliana airgeadais dá héis, déanfaidh an tAire[781]—

(a) cuntais an Chiste a ullmhú sa Ghaeilge agus sa Bhéarla

AN tACHT UM BAINISTÍOCHT NA SEIRBHÍSE POIBLÍ (EARCAÍOCHT AGUS CEAPACHÁIN), 2004[782]

Nithe a bhaineann le hearcaíocht, etc

58.—(1) (a) Is é nó is í an tAire[783] atá freagrach as gach ní a bhaineann le hearcaíocht sa Státseirbhís, lena n-áirítear na nithe seo a leanas—

(i) critéir incháilitheachta, líon foirne, grádú, pá agus na coinníollacha oibre eile go léir de chuid státseirbhíseach nó aon aicme díobh,

(ii) úsáid na Gaeilge nó eolas uirthi sa Státseirbhís nó in aon chuid di.

(b) Ach amháin mar a bhforáiltear ina leith, ní léifear aon ní san Acht seo mar ní a dhéanann difear d'fheidhmeanna an Aire nó aon Aire eile den Rialtas, faoi aon Acht eile, i ndáil le hearcaíocht in aon chomhlacht seirbhíse poiblí eile (nó in aon chuid de) seachas an Státseirbhís, lena n-áirítear na nithe seo a leanas—

---

[779] Arna leasú ag an Acht um Boird Oideachais agus Oiliúna 2013, alt 72.
[780] Uimh. 44 de 2001.
[781] An tAire Ealaíon, Oidhreachta, Gaeltachta agus Oileán de bhun alt 2 den Acht.
[782] Uimh. 33 de 2004.
[783] An tAire Caiteachais Phoiblí agus Athchóirithe de bhun I.R. 418/2011.

(i) critéir incháilitheachta, líon foirne, grádú, an pá agus na coinníollacha oibre eile go léir de chuid na foirne sa chomhlacht poiblí lena mbaineann, nó de chuid aon aicme foirne den sórt sin,

(ii) úsáid na Gaeilge nó eolas uirthi sa chomhlacht poiblí lena mbaineann nó in aon aicme nó in aon chuid de.

Forálacha den Acht Craolacháin 2009 mar atá leasaithe a bhaineann go sonrach le TG4

Teilifís na Gaeilge a bhuanú
117.—Leanann Teilifís na Gaeilge ar marthain.[784]

Príomhchuspóirí agus cumhachtaí gaolmhara TG4
118.—(1) Is iad cuspóirí TG4—

(a) seirbhís craolacháin teilifíse náisiúnta, ar de ghné seirbhíse poiblí í, ar seirbhís saorchraolta í agus is seirbhís a chuirtear ar fáil, a mhéid is féidir le réasún, don phobal uile ar oileán na hÉireann, a bhunú, a chothabháil agus a oibriú,

(b) suíomh gréasáin agus seirbhísí teilitéacs a bhunú agus a chothabháil i dtaca le seirbhísí TG4 faoi mhíreanna (a), (c), (d), (e), (f), (g) agus (h),

(c) cóir agus grúpaí taibhiúcháin cultúir eile a bhunú agus a chothabháil i dtaca le seirbhísí TG4 faoi mhíreanna (a), (f), (g) agus (h),

(d) cabhrú agus comhoibriú leis na comhlachtaí poiblí iomchuí le linn dóibh ullmhú chun faisnéis iomchuí a scaipeadh ar an bpobal, agus le linn dóibh an scaipeadh sin a fhorghníomhú, i gcás mór-staide práinne,

(e) cartlanna agus leabharlanna ina mbeidh bunábhair a bhaineann le cuspóirí TG4 faoin bhfo-alt seo a bhunú agus a chothabháil,

(f) seirbhís craolacháin teilifíse, ar de ghné seirbhíse poiblí í, agus is seirbhís a bheidh le cur ar fáil do phobail Éireannacha lasmuigh d'oileán na hÉireann, a bhunú, a chothabháil agus a oibriú, a mhéid is indéanta le réasún,

(g) seirbhísí craolacháin pobail, áitiúla nó réigiúnacha, ar seirbhísí de ghné seirbhíse poiblí iad, agus ar seirbhísí iad atá ar fáil ar bhonn saorchraolta, a bhunú, a chothabháil agus a oibriú a mhéid is indéanta le réasún, faoi réir thoiliú an Aire, tar éis don Aire dul i gcomhairle leis an Údarás,

(h) seirbhísí meán closamhairc neamhchraolacháin neamhlíneacha, a bhunú agus a chothabháil, a mhéid is indéanta le réasún sin a dhéanamh, ar seirbhísí de ghné seirbhíse craolacháin poiblí iad, faoi réir thoiliú an Aire, tar éis don Aire dul i gcomhairle leis an Údarás, (ach ní gá toiliú den sórt sin i leith na seirbhísí sin atá coimhdeach le seirbhís craolacháin arna soláthar faoi mhíreanna (a), (d), (f) agus (g)),

(i) a mhéid is indéanta le réasún, cibé deiseanna tráchtála a shaothrú a

---

[784] Bunaíodh Teilifís na Gaeilge, mar a bhí an uair sin ann, le Cuid VI (.i. ailt 42-53) agus leis an dara sceideal den Acht Craolacháin 2001 (Uimh. 4 de 2001).

eascróidh de bhun na gcuspóirí atá leagtha amach i míreanna (a) go (h).

(2) Maidir le TG4, le linn na cuspóirí atá leagtha amach i bhfo-alt (1) a shaothrú—

(a) beidh aird aici ar leasanna agus ar chúraimí an phobail uile, coimeádfaidh sí i gcuimhne a riachtanaí atá comhthuiscint agus síocháin ar fud oileán na hÉireann uile, cinnteoidh sí go léireoidh na cláir na hairíonna éagsúla dá bhfuil cultúr phobal oileán na hÉireann uile comhdhéanta, agus beidh cás ar leith aici do na hairíonna a shainíonn an cultúr sin agus go háirithe do na Gaeltachtaí,

(b) tacóidh sí leis an bhfiúchas daonlathach atá cumhdaithe sa Bhunreacht, go háirithe mar a bhaineann leis an tsaoirse cheart tuairimí a nochtadh, agus

(c) beidh aird aici ar a riachtanaí atá sé an pobal a dhéanamh eolach tuisceanach ar fhiúchas agus ar thraidisiúin tíortha seachas an Stát, lena n-áirítear go háirithe Ballstáit eile.

(3) Gan dochar do ghinearáltacht fho-alt (1), cinnteoidh TG4 go ndéanfar, le clársceidil na seirbhísí craolacháin dá dtagraítear san fho-alt sin—

(a) réimse cuimsitheach clár a sholáthar, as Gaeilge go príomha, a léireoidh éagsúlacht cultúir oileán na hÉireann uile agus a mbeidh ar áireamh ann cláir a sholáthróidh siamsa, eolas agus oideachas, a sholáthróidh tuairisciú ar ghníomhaíochtaí spóirt, reiligiúin agus cultúir agus a fhreastalóidh ar ionchais daoine ó gach aoisghrúpa sa phobal arb í an Ghaeilge a rogha teanga labhartha nó ar suim leo an Ghaeilge ar shlí eile,

(b) cláir nuachta agus cúrsaí reatha, as Gaeilge go príomha, a sholáthar,

(c) tuairisciú ar imeachtaí i dTithe an Oireachtais agus i bParlaimint na hEorpa a sholáthar, agus

(d) léiriú cultúrtha comhaimseartha a éascú nó cabhrú leis an gcéanna agus nuáil agus turgnamh i gcraolachán a spreagadh nó a chur chun cinn.

(4) Is iad príomhchumhachtaí sainráite TG4 de bhun na gcuspóirí atá leagtha amach i bhfo-alt (1)—

(a) stáisiúin chraolacháin a bhunú, a chothabháil agus a oibriú agus gaireas le haghaidh raidió-theileagrafaíochta a fháil, a shuiteáil agus a oibriú,

(b) faoi réir aon rialachán faoi Acht 1926,[785] a bheidh i bhfeidhm de thuras na huaire, socrú a dhéanamh chun cláir a chraolfaidh TG4 agus cibé cláir eile a chinnfidh TG4 a leathadh trí stáisiúin leaschraolta sreinge,

[785] Acht Radio-Thelegrafaíochta 1926 (Uimh. 45 de 1926).

(c) cláir a thionscnamh agus cláir a fháil ó fhoinse ar bith,
(d) conarthaí, comhaontuithe agus socruithe a dhéanamh a bhainfidh le, nó a chabhróidh le, cuspóirí TG4,
(e) cóipchearta, paitinní, ceadúnais, pribhléidí agus deonaíochtaí a fháil agus a úsáid,
(f) nuacht agus faisnéis a bhailiú agus a bheith rannpháirteach i seirbhísí nuachta agus i cibé seirbhísí eile a chabhródh le cuspóirí TG4,
(g) a bheith rannpháirteach i cibé comhlachais idirnáisiúnta, agus i cibé comhlachtaí oideachais, ceoil agus drámaíochta agus i cibé comhlachtaí eile a chothaíonn siamsa nó cultúr, a chabhródh le cuspóirí TG4,
(h) ceolchoirmeacha, siamsaí, gníomhaíochtaí oideachais agus gníomhaíochtaí eile i dtaca le seirbhís craolacháin nó chun aon chríche a bhainfidh léi a eagrú agus a sholáthar agus cúnamh airgid a thabhairt ina leith agus, i ndáil le haon cheolchoirm nó siamsa den sórt sin, cóiríocht a sholáthar nó a fháil agus, más inmhianaithe sin, muirir a ghearradh as dul isteach,
(i) cibé irisí, leabhair, páipéir agus ábhar clóite eile a mheasfaidh TG4 a chabhródh nó a bhainfeadh lena cuspóirí a ullmhú, a fhoilsiú agus a dháileadh fara muirear nó gan mhuirear,
(j) socrú a dhéanamh le heagraíochtaí craolacháin nó le húdaráis chraolacháin eile chun cláir (cibé acu beo nó taifeadta) a leathadh, a ghlacadh, a mhalartú agus a leaschraoladh,
(k) bunábhar éisteachta agus féachana taifeadta a thiomsú, a fhoilsiú agus a dháileadh, fara muirear nó gan mhuirear,
(l) cláir nuachta agus cúrsaí reatha Gaeilge agus Béarla a sholáthar, lena n-áirítear cláir a sholáthróidh tuairisciú ar imeachtaí i dTithe an Oireachtais agus i bParlaimint na hEorpa,
(m) léiriú cultúrtha comhaimseartha a éascú nó cabhrú leis an gcéanna agus nuáil agus turgnamh i gcraolachán a spreagadh nó a chur chun cinn,
(n) infheistíocht a dhéanamh i scannáin, iad a thionscnamh nó iad a fháil,
(o) suímh ghréasáin a bhunú agus a chothabháil,
(p) líonra cumarsáide leictreonaí a bhunú agus a chothabháil faoi réir aon achtacháin nó rialach dlí,
(q) 'seirbhís cumarsáide leictreonaí' a bhunú agus a chothabháil arb é is brí leis seirbhís arb éard í, go hiomlán nó go formhór, seoladh comharthaí ar líonraí cumarsáide leictreonaí, faoi réir fhorálacha aon achtacháin nó rialach dlí,
(r) seirbhísí craolacháin TG4 a chur ar fáil a mhéid is indéanta le réasún

ar aon mhodh agus ar gach modh tarchuir, leaschraolta nó leata, cibé acu trí chraoladh (a chuimsíonn líonraí craolacháin fuaime agus teilifíse trastíre, líonraí cábla nó líonraí satailíte), nó trí aon chineál meáin leictreonaigh (a chuimsíonn líonraí trastíre seasta, líonraí trastíre soghluaiste, lena n-áirítear an tIdirlíon agus líonraí cumarsáide leictreonaí eile) agus cibé acu atá sé ar eolas anois nó a fhionnfar ina dhiaidh seo é ar bhonn líneach nó neamhlíneach, agus

(s) aon chistí dá cuid a infheistiú in aon slí ina gcumhachtaítear le dlí d'iontaobhaí cistí iontaobhais a infheistiú.

(5) Féadfaidh TG4, d'fhonn an bunábhar clár a chraolann sí as Gaeilge a chomhlánú, bunábhar clár a fháil i dteangacha eile; le linn di an bunábhar sin a fháil, beidh aird ag TG4 ar an ngá le gné idirdhealaitheach na seirbhíse craolacháin dá dtagraítear i mír (a) d'fho-alt (1) a chothabháil agus freastal ar ionchais lucht féachana nach ndéanann seirbhísí craolacháin eile freastal orthu i gcoitinne.

(6) Ní léifear aon ní san alt seo mar ní lena gcuirtear cosc ar TG4 cláir a dhéantar lasmuigh den Stát a áireamh sna clársceidil.

(7) Ní léifear aon ní san alt seo mar ní lena gcuirtear cosc ar TG4 seirbhísí craolacháin a sholáthar nach díol spéise ar leith iad ach le daoine áirithe den phobal agus a chuirtear ar fáil ar bhonn suibscríofa nó íoc ar amharc faoina cuspóir maidir le deiseanna tráchtála a shaothrú.

(8) Beidh ag TG4 na cumhachtaí sin go léir atá riachtanach nó teagmhasach chun na cuspóirí faoi fho-alt (1) a bhaint amach agus nach bhfuil ar neamhréir leis an Acht seo.

(9)[786]Maidir le gach méid [airgid phoiblí] a íocfar le TG4 faoi alt 123(4), ní úsáidfidh TG4 é ach amháin—

(a) chun a cuid cuspóirí seirbhíse poiblí a shaothrú, agus

(b) chun méideanna arna dtobhach ar TG4 faoi alt 33 a íoc.

Cuntasacht ardstiúrthóir TG4 don Choiste um Chuntais Phoiblí

119.— Déanfaidh ardstiúrthóir TG4, cibé uair a cheanglóidh Coiste de Dháil Éireann arna bhunú faoi Bhuan-Orduithe Dháil Éireann chun scrúdú a dhéanamh ar na cuntais leithreasa agus ar thuarascálacha an Ard-Reachtaire Cuntas agus Ciste, agus tuarascáil a thabhairt do Dháil Éireann ar an gcéanna, air nó uirthi déanamh amhlaidh, fianaise a thabhairt don Choiste sin ar gach ní a bhaineann le caiteachas TG4.

Dualgas bunábhar clár a sholáthar

120.— (1) Déanfaidh RTÉ bunábhar clár Gaeilge a chur ar fáil do TG4 de réir cibé méideanna agus cibé tráthanna a chomhaontóidh siad, ar

[786] Arna chur isteach ag an Acht um Rialáil Cumarsáide (Seirbhísí Poist) 2011, alt 68.

méideanna agus tráthanna iad a mbeidh de thoradh orthu, ina dtuairim, méid is comhionann le huair an chloig de bhunábhar clár den sórt sin a bheith á chur ar fáil go laethúil ag RTÉ do TG4.

(2) Chun críocha alt 114(8) déanfaidh TG4 bunábhar clár a bheidh ionadaitheach do chlársceidil na seirbhíse craolacháin teilifíse náisiúnta dá dtagraítear in alt 118(1)(a) a chur ar fáil do RTÉ de réir cibé méideanna agus cibé tráthanna a chomhaontóidh siad.

INNÉACS